고객만족 서비스경영

SMAT & CS Leaders

김혜영 박규은 공저

이프레스

머리말

사회적 동물로 태어난 인간은 생존을 위해 서로 돕고 의지하는 방법을 스스로 터득하고 발전시켜 왔습니다. 인간관계의 상호작용은 존중과 협동이라는 명제와 계층 간의 갈등이라는 문제를 해소하는 방향으로 발전해 왔으며, 서비스의 가치를 깨달아 하나의 산업 형태로 자리 잡았습니다. 이제 현대인은 과거보다 더 많은 자유와 시간을 누리며, 경제적으로도 비교할 수 없을 만큼 풍요로운 사회에 살고 있습니다. 기업은 더 높은 품질의 제품과 서비스를 소비자에게 제공하며, 고객만족을 위해 어느 때보다 더 경쟁적으로 노력하고 있습니다. 이렇듯 경제·사회의 발전과 함께 서비스 산업은 규모나 품질에서 엄청난 향상을 보여 왔습니다.

국가 경제 측면에서 서비스 부문이 총생산에 차지하는 비중이나 고용에 기여하는 비율이 50% 이상일 때 서비스 경제에 진입하였다고 합니다. 미국과 유럽 등 선진국들의 서비스 비중은 80%를 웃돌고 있으며, 전통적으로 제조업이 강한 일본의 서비스 산업 비중도 60%를 넘어선 지 오래고, 우리나라도 예외가 아닙니다. 이렇듯 서비스 경제 시대로 진전되는 이유는 서비스 산업 분야의 이익이 제조업 부문의 이익보다 크기 때문이며, 특히 일자리 창출 및 고용증가 측면에서는 더욱 확연합니다. 지난 30년간 서비스 산업 부문에서는 4,400만 개 이상의 새로운 일자리가 창출되었고, 여성의 사회 진출과 여가의 증가로 건강, 사회복지, 교육 등 서비스 분야의 고용이 증가했습니다.

이렇듯 국가 경제가 발전할수록 서비스 경제화는 가속화되며, 이러한 현상은 현재뿐만 아니라 미래에도 지속할 것으로 예측할 수 있습니다. 또한, 다음과 같은 이유에서 우리 사회가 성숙한 시민사회로 진입하는 데 서비스 교육이 중요한 역할을 할 것으로 기대됩니다.

서비스 산업의 디지털화

2020년 1월부터 시작된 코로나 19 국면은 서비스 산업 전반에 복합적인 영향을 미쳤습니다. 사회적 거리 두기로 대표되는 비대면 소비사회로의 전환은 디지털화(Digitalization)를 촉진해, 디지털 기술을 기반으로 기존의 서비스에 추가적인 서비스를 부과한다거나 서비스를 확장하는 혁신적인 서비스가 등장하며 새로운 시대를 열고 있습니다. 또한, 고객들이 디지털 기반 비즈니스에 빠르게 적응하고, 익숙해지면서 기업들도 더욱 디지털 친화적인 기업으로 성장하고 있습니다.

상호 존중의 수평적 서비스

고객 만족은 종사원과 고객이 상호존중하는 관계 속에서 접촉이 일어나야 가능합니다. 진정한 서비스는 고객의 마음을 얻기 위해 굴욕적으로 혹은 억지로 순종하는 행동이 아닌 동등하게 의견을 주고받는 상호 존중과 상생의 정신에서 나옵니다. 서비스의 궁극적인 목표는 기분 좋은 사회를 연출하는 것입니다. 이를 위해서는 상호 존중과 배려의 마음이 필요합니다. 마음은 우리가 가꾸는 꽃밭과도 같다는 말이 있습니다. 우리 마음에 가시덤불을 키울 수도 있고 아름답고 향기로운 꽃도 피울 수 있습니다. 따라서 서비스를 제공하는 사람과 이를 받는 사람이 모두 즐겁고 행복해야 진정한 의미의 서비스가 이루어질 수 있습니다.

'갑을 문화'는 매너와 에티켓으로 극복

"서비스는 받을 수 있는 자격이 있는 사람에게 제공한다."라는 말이 있습니다, 서비스는 서비스제공자와 받는 사람이 서로 주고받는 것입니다. 따라서 받는 사람도 받을만한 자격이 있어야 한다는 말입니다. 여기서 받을 자격이라는 자격요인이 바로 매너와 에티켓입니다. 매너란 상대방을 배려하고 이해하는 마음에서 출발하는 것으로, 상대방을 존중하고 감사하는 마음을 가짐으로써 편안하게 소통하는 관계를 만들 수 있도록 품격을 만들고 유지하는 것을 말하고, 에티켓은 타인에게 지켜야 할 예의범절이라고 할 수 있습니다. 최근 기업들은 자사와 협력사 임직원을 대상으로 '비즈니스 매너 교육'을 실시하는 경우가 많아졌습니다. 이는 사회 문제로 떠오른 잘못된 '갑을 문화'에 대한 개선방안을 찾기 위한 시도입니다. 이처럼 인간 대 인간으로 서로 존중하는 문화, 모두 즐겁고 행복한 비즈니스 현장을 만들기 위해 매너와 에티켓이 중요한 대안으로 떠오르고 있습니다.

더욱 고도화된 서비스 요구

기술이 발전하고, 사회가 성숙해지면서 서비스는 더욱 고도화되고 고객 친화적으로 발전하고 있습니다. 환자 관점에서 고통스럽고 무섭던 치과 치료나 위장 내시경 검사도 이젠 견딜만한 편안함이 되었습니다. 고객의 정보와 지식을 고려한 품위 있는 지식서비스, 상상을 초월하는 고객 응대와 불평처리, 부가가치향상 서비스 등 최첨단 서비스 기법이 등장하고 있습니다. 그러나 이런 서비스의 발전에도 불구하고 고객들의 기대와 요구사항은 더욱 높아지고 있으며, 여전히 불만은 존재합니다. 이는 고객들의 생활수준이 향상되고 글로벌화되면서 고객이 다양한 경험과 지각에 기반을 둔 기대수준이 더욱 높아졌기 때문입니다, 이처럼 기업들은 생존과 발전을 위해 서비스 패러독스 현상을 극복하고 치열한 경쟁환경 속에서 차별화된 고객 만족 혁신전략을 고안해 내고 있습니다.

서비스는 성숙한 시민으로서의 자질을 함양시키는 교육

성공적인 서비스전략을 개발하고 고객지향적인 서비스를 제공하기 위해서는 무엇보다도 고객과 서비스에 관련된 기본 개념과 이론들을 전반적으로 이해하는 것이 필수입니다, 특히 서비스 상품이자 전달자인 서비스 종사원들이 자신의 능력을 향상하고 고객만족을 위한 이론과 실무를 익혀 서비스 품질과 수준을 높이는 것이 중요합니다. 즉, 서비스를 제공하는 사람은 전문성과 진정성을 가지고 최선을 다해 서비스해야 하고, 고객은 서비스를 받은 대가를 치를 경제적인 능력을 지니고 있어야 하며 동시에 서비스를 받는데 필요한 매너와 에티켓을 갖추어야 합니다.

인간에 대한 이해, 인간이 지녀야 할 기본 태도에 대한 전반적인 이해를 바탕으로 인간관계에서 발생하는 갈등과 불평 등을 원만하게 해결하고 관리할 수 있는 능력이 필요합니다. 여기에 필요한 공부가 바로 '서비스경영'이며, 이는 서비스 산업 종사자뿐만 아니라, 우리 사회가 성숙한 시민사회로 변모하기 위해 필수적으로 공부해야 할 모든 내용을 포함하고 있습니다. 그러므로 전공자뿐만 아니라 이 시대를 살아가는 현대인이 반드시 알아야 할 인간관계 및 상호작용에 관한 공부라고 할 수 있습니다.

SMAT와 CS Leder

본서의 집필 목적은 새로운 이론을 소개하거나 저자의 주관적인 논리는 펼치는 것이 아니라, 서비스 산업 종사자나 전공자들이 명확하고 쉽게 이해하고 공부할 수 있도록 관련 이론과 개념들을 소개하고 재정리하는 데 있습니다. 즉, 고객 만족과 서비스경영에 대한 국내외 학자들의 저서, 논문, 기사, 이론, 사례 등을 인용하고 발췌하여 재정리한 것으로, 고객 만족 서비스경영에 대한 기본 이론과 실무를 쉽고 명확하게 익힐 수 있도록 집필했습니다. 즉, 호텔·관광·항공·리조트·외식·조리 등 서비스 관련 전공 학생들과 서비스 현장에서 근무하는 종사원들에게 실질적인 도움이 되게 하려고, '서비스 경영사(SMAT)'와 'CS리더스관리사' 등 2개의 공인 자격증이 요구하는 내용을 모두 담고자 했습니다.

이를 위해 2016년 이프레스에서 출간한 '고객 만족 서비스-CS Leaders'에서 출발한 본서는 전공 서적 형태로 재편하여 수정·보완했고, SMAT에서 요구하는 내용을 추가하였습니다. 구체적으로 1부 SM 개론으로 서비스와 고객에 대한 이해를 중심으로 서비스 비즈니스를 전반적으로 살펴볼 수 있도록 구성했습니다. 2부는 SM 전략으로, 차별화 전략, 품질관리전략, 인적자원관리, 유통관리 등 8개의 장에서 전략을 구체적으로 살펴보았습니다. 3부 SM 실무에서는 서비스 현장에서 발생하는 고객 응대 서비스와 커뮤니케이션, 글로벌 매너뿐만 아니라 최근 주목받고 있는 MICE 산업 실무까지 포함하여 다루었습니다. 그러나 이와 같은 노력에도 불구하고 아쉬움과 부족함이 존재합니다. 본서의 미흡한 점에 대해서는 지속해서 수정·보완을 약속드리며, 많은 지도편달을 바랍니다.

희망컨대 본서가 고객 만족 서비스경영에 입문하는 학생과 현장 종사자들이 자신의 경력을 개발하고 발전시키는 데 보탬이 되기를 기대합니다. 아울러 우리나라가 성숙한 시민사회로 나아가는 데 중요한 역할을 할 서비스교육에 본서가 일조하기를 바라봅니다. 끝으로 부족한 책의 출판을 흔쾌히 허락해 주신 이프레스 출판사의 최용구 사장님께 진심으로 감사드립니다.

2022년 6월

김혜영

차례

PART

SM개론 01

Chapter

01 서비스

학습목표

- 서비스의 개념과 특성을 명확하게 정의할 수 있다.
- 서비스의 중요성을 설명할 수 있다.
- 서비스 프로세스와 각 단계에 맞는 적절한 응대에 관해 설명할 수 있다.
- 조직 내에서 서비스 문화가 어떠한 역할을 하며, 서비스 문화가 고객 응대에 어떠한 영향을 미치는지 이해한다.

1 서비스의 개념

서비스는 행위, 과정, 성과로 구성되며, 무형적 특성의 활동과 성과라고 할 수 있다. 일반적으로 서비스는 무형적인 요소, 제품은 유형적인 요소로 이해되기 쉽다. 하지만 모든 제품과 서비스는 유형적 요소와 무형적 요소가 상호 밀접하게 연결되어 있어, 두 가지를 떨어뜨려 놓고 설명할 수 없다. 즉, 완전히 유형적이거나 무형적인 상품은 없다는 뜻이다.

서비스의 어원은 라틴어 노예(servus)와 영어의 서번트(servant, 하인), 종의 생활(servitude), 종처럼 생활하는(servile) 등에서 비롯되었다고 한다. 이는 서비스라는 단어는 '하인이 주인에게 봉사하듯 남을 도와준다', '다른 사람에게 시중을 든다'라는 의미가 담겨 있다고 볼 수 있다. 그러나 오늘날의 서비스 의미에는 '다른 사람에게 봉사한다'라는 것과 '경제적인 교환관계(상호작용)를 한다'라는 두 가지의 의미가 모두 함축되어 있다고 볼 수 있다.

우리는 일상에서 흔히 서비스를 '무료', '덤', 'A/S', '봉사' 등으로 이해하고 있다. 즉, 생산된 재화를 운반하거나 배급하고, 생산과 노무에 필요한 용역을 제공하는 것을 서비스라고 하는 한편, 개인적으로 남을 돕거나 시중을 드는 것도 서비스라고 한다. 또 장사에서 값을 깎아주거나 덤을 붙여줄 때도 서비스라는 의미를 사용한다.

그렇다면 서비스는 어떻게 정의할 수 있을까? 서비스에 대한 과학적 논의는 아담 스미스(Adam Smith)와 같은 경제학자들에 의해 시작되었다. 스미스는 사법 및 군무의 관리, 목사, 법률가, 의사, 문인, 배우, 음악가, 오페라 가수 등의 서비스 노동은 비생산적이라고 생각했다. 그는 '자본과 교환된 노동과 상품으로 실현된 노동' 만을 생산적이라 생각했는데, 서비스는 비생산적 노동이기 때문에 자본과 교환되는 노동이나 상품으로 실현되는 노동의 범주에 해당되지 않는다고 하였다.

이러한 관점은 마르크스(Marx, K.)도 마찬가지였다. 그는 '잉여가치를 생산하는 노동이 생산적'이라고 규정하고 '서비스 노동은 직접 생산물로 현상화되지 않으며 또한 직접 잉여가치를 생산하지 않으므로 비생산적이다'라고 주장했다.

이후 세이(J. B. Say)는 '효용(benefit)'이라는 개념을 이용해 서비스를 정의하였다. 즉, '소비자에게 효용을 주는 모든 활동은 생산적이다'라는 논리를 펼치며, 서비스를 '비물질적 부'라고 정의하였다. 이후 경제학 분야의 많은 학자들도 이러한 논의에서 크게 벗어나지 않는 범위에서 서비스를 생산적 노동, 비물질적 재화로 정의하고 있다.

이후 경제학자들은 서비스에 대한 논의를 발전시켜 왔는데, 이들이 서비스를 보는 관점은 크게 두 가지이다.

- 서비스는 인간의 욕망을 '직접적으로 충족시켜 주는 행위'이다. 즉, 다른 노동은 생산물로 대상화되어 생산물을 통하여 우회적·간접적으로 인간의 욕망을 충족시켜 주나, 서비스 노동은 인간의 욕망을 직접적으로 충족시켜 준다.
- 서비스는 전달과정에서 생산과 소비가 동시에 발생한다. 즉, 다른 노동은 생산물로 대상화되어 그 생산과 소비가 시간적·공간적으로 분리되어 이루어지나, 서비스 노동은 생산물로 대상화되지 않으므로 시간적으로는 생산과 동시에 발생한다. 그리고 공간적으로는 생산된 곳에서 소비되어야 한다.

1960년대 초 경영학 및 마케팅 분야에서 서비스에 관한 연구가 활발히 진행되었다. 이들은 유형적 제품과 비교되는 형태로 서비스에 대해 논의하기 시작했다. 이후 1970년대에는 서비스의 특성과 현상 기술에 대해 관심이 주목되었고, 1980년대부터는 이론적 체계와 전략적 이슈를 다루는 형태로 발전되어 왔다.

경영학 분야에서 논의되어 온 서비스에 대한 다양한 정의들을 살펴보면, 활동론적 정의, 속성론적 정의, 현대적 정의로 구분하여 살펴볼 수 있다.

표 1-1 서비스의 5가지 포인트

smile	사람들은 즐겁고 명랑한 분위기를 선호한다. 자연스런 미소는 자신의 일에 대한 자부심의 표현이며 자신의 기분을 좋게 할 뿐만 아니라 내부고객인 동료는 물론 궁극적으로는 고객을 향한 서비스를 열고 닫는 것이다.
speed	고객은 기다림에 관대하지 않다. 적절한 시기에 권유 판매하는 것은 적극적인 서비스이며 마케팅이기도 하다. 음식을 주문하고 기다리는 심리적 시간은 실제보다 길게 느껴지는 것인 만큼 신속하게 제공되어야 하며, 모든 서비스는 시간을 단축해서 시행되는 것이다.
sincerity	개인의 특성을 고려한 '한 사람을 위한 서비스'가 강조되는 것이다. 성심을 다한 마음이 담긴 서비스야말로 서비스 맨이 이상으로 삼아야 하는 것이다.
safety	서비스 포인트 중의 하나가 고객의 안전이다. 주차장, 이동로 등 시설의 안전성에서부터 심리적 안전성까지를 포함한다. 안전성은 영업의 전제 조건으로 중요하게 작용한다.
security	개인의 비밀을 보장하는 것은 불필요한 노출을 꺼리는 고객을 대상으로 하는 업체의 서비스와 VIP마케팅의 기본이다. 업무 속성상 많은 사람을 대하게 되고 고객에 따라서는 이러한 것을 선호하는 경우가 있는 만큼 이에 대한 세심한 배려가 필요하다.

1) 서비스에 대한 다양한 관점 및 정의

(1) 활동론적 정의

활동론적 정의는 미국 마케팅학회(American Marketing Association)의 정의로 대표될 수 있다. AMA에서는 서비스를 '판매 목적으로 제공되거나 또는 상품 판매와 연계해 제공되는 모든 활동, 편익, 만족'이라고 정의하고 있다. 그 예로는 호텔 서비스, 전력 서비스, 수송 서비스, 미용 서비스, 신용 서비스 등이 있다.

블로이스(K. J. Blois)는 서비스를 제품의 형태를 물리적으로 바꾸지 않고 판매에 제공되는 활동이라고 정의하였다. 여기서 활동이란 편익과 만족을 가져오는 과정으로 파악한다. 이 정의는 서비스는 물리적 변화를 일으키지 않는다고 정의함으로써 서비스에 대한 제한된 시각을 제시하고 있다.

스탠톤(Stanton)은 서비스를 무형의 활동으로 정의하였다. 즉 기업이 서비스를 소비자나 산업구매자에게 판매할 경우 제품이나 다른 서비스의 판매와 연계되지 않고도 개별적으로 확인 가능한 무형의 활동이라고 정의하였다. 그러나 이 정의는 제품이나 서비스의 판매와 관련되어 존재하는 보험과 같은 서비스는 배제되었다는 문제가 있다.

(2) 속성론적 정의

속성론적 정의는 서비스가 지니는 속성을 분석해서 이것을 중심으로 정의하고, 유형 제품과의 차이점을 통해 서비스를 이해하고자 하는 관점이다.

라스멜(Rathmell)은 손으로 만질 수 있느냐의 여부에 따라 유형과 무형을 구분하여 서비스를 시장에서 판매되는 무형의 상품으로 정의하였다. 하지만 이 정의는 서비스의 무형성은 하나의 상태와 일개 속성이지 서비스 자체의 본질은 아니라는 쇼스택(Shostack)의 반론에 의해 문제점이 도출되었다.

레빗(Levitt)은 서비스를 '인간이 인간에게 하는 봉사라고 보는 것이 기존의 통설이다'라고 전제하면서, 현대의 서비스는 이러한 전통적 발상에서 벗어나 인간이 제공하는 서비스를 인간으로부터 분리해야 한다고 주장하였다.

(3) 인간 상호관계론적 정의

인간 상호관계론적 정의는, 서비스는 고객과 서비스 종사원의 상호관계에서 발생한다는 것이다. 이때 서비스는 조사원이 고객의 문제를 해결하는 것을 통해 이루어지며, 서비스 제공자와의 상호작용에서 비롯된다는 것이다. 그러나 고객은 서비스 기업과 상호작용을 하지 않을 수도 있으며, 또 상호작용이 전혀 없는 듯 보이지만 실제로는 상호작용이 존재하는 경우도 있다.

(4) 현대적 정의

서비스는 서비스가 지니는 다양성으로 인해 한마디로 정의하기가 매우 어렵다. 하지만 일반적으로 서비스는 '상대방에게 무형적인 효용을 소유권의 이전 없이 제공하는 행위'로 정의할 수 있다. 서비스는 크게 공공 서비스, 생산자 서비스, 소비자 서비스로 구분하기도 한다.

서비스를 설명하기 위한 대표적인 정의는 다음 두 가지가 있다.

- **행위:** 서비스 제공자(종사원)가 상대방(고객)에게 제공하는 행위
- **가치창조 활동:** 서비스 제공자(종사원)가 특정한 장소와 시간에 상대방(고객)에게 일정한 가치를 창조하거나 편익을 제공하는 경제적 활동

(5) 미국의 마케팅협회(AMA) 정의

미국의 마케팅협회(The American Marketing Association: AMA)는 서비스에 대해 두 가지 시각으로 정의하고 있다.

- 판매를 위해서 제공되거나 제품판매에 수반하여 제공되는 행위, 편익과 만족
- 한 당사자가 다른 당사자에게 소유권의 변동 없이 제공해 줄 수 있는 무형의 행위나 활동

서비스의 궁극적인 목표는 기분 좋은 사회를 연출하는 것이다. 이를 위해서는 상호 존중과 배려의 마음이 필요하다. 마음은 우리가 생각한대로 가꿀 수 있는 꽃밭과 같은 것이다. 가시덤불을 키울 수도 있고 아름답고 향기로운 꽃도 피울 수 있다. 따라서 서비스를 제공하는 사람과 이를 제공받는 사람(고객)이 모두 즐겁고 행복한 마음을 가져야 진정한 의미에서 서비스가 이루어질 수 있다.

캘리포니아 대학 제이 콘저(Jay A. Conger)교수는 "비즈니스 세계에서 의사 결정을 내릴 때 논리적 사고에 입각하여 결정한다고 믿는 경향이 있다. 하지만 내면을 보면 감정 역시 큰 변수로 작용한다는 것을 알 수가 있다."라고 했다. 서비스는 감정의 연출법이다. 아름다운 서비스를 실현하기 위해서는 "take and give"(먼저 받고 나서 주기)가 아니라 "give and take"(먼저 주고 나서 받기)가 중요하다. 즉 상대보다 먼저 손을 내밀어야 상대의 마음을 열고 더 많은 것을 받을 수 있다는 것이다.

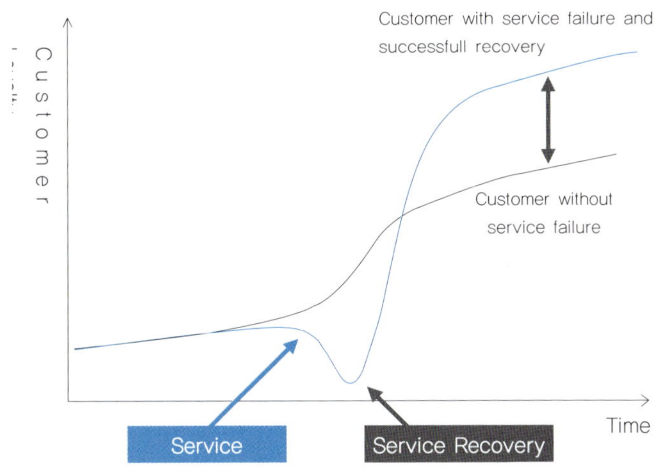

현대사회는 과거에 비해 경제적으로 풍요롭고 더 많은 자유와 시간이 할애되고 있다. 기업은 더 높은 품질의 서비스를 소비자(고객)에게 제공하고 있으며, 고객만족을 위해 최선의 노력을 다하고 있다. 그러나 이렇게 서비스 산업이 발전하고 나날이 서비스 품질이 향상됨에도 불구하고 오히려 소비자들의 기대와 요구사항은 높아지고 있으며, 불만의 목소리는 여전히 존재한다. 이렇게 모순된 현대사회의 현상을 '서비스 패러독스(service paradox)'라고 한다.

▌그림 1-1▐ 서비스 패러독스

2) 서비스 특성

서비스는 무형성(intangible)과 상호작용성(interaction)을 기본으로 하는데 이 두 가지 특성은 서비스의 취약점으로 작용하기도 한다. 서비스의 특성을 구체적으로 살펴보면 무형성, 비분리성, 이질성, 소멸성 등 4가지 특성으로 설명할 수 있다.

서비스는 유형 제품과는 달리 눈에 보이지 않는다. 유형 제품은 물리적 실체가 있으나, 서비스는 본질적으로 눈에 보이지 않는 무형재들이다. 이러한 이유로 서비스는 공급자와 수요자 사이에 지각의 오해가 발생하기 쉽다.

서비스는 서비스 제공자(service provider)와 서비스 자체(service itself)가 구분이 안 된다. 고객이 서비스를 받을 때 서비스 제공자와 서비스 상품 그 자체가 구분이 되지 않는다.

유형 제품은 일관된 생산시스템을 통해서 만들어지고 엄격한 품질관리를 거치기 때문에 대부분의 제품 품질이 균일하다. 그러나 서비스는 서비스를 제공하는 사람에 따라서 품질이 달라진다. 그리고 동일한 서비스 제공자가 서비스를 제공한다 하더라도 제공자의 상황이나 노력의 정도에 따라 품질이 달라질 수 있다. 능숙한 서비스 종사원이 서비스한다고 해도 그들의 컨디션이 좋을 때와 나쁠 때 제공하는 서비스의 품질은 차이가 날 수 있기 때문이다.

유형 제품은 재고가 있으나, 서비스는 재고가 없다. 서비스는 생산이 되는 순간에 소비가 되므로 사용되지 않은 서비스를 재고로 만든다는 개념은 존재할 수 없다 따라서 서비스 제공자의 공급 재량권이 지극히 제한될 수밖에 없다.

이러한 서비스의 특성을 보다 구체적으로 항목별로 살펴보면 다음과 같다.

(1) 소멸성

소멸성(perishability)은 판매되지 않은 서비스는 재고로 남지 않고 즉시 사라진다는 서비스의 특성을 말해 주는 단어이다. 판매되지 않은 유형 제품은 재고로 보관할 수 있다. 그러나 판매되지 않은 서비스는 사라지고 만다. 서비스는 재고와 저장이 불가능하므로 재고 조절이 어렵다.

구매된 서비스라고 하더라도 1회로 사용으로 소멸되며 그와 동시에 서비스의 편익도 사라진다. 반면에 제품은 구입한 뒤 상품의 물리적 형태가 존재한다면 반복하여 사용할 수 있다. 이러한 서비스의 1회적 특성 때문에 서비스의 과잉생산으로 발생하는 손실과 과소 생산으로 생기는 이익 기회의 상실이라는 문제가 발생한다.

따라서 이를 해결하기 위해서는 수요와 공급 간의 조화를 이루는 전략이 필요하다. 수요에 따라 임시 직원 채용 등을 통한 유연성을 확보하고 유휴시설과 장비의 새로운 용도를 개척하며, 종업원에게 여러 직무에 대응할 수 있는 교육을 주기적으로 실시해 유사시에 부족하거나 남는 직무에 투입할 수 있는 기반을 만들어야 한다.

(2) 무형성

무형성(intangibility)은 서비스의 기본 특성으로 형태가 없다는 것이다. 객관적으로 누구에게나 보이는 형태로 제시할 수 없으며 물체처럼 만지거나 볼 수 없으므로 그 가치를 파악하거나 평가하는 것이 어렵다. 법률 서비스나 의료 서비스 등이 이른 특성을 잘 반영하고 있다.

서비스의 무형성은 2가지 의미가 있는데, 실체를 보거나 만질 수 없다는 객관적인 의미와 보거나 만질 수 없으므로 그 서비스가 어떤 것인가를 상상하기 어렵다는 주관적 의미를 지닌다.

무형성이라는 특성으로 인해 서비스 상품은 진열하기 곤란하며 그에 대한 커뮤니케이션도 어렵다. 따라서 이와 같은 문제점을 해결하기 위해서는 실체적인 단서를 강조하고, 구전 커뮤니케이션을 자극하며 강력한 이미지를 창출해야 한다.

또 일반적으로 제품의 구입은 곧 소유를 의미하나, 서비스는 구입한다고 해서 바로 소유한다고 말하기 어렵다. 예를 들어, 마음대로 이동, 대여, 작동할 수 있는 컴퓨터나 핸드폰과 달리 뮤지컬이나 대부분의 서비스 기업에서 제공하는 고객만족 서비스 등은 특정 장소와 시간에 구속되기 마련이다.

(3) 변동성

변동성(variability) 또는 이질성(heterogeneity)은 서비스의 생산 및 인도 과정에서 여러 가변적 요소가 많으므로 한 고객에 대한 서비스가 다음 고객에 대한 서비스와 다를 가능성이 크다는 특성을 말한다. 예를 들어 같은 서비스 업체에서도 직원에 따라 제공되는 서비스의 내용이나 질이 달라진다. 또 같은 직원이라도 시간이나 고객에 따라 다른 서비스를 제공할 수 있다.

심지어는 직원이 아니라 기계를 사용해도 서비스의 질이 달라질 수 있다. 은행의 ATM을 사용할 때 스크린의 지시사항을 잘 이해하지 못한 고객이 경험하는 서비스의 질은 지시사항을 잘 이해한 고객이 경험하는 서비스의 질과 다를 것이다. 즉, 서비스는 동질적이지 않고 가변적이기 때문에 규격화나 표준화가 어렵다.

서비스의 이질적인 특성 때문에 기업으로서는 어떻게 서비스를 일정 수준으로 유지하는가 또는 표준화시키는가는 큰 문제가 된다. 반면에 서비스의 이질성 혹은 변동성은 고객에 따른 개별화의 기회를 제공한다. 일반적으로 서비스의 효용은 소비자의 주관으로 평가하는 경우가 많으므로 제공되는 서비스의 개성화를 통해 다양한 고객 욕구에 대응할 수 있다.

(4) 동시성

동시성(simultaneity) 또는 비분리성(inseparability)은 서비스가 제공자에 의해 제공되는 동시에 고객에 의해 소비되는 성격을 말한다. 예를 들어, 배달을 부탁하든 택시를 타든 혹은 레스토랑에서 식사 서비스를 받든지 하는 경우를 생각해 보면 서비스는 생산과 소비가 동시에 일어난다는 것을 알 수 있다.

즉, 서비스가 서비스제공자에 의해 제공되는 것과 동시에 고객에 의해 소비되는 성격을 가진다. 제품의 경우 생산과 소비가 분리되어 일단 생산한 후 판매되고 나중에 소비되지만, 서비스의 경우 생산과 동시에 소비되기 때문에 소비자가 서비스 공급에 참여해야 하는 경우가 많다.

그리고 다른 소비자도 서비스 생산과정에 참여하므로 고객들이 형성하는 분위기가 하나의 서비스 내용이 될 수 있다. 또한, 고객들이 참여하기 때문에 집중화된 대량생산체제를 구축하기가 어렵다. 제품의 경우에는 구매 전 소비자가 시험해 볼 수 있지만, 서비스의 경우에는 구매 전 시험할 수 없다는 특징이 있다.

이러한 비분리성에 따른 여러 가지 문제점을 해결하기 위해서는 고객과 접촉하는 서비스 요원을 신중히 선발하고 철저히 교육해야 한다. 또 고객구성이 서비스 평가에 영향을 미치므로 고객관리의 중요성을 잊지 말아야 한다.

표 1-2 서비스 특성

서비스 특성	문제점	대응전략
무형성	• 저장 불가능 • 특허를 통한 서비스 보호 어려움 • 가격설정 기준 모호 • 가시적 상품 진열 어려움 • 구매 전 품질확인 어려움	• 유형적 단서 제공 • 인적, 구전 커뮤니케이션을 통한 정보 제공 및 커뮤니케이션 활성화 • 대고객 응대 전략 강조 • 제공되는 효익 강조 • 구매 후 커뮤니케이션 관여
비분리성 (동시성)	• 서비스 생산자, 제공자, 전달자 상이함 • 서비스 생산에 고객이 참여 • 대규모 생산 어려움	• 종업원 선발 및 교육 중요 • 세심한 고객 욕구파악 및 고객 대응전략 필요
변동성 (이질성)	• 표준화 및 품질통제 어려움 • 고객에 따라 품질에 대한 인식이 상이함	• 서비스표준(메뉴얼) 설계 및 수행 • 사전 패키지 서비스 제공 • 서비스를 대체할 기계화 강화 • 서비스의 개별 맞춤화 시행
소멸성	• 저장 및 재판매 불가능 • 수요 및 공급의 균형문제	• 수요공급에 대한 조절능력 필요 • 비수기 수요변동에 대한 대비 필요 • 종사원의 다양한 업무능력배양 필요

출처: 이혜숙 외(2011). 재구성.

2 수평적 서비스

현대사회에서 서비스가 증식 및 확대되는 현상은 부드러움을 강조하는 사회적 분위기와 관계가 있다. 즉 획일화, 보편성 등을 탈피하여 다양화와 특별성이 요구되는 시대적 분위기는 서비스의 역할에 대해 더 강조하게 했다. 이는 포드주의(Fordism)와 맥도날드화(McDonaldization)로 상징되는 20세기의 패러다임을 넘어서 기계보다는 인간이 강조되는 것과 무관하지 않다. 더욱이 공급이 수요를 초과하는 공급 과잉의 시대에서 기업이 선택해야 할 생존 전략으로 서비스에 주목하고 있다.

서비스는 마치 윤활유와도 같다. 서비스를 주고받는 사람들 간의 관계를 윤택하게 한다. 그리고 제공되는 상품을 포장해 주는 포장지와도 같이 무엇인가 독특함과 특별함을 부여한다. 서비스는 창조적인 아이디어만 가지고 인간의 몸과 마음으로 수행할 수가 있다. 미래 전문가들의 예견으로는 앞으로도 서비스의 중요성이 점점 더 증가할 것으로 판단된다. 유한한 물질자원에 의존했던 제품개발은 어느 정도 한계에 다다르고 있으나, 무형적 창조성에 근거한 서비스는 무한할 정도로 지속해서 개발될 것으로 추정한다.

그러나 이처럼 개발된 모든 서비스가 성공하는 것은 아니다. 예를 들어 호텔의 경쟁이 심해지자 객실 판매만으로는 부족해서 연회에서 술을 판매하면서 부진한 매출 지원을 보완하려는 형태들도 나타나고 있다. 원천적으로 새로운 호텔 서비스를 개발하기가 어렵지, 타인이 개발한 새로운 호텔 서비스를 한번 보면 바로 모방하는 것은 매우 쉬운 일이다.

살아남을 수 있는 서비스 상품을 개발하고, 비교적 적은 비용으로 새로운 소비자에게 신규 개발된 서비스의 독특한 매력을 알리고 서비스 제공 장소에 소비자들이 스스로 찾아와서 기꺼이 자신의 돈을 지불하려고 하는 상태를 만드는 것은 철저하게 서비스 전략의 수준에 달려 있게 된다. 성공하는 서비스 전략 전략을 개발하기 위해서는 서비스 전략에 대한 폭넓은 이해가 필수적이다.

고객만족을 위해서는 고객의 오감을 만족시켜 줄 수 있어야 하는데, 이는 종사원이 고객과 마음을 진정으로 나눌 수 있을 때 가능하다. 즉, 종사원이 고객과 수직적인 관계를 벗어나 수평적 인간관계를 가질 때, 즉 고객과 종사원이 상호 존중하는 관계 속에서 접촉이 일어나야 가능하다. 진정한 서비스는 고객의 마음을 얻기 위해 굴욕적으로 혹은 억지로 순종하는 수직적 인간관계가 아닌 동등하게 의견을 주고받는 수평적 인간관계에서 비롯된다. 즉, 올바른 서비스를 위해서는 상호존중과 상생의 정신이 필요하다.

“서비스는 받을 수 있는 자격이 있는 사람에게 제공한다”라는 말이 있다. 서비스는 서비스를 제공하는 사람과 받는 사람이 서로 주고받는 것이다. 따라서 받는 사람, 즉 고객은 받을 자격이 있는 사람이 되어야 한다. 여기서 받을 자격이라는 자격요인 중 하나는 매너와 에티켓이라고 할 수 있다.

매너란 상대방을 배려하고 이해하는 마음에서 출발하는 것으로, 상대방을 존중하고 감사하는 마음을 가짐으로써 편안하게 상대방과 소통하고 관계를 맺을 수 있도록 품격을 만들고 유지하는 방법을 말한다. 매너(manner)는 라틴어 ‘마누

아리어스(manuarius)'에서 유래되었는데, 이 말은 손(hand)을 뜻하는 '마누스(manus)'와 '~과 관계하는 그것'이라는 의미의 '아리움(arium)'을 뜻하는 '아리어스(arius)'의 합성어로, '손과 관계함 또는 행동하는 방법이나 방식'을 의미한다.

에티켓은 프랑스어 에띠퀴에(Estiquier)에서 유래한 말이다. 과거 프랑스 베르사유 궁전에서 사람들에게 주어지는 티켓(ticket)에 궁전 내에서 지켜야 할 사항이나 예의범절 등을 적어 나누어 주던 쪽지에 기원을 둔다는 설과 루이 14세 때 '베르사유 궁전 화단에 들어가지 마시오.'라는 팻말을 세운 데서 유래한다는 일화도 있다. 19세기 말 서양 사교계의 관례(usage) 및 예의범절(civility)이 오늘날 프랑스 에티켓의 기초가 되었고, 국제간의 외교의례는 별도로 프로토콜(protocol)이라는 용어로 정의해 놓고 있다. 현대에 와서는 일반인에게도 적용되는 예의범절로 자리 잡게 되었다.

따라서 서비스를 받고자 하는 사람은 물론 그 서비스를 받은 대가를 치를 경제적인 능력이 있어야 하겠지만 동시에 고품격서비스를 받는 데 필요한 준비 자

수평적 서비스 사례

매너교육으로 갑을관계 개선

홈플러스는 지난 4월 상품부문 임원과 팀장급 직원 전원을 소집해 1박 2일간 '비즈니스 매너 교육'을 실시했다. 최근 사회 문제로 떠오른 잘못된 '갑을 문화'에 대해 토론하고 개선방안을 찾기 위한 자리였다. 이 자리에는 한 중소 협력사 임원도 참석해 '협력회사가 원하는 것'이라는 주제로 강연했다. 상품부문 바이어 전원을 대상으로 한 교육도 상반기 중 13차례에 걸쳐 진행 중이다.

홈플러스는 이런 활동을 통해 바이어들이 협력사에 횡포를 부리는 것을 막기 위한 몇 가지 원칙을 정했다. 바이어가 협력사 임직원을 만날 때는 존칭만 사용하고 상담 하루 전 일정을 재확인해 약속을 어기는 일이 없도록 하며 협력사와 상담 중인 직원에게는 다른 업무를 지시하지 않는다는 것 등이다. 또 연 1회 '협력사 만족도 조사'를 실시해 바이어들이 협력사 상담에 얼마나 성실하게 임했는지를 인사고과 등에 반영키로 했다.

출처: 한국경제(2013.06.13.). 발췌요약.

세를 갖추어야 한다. 예를 들어 호텔을 입장할 때 정장 혹은 특정 드레스코드(dress code)를 요구하는 것은 같은 맥락이다.

서비스를 받는 고객은 항상 서비스를 받는 또 다른 고객들과 함께 있다는 사실을 명심해야 한다. 예를 들어 어떤 레스토랑에서 고객이 동반한 아이들이 무질서하게 뛰놀거나 소란을 일으키는 경우를 생각해 보자. 이는 고객이 또 다른 고객의 식사를 방해하는 경우로 서비스 품질을 낮추는 경우가 된다. 서비스는 서비스의 제공자인 종사원(기업)뿐만 아니라 수혜자인 고객이 함께 만들어 나가는 것이기 때문이다.

고객은 매너와 에티켓을 가지고 서비스 종사원과 상호작용해야 한다. 매너는 에티켓이 외적으로 표현된 것이다. 서비스는 고객과 종사원이 함께 만들어 가는 것이므로 고객 역시 고객만족을 요구하기 전에 먼저 고객 자신의 의무를 다해야 한다.

3 서비스 프로세스

프로세스는 하나 이상의 투입(in-put)을 이용하여 고객에게 가치 있는 성과(out-put)를 만들어 내는 부가가치 있는 행동의 총합이라고 말할 수 있다. 즉 프로세스 투입요소인 사람, 설비, 방법, 환경 등을 이용하여, 부가가치가 있는 행동을 끌어내는 프로세스(process), 그리고 결과물인 서비스 가치로 설명할 수 있다.

프로세스의 주체는 고객이며, 모든 프로세스는 고객의 관점에서 시작해야 한다. 또한, 프로세스 평가는 상대적이며, 절대적인 것이 아니다. 평가내용은 고객의 기대에 대한 성과를 말한다. 그러므로 고객의 기대 어떻게 관리할 것인가가 관건이 된다.

서비스 기업은 자사가 제공하는 서비스 시스템의 프로세스를 점검하여 중요도에 따라 자원을 배분함으로써 경영상의 효율성을 높일 수 있다. 비즈니스 프로세스 분류는 지속적인 프로세스 혁신의 출발점이 되며 품질 및 성과 개선을 진행하도록 유도하게 된다.

서비스 프로세스는 노동 집약도, 고객과의 상호작용, 개별화를 기준으로 서비스 매트리스를 분석할 수 있다.

- **노동 집약도:** 서비스 전달에 필요한 장치나 설비 등 자본에 대한 의존도, 사람에 의존하는 정도인 노동에 대한 의존도의 상대적 비율
- **고객과의 상호작용:** 고객이 서비스 프로세스와 상호작용하는 정도
- **개별화:** 서비스가 고객에 의해 개별화되는 정도

고객이 서비스를 구매하는 과정에 따라 서비스 프로세스를 살펴보면 크게 3단계로 나누어 볼 수 있다. 즉 사전 서비스(before service), 서비스(on service), 사후 서비스(after service)이다.

- **사전 서비스(before service):** 고객이 구매하기 위해 정보를 탐색하거나 대기하고 있는 과정이다. 고객이 구매하기 위해 대기하는 시간은 대부분 부정적인 경험이 되기 쉽다. 그러므로 고객의 대기시간을 관리하는 것이 중요하다.
- **서비스(on service):** 고객이 서비스를 구매하는 과정, 즉 서비스가 제공되는 상호작용의 순간을 말한다. 이러한 순간은 진실의 순간(MOT: Moment Of Truth)이라고 한다. 고객을 만나는 진실한 순간순간이 합해져서 서비스 전체에 대한 평가가 결정되는 것이라는 의미이다.
- **사후 서비스(after service):** 서비스 실행과정을 평가해 보고, 문제점의 근본을 파악함으로써 바람직한 개선 방향을 모색해 보는 것이 필요하다. 피쉬본 다이어그램(fish bone diagram) 등을 이용해서 근본 원인을 파악하기도 한다.

1단계: 고객의 요구에 맞는 서비스 제공
2단계: 고객의 만족도 확인
3단계: 고객 불만 처리
4단계: 친밀감 유지 및 정보탐색
5단계: 고객에게 관련 정보 제공 및 신뢰성 구축

그림 1-2 A/S의 5단계

피쉬본 다이어그램(fishbone diagram)은 일본의 카오루 이시가와(Kaoru Ishkawa)에 의해 개발된 것으로 인과관계 도표라고도 한다. 어떤 결과가 나오기 위하여 원인이 어떻게 작용하고 어떤 방향을 미치고 있는가를 볼 수 있도록 생선뼈와 같은 그림을 이용하여 도식화하여 원인과 결과들을 체계적으로 종합하는 것을 말한다.
피쉬본 다이어그램은 문제점의 근본 원인을 파악함으로써, 보다 바람직한 방향으로 업무 프로세스를 개선히도록 한다. 발생한 문제의 근본 원인이 무엇인지, 주원인, 부원인 및 효과 등을 도식화하고 분석하여 그 결과로 어떠한 문제점이 나타났는지를 살펴본다.

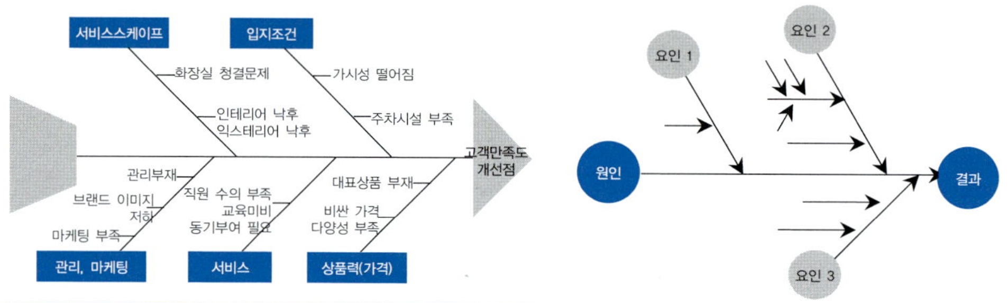

| 그림 1-3 | 피쉬본 다이어그램

고객만족을 실현하기 위해서는 우선 서비스 종사원이 고객과 상호작용하는 프로세스를 구체적으로 점검할 필요가 있다. 즉 서비스 시스템의 상호작용을 구체적으로 표현하여 서비스 실패 가능 점을 미리 식별하여 미연의 방지책이나 복구 대안을 마련하도록 무형의 서비스 프로세스를 설계하는 것이 필요한데 이러한 설계를 '서비스 청사진'이라고 한다.

서비스 청사진의 구성요소는 4가지이다. 즉 고객 행동, 일선 종사원의 행동, 후방 종사원의 행동, 서비스 지원 직원들의 프로세스 등이다. 이러한 4가지 구성요소를 고려하여 서비스 청사진을 작성하게 된다. 서비스 청사진의 작성은 다음 5가지 단계를 거친다.

- **1단계(과정 도식화)**: 서비스가 고객에게 전달되는 과정을 염두에 두고 이를 도식화된 그림 형태로 나타낸다.
- **2단계(실패 가능점 확인)**: 전체 단계 중에서 서비스 실패가 일어날 확률이 높은 지점을 짚어내어 표시해 둔다.
- **3단계(경과 시간 명확화)**: 단계별 표준작업 시간과 허용작업 시간을 명확하게 적어 넣는다.

- **4단계(수익성 분석)**: 실수가 발생하거나 작업이 지연될 경우를 가정한 시뮬레이션을 통해 수익성을 분석하고, 그 결과를 토대로 표준 서비스 청사진을 확정한다.
- **5단계(청사진 수정)**: 사용 목적별로 서비스 청사진을 해석하고 대안을 도출한 후, 청사진을 새로 수정하여 서비스 실패의 가능성을 줄이도록 한다.

4 서비스 문화

서비스 문화란 내부고객과 외부고객에게 좋은 서비스를 제공하는 것을 당연하고 가장 중요한 것으로 여기는 기업문화라고 볼 수 있다. 제조 기업보다 서비스 기업의 경우에는 더욱더 잘 확립된 서비스 문화가 필요하다. 보통 서비스 기업의 경우에는 제품의 생산과정이 표준화될 수 없고 구매자-판매자 간의 상호작용이 필수적이므로 예기치 못했던 상황에 어떻게 대응해야 하는가를 제시하는 서비스 지향적 문화가 필요하다.

1) 약한 서비스 문화

서비스 문화가 약한 기업의 경우에는 공통적인 가치나 규범이 없거나 명확하지 않다. 따라서 여러 가지 상황에 어떻게 반응해야 하는지, 다양한 고객 니즈에 어떻게 대응해야 하는지가 분명하지 않다. 예를 들어 고객이 뜻밖의 요구를 했을 때 직원은 어떻게 해야 할지를 모르며, 규정과 메뉴얼 범위를 벗어나는 문제에 대해 어떠한 결정을 내려야 할지 몰라 불안감을 느끼게 된다. 이러한 이유로 직원들은 경직된 행동을 하게 되며 고객을 오래 기다리게 만들거나 화나게 할 수도 있다.

이러한 기업에서의 직원들은 문제가 발생했을 때 해결책을 고안했다 하더라도 권한이 부족하고 책임을 회피하기 위해 직접 처리하는 것이 아니라 상사에게 보고하게 된다. 이러한 보고절차와 의사결정과정은 고객을 오랫동안 기다리게 만들고 불평하도록 만든다. 즉, 서비스 매뉴얼에 나와 있는 대로 행동하도록 직원들 교육 훈련을 시켰지만, 고객지향적 서비스 문화가 약하거나 서비스에 대한 권한이 직원에게 없는 경우, 직원은 명문화된 매뉴얼이나 방침에 역행하는 결정을 내리지 못하게 된다.

서비스 문화가 약한 기업의 경우에는 공통적인 가치나 규범이 없거나 명확하지 않다. 고객이 뜻밖의 요구를 했을 때 직원은 어떻게 해야 할지를 모르며, 규정과 매뉴얼 범위를 벗어나는 문제에 대해 어떠한 결정을 내려야 할지 몰라 경직된 행동을 보이게 된다. 다음 사례는 약한 서비스 문화를 보여주는 경우라고 할 수 있다.

약한 서비스 문화 사례

한복은 위험한 옷: S호텔 한복 논란

서울의 한 호텔이 한복을 입은 손님의 식당 출입을 거부해 논란이 일었다. 2011년 4월 일부 인터넷 포털과 호텔 측에 따르면, 한복 디자이너 이씨는 지난 12일 오후 호텔 1층 뷔페레스토랑에 들어가려다 한복을 입었다는 이유로 호텔 직원으로부터 제지당했다.

이씨가 지인들과 뷔페레스토랑에 들어서자 직원이 "한복은 위험한 옷"이라면서 "부피감이 있어 다른 고객들을 불편하게 할 수 있다"라고 그를 막아섰다는 것이다. 어쩔 수 없이 발길을 돌린 이씨는 지인에게 부탁해 호텔에 한 번 더 드레스코드를 확인했지만 "한복과 트레이닝복을 입은 사람은 출입할 수 없다"라는 대답만 돌아왔다.

한 호텔 관계자는 "호텔에서 환갑이나 칠순 잔치, 결혼식 행사가 많으므로 한복을 제한할 수는 없다"라면서 "한복으로 인해 불편할 수는 있지만, 그동안 한복 고객에 대한 불만이 접수된 적은 없었다"라고 말했다. 비판 여론이 퍼지자 해당 호텔의 사장이 이날 오전 청담동에 있는 이씨의 가게를 방문해 직접 사과했다고 호텔 측은 전했다. 또 임직원 명의로 사과문을 내고 "음식을 직접 가져다 먹어야 하는 뷔페의 특성 때문에 지난해부터 한복을 입은 고객에게 일일이 불편할 수 있다는 안내를 해주는 상황"이라며 "직원의 착오로 미숙하게 고객에게 안내됐다"라고 해명했다.

출처: 세계일보(2011. 4. 13.) 발췌 요약.

2) 강한 서비스 문화

서비스 문화가 강한 기업의 경우에는 직원이 다양한 상황에 부닥쳐도 일관성 있게 행동할 수 있다. 가치나 규범이 명확하므로 직원들이 어떤 행동을 취해야 하는지를 알고 있다. 또한, 서비스 문화가 강한 기업의 직원은 고객을 응대할 때에도 진심에서 우러나오는 따뜻한 서비스를 하게 되므로 고객들은 직원들로부터 긍정적인 인상을 받게 되며, 오랫동안 그 기업을 기억하게 된다. 따라서 서비스 기업은 고객을 대하는 직원들이 긍정적인 태도와 행동을 개발하도록 내부 분위기를 조성해야 한다.

월트디즈니사(Walt Disney), 스칸디나비아 항공사(SAS), 노드스트롬(Nordstrom) 백화점 등은 서비스 문화가 잘 확립된 기업으로 볼 수 있다. 노드스트롬 백화점의 한 판매원은 "어떤 경우, 화가 나는가?"라는 질문을 받고, "첫째는 고객에게 도움을 주지 못했을 경우, 둘째는 물건을 도난당한 경우"라고 대답했다고 한다. 이와 같은 서비스 문화가 정착된 기업에서는 초일류 서비스를 기대할 수 있다.

강한 서비스 문화 사례

리츠칼튼(Ritz-Carlton)의 서비스 문화

THE CREDO
우리의 최고 미션은 고객에게 진정으로 편하고 안락한 공간을 제공하는 것이다. 우리는 고객이 언제나 따뜻하고, 편안한 고품격의 분위기를 즐길 수 있도록 고객 한 분 한 분에게 최고의 서비스와 시설을 제공할 것을 맹세한다.
리츠칼튼의 경험은 고객의 삶에 활기를 불어넣고, 참다운 웰빙을 깨닫게 해주며, 고객의 숨은 욕구와 희망까지 충족시켜 줄 것이다.

MOTTO
"우리는 신사 숙녀에게 봉사하는 신사 숙녀입니다"

THREE STEPS OF SERVICE
1. 따뜻하고 진실하게 맞이하라. 가능한 한 고객의 이름을 불러라.
2. 고객의 요구를 예상하고 그러한 요구에 부응하라.
3. 작별인사는 다정하게 하라. 가능한 한 고객의 이름을 부르며 따뜻한 배웅해라.

출처: Ritz-Carlton(http://www.ritzcarlton.com)

그러나 많은 기업의 경우에 서비스 문화가 부족한 형편이다. 그런 경우 내부마케팅을 통해 서비스 문화를 개발할 수 있다.

3) 조직구조

서비스 문화를 가진 조직은 기존의 조직구조와는 반대가 되는 조직구조를 갖추고 있다. 고객은 조직의 최상위에 위치하고, 관리자는 그 구조의 최하위에 위치하게 된다. 이러한 조직에서 관리자는 직원이 고객에게 서비스하는 것을 지원하고, 각 부문의 책임자는 중간관리자에게 고객서비스를 하는 데 있어서 보다 나은 시스템을 만들어내는 일에 치중하며, 고객을 직접 응대하는 직원을 지원하게 된다.

예를 들어, 리츠칼튼 호텔의 벨맨이 체크인을 마친 투숙객의 수화물을 1시간 늦게 운반하는 실수를 저지르게 된다면, 벨맨은 그 수화물을 운반한 후에 상사에게 이와 같은 실수에 대해 보고하며, 상사는 그 투숙객에게 즉시 사과하고 호텔에서의 불쾌한 체험을 회복하기 위한 특별서비스를 제공하도록 컴퓨터에 입력하게 된다.

이와 같은 사례는 잘못된 실수에 대처하는 합리적인 방법으로 평범하게 인식될 수 있는 일이지만, 현실적으로는 그렇지 못한 경우도 존재한다. 즉, 서비스 문화를 갖춘 조직구조가 아닌, [그림 1-7]과 같은 일반적인 조직구조에서 만약 직원이 어떤 잘못을 저질렀다면, 직원은 그 잘못이 결코 상사에게 발각되지 않도록 숨기려고 할 것이다. 왜냐하면, 직원의 잘못이 발각될 경우, 상사는 자신을 질책하리라는 것을 알고 있기 때문이다. 그러나 위의 사례와 같이 서비스 문화를 갖춘 조직의 경우, 조직구조를 역으로 운영하고 있으므로, 잘못을 저지른 직원은 투숙객에 대해 미안한 마음을 갖게 되고, 관리자인 상사는 직원의 잘못을 보완해줄 행동을 하게 되며, 이 상사는 자기 부서에서의 잘못이 타 부서에 알려지는 것을 두려워하지 않게 된다. 즉, 종래의 조직구조에서처럼 직원이 자기 상사를 기쁘게 하거나 윗사람에게 인정받기 위해 일하는 구조가 아니라, 조직을 역으로 세워 운영하게 되면 조직 구성원 누구나 고객에게 서비스를 하기 위하여 일하게 되기 때문이다.

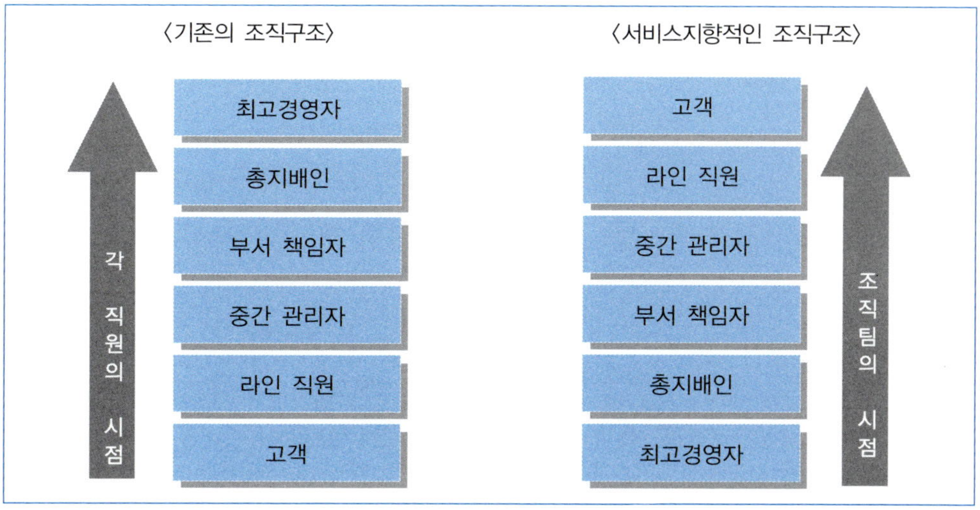

그림 1-4 기존의 조직구조와 서비스 지향적인 조직구조

4) 서비스 문화 유지

서비스 문화가 확립된 후에는 서비스 문화를 유지하기 위한 내부마케팅이 필요하다. 즉, 서비스 문화가 형성되면 능동적으로 이를 관리할 필요성이 있다. 그렇지 않으면 직원들의 태도와 기업의 규범은 기술적인 효율성이 주요 지침이 되던 이전의 문화로 쉽게 회귀될 가능성이 있기 때문이다. 그러므로 지속해서 서비스 문화를 유지하기 위해 기업은 〈표 1-3〉과 같은 측정지표를 두고 관리해야 한다.

표 1-3 서비스 문화 측정지표

① 서비스에 대한 명확한 사고방식이 확립되어 있는가?
② 관리자는 서비스의 중요성을 지속해서 직원에게 교육하고 있는가?
③ 고객 중심적 사고가 관리자 사이에 정착되어 있는가?
④ 모든 직원이 서비스 품질의 중요성을 알고 있는가?
⑤ 양질의 서비스가 실현될 때마다 적절한 보상이 주어지는가?

여기에서 가장 중요한 내부마케팅의 쟁점은 모든 관리자와 감독자 등에 의한 관리상의 지원이다. 관리자는 기존 규칙이나 규제만을 엄격하게 적용하기보다

는 고객의 문제를 해결하는 데 노력을 해야 하며, 고객을 직접 응대하는 직원들을 격려하고 직원들과 공식적 혹은 비공식적인 소통경로를 통해 피드백을 제공해줘야 하며, 이러한 관리자의 노력은 서비스 문화를 지속해서 유지하고 발전시키는 데 중요한 역할을 하게 된다. 그러므로 이와 같은 서비스 문화를 유지하는 것과 관련된 내부마케팅 목표는 〈표 1-4〉와 같이 설정할 수 있다.

▌표 1-4▐ 내부마케팅 목표

① 조직의 관리방법은 고객 문제를 해결하기 위한 지원이 되도록 한다.
② 고객을 직접 응대하는 직원의 서비스 마인드와 고객 지향성을 향상한다.
③ 관리자는 다양한 경로를 통해 직원들에게 지속해서 정보와 피드백을 제공한다.
④ 현재 개발 중이거나 시장에 출시되어 있는 신제품이나 서비스, 그리고 새로운 마케팅 활동이나 캠페인에 대해 직원들이 잘 알고 수용할 수 있도록 한다.
⑤ 직원들이 기업이 수행 중인 마케팅 활동에 대해 잘 알고 수용하도록 한다.

학습정리

- 서비스는 행위 또는 과정이며, 소유권이 이전을 수반하지 않는다. 또한, 서비스는 고객과 서비스제공자 간의 상호작용 때문에 가치가 생산되며, 인적서비스 의존도가 높다.
- 서비스는 무형성과 상호작용을 기본으로 하며, 구체적으로는 무형성, 비분리성, 이질성, 소멸성 등 4가지 특성을 보인다.
- 서비스는 고객과 종사원이 상호작용 때문에 형성되는 것이다. 그러므로 종사원은 고객만족을 위해 노력해야 하고, 고객은 매너와 에티켓을 지니고 상호 존중하는 관계 속에서 서비스를 형성해 나가야 한다. 이것이 수평적 서비스다.
- 서비스 프로세스를 이해하고 전략을 수립하기 위해 피쉬본 다이어그램, 서비스 3단계, 서비스 청사진 등을 이용할 수 있다.
- 서비스 문화가 강한 기업의 경우에는 가치나 규범이 확실하므로 종사원들이 다양한 상황에 처할 때도 일관성 있게 대처할 수 있게 된다. 그리고 강한 서비스 문화는 기업의 서비스 지향적 조직구조와 연관된다.

학습평가

01 다음 중 서비스에 대한 설명으로 적절한 것은?

① 서비스는 소유권 이전을 수반한다.
② 서비스는 고객과 서비스제공자 간의 상호작용으로 가치가 생산된다.
③ 서비스는 인적서비스 의존도가 낮다.
④ 서비스 문화가 약한 기업의 경우, 가치나 규범이 확실하므로 종사원들이 다양한 상황에 부닥칠 때도 일관성 있게 대처할 수 있게 된다.

02 종사원은 고객만족을 위해 노력해야 하고, 고객은 매너와 에티켓을 지니고 상호 존중하는 관계 속에서 서비스를 형성해 나가야 하는데, 이것을 무엇이라고 하나?

① 수직적 서비스 ② 수평적 서비스
③ 대각선 서비스 ④ 우아한 서비스

[정답 및 해설]
01 ②
해설: 서비스는 소유권 이전을 수반하지 않으며, 인적서비스 의존도가 높다. ④는 강한 서비스 문화를 지닌 조직의 특성이다.
02 ②
해설: 종사원과 고객이 상호 존중하는 관계 속에서 비즈니스가 수행되는 문화를 수평적 서비스라고 한다.

Chapter

02 서비스 산업

학습목표

- 서비스 경제란 무엇이고, 서비스 경제가 성장한 무엇인지 설명할 수 있다.
- 서비스 경제의 발전을 가져온 배경과 이유를 분석할 수 있다.
- 서비스 산업을 분류하는 다양한 관점과 기준을 이해하고, 각각의 서비스 유형과 특성에 맞는 관리방법을 모색할 수 있다.
- 서비스 패러다임 변화를 이해하고, 서비스 비즈니스 모델과 사례를 설명할 수 있다.

1 서비스 경제

서비스 경제란 제조업, 농업, 광업과 대조되는 서비스 부문에 의해 경제활동이 지배되는 경제로, 국가 경제 측면에서 서비스 부문이 총생산에 차지하는 비중이나 고용에 기여하는 비율이 50% 이상일 때 서비스 경제(service economy)에 진입하였다고 본다. 미국과 유럽 등 선진국들은 서비스 비중이 80%를 웃돌고 있으며 전통적으로 제조 산업이 강한 일본의 서비스 산업 비중도 60%를 넘어선 지 오래다.

표 2-1 경제활동 발전단계

발전단계	경제활동	주요 업종
1차	채취	농업, 광업, 어업, 임업
2차	상품 제조	제조업, 가공
3차	국내 서비스	음식점, 호텔, 미용실, 세탁소, 유지 및 보수시설
4차	교역과 상거래	운수, 소매, 통신, 금융, 보험, 공공
5차	인간 잠재능력 확대	건강, 교육, 연구, 레크레이션, 예술

우리나라는 1974년을 기점으로 이미 서비스 경제 시대에 진입하였으며, 금융, 정보, 통신, 물류, 운송, 유통 등 서비스 산업 분야가 국가 산업발전의 바탕을 이루면서 경제발전에 큰 몫을 차지하고 있다. 또한, 생산기술의 발전과 정보 통신

분야의 기술이 발전하면서 시장형태도 공급자 중심에서 소비자 중심의 시장으로 변화하면서 전통적인 제조업 부문에서도 경쟁우위를 창출하는 수단으로서 서비스가 매우 중요해지고 있다. 이렇듯 서비스 경제 시대로 진전되는 이유는 서비스 산업 분야의 이익이 제조업 부문의 이익보다 크기 때문이다. 국가의 경제가 발전할수록 서비스 경제화는 가속화되며, 이러한 현상은 현재뿐만 아니라 미래에도 지속할 것으로 예측하는데 그 이유는 다음 4가지로 살펴볼 수 있다.

표 2-2 제조업의 발전단계

제조업의 발전
제조업1.0 가내 수공업, 경공업 중심. 기계를 활용하기보다는 사람의 노동력을 중심으로 생산.
제조업2.0 대량생산시스템 도입. 포드의 컨베이어 시스템이 그 예. 표준화, 분업화, 전문화를 추구하며, 사람이 하던 일을 기계로 전환하는 혁신이 일어남. 자동차, 조선, 비행기 등 부품을 결합하여 완제품을 만드는 조립. 장치 산업이 성행.
제조업3.0 다른 분야와의 융합으로 시스템이 중심이 되는 생산 방식. 하드웨어보다 소프트웨어에서의 핵심역량을 강화함. 고객센터, 콜센터, A/S부서 등과 같은 기능부서가 강화되고, 고객만족 관련 활동과 시장을 좀 더 알기 위한 활동에 집중함.
제조업4.0 IOT(사물인터넷)와 생산시스템의 결합. 스마트 팩토리(Smart Factory) 등을 통한 혁신 추구.

1) 서비스 경제 성장배경

(1) 정보통신기술 발전과 디지털화(Digitalization)

정보 통신 분야의 발전은 컴퓨터와 스마트폰이라는 구체적인 상품을 제조하는 것 이상의 수많은 연관 서비스업을 창출하였으며, 전통적 서비스 제공 방식을 대체하는 새로운 개념의 서비스가 등장하게 되었다. 네트워크구축, 소프트웨어개발, 보안서비스, 콜센터, 애플리케이션 개발, 물류와 운송, 광고·홍보사업, 교육 서비스, 유지·보수 서비스 등 수많은 서비스업이 새롭게 창출되고 확대되고 있다.

2020년 1월부터 시작된 코로나19 국면은 서비스 산업 전반에 복합적인 영향을 미쳤다. 사회적 거리 두기로 대표되는 비대면 소비사회로의 전환은 서비스 제공의 대면성이 강한 업종에는 부정적인 영향을 미쳤으나, 디지털 기반 기술을 활용하는 플랫폼 서비스 등에서는 디지털화(Digitalization)의 가속이라는 긍정적 영향을 가져왔다. 즉, 디지털 기술을 기반으로 한 비즈니스의 확장으로 혁신적 서비스가 등장하고, 기존 서비스에 추가적인 서비스를 부과한다거나, 서비스를 확장하는 등 새로운 서비스가 등장하고 있다. 소비들도 디지털 기반 비즈니스에 익숙해지고, 적응하면서 기업들도 더욱 디지털 친화적인 기업으로 성장하고 있다.

(2) 소비자 욕구의 다양화 및 제품의 다기능화·융합화

소비자 욕구가 다양화되고, 고급화되면서 다양한 서비스가 출현하게 되었다. 즉, 소비자의 구매력이 향상하고, 삶의 질을 추구하는 생활양식(life-style)은 레저, 오락, 관광, 헬스 등의 서비스 사업 등을 성장시키고 있으며, 여성의 사회진출 확대로 인한 가사노동 서비스, 탁아, 외식사업, 세탁 등도 발달하고 있다. 또한, 기업 간 경쟁 심화로 부가적인 비즈니스 서비스 출현 등 새로운 서비스 사업 및 부가적인 서비스를 창출하고 있다. 최근의 자동차나 전자제품들은 인공지능 등을 탑재해 과거보다 기능이 훨씬 복잡하고 융합된 수많은 부가기능을 장착하여 출시되고 있다. 예컨대, 자동차에 블루투스 기능이 탑재되면서 음향기기사업이나 음원 사업 등이 활성화되는 것을 들 수 있다. 이렇듯 제품의 다기능화·융합화는 새로운 서비스 산업의 확대를 촉발하는 요인으로 작용하고 있다.

(3) 핵심사업과 아웃소싱

경제구조가 복잡해지고, 기술이 고도화되면서 한 기업이 자체적으로 모든 것을 처리할 수 없게 되면서 비핵심분야는 외부용역(outsourcing)을 주는 경향이 나타나고 있다, 예를 들어 건물관리, 경비, 청소, 주차, 디자인, 광고, 컨설팅 등의 외주용역이 그 예인데, 이는 기업이 자사의 핵심기술이나 핵심 업무에 더욱 집중하여 경쟁력을 높이기 위함이다.

▌표 2-3▐ 서비스의 3대 속성

- 탐색속성: 구매 이전 단계에서 평가되는 품질 속성(의류, 장신구, 가구, 자동차, 주택)
- 경험속성: 구매 전까지는 평가할 수 없으며, 서비스를 직접 경험하고 사용함으로써 평가할 수 있는 품질 속성(외식, 여행, 미용, 리조트 등)
- 신뢰 속성: 신뢰를 바탕으로 서비스를 이해하고 서비스 경험 후 일정 기간이 지나 평가되는 품질 속성(상담, 수술, 법률서비스, 치과 치료, 금융투자, 질병 진단, 컨설팅 등)

2) 국내 총생산(GDP)과 서비스업

경제학에서는 수요(구매)와 공급(생산)의 경제활동 대상이 되는 것을 재화(財貨)와 용역(用役)으로 구분한다. 재화(물건)를 만들어내는 일을 담당하는 산업을 제조업으로, 용역을 만들어내는 산업은 서비스업으로 분류한다. 서비스업의 범위는 매우 넓고, 단순노동에서부터 고도화된 지식이 요구되는 것까지 다양하다. 예컨대 서비스업에는 도·소매업이나 음식·숙박업에서부터 유통, 금융, 보험, 운수, 의료, 교육, 컨설팅 등 부가가치가 높은 부문까지 포함한다. 서비스업은 그 자체적으로 부가가치를 창출하는 것은 물론 제조업 부문의 부가가치 창출에 결정적인 영향을 미친다. 서비스업을 생활의 편의와 삶의 질 향상을 위하여 무형의 노무를 제공하는 산업으로 정의하기도 하는데, 이는 사회가 발달할수록 소비자의 욕구를 직접 충족시키는 서비스 부문이 팽창하는 경향이 나타나기 때문이다.

우리나라는 1960년대 경제발전을 추진하면서 산업구조도 많은 변화를 겪었다. 1960년의 국내 총생산의 구성을 볼 때 농림수산 부문이 36.8%를 점하고, 광공업이 15.9%, 서비스 부문은 43.2%를 점했던 것으로 나타났으나, 경제개발 과정을 통해 농림어업의 비중은 급속히 감소하는 대신 광공업의 비중이 지속해서 증가하였고, 서비스업도 계속 증가하였다. 2020년 실질 국민총생산(GDP) 변화추이를 살펴볼 때, 2020년 서비스업의 비중은 56.1%, 제조업은 26.5%를 차지하고 있다. 물론 2020년 전반에 걸쳐 코로나19에 따른 비대면·비접촉 사회로의 전환으로 인해 제조업과 비교하여 서비스 산업은 국민경제 성장에 이바지하는 바가 코로나19 이전보다 다소 감소하였으나, 상대적으로 정보 통신 기술 등을 활용하여 대면성을 줄일 수 있는 영역의 서비스 산업은 생산 증가를 견인하고 있다. 즉, 금융 및 보험업(9.1%), 통신업(2.3%), 출판·방송·영상·정보 서비스(3.4%) 그리고 전문과학기술 서비스업(2.3%) 등이 대표적이다.

▌표 2-4▌ 최근 5년간 실질 국내총생산 변화(단위: 십억 원, %)

		2016년	2017년	2018년	2019년	2020년
국내 총생산(GDP)	실질 GDP	1,706,880	1,760,812	1,812,005	1,848,959	1,831,250
	전년대비증감률		3.1	2.8	2.0	−1.0
제조업	실질GDP	451,294	468,070	483,530	489,613	485,106
	전년대비증감률		3.6	3.2	1.2	−0.9
서비스업	실질GDP	948,419	973,106	1,010,423	1,039,904	1,028,214
	전년대비증감률		2.5	3.7	2.8	−1.1

출처: KIET 산업연구원(2021), 뉴노멀 시대의 서비스 산업 정책 과제.

2 서비스 산업

1) 서비스 산업 개념

1차 산업과 2차 산업의 발전을 기반으로 서비스를 생산하는 3차 산업을 서비스 산업이라고 한다. 그동안 산업분류는 농업, 목축, 수렵, 임업, 어업, 광업을 1차 산업이라 부르고, 제조업은 2차 산업(secondary industry)이라고 부르고 있었는데 그 밖의 산업에 대해 뉴질랜드의 피셔 교수가 3차 산업(tertiary industry)이라는 말을 발안했다. 영국의 콜린 클라크도 '경제 진보의 제조건'에서 산업구조를 3대 부문으로 나누고 있다. 이에 의하면 제1부문은 농업을 주체로 목축, 유목, 수렵, 어업, 임업을 포함한다. 광업은 소속 불명으로 때로는 제1부문에 포함하고 때로는 제조업처럼 취급한다. 제2부문은 제조업, 제3부문은 서비스 산업(service industry)으로서 건축과 건설, 운수와 통신, 상업과 금융, 직업적 서비스, 행정과 변호사업 등을 포함한다. 클라크가 서비스 산업이란 명칭을 사용한 것은 3차 산업이 서비스 산업으로 대치될 것으로 보았기 때문이다.

상업·금융업·보험업·운수업·통신업·관광업·광고업 등이 이에 속한다. 이 산업의 종사자는 자본주의의 발전과 함께 증가하고 있다. 이는 생산과정의 발전에 따른 유통부문의 확대를 의미하는 동시에, 신규졸업자나 소농가의 젊은 노동자들이 서비스업에 유입(流入)됨을 뜻한다. 상업 면에서는 도매업 경영 규모의 대형화·근대화가 진행되고 있으며, 소매업은 백화점·슈퍼마켓의 진출에 따라 소매점의 비중이 작아지고 있다.

2) 서비스 산업의 변화

서비스 산업은 노동집약적 서비스에서 자동화 서비스로, 지역별 범위 내의 서비스에서 글로벌경영으로 변화와 발전을 가져왔다. 또한, 제조업과 비교할 때, 일자리 창출 및 고용유발 효과가 높아 서비스 산업은 더욱 촉진되고 발전할 것으로 예상할 수 있다.

① 전통적 서비스 산업

주로 노동집약적인 소규모 점포가 많다. 서비스 제공 영역이 지역적 범위로 제한된다. 대기업으로 성장하는 데 많은 제약 요소가 존재한다. 특정한 인적 서비스에 한정된다. 대규모의 자본이나 투자 유치가 어렵다.

② 현대의 서비스 산업

서비스 산업이 농업, 수산업, 광업, 재조업 부문의 생산 활동을 촉진하고 지원한다. 소규모가 아닌 기업 형태의 거대한 규모로 발전한다. 페이스북, 구글, 마이크로소프트, 이베이, 아마존 등이 현대 서비스 기업의 대표적인 사례이다. 국내뿐만 아니라 글로벌 경영을 바탕으로 하는 기업이 등장한다. 과거보다 상당한 하드웨어를 보유하면서 다양한 간접 부문의 확대와 설비, 장치, 자산이 증가한다. 노동집약적 서비스가 자동화 서비스로 전환된다.

③ 일자리 창출 및 고용증가

지난 30년간 제조 부문의 일자리는 감소하였으나, 서비스 부문에서는 4,400만 개 이상의 새로운 자리를 창출하였다. 여성의 사회 진출과 여가의 증대로 건강, 사회 복지, 교육 등 전문직 및 비즈니스 서비스 분야의 고용이 증가하였다.

3 서비스 산업 분류

1) 서비스 산업 분류의 7가지 관점

서비스 산업을 분류하는 다양한 견해가 있는데, 노동집약적 정도와 고객화 및 상호작용 정도의 관계를 고려한 분류방법, 서비스 제공의 특성과 고객과 기업 간의 관계 유형을 고려한 분류방법, 서비스 행위의 특성과 서비스 직접 수혜자와의 관계를 고려한 분류방법, 개별고객의 욕구를 맞추려는 서비스제공자의 판단범위와 맞춤화가 가능한 서비스 특성 범위와의 관계를 고려하여 제시한 분류방법, 서비스 행위 특성과 고객 욕구의 부합수준에 의한 분류방법, 수요와 공급특성에 의한 분류방법, 그리고 서비스 제공 방법에 따른 분류 등 7가지 관점이다.

표 2-5 서비스 산업 분류의 7가지 관점

	분류기준	서비스 분류		
1	노동력 집약 정도가 얼마나 되는가와 고객의 요구에 부응하고 상호작용의 정도		상호작용(저)	상호작용(고)
		노동집약(저)	공장서비스형	점포서비스형
		노동집약(고)	대량서비스형	전문서비스형
2	서비스 전달 과정(연속적/단속적)과 고객과 기업의 관계유형(멤버십/비공식적 관계)		멤버십 관계	비공식 관계
		연속거래	보험, 교육, 은행	방송, 공공서비스
		단속거래	백화점, 회원제, 소프트웨어 회사	공공운송, 식당, 특송/우편
3	서비스 행위의 수혜자(사람/사물), 서비스 행위(무형성/유형성)		사람	사물
		유형	미용실, 식당, 헬스센터, 호텔, 병원, 승객운송업	수리보수, 화물운송, 청소, 세탁, 빌딩관리, 조경

		무형	교육사업, 방송 통신, 광고, 정보제공, 극장, 박물관	은행, 법률서비스, 보험, 증권, 회계, 감리, 설계	
4	서비스 제공자 판단의 범위(고/저), 고객 개별화(맞춤화) 가능성(고/저)		맞춤화(고)	맞춤화(저)	
		판단범위(고)	미용실, 개인교습, 고급식당, 전문서비스	헬스센터, 급식식당	
		판단범위(저)	호텔서비스, 은행서비스	공공교통, 패스트푸드 식당	
5	서비스 행위의 대상(사람/ 무형의 사물/유형의 사물), 고객 욕구 맞춤 수준(고/저)		사람	무형사물	유형사물
		맞춤수준(고)	병원, 헬스클럽	증권브로커, 신용은행	화물운송, 수선서비스
		맞춤수준(저)	대중교통, 패스트푸드	은행여신, 기간투자	세탁, 조경, 원예
6	수요 변동성 범위(넓음/좁음), 공급통제범위 (최대수요 부합/ 최대수요초과)		수요 변동성 큼	수요 변동성 낮음	
		최대수요부합	전기, 천연가스, 통신, 경찰, 소방, 구급, 산부인과	보험, 법률서비스, 은행, 세탁	
		최대수요초과	회계, 세무, 승객운송업, 호텔, 식당, 극장	영업을 위한 기본수준의 수용 능력은 부족하나, 그 이상을 감당할 수 있는 서비스 산업	
7	서비스 점포의 활용 가능성(고정/이동 가능), 기업과 고객의 상호작용(고객이 기업으로/기업이 고객에게/고객과 기업이 가까이서)		단일매장(고정)	다수매장(이동가능)	
		고객 → 기업	극장, 이미용업	버스서비스, 외식체인업	
		기업 → 고객	조경, 원예, 빌딩관리, 방역, 소독, 택시	우편·체신업무, 응급보수, 수리업	
		고객과 기업이 가까이서	신용카드, 지역TV민방업	방송통신업, 전화서비스업	

위와 같은 관점 이외에 서비스 기능에 따라 분류하는 방법도 있는데, 인적 서비스, 물적 서비스, 기구적 서비스, 정보제공서비스, 금융서비스 등이다. 인적 서비스는 사람이 주체가 되어 제공하는 기능적 서비스를 의미한다. 판매원, 접객담당 서비스맨과 같은 사람이 서비스 전달이 주체가 된다. 관광 안내, 상품 판매, 주차유도, 청소, 이·미용 서비스, 지식정보를 제공하는 컨설팅 서비스 등이 여기에 속한다. 물적 서비스는 직접적인 제품 자체에 부수되고 수반되는 물적 기능을 제공하는 형식의 서비스로 시설, 차량, 설비 등의 이용 편익을 제공

하는 차고 서비스, 리스 서비스, 숙박서비스, 교통 및 수송 서비스 등이 있다. 기능적 서비스는 기계나 시스템을 활용하여 고객에게 편익을 제공하는 서비스로, 인쇄 서비스, 데이터 서비스, 자동판매기 서비스, 식당에서 시스템화된 셀프서비스 등이 있다.

2) 상호작용에 의한 서비스 분류

호로비츠는 접점에 있는 직원들이 고객과 맺고 있는 양과 질적 측면의 관계 수준을 통해 서비스 유형을 분류하였다. 이 분류를 통해 서비스 현장 실무자는 해당 서비스를 수행하는 직원의 선발 기준, 경력관리, 동기부여 및 권한위임의 범위를 결정할 수 있고, 고객의 기대수준에 대응할 수 있다.

표 2-6 상호작용에 의한 서비스 분류

구분		접점의 빈도와 지속 시간	
		낮음	높음
상호작용	낮음	일반화된 서비스	안정적인 서비스
	높음	개인화된 서비스	사려 깊은 서비스

3) 단계별 서비스 분류

서비스가 행해지는 단계별로 서비스를 분류할 수 있다. 서비스가 실행되기 전에 서비스를 준비 또는 안내하는 단계인 '거래 전 서비스'와 고객과 현장에서 직접적인 상호작용이 이루어지는 단계인 '현장서비스', 그리고 서비스 구매 후에 이루어지는 '거래 후 서비스'로 나누어볼 수 있다.

- **거래 전 서비스:** 서비스를 준비하는 단계로, 고객서비스 지침을 사전에 제공함으로써 고객에게 자신이 받을 서비스에 대해 미리 알 수 있도록 안내한다. 판매 가능성을 타진하고 촉진하는 예약서비스 등이 있다. 사전에 고객과 접촉하여 수요를 예측하고 잠재고객 마케팅 등 새로운 서비스 수요 창출이 가

능하다. 너무 과한 서비스 전 거래는 고객에게 부담감과 불신을 초래할 수도 있다.

- **현장서비스:** 고객과 서비스제공자 간에 직접적인 상호작용이 이루어지는 단계이다. 서비스의 본질적인 부분에 해당하며 서비스제공자의 역량이 가장 크게 발휘되는 단계이다.
- **거래 후 서비스:** 현장에서 제품이나 서비스 구매 후 지원할 필요가 있는 서비스 항목이다, 불평 관리도 이 단계에 해당하며, 거래 전이나 거래 시 사전에 계획이 있어야 한다. 거래 후 서비스는 서비스에 대한 평가를 바꿀 중요한 기회가 되기도 하고, 이를 잘 수행하지 못했을 때는 위기가 될 수도 있다. 또한, 서비스 종료 이후의 서비스로 충성고객 확보를 위해 매우 중요하다.

4) 서비스 기능에 의한 분류

서비스를 기능에 따라서 분류하기도 하는데, 이는 생산, 유통과 관련된 서비스와 공공 영역과 개인 영역의 서비스로 나누어 관련 업종을 분류한다. 〈표 2-7〉은 서비스 기능을 4가지로 구분하여 여기에 속하는 관련 서비스 업종 사례를 나타낸 것이다.

표 2-7 서비스 기능에 따른 업종

서비스 기능	서비스 업종
유통 서비스	운송, 통신, 무역, 서비스
생산자 서비스	금융, 기업, 부동산, 서비스
사회적 서비스	의료, 교육, 우편, 공공 및 비영리 서비스
개인 서비스	호텔 식음료, 여행, 정비, 가사용역 서비스

5) 미국 통계청의 서비스 분류

미국 통계청의 서비스 분류를 살펴보면, 〈표 2-7〉 서비스 기능에 의한 분류와 유사하다. 서비스를 유통 서비스, 도소매업, 비영리 서비스, 생산자 서비스 그리고 소비자 서비스 등 5가지 범주로 분류하여 서비스 내용을 설명하고 있다.

▌표 2-8▐ 미국 통계청의 서비스 분류

서비스 분류	서비스 내용
유통 서비스	물건이나 인적 이동을 담당하는 수송 서비스나 정보 이동을 담당하는 정보 통신 혹은 정보처리 산입이 제공하는 서비스
도소매업	제품의 상거래 관련 서비스로서 생산자와 소비자를 연결하여 장소적 혹은 시간적 편리성을 제공하는 서비스
비영리 서비스	정부 및 공공 이익을 위한 비영리 기관이나 공익단체처럼 사적인 이익을 추구하지 않는 조직이 제공하는 서비스
생산자 서비스	재무, 보험, 부동산, 사업서비스, 법률 및 기타 전문가 서비스로서 제조업이나 서비스업에 제공되는 중간재적 서비스
소비자 서비스	의료, 교육, 자동차 정비 및 기타 유지보수, 숙박, 레저, 민간 가계를 포함하는 사회적. 개인 적에 서비스로서 생활의 질을 높이기 위해 개인에게 제공하는 서비스

6) 표준산업 분류

표준산업 분류는 사업체가 주로 수행하는 산업활동을 그 유사성에 따라 체계적으로 유형화(분류)한 것을 말한다. 산업활동에 관련된 각종 통계를 작성하는 데 통일적으로 적용된다. 우리나라는 1963년부터 유엔(UN) 통계청이 작성한 국제표준산업분류방식에 따라 우리나라의 산업 특성에 맞는 한국표준산업분류를 제정, 사용해 오고 있다.

▌표 2-9▐ 표준산업 분류

분류	해당 산업
UN의 국제표준산업분류	도소매업, 음식·숙 박업, 운송창고통신업, 금융중개업, 부동산 및 사업 서비스업, 공공서비스, 국방, 교육, 보건, 기사, 서비스, 오락 및 문화 서비스, 국제 및 외국기관의 행정 서비스 등
한국의 표준산업분류	도소매업, 음식·숙박업, 운수업, 통신, 금융·보험, 부동산 임대, 사업서비스, 공공행정, 교육 서비스, 보건사회복지, 오락·문화·운동, 기타 공공, 가사서비스, 국제 외교기관
국민 계정상 경제활동 분류	서비스 산업(도소매, 음식·숙박업, 운수·창고 및 통신업, 금융보험, 부동산, 사회 또는 개인 서비스업, 정부 서비스 생산자(공공행정, 국방, 교육, 보건)

(1) UN의 국제표준산업분류(standard industrial classification: SIC system)

1900년대 초, 미국 정부 기관의 지점들은 다른 지점에 알려지지 않은 무의미한 자체 방법과 지표를 사용하여 비즈니스 분석을 수행하고 있었다. 1930년대에 정부는 다양한 기관에 걸쳐 데이터를 측정, 분석 및 공유하는 표준화되고 의미 있는 방법이 필요했는데, 이것이 표준 산업분류 시스템이 탄생하게 된 배경이다. 표준산업 분류(SIC) 코드는 주요 비즈니스 및 산업의 네 자리 숫자 표현이며, 비즈니스의 제품, 서비스, 생산 및 납품 시스템에 공유되는 공통특성에 따라 할당된다. SIC는 4자리 코드로 산업을 분류하는 시스템이다. 미국에서는 SIC 코드가 1997년에 출시된 북미 산업분류 시스템(NAICS 코드)으로 대체되었으며, 미국 증권거래위원회(SEC)와 같은 일부 미국 정부 부처와 기관이 사용하고 있다.

SIC 코드는 일반적인 특성으로 시작하여 세부 사항으로 좁히는 계층적 하향식 구조로 되어있다. 코드의 처음 두 자리 숫자는 비즈니스가 속한 주요 산업 부문을 나타낸다. 세 번째 와 네 번째 숫자는 비즈니스 그룹의 하위분류와 전문화에 대해 각각 설명한다. 예를 들어 “3”은 “전자 및 기타 장비“에서 거래하는 비즈니스를 말한다. “7”을 세 번째 숫자로 추가하여 “367”을 얻으려면 비즈니스가 “전자, 구성요소 및 액세서리”에서 운영된다. 네 번째 숫자는 특정 산업 부문을 구별하므로 “3672”의 코드는 비즈니스가 "인쇄 회로 기판"과 관련이 있음을 나타낸다.

(2) 한국표준산업분류(Korean Standard Industrial Classification: KSIC)

한국표준 산업분류는 생산 주체들이 수행하는 각종 상품과 서비스의 생산활동을 일정한 분류기준과 원칙을 적용하여 체계적으로 분류한 것이다. 통계청에서는 유엔(UN)의 국제표준산업분류에 기초하여 국내의 산업구조와 기술변화를 반영한 한국표준산업분류를 제정·고시하고 있다. 2017년에 고시된 제10차 한국표준산업분류는 국제표준산업분류 4차 개정안(ISIC Rev.4)을 추가로 반영하여 작성되었다. 이는 산업 관련 통계자료의 정확성, 비교성을 확보하기 위하여 작성된 것으로, 통계법에서는 산업통계자료의 정확성, 비교성을 위하여 모든 통계

작성 기관이 이를 의무적으로 사용하도록 규정하고 있다.

한국표준산업분류는 통계 목적 이외에도 일반 행정 및 산업정책 관련 법령에서 적용대상 산업영역을 한정하는 기준으로 적용하고 있다. 한국표준산업분류는 국제표준산업분류(International Standard of Industry Classification: ISIC)의 4차 개정안이 권고됨에 따라 이를 우리나라의 산업 특성에 반영하고 국제 비교성을 높이기 위해 한국표준산업분류(제9차 개정작업)가 이루어져 2008년 2월 1일부터 적용하고 있다. 이러한 산업분류는 대분류, 중분류, 소분류, 세분류, 세세 분류의 5개 분류체계로 구성되며, 대분류는 알파벳 대문자로 표기하여 구분한다. 산업 분류코 드는 5자리 아라비아 숫자로 표기되는데, 앞자리 두 자리가 중분류, 세 번째 자리가 소분류, 네 번째 자리가 세분류, 다섯 번째 자리가 세세 분류를 의미하는 것으로 대분류를 나타내는 알파벳은 산업분류 코드에 사용되지 않는다.

(3) 국민 계정상 경제활동 분류

경제활동이란, 인간에게 필요한 재화나 서비스를 생산, 소비, 분배하여 인간의 욕구를 충족시키기 위한 활동을 말한다. 먼저 생산활동은 인간의 효용을 증가시켜 줄 수 있는 가치를 새로이 만들어 내거나 가치를 증대시키는 모든 활동을 말한다. 분배는 생산에 필요한 생산 요소를 제공함으로써 생산에 이바지한 대가로 생산물의 일부를 나눠 받는 것을 말한다. 노동의 대가로 받는 임금, 자본의 결과는 이자, 경영활동의 결과로 이윤을 획득하는 것이 그 예이다. 소비는 재화나 서비스를 사용함으로써 효용을 증대시키는 행위를 말한다.

표 2-10 경제활동 분류

경제활동	개념	내용
생산	생활에 필요한 가치를 만들어 내거나 증대시키는 경제활동. 주로 기업이 역할 담당	유형 제품 생산, 무형의 서비스 생산
분배	생산에 참여한 대가를 소득의 형태로 나누어 주는 경제활동	임금, 지대, 이자, 이윤 등
소비	욕망 충족을 위하여 생산된 것을 소모하거나 사용하는 경제활동. 주로 가계가 담당	유·무형의 물자를 소비하는 경제 행위

4 서비스 유형별 자원관리

서비스는 업종에 따라 다르다고 하나 속성상 공통된 요소가 많다. 따라서 같은 업종뿐만 아니라 다른 업종 간의 벤치마킹은 서비스의 발전에 도움이 될 수 있다. 서비스를 유형별로 분류하면 서비스경영에 대해 체계적으로 이해할 수 있으며, 산업 간의 공통 학습을 가능하게 한다. 서비스의 유형별 분류를 통해 서비스와 서비스업에 대한 개념과 수준을 파악할 수 있으며, 이를 통해 인력 활용 및 조직에 대한 체계적인 경영이 가능하다. 즉, 기업의 효율적인 서비스 운영을 위해 유형별 서비스경영 방법에 차이가 필요하다. 서비스 개선과 서비스 개발에 활용될 수 있는 여지가 있다.

서비스 유형에 따라 기업의 선발 기준, 훈련방법, 경력 개발계획, 동기부여 방법, 조직 지원정도, 권한위임 등의 정도가 모두 다르다. 우수한 직원을 채용하는 것도 중요하지만 이들을 우수한 직원으로 육성하기 위하여 서비스 유형별 혹은 접점별 적합한 서비스 자원 유지전략을 활용할 수 있어야 한다.

표 2-11 서비스 유형별 자원관리

서비스 유형	접점빈도 지속시간	상호작용	서비스 특징	사례
일반화된 서비스	낮음	낮음	• 일반화된 서비스, 기능적인 상호작용 필요 • 고객에 대한 깊은 사전 지식은 불필요 • 표준화된 메뉴얼 활용, 비숙련 직원도 서비스 가능	패스트푸드, 택배 서비스
안정적인 서비스	높음	낮음	• 장소와 시간에 상관없이 직원의 일관된 태도가 중요 • 모든 직원이 고객의 요구사항에 따라 응답할 수 있는 능력 필요	호텔, 레스토랑, 항공
개인화된 서비스	높음	높음	• 고객은 자신의 문제가 개별적인 차원으로 취급되길 원함 • 고객의 문제를 해결해 줄 수 있는 높은 집중력과 전문성이 요구됨 • 서비스제공자의 경청 능력과 반응 중요	유지, 보수, 문제 상담, 세일즈

사려 깊은 서비스	낮음	높음	• 고객과의 인간관계 유지능력, 문제 해결을 위한 전문 능력, 고객과의 관계를 발전시킬 수 있는 대화 능력 필요 • 고객의 상황 배려를 통해 비즈니스 관계를 확대할 수 있는 전문가, 숙련자가 접점에 필요	법률서비스, 컨설팅, 전문교육

① 일반화된 서비스

일반화된 서비스는 패스트푸드 산업이나 택배 서비스와 같이 고객 접점빈도가 낮고, 고객과의 상호작용이 비교적 적은 업종에 해당한다. 이러한 업종에 종사하는 서비스맨은 첫 직장일 경우가 많다. 직원을 채용할 때는 긍정적인 태도와 밝고 건강한 사고를 지닌 자로 선발하며, 고객 접점에서 서비스하는 현장에서 직접 훈련을 받으면서 경력을 쌓고, 조직은 업무 메뉴얼을 지원한다. 일반화된 서비스의 자원관리를 요약하면 〈표 2-12〉와 같다.

▌표 2-12▐ 일반화된 서비스의 자원관리

서비스 유형/자원관리	서비스 대응	선발 기준	교육 훈련	경력 개발	동기 부여	조직 지원	권한위임
일반화된 서비스	밝고 유쾌한 대응	긍정적 태도, 밝고 건강한 사고, 첫직장	접점관리자가 서비스 일선에서 훈련	직무 순환	자유롭고 열정적인 분위기	업무 메뉴얼	제한된 범위의 계층에 따른 위임

② 안정적인 서비스

안정화된 서비스는 고객과의 접점빈도와 서비스 지속 시간이 높은 서비스로, 상호작용은 낮은 호텔, 레스토랑, 항공사와 같은 업종에 해당한다. 이러한 업종의 고객서비스 대응은 전문지식과 기술을 갖춘 서비스맨이 정중한 도움을 주는 서비스를 수행한다. 조직에서는 처리하기 어려운 문제에 대해 지원을 해준다. 구체적인 내용은 〈표 2-13〉과 같다.

표 2-13 안정적인 서비스의 자원관리

서비스 유형/자원관리	서비스 대응	선발 기준	교육 훈련	경력 개발	동기 부여	조직 지원	권한위임
안정적인 서비스	정중한 도움	전문지식과 기술, 밝고 젊은 계층, 첫 직장	접점관리자가 서비스 일선에서 코치 역할, 기업문화, 서비스 품질, 전문지식 훈련	내부 승진을 통한 경로 제공	내부고객 만족과 경력기회 제공	처리하기 어려운 문제에 대한 도움과 지원	정해진 행동 리스트 범위에서 계층에 따른 차등

③ 개인화된 서비스

개인화된 서비스는 고객 접점빈도와 서비스 지속 시간이 높고, 고객과의 상호작용 빈도가 높은 상담, 유지, 보수 관련 서비스에 해당한다. 이러한 성격의 개인화된 서비스는 고객의 요구에 즉각적으로 대응하는 서비스로, 채용기준은 유경험자, 숙련된 기술을 갖춘 자, 순발력과 대응력을 지닌 전문가가 된다. 이러한 전문 서비스 영역에 종사하는 직원들은 개인 실적에 따른 보상 및 전문성 인정 등이 동기부여 수단이 될 수 있으며, 직무 관련 임파워먼트와 자율권 보장 등도 중요한 요소가 된다, 이러한 내용을 요약한 것이 〈표 2-14〉이다.

표 2-14 개인화된 서비스의 자원관리

서비스 유형/자원관리	서비스 대응	선발 기준	교육 훈련	경력 개발	동기 부여	조직 지원	권한 위임
사려 깊은 서비스	전문성	전문성, 대화능력, 인간관계 능력, 비즈니스 마인드	멘토제도, 특별보상, 개인 전문성 향상을 위한 역량 개발	내부 승진과 파트너십을 통한 성과 공유	주도적 업무수행, 독립적 의사결정, 도전과 지속 교육	적극적 도움	완전한 임파워먼트

④ 사려 깊은 서비스

사려 깊은 서비스는 고객과의 접점빈도나 서비스 지속 시간이 낮지만, 고객과의 상호작용은 높은 법률서비스, 컨설팅과 같은 전문적임 서비스 업종에 해당한다. 이러한 서비스에 종사하는 자에게는 전문성이 가장 중요하며, 인간관계 능력과 대화 능력을 갖추고 주도적으로 업무를 수행하는 자세가 필요하다. 이러한 내용은 구체적으로 살펴보면 〈표 2-15〉와 같다.

표 2-15 사려 깊은 서비스의 자원관리

서비스 유형/자원관리	서비스 대응	선발 기준	교육 훈련	경력 개발	동기 부여	조직 지원	권한 위임
개인화된 서비스	즉각적 대응	유경험자, 숙련된 기술, 순발력, 대응력	목표에 대한 훈련, 멘토제도, 새로운 지식이나 기술에 대한 업데이트	경험을 통한 전문성 축적	개인 실적에 따른 보상, 전문성 인정	개인적 면담, 완벽한 지원시스템	직무 관련 임파워먼트와 자율권

5 서비스 비즈니스 모델

비즈니스 모델(Business Model: BM)은 어떤 제품이나 서비스를 어떻게 소비자에게 편리하게 제공하고, 어떻게 마케팅하며, 어떻게 수익을 낼 수 있는지에 대한 계획 또는 아이디어를 말한다. 미국 프라이스라인의 '역경매'와 아마존의 '원클릭 서비스'가 비즈니스 모델의 대표적인 예로, 인터넷 기업들이 사업 아이디어 자체를 특허 출원하기 시작하면서 알려진 용어이다. 즉 어떤 제품이나 서비스를 어떠한 방법으로 소비자에게 편리하게 제공할 것이며, 어떠한 마케팅 방법을 이용해 얼마만큼의 돈을 벌어들이겠다는 일련의 계획을 말한다. 아이디어 자체가 특허 대상이 된다는 점에서 시장의 주목을 받았는데, 실제로는 다른 업체의 모방을 미리 차단하기 위한 목적으로 많은 인터넷 기업들이 이 비즈니스 모델의 특허 출원에 열을 올리는 결과가 되었다.

1998년 미국 대법원이 기업이나 금융기관의 비즈니스 모델 등 서비스 기법에 특허권을 인정한 이후 기업들로부터의 특허 신청이 급증하고 있다. 비즈니스 모델은 특히 인터넷 기업들이 인터넷상에서 독특한 사업 아이디어를 내 이를 웹상에서 운영하는 것을 특허 출원하기 시작하면서 널리 쓰이게 됐다. 미국 프라이스라인과 아마존이 각각 특허를 출원한 '역경매'와 '원 클릭 서비스'가 대표적인 예라 할 수 있다. 사업 아이디어가 중시되는 인터넷 기업의 특성상 많은 인터넷 기업들이 다른 업체의 모방을 사전에 차단하기 위해 앞다퉈 비즈니스 모델 특허 출원을 내고 있으나, 그 대상을 어디까지로 규정할 것인가 등에 대해서는 여전히 논란의 여지가 많다. 예를 들어, 스미토모 은행이 일본 특허청으로부터 '금융 비즈니스 모델 특허'로 인정받은 내용은 다수의 고객으로부터 입금을 받아야 할 통신 판매회사 등이 일일이 은행 지점에 입금 여부를 확인하지 않고 인터넷으로 자동 조회할 수 있도록 하는 '퍼펙트'라는 서비스 시스템이다. 이에 따라 앞으로 다른 은행이나 금융기관이 이 같은 서비스를 제공하려면 반드시 스미토모 은행에 라이선스 비용을 지불해야 한다. 최근에는 비즈니스 모델 역시 단순한 아이디어 차원을 뛰어넘어 수익성과 기술력을 중시하는 쪽으로 방향을 전환, 사업 아이디어에 대한 일시적인 투자 붐에 만족하기보다는 장기적인 이익을 어떻게 낼 것인가 하는 데 관심이 집중되는 추세다.

1) 서비스 생태계 패러다임 전환

서비스 중심의 산업환경에서 패러다임의 변화를 정리해보면 〈표 2-16〉과 같다. 전통적 관점에서는 제품(Product), 유통(Place), 규모(Scale), 효율성(Efficiency), 전략(Strategies), 고객 푸쉬(Push) 전략 등이 중요한 관심이었다. 반면, 서비스 중심적 관점에서는 서비스가 중요한 가치이며, 유통 프로세스(Process)보다는 플랫폼(Platform)이, 규모(Scale)보다는 범위(Scope), 효율성(Efficiency)보다는 탄력성(Flexibility), 전략(Strategies)보다는 능력(Capability), 푸쉬(Push, 밀어내기)보다는 유인하기(Pull) 등이 더욱 중요하게 강조된다.

표 2-16 서비스 생태계의 패러다임 변화

패러다임 변화	전통적 관점	서비스 중심적 관점
가치(Value Paradigm)	Product	Service
기술(Technology Paradigm)	Process	Platforms
수익(Revenue Paradigm)	Scale	Scope
운영(Operation Paradigm)	Efficiency	Flexibility
역량(Competence Paradigm)	Strategies	Capability
고객(Customer Paradigm	Push	Pull

2) 서비스 비즈니스 모델

하나의 조직이 어떻게 가치를 창조하고 수익을 창출해 내는지를 합리적이고 체계적으로 묘사한 것이 비즈니스 모델인데, 여기서 서비스 비즈니스 모델은 고객을 중심으로 지식과 정보가 통합되고 개방된 생태계의 특징이 있다. 서비스 생태계의 패러다임 전환과 제조업과 비교되는 서비스업 비즈니스 모델에서 집중하는 분야는 5가지 측면에서 살펴볼 수 있다.

- **고객관계관리(Relationship)**: 서비스 비즈니스 모델에서 관계는 수평적이고 자발적이어야 한다. 관계란 기업-고객, 기업-사회집단, 고객-고객, 고객-사회집단 등 광범위한 관계를 포괄한다. 기업은 부서 간의 협력, 부서 간의 의사결정이 더 중요하다.
- **고객 가치 제공물(Offerings)**: 고객의 문제를 해결해 주는 솔루션 제공이다. 고객의 사는 방법에 어떤 서비스가 어떻게 가치를 제공하는지 이해해야 한다.
- **서비스 생산과 전달 과정에서 사용되는 자원(Resources)**: 기업, 고객, 이해관계자 범위와 관련된 모든 자원을 포함한다. 자원의 종류는 역량, 자산, 프로세스, 지식, 기술과 조직 등이 있다.
- **수익모델(Revenue Model)**: 기꺼이 돈을 지불 할 만큼 가치가 있는 서비스인가? 가격관리, 수익관리, 서비스 묶음을 포함한 수익모델이 확장되어야 한다.
- **서비스 혁신 의지(Mindset)**: 서비스 혁신의 동인으로 학습, 가치, 정서, 배려, 인식에 대한 이해가 중요하다, 합리적이면서 정서를 이해하는 사고방식과

계획방법을 활용할 수 있어야 한다.

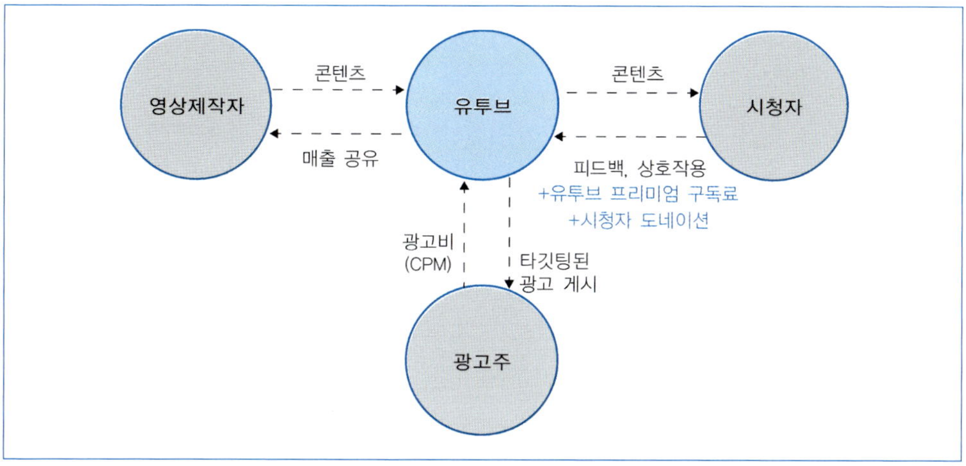

그림 2-1 비즈니스 모델 사례

3) 고객을 위한 융합상품 제공

기업이 제품을 만들 때 '무엇을 만들어야 하나?'라고 생각하기보다는 '고객 혜택을 높이기 위해 어떤 제품을 만들어야 하나?'를 사고함으로써 융합상품의 결합이 이루어진다. 즉, 고객의 욕구를 만족시키기 위해 제품과 서비스를 결합하는 방식을 추구하고 있으며, 이를 제품의 서비스화(Product Servitization) 또는 서비스의 제품화(Service Productization)라고 한다.

- **제품의 서비스화(Product Servitization)**: 제품 또는 제품의 기능을 서비스화하여 제품과 서비스가 결합 된 상태이다. 예를 들어 전수기 렌탈 방식, 자동차의 유비쿼터스 환경 구현 등이 여기에 해당한다.
- **서비스의 제품화(Service Productization)**: 서비스를 강화하기 위해 제품을 부가하거나 서비스를 자동화하여 서비스를 대량 생산하는 제조업화를 추구하는 형태이다. 키오스크, 농촌체험마을 관광 상품
- **융합상품의 결합방식**

– **제품+ 제품**: 사무 환경에서 보편적으로 사용되는 4개의 사무기기를 하나의

기기로 융합한 형태이다. 프린터 복합기=프린터+복사기+팩스+스캐너

- **서비스+서비스:** 서비스와 서비스가 융합하여 새로운 서비스를 만드는 형태이다. 의료관광=의료 서비스 + 관광서비스, 실버타운, 복합문화공간 등
- **제품 + 서비스**
    - ◆ 제품 중심의 경우: 아이팟+아이튠스 음원 서비스, 자동차를 판매하면서 할부 금융 제공
    - ◆서비스 중심일 때: 라이브공연 또는 강연 내용을 CDF로 제작, 상담 또는 컨설팅 결과를 사례집으로 출판

학습정리

- 국가 경제가 발전할수록 서비스 경제화는 가속되며, 미래에도 지속할 것으로 예측된다.
- 서비스 경제가 성장한 배경으로 정보통신기술의 발전과 디지털화, 소비자 욕구의 다양화 및 제품의 다기능화. 융합화, 핵심사업의 아웃소싱 등을 들 수 있다.
- 서비스 산업을 분류하는 관점은 노동 집약 정도, 서비스의 연속성, 서비스 행위의 유. 무형성, 서비스제공자의 판단범위, 고객 욕구의 맞춤 정도, 수요의 변동성, 서비스 점포의 활용 가능성 등 7가지 관점이 있다.
- 한국 표준산업분류는 생산 주체들이 수행하는 각종 상품과 서비스의 생산활동을 일정한 분류 기준과 원칙을 적용하여 체계적으로 분류한 것이다.
- 고객과의 접점빈도와 서비스 지속 시간, 상호작용 등을 고려하여 분류한 4가지 서비스 유형은 서비스 및 서비스맨의 특성에 따른 자원관리 전략을 제시하고 있다.
- 어떤 제품이나 서비스를 어떻게 소비자에게 편리하게 전달하고 어떻게 수익을 낼 수 있는지에 대한 계획이나 아이디어를 나타낸 것이 비즈니스 모델이다. 최근에는 비즈니스 모델이 단순한 아이디어 차원을 넘어 수익성과 기술력을 중시하고, 장기적인 이익을 낼 수 있는 방향으로 관심이 집중되는 추세다.

학습평가

01 하나의 조직이 어떻게 가치를 창조하고 수익을 창출해 내는지를 합리적이고 체계적으로 묘사한 아이디어나 계획을 무엇이라고 하나?

① 서비스 혁명　　② 서비스 패키지
③ 비즈니스 모델　　④ 서비스 평가모델

02 다음은 서비스 유형에 따른 자원관리 전략을 설명한 것이다. 어떤 서비스 유형에 대한 설명인가? "서비스맨은 고객 접점에서 정중한 도움을 주는 서비스를 제공한다. 전문지식과 기술을 갖추고 밝은 분위기에서 고객 응대를 한다. 서비스 일선에서 접점관리자는 코치 역할을 제공한다. 동기부여 방법은 내부고객만족과 경력기회 제공 등이다. 처리하기 어려운 문제는 조직 내에서 지원받는다."

① 일반화된 서비스　　② 안정적인 서비스
③ 개인화된 서비스　　④ 사려 깊은 서비스

[정답 및 해설]
01 ③
해설: 비즈니스 모델에 대한 개념을 묻는 문제다.
02 ②
해설: 서비스 유형 중 안정적인 서비스의 특성을 설명한 것이다.

Chapter

03 고객

학습목표

- 고객에 대한 다양한 의미들을 이해한다.
- 고객의 욕구와 필요에 대해 명확하게 이해하고, 두 가지 개념에 대해 비교해서 설명할 수 있다.
- 내부고객, 내부마케팅에 관해 설명할 수 있다.
- 고객의 특성과 상황에 따른 다양한 유형을 이해하고, 각각의 의미에 관해 설명할 수 있다.

1 고객 개념

기업은 성장과 발전을 위해 끊임없이 기술 혁신, 개발, 경영 효율성 그리고 규모의 경제를 추구해 왔다. 기업환경이 더욱 경쟁적으로 되고 치열해지게 되면 고객들의 힘은 더욱 강해질 수밖에 없다. 기업이 같은 내용의 제품이나 서비스를 공급하더라도 고객에게 더욱 효율적으로 소구하고 기업이 원하는 제품과 서비스에 부합하는 것을 제공하는 것은 이제 기업생존을 위한 필수적인 관심사가 되었다.

고객의 사전적 의미는 '물건을 항상(恒常) 사러 오는 사람'이다. 그냥 어쩌다가 들르는 손님이 아니라 '항상 오는 손님'으로 '단골'이라는 뉘앙스가 풍긴다. 또한, 이 단어를 한자로 풀어보면 고객(顧客) – 돌아볼 고(顧), 손님 객(客) – 이 된다. '좋은 서비스를 받은 손님이 다시 상점을 돌아본다' 또는 '돌보아야 할 손님'이라는 의미로 해석되기도 한다. 수용와 공급이 일치하던 시대에는 고객은 그저 소비자일 뿐이라는 고정된 손님인 고객(固客)이었다면, 이제는 고객은 가장 높고, 가장 소중하게 맞이해야 할 존재로 인식되고 있다.

피터 드러커(Peter Drucker)는 "고객은 왕이다"라고 말했다. 고객의 중요성을 강조하기 위한 표현이지만, 이는 또한 기업이 경영전략을 수립하는 데 있어서 고객의 존재를 어떻게 생각할 것이고, 어떠한 관계를 설정해야 하는지에 대한 철학을 제시해 주는 말이기도 하다.

고객은 기업의 가장 중요한 자산이므로 다른 자산들과 마찬가지로 잘 관리되어야 한다. 기업의 목적 자체를 '고객 창출'로 삼아야 하며 고객의 필요와 욕구를 이해하는 것이 비즈니스의 시작이어야 한다. 기업 활동에 있어서 고객이 차지하는 비중은 매우 높고 중요하다. 그러나 고객을 정확하게 이해하는 일은 매우 어려운 일이다.

마케팅 분석에 있어서 제시해야 하는 기존고객과 잠재고객에 대한 다음 7가지 핵심질문에 대해 답을 할 수 있어야 한다.

- 우리 고객은 누구인가?
- 그들의 욕구와 필요는 무엇인가? 그들은 어떤 욕구를 충족시키고자 하는가?
- 그들은 어디에 살고 어디서 구매를 하는가?
- 그들은 언제 구매하는가?
- 그들은 어떻게 구매하는가?
- 시장에는 얼마나 많은 고객이 있으며 얼마나 많이 구매로 구인할 수 있겠는가?
- 고객들은 우리 조직과 주요 경쟁자에 대해 어떻게 느끼는가?

고객이라는 용어를 구체적으로 살펴보면 다양한 단어와 의미로 사용됨을 알 수 있다. 사용자(user), 고객(client), 이해관계자(stakeholder), 고객(customer), 구매자(buyer), 소비자(consumer) 등 다양하다. 각각의 의미는 고객의 유형에서 자세하게 살펴보도록 한다.

1) 소비자와 고객

간혹 소비자(consumer)와 고객(customer)이라는 단어를 혼용해서 사용하는 경우가 있다. 소비자(消費者)는 '욕망을 충족하기 위하여 재화를 소모하는 사람'을 말한다.

'고객'이라는 용어와 비교해서 설명한다면, 소비자는 기업으로서 더 광범위한 불특정한 다수를 지칭한다고 볼 수 있다. 고객과 소비자의 차이점을 기업과의 관계를 통해 설명하자면, 소비자는 고객과는 달리 받은 제품 또는 서비스를 스스로 사용하고 소비하는 사람을 말한다.

고객이라는 개념은 좀 더 광범위하게 관계를 통해 설명할 수 있다. 향후 기업의 제품과 서비스를 구입하거나 사용할 가망성이 있는 고객을 잠재고객, 기대 고객, 가망고객이라고 한다. 또한, 거래처, 협력회사, 주주, 종업원 또한 고객이 된다. 최근에는 사내 종사원을 가리키는 말로 '내부고객'이라는 용어를 사용한다.

고객(customer)은 어떤 대상이나 물건을 습관적으로 이용, 구매하는 단골손님이라는 의미가 강하다. 단순히 구매자(buyer)라기보다는 일정 기간 반복구매가 이루어지는 '기존고객'의 개념을 가진다. 즉 고객(customer)이라는 단어에는 오랜 기간에 걸쳐 형성된 '관계'라는 의미가 포함된다. 그러나 높은 친밀감과 애용가치를 가지고 있는 '충성고객'과는 의미상의 다소 차이가 있다.

고객이라는 용어는 최종 소비자만을 지칭하지 않고 기업과의 구체적인 관계 속에서 설명할 수 있다. 다시 말하면, 고객은 실제 자사 제품을 구매하거나 구매할 가능성이 큰 마케팅의 대상이 되는 특정한 소비자를 말한다. 그러므로 마케팅에서 고객은 상품과 서비스를 구입해 사용하는 사람이나 앞으로 사용할 가능성이 있는 잠재고객도 포함한다.

고객과 비슷하게 사용하는 용어로 게스트(guest)가 있다. 게스트는 호스트(host)의 반대말인데, 이는 '초대받는 손님'을 말한다. 환대하는 주인이 호스트라면, 환대받는 귀빈이 바로 게스트이다. 서비스 기업 측면에서 게스트는 고급 서비스를 제공하는 고객을 지칭한다.

구매자(buyer)는 판매자(seller)에 대응되는 말로 구매자를 의미한다. 이는 공급자(supplier)에 대응 개념인 수요자(demander)의 의미로도 사용된다.

오늘날의 고객은 개성이 독특하고 다양하여 그들의 욕구를 모두 만족시키기는 쉽지 않다. 또한, 고객에 대한 개념 자체도 시대에 따라 변하고 있다. 현대적 의미의 고객은 최종 소비자뿐만 아니라 상품이나 서비스의 생산과 전달 그리고 소비에 이르는 전 과정(total process)에 관여하는 사람으로서 생산할 상품(서비스)을 결정하고, 상품이나 서비스의 가치제고에 기여하고 그것을 소비하는 사람 모두를 포함한다.

고객을 외부고객, 중간고객, 내부고객으로 나누어 살펴본다면 다음과 같다.

- **외부고객:** 최종 제품 구매자, 소비자, 최종고객
- **중간고객:** 도매상, 소매상
- **내부고객:** 동료, 직원, 사내고객

2) 고객 경험 관리

고객에 대한 서비스 수준은 날로 향상되고 있으며, 고객 또한 기대하는 서비스 수준이 나날이 높아지고 있다. 또한, 고객으로서는 누구나 좋은 서비스를 받기 원한다. 따라서 고객의 마음을 얻는 것이 매우 중요하다. 삼성의 창업자인 고 이병철 회장은 "장사꾼이 아니라 고객의 마음을 얻는 기업가가 돼라"라고 했다.

과거에는 고객을 중심으로 마케팅 전략을 수립했으나, 생산과 소비의 패러다임이 바뀐 오늘날에는 소비자를 포함한 마케팅 전략 수립이 필요하다. 소비자가 왕이 되는 순간 기업의 상품개발과 판매비용이 상승하게 된다. 소비자 기호에 맞춰 상품구성의 변경, 서비스의 확장과 맞춤형으로 전환, 품질개선이나 성능의 향상 등은 비용의 인상으로 이어져 오히려 경쟁력을 약화하는 역설적 현상이 발생할 수 있다.

이러한 차원에서 고객 경험 관리(customers experience management)가 마케팅 전략에 도입됐다. 기업의 서비스와 제품을 구매하는 소비자들의 경험을 전략적으로 관리하려는 것이다.

CEM은 소비자의 최대 만족을 통해 매출을 극대화하려는 것으로 콜롬비아 대학의 번트 슈미트(Bernd H. Schmitt) 교수가 창안한 개념이다. 요약하면 소비자를 왕처럼 모셔서 매출을 늘려보자는 것이다. 오늘날 충실한 고객보다 더 많은 일반 소비자를 분석하는 것이야말로 시장 맞춤형 제품개발을 위해서는 소홀히 해서는 안 되는 영역이다.

기업 간 제품과 서비스의 수준이 평균화된 이때 기업들은 고객(사용자)의 경험을 바탕으로 고객에게 차별화된 가치를 주기 위해 큰 노력을 하고 있다. CEM은 기업의 이러한 차별화된 노력의 하나로, 고객의 경험을 개별적으로 관리하는 동시에 고객에게 총체적으로 일관된 브랜드 경험을 제공한다. 그러므로 제품,

서비스, 커뮤니케이션, 상호작용 모든 과정에는 수치화된 정량이 아닌 내면의 욕구를 분석할 수 있는 정성 조사가 필수라고 할 수 있다. 이제 '경험'이란 단어는 서비스 산업뿐만 아니라 전 산업에 변화와 혁신을 유발하며 미래의 비즈니스 지도를 새롭게 그리고 있다.

호텔 CEM 사례 1

글로벌 장남가 회사, 레고(Lego)사의 고객경험 제품

어린이 장난감을 만드는 글로벌 기업 레고의 사례를 보자. 이 회사는 소비자 성향 파악을 통해 어린이들이 장난감을 가지고 잘 놀면 부모들은 아기가 노는 모습을 보고 즐거워한다는 사실에 주목했다. '레고'라는 브랜드는 덴마크어로 '잘 놀다'라는 의미가 담겼다. 어린이들이 두뇌를 쓰면서 노는 것을 슬로건으로 삼았기에 부모들의 전폭적인 지지를 받게 됐다. 전 세계 어린이를 왕으로 삼고자 1932년 설립된 이 회사는 작년까지 약 5천600억 개의 블록을 생산했다.

이 회사의 강점은 소비자들의 욕구를 제품에 반영하는 CEM 역량을 갖추고 있었다. 어린이가 커가면서 사용할 수 있도록 블록의 난이도가 높은 제품을 개발했고, 나중에는 어른이 되어서도 놀 수 있는 상품을 계속 개발했다.

또한, 소비자의 의견을 반영해 블록들의 규격을 통일했다. 이를 통해 이미 구입한 상품을 새 상품과 함께 사용함으로 창의성을 높일 수 있게 됐다. 이처럼 제품의 호환성은 마케팅 전략과 밀접한 관련이 있다. 레고의 블록제품은 모두 호환됨으로 어느 하나 버릴 것이 없다. 또 오래전 모델이라 할지라도 부품을 팔고 있어 고객서비스에 충실히 하고 있다. 이러한 소비자 의견 반영은 제품 리콜비율을 0%로 만들었다. 게다가 1억 명의 아동학습을 지원하는 사회공헌, 100% 재생 에너지 사용을 목표로 공유가치 창출 활동(CSV)을 전개하고 있다.

출처: 경기신문(2014. 08. 19.) 발췌 요약.

호텔 CEM 사례 2

리츠칼튼 서울호텔의 'LET US STAY WITH YOU'

리츠칼튼 개관 20주년을 맞아 호텔과 함께했던 추억을 모으는 사진 공모전인 '추억의 사진 공모전'을 진행한다.

리츠칼튼 서울에서의 잊지 못할 결혼식, 아이의 돌잔치, 친구들과의 크리스마스 파티, 가족과 함께 한 새해 카운트다운 등 인생에서 잊지 못할 순간을 모집할 예정이다. 공모전에서 채택된 사진은 내년 진행되는 개관 20주년 기념 '추억의 사진전'을 통해 호텔에 전시될 예정이다. 윤덕식 리츠칼튼 서울 세일즈·마케팅 수석팀장은 "고객의 경험과 추억이 리츠칼튼 서울의 20년 역사를 만들었다"고 이번 행사에 대해 설명했다.

리츠칼튼 호텔은 'LET US STAY WITH YOU'라는 브랜드 플랫폼을 통해 고객의 신비로운 경험과 추억 등의 감성을 중시해 왔다.

출처: 경기신문(2014. 08. 19.) 발췌 요약.

2 고객 욕구

고객은 누구나 자신의 욕구(needs)와 필요(wants)에 따라 상품을 구매하게 된다. 그러므로 마케팅의 기본개념인 고객의 욕구와 필요에 대해 명확하게 이해하는 것은 고객에게 접근하기 위한 가장 중요한 과정이다.

1) 욕구

마케팅의 가장 기본이 되는 개념은 인간의 욕구(needs)에 대한 개념이다. 인간의 욕구는 감지되고 있는 '결핍상태'를 말한다. 인간은 많은 복잡한 욕구를 지니고 있다. 인간의 욕구는 배고픔, 목마름을 해결하기 위한 '생리적 욕구', 불안, 추위에서 벗어나기 위한 '안전성 욕구'가 있다. 그리고 귀속성, 애정, 즐거움, 휴식에 대한 '사회적 욕구', 위신, 명성 등을 추구하는 '자기실현의 욕구'까지 고차원적인 개인 욕구를 포함한다.

이 같은 욕구는 누군가에 의해 창조된 것이 아니다. 욕구는 인간의 본질이며, 인간의 일부인 것이다. 욕구가 충족되지 않으면 결핍이 생긴다. 충족되지 않은 인간은 욕구를 충족할 대상물을 찾아다니거나, 욕구를 줄이려고 노력하게 된다. 현대사회에서 인간은 자신의 욕구를 충족시켜 줄 대상을 발견 또는 개발하려고 노력한다. 빈곤 사회에서 생활하는 사람들은 자신의 욕구를 줄이고 절제하려고 노력한다.

서비스 기업은 이러한 인간의 본질적인 욕구를 파악하여, 비즈니스에 적극적으로 활용하고 있다. 베니건스(Bennigan's)와 같은 레스토랑은 인간의 '사회적 욕구'를 충족시켜 주기 위해 레스토랑 중앙에 '오픈 바(open bar)'를 배치해 놓았다. 이는 인간이 다른 사람과 함께 있고 싶어 하는 욕구, 편안함과 휴식 즐거움을 느끼고 싶어 하는 욕구를 사업에 활용한 사례이다.

2) 필요

고객을 이해하기 위한 두 번째 기본개념은 필요(wants)이다. 필요는 인간의 욕구를 전달하기 위해 나타난 형태가 있는 요구사항이다. 인간의 욕구를 느끼면 그 결핍을 채우기 위해 여러 형태의 수단들을 동원하게 된다. 즉 욕구 해결을 위해 선택하는 재화나 해결방법을 필요하다고 한다. 필요란 어떤 욕구를 해소할 수 있는 구체적인 제품이나 서비스를 말하며, 이는 고객의 특성이나 개인적인 경험에 따라 다르게 나타난다.

누군가 갈증을 느낀다면 물, 주스, 맥주, 따뜻한 차 등을 요구하게 된다. 몇 일간 음식을 못 먹었을 때 배고픔은 아프리카 10대 원주민이나 한국의 10대 청소년이나 모두 같이 느낀다. 배고픈 상태는 생리적 욕구를 감지하는 결핍상태이다. 그러나 생리적 욕구를 충족하기 위한 충족 물로 원주민은 나무, 열매, 동물의 알 등을 필요(wants)로 할 것이다. 반면 한국의 청소년은 김밥, 햄버거, 라면 등을 찾을 것이다. 이처럼 욕구를 충족하기 위한 필요(wants)는 인간이 사회, 문화, 경험을 통해 만든 구체적인 형태라고 볼 수 있다.

이처럼 고객은 누구나 본질적으로 가지고 있는 욕구(needs)가 있다. 그리고 그 욕구를 해결하기 위해 필요(wants)한 형태(충족물)를 요구하게 된다. 그러므로 서비스 기업은 인간의 필요(wants)에 초점을 맞추는 근시안적인 시각에서 벗어나서 인간의 근본적이고 본질적인 욕구를 해결하기 위한 다양한 사고를 해야 한다. 욕구 충족물인 제품에만 집중해서 매달리다 보면 인간의 본질적인 욕구를 저버리는 실수를 범할 수 있기 때문이다.

인간의 욕구를 5가지 단계로 설명한 매슬로의 욕구단계설(Maslow's hierarchy of needs)은 인간의 욕구가 그 중요도 별로 단계를 형성한다는 동기 이론의 일종이다. 하나의 욕구가 충족되면 위계 상 다음 단계에 있는 다른 욕구가 나타나서 그 충족을 요구하는 식으로 체계를 이룬다. 가장 먼저 요구되는 욕구는 다음 단계에서 달성하려는 욕구보다 강하고 그 욕구가 만족되었을 때만 다음 단계의 욕구로 전이된다.

에이브러햄 매슬로(Abraham H. Maslow, 1908~1970)

미국의 심리학자·철학자. 인본주의 심리학의 창설을 주도하였으며, 기본적인 생리적 욕구에서부터 사랑, 존중 그리고 궁극적으로 자기실현에 이르기까지 충족되어야 할 욕구에 위계가 있다는 '욕구 5단계'를 주장하였다.

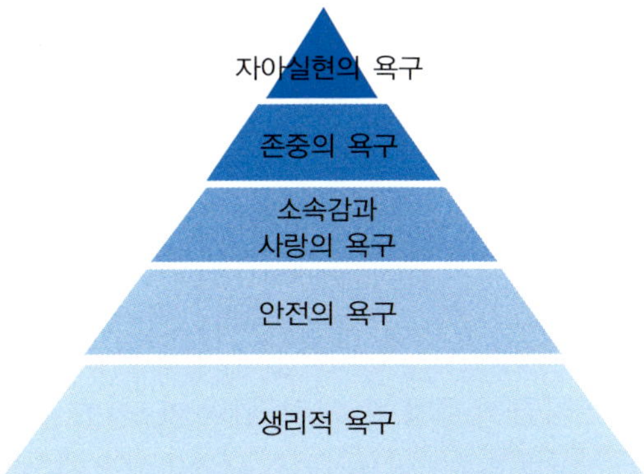

| 그림 3-1 | 매슬로의 욕구단계

매슬로우는 욕구를 결핍된 욕구와 성장 욕구 두 가지로 설명하고 있다. 결핍된 욕구가 한 번 충족되면 더는 동기로서 작용하지 않는다. 생리 욕구, 안전욕구, 사회상 욕구, 존경 욕구가 이에 해당한다. 그러나 성장 욕구는 한번 충족이 되면, 그 욕구가 더욱 증대된다. 자아실현 욕구가 이에 해당한다.

다음은 여행 산업에서 고객의 욕구를 어떻게 구체적으로 분석하여 사업에 적용할 수 있는지 보여주는 표이다.

표 3-1 매슬로우의 욕구와 여행 고객의 동기

욕구단계, 요구사항		여행 고객의 욕구	
욕구	요구사항	여행 동기	필요사항
생리적 욕구	기근, 목마름, 휴식, 자유	기분전환, 휴식	자유로움, 휴식, 기장완화
안정의 욕구	안전, 보호	안전	건강, 재충전, 미래를 위한 활동력과 건강유지
소속의 욕구	소속, 애정	사랑	가족 유대감, 동료애, 사회적 상호관계 촉진, 개인적 유대관계, 대인 관계, 애정표시, 사회적 접촉유지
존경의 욕구	자존, 지위, 자긍심	성취, 명성	자기 성취에 대한 확신, 타인에 대한 자신의 중요성 과시, 명성 및 위상강화, 자기성찰, 신분과 지위
자아실현의 욕구	자아충족, 자아실현	자아실현	자아탐색, 자아발견, 내적욕구와 만족

출처: 이혜숙 외(2011). 재구성.

3 내부고객

최근 서비스 기업들이 매우 중요하게 관심을 기울이고 있는 고객이 바로 사내 종사원인 '내부고객'이다. 지금까지의 마케팅 활동이 최종사용자인 외부고객에게 초점을 맞춰왔다면, 서비스 기업의 경우 고객을 직접 만나는 종사원의 중요성을 인식하게 되었다는 것이다.

서비스의 전달체계(service delivery system)를 살펴볼 때, 종사원이 전달하는 서비스는 다른 동료로부터 받은 서비스에 부가적으로 가치를 포함해 고객에게 전달하게 된다. 즉 서비스 제공에서 '사슬 관계'라고 볼 수 있다. 여기서 동료는 또 한 명의 내부고객이 된다. 종사원 한 명이 제공하는 서비스 업무가 전체에서 어떠한 역할을 하고 있고, 또 지금 수행하는 이 업무가 타 부서에 어떻게 영향을 미치는지를 파악하는 능력이 서비스 종사원에게 필요하다. 이러한 이유로 포시즌스 호텔(Four Seasons Hotels)에서는 직원을 파트너(partner)라고 부른다.

1) MOT 접점에 있는 종사원

서비스 산업에서 마케팅은 기업이념 일부가 되어야 하며, 서비스를 담당하는 모든 종사원에 의해 인지되고 실행되어야 한다. 이는 서비스 산업에서의 종사원들은 고객을 직접 만나며 마케팅 기능의 거의 전부를 수행하고 있기 때문이다. 즉 서비스 산업에서는 종사원들은 직접 서비스 제품을 제공하며, 직원 그 자신이 제품 일부가 된다. 그러므로 서비스 산업에 있어서 모든 마케팅 활동과 기능들은 종사원들에 의해 대부분 실시된다고 할 수 있다.

서비스 종사원과 고객의 접촉은 어느 시점에서 '진실의 순간(Moment of Truth)'을 만들어 낸다. 이 말은 서비스 매니지먼트 그룹의 리처드 노먼(Richard Norman)이 '투우장에서 투우사와 황소와 대치하는 순간'을 서비스 종사원이 고객을 응대하며 인간적 에너지를 집중하는 결정적인 순간과 비교하여 표현하기 위해 사용한 용어로, 후에 스칸디나비아항공(Scandinavian Airlines)의 얀 칼슨(Jan Carlzon)에 의해 보급되었다.

주도면밀한 훈련과 준비를 했음에도 투우사의 하나의 잘못된 동작 또는 황소의 예기치 않았던 움직임이 재해를 입힐 수 있는 것과 마찬가지로, 직원이 고객을 응대하며 상호작용하는 순간이 바로 진실의 순간이며, 바로 이 순간 서비스 품질이 결정된다는 것이다.

▌그림 3-2▐ 진실의 순간(Moment of Truth: MOT)

출처: http://cfile25.uf.tistory.com/image/195B4B154C75F11C47C855

이러한 이유로 서비스 기업에서는 잘 훈련된 고객지향적인 직원이 기업의 핵심자원일 수밖에 없으므로 기업은 실제 고객과의 접촉 이전에 고객지향적인 직원을 확보하고 교육해야 한다. 또한, 고객과 직원이 접촉하는 서비스 접점(service encounter)에서도 직원의 서비스 수행능력, 태도, 인간미 등이 고객의 만족과 신뢰 형성에 큰 영향을 미쳐 재구매, 재방문, 우호적 관계유지를 위한 결정적인 역할을 하므로 내부마케팅은 서비스 기업에서 매우 중요한 부분을 차지하고 있다.

2) 내부마케팅

내부마케팅 활동은 서비스전달과정에서 고객과 직접 접촉하는 직원을 대상으로, 이들에게 서비스마인드를 갖추고 고객지향적인 행동을 하도록 동기부여 하는 것을 말한다. 즉, 외부고객들이 기업의 서비스를 구매한다는 것은 서비스 직원들의 노동과 행위를 통해 전달받는 것이기 때문에, 기업으로서는 무엇보다도 서비스를 직접 생산하고 제공하는 직원을 만족시키는 것이 중요하다.

이러한 시각에서 기업이 직원을 내부고객으로 간주하고, 그들이 직무에 만족할 수 있도록 직무환경을 조성해 주고 마케팅 기법을 활용하여 직원이 고객지향적인 인식과 태도를 보이도록 동기를 부여하는 모든 활동이 바로 내부마케팅이다. 서비스 기업에서의 내부마케팅은 내부고객인 직원의 욕구충족이 결국 고객만족으로 이어지고 궁극적으로는 이를 통해 기업의 목표가 달성된다는 것으로, 마케팅 과정에서의 전제이자 출발점이 된다.

전통적인 소비자 마케팅과 내부마케팅은 모두 교환(exchange)이라는 개념을 기반으로 하고 있으며, 고객을 설득하고, 정보를 제공하며, 행동을 바꾸는 데 도움을 줄 수 있는 노력이 필요하다는 공통점이 있다. 그러나 내부마케팅이 기업 내부에 존재하는 다양한 직원들에게 영향을 미치게 하려고 관리자들이 융통성 있고, 창조적이며, 통합적인 사고를 필요로 한다는 점에서 차이점이 있다고 할 수 있다.

〈표 3-2〉는 이러한 외부마케팅과 내부마케팅의 차이를 보여주고 있다.

표 3-2 외부마케팅과 내부마케팅 차이

구분	외부마케팅	내부마케팅
이념	외부고객지향	내부고객(직원)지향
목표	외부고객의 욕구충족	직원 만족, 서비스마인드
제공물	상품	직무 및 작업환경
가격	상품의 대가	직무의 대가
교환	제품 ↔ 화폐	직무, 직무환경 ↔ 노동시간
제공물	제품	노동(일)의 대가
커뮤니케이션	외부광고	외부광고, 내부커뮤니케이션
시장전략	세분화전략 등	연동근무시간제, 협력시스템과 의사결정참가제 등
조사	시장조사 등	직원 만족도 조사 등

출처: 강기두(2007).

3) 감정노동자

감정노동(emotional labor)이란, 좋은 품질의 서비스를 전달하기 위해 심리적, 정신적 기술을 필요로 하는 노동을 말한다. 즉, 낯선 사람이나 다시 보지 않을 사람이라고 해도 미소, 눈 맞춤, 깊은 관심을 두고 상냥한 대화를 나누는 것을 뜻한다. 서비스를 제공하는 직원들은 친절함, 예의, 공감성, 응답성 등 엄청난 정신적 노동을 하고 있다. 자신의 심리 상태와는 상관없이 언제나 고객을 향해 밝은 모습을 연출해야 하므로 정서적으로 감정노동을 하고 있다고 표현하기도 한다.

감정노동자는 효과적인 직무수행이나 조직에 적응하기 위하여 개인의 실제 감정 상태와 요구되는 감정에 차이가 존재한다. 감정에 대한 사회심리학 초기 연구자인 혹실드(Hochschild)는 1983년 항공사 종업원을 대상으로 한 경험직 연구를 통하여 감정관리가 자아의 일부분으로 경험되는 것을 넘어서, 직무수행을 위하여 이루어질 수 있다는 점에 주목하면서 감정노동(emotional labor)이라는 새로운 개념을 제시하였다.

감정노동이란 조직에서 실제 자신의 감정을 통제하려는 노력과 함께 사회적으로도 바람직하다고 인정되는 특정한 감정을 표현하려는 노력으로, '관리된 마음', '인간 감정의 상품화'로 설명할 수 있다.

적절한 감정을 표현하는 행위(the act of displaying)로, 감정노동을 직원의 감정 그 자체에 중점을 두기보다는 직원이 서비스를 수행하는 과정에서 사회적 규범, 조직적 규범, 업무에서의 규범 등에 따라 수행해야 할 규칙인 행위를 강조하는 개념이다. 직원이 고객과의 업무수행과정(interpersonal transactions) 중에 조직으로부터 요구되는 감정의 표현을 위한 노력, 계획, 그리고 통제로 정의하였다. 조직에서 요구되는 감정을 표현하기 위해서는 직원 스스로가 어느 정도의 노력이 필요하며, 서비스업 직원의 감정표현 자체가 하나의 서비스로서 간주하여야 한다.

감정노동자란 직접 고객을 대해야 하는 직업 종사자들로, 조직에서 바람직하다고 여기는 감정을 자신의 감정과는 무관하게 나타내야 하는 사람들로 볼 수 있다. 자신의 기분을 다스려 겉으로 드러내는 감정관리가 직무의 40%가 넘게 차지하는 노동이라는 뜻으로, 폭넓은 의미에서 서비스·판매 종사자들을 포함한다.

통계청에 따르면, 우리나라 서비스 산업 고용비중은 67.3%로 이중 감정노동에 해당하는 종사자는 2011년 말 기준으로 530만 명 정도이다. 표준산업 분류에 따르면 전체 서비스 업종 224개 중 감정노동자에 해당하는 업종은 대표적으로 백화점, 호텔, 마트 판매직, 승무원, 보험영업직, 안내데스크업무, 간호사, 은행원, 소비자 상담 업무, 텔레마케터 등에 종사하며 이들은 우울증, 대인기피증, 공황장애 등의 직무 스트레스성 직업병에 심각하게 노출되어 있다.

감정노동 직업 사례

감정노동 직업 상위 10

2014년 한국직업능력개발원이 203개 직업에 종사하는 5667명을 대상으로 설문 조사한 결과, 항공기 승무원이 감정노동을 가장 많이 수행하는 직업으로 조사됐다. 5점 만점을 기준으로 항공기 승무원의 감정노동 강도는 무려 4.70점으로 나타났다.
뒤이어 홍보 도우미 및 판촉원(4.60점), 통신서비스 및 이동 통신기 판매원(4.50점), 장례상담원 및 장례지도사(4.49점), 아나운서 및 리포터(4.49점), 음식 서비스 관련 관리자(4.44점), 검표원(4.43점), 마술사(4.39점), 패스트푸드 산업 종사(4.39점), 고객 상담원(4.38점) 순이었다.

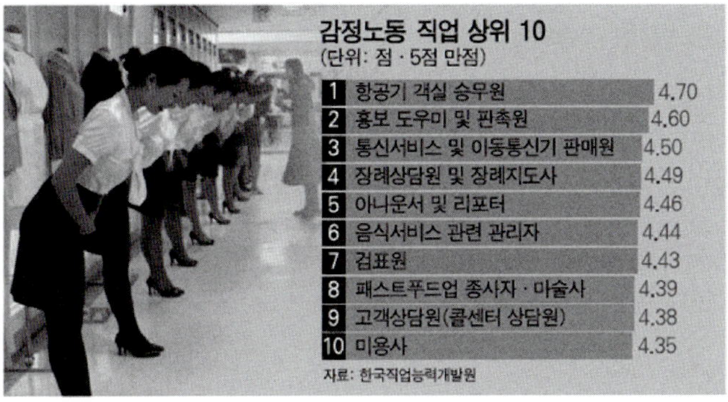

출처: 동아닷컴(2014. 12. 08.) 발췌 요약.

표 3-3 마인드 컨트롤: 감정 관리 10계명

- **시작이 중요하다:** 하루의 시작인만큼 자기 안시와 다짐은 자신에게 힘을 준다. 부정적인 생각을 던져라.
- **'원래 그런 것'이라고 생각하라:** 고객의 속성을 이해하고 그의 어려움을 돕겠다는 긍정적 사고가 필요하다.
- **'좋아 까짓 것'이라고 생각하고 행동하라:** 해결할 방안만 있다면 다소 무리한 요구일지라도 기꺼이 시행하라.
- **'그럴 만한 사정이 있겠지'라고 생각하라:** 고객의 입장을 이해하도록 하라.
- **'내가 왜 당신 때문에'라고 생각하라:** 고객은 흐르는 물과 같은 것이다. 당신이 상처받을 이유는 없다.
- **'시간이 약'이다:** 상처를 입었다면 시간이 해결해 줄 것임을 믿어라
- **'거꾸로' 생각하라:** 의도적인 노력과 이미지 트레이닝이 필요하다. '플라시보 효과'와 같은 의도적인 억지웃음도 효과적임을 기억하라.
- **'유치하다'고 생각하라:** 그저 한 순간 운이 나빴다고 생각하고 넘겨라.
- **즐겁던 순간을 회상하라:** 최고의 순간이 될 기억들을 많이 만들어라. 새로운 힘으로 작용할 것이다.
- **눈을 감고 심호흡을 하라:** 눈을 감고 크게 심호흡하며 삭혀라.

4 고객 특성과 유형

고객은 '자기중심적'인 성향이 강하다. 고객은 자기가 안고 있는 문제 해결에는 관심이 있지만, 서비스를 제공하는 종사원이나 사정이나 회사의 사정에는 귀 기울이려고 하지 않는 경향이 있다. 종사원 개개인의 사정에는 더욱 관심이 없다. 종사원이 이런저런 개인적인 사정을 이야기하면서 고객을 설득하려다 오히려 논쟁이나 싸움이 될 수도 있다.

고객은 종사원이 싸우거나 시시비비를 가릴 대상이 아니다. 설사 고객과의 논쟁에서 이겼다고 한들 훌륭한 서비스를 제공했다고 평가할 수는 없다. 고객이 우리 기업을 떠난다면, 아무리 논쟁에서 승리했다 한들 결국 기업이 실패한 것이다.

1) 고객 특성

자기중심적인 고객들을 능숙하게 고객을 응대하기 위해서는 먼저 고객의 특성을 이해하는 것이 중요하다. 고객의 특성을 이해하기 위해 고객과 관련된 다음의 말들을 생각해보자.

- 고객의 말을 전적으로 믿지 마라, 고객은 철새일 수도 있다.
- 고객은 당신에게 불만을 말하지 않을 때가 더 위험할 수 있다.
- 고객은 신속하고 정확한 서비스를 좋아한다.
- 고객은 자신이 지불한 금액에 상응하는 서비스를 받았는지 저울질한다.
- 고객은 앞에서는 당신을 칭찬하지만, 돌아서서는 당신을 비판할 수 있다.
- 고객은 자신만을 은근히 알아주기를 원한다.
- 고객은 항상 요구하고 부탁한다.
- 고객은 첫인상에 매우 민감하다.
- 고객은 언제나 자신이 정당하다고 생각한다.
- 고객은 집단이 아니라 개인이다.

- 고객은 언제나 구입처를 바꿀 수 있다.
- 종사원 1,000명 중 1명의 실수일지라도, 고객의 입장에서는 1,000명의 실수로 받아들인다.
- 고객은 요구사항이 많고 권리 주장이 강하다.
- 고객은 천태만상이고 각양각색이다.
- 사업에 기반이 잡혔다는 것은 고정고객이 많아졌다는 말이다.
- 판매사원은 매출을 원하고, 고객은 친절을 원한다.
- 고객은 자신의 불평을 들어주면, 단골이 된다.
- 만족한 고객은 가장 좋은 홍보맨이 된다.
- 만족한 고객은 재방문하고, 반복구매하고, 입소문 내고, 좋은 고객을 소개해 준다.
- 고객이 많으면 흥하고, 고객이 적으면 망한다.
- 고객은 논쟁의 대상이 아니라 존중의 대상이다.
- 고객은 생각과 행동이 있는 인간이지, 통계상의 데이터가 아니다.

▌그림 3-3▐ 고객특성 이해

2) 고객 성향

고객을 보다 구체적으로 이해하기 위해서는 고객의 기대에 따른 태도와 특성을 살펴보는 것이 유용하다. 고객은 서비스를 하나의 상품으로 간주하며, 서비스에 대한 기대감은 그들의 성향에 따라 다르게 나타난다. 고객의 상이한 성향은 그들의 구매 태도에도 영향을 미치게 된다.

고객의 성향을 경제적 성향, 윤리적 성향, 개별화 성향, 편의 성향 등 4가지로 나누어 살펴보면 다음과 같다.

- **경제적 성향 고객(the economizing customer)**: 경제적 이익과 가치를 크게 고려하는 고객. 자신이 소비하는 것에 대한 경제적 효용 및 가치가 최고가 되길 원하는 고객. 가격할인 등을 선호
- **윤리적 성향 고객(the ethical customer)**: 기업에게 사회적 책무와 도덕적 의무를 바라는 고객. 사회참여, 사회봉사, 사회 서비스를 활발하게 하는 기업을 선호하는 고객
- **개별화 성향 고객(the personalizing customer)**: 친밀한 관계를 선호하는 고객. 자신의 이름을 불러주거나 알아봐 주는 것을 선호하는 고객
- **편의 성향 고객(the convenience customer)**: 편리함을 추구하는 고객. 가격이 비싸더라도 구매품을 집까지 배달해 주는 서비스를 선호하는 성향의 고객

3) 고객 유형

고객을 명확하게 분석하고, 이해하기 위해서는 다음과 같이 다양한 관점에서 고객의 유형을 살펴보는 것이 유용하다.

먼저 상품과 서비스를 구매하거나 구매에 영향을 미치는 과정을 분석해서 구매자, 소비자, 소개자, 추천자, 판매자 결정자 등으로 나누어 볼 수 있다.

(1) 상품과 서비스

- **구매자**: 자신이 필요한 것을 대금을 지불하고 구매하는 사람
  - 가족이 필요한 것을 구매하는 가정주부(가족)
  - 선물용품을 구매하는 사람

- 회사에서 사용할 것을 구매하는 사람
- **소비자**: 사용하거나 소비하는 사람
  - 자신이 구매한 것을 소비하는 사람
  - 다른 사람이 구매한 것을 소비하는 사람
  - 회사에서 지급받은 것을 소비하는 사람
- **소개자**: 상품의 존재 자체만 소개해 주는 사람
- **추천자**: 타인에게 상품 및 서비스를 추천해주는 사람
- **판매자(딜러)**: 유통경로의 대리점, 소매점 등에서 판매하는 사람
- **결정자**: 구매 의사결정에 있는 사람
  - 구매담당자, 중간관리자, 최종결정자, 정보제공자, 검수자

(2) 우호도 측면

- **우호형**: 우호형(friendly customer)은 우호적인 관계의 고객, 자사의 상품을 다른 이들에게 적극적으로 구전 활동하는 소비자를 말함
- **반대형**: 반대형 혹은 적대형(hostile customer)은 비판적이거나 부정적인 소비자를 말함
- **중립형**: 중립형(neutral customer)은 특별한 의견을 갖고 있지 않고, 필요에 따라 의견을 달리하는 소비자를 말함

표 2-4 블랙컨슈머

블랙컨슈머(black consumer)는 악성을 뜻하는 블랙(black)과 소비자를 뜻하는 컨슈머(consumer)의 합성 신조어로 악성 민원을 고의적, 상습적으로 제기하는 소비자를 뜻하는 말이다. 예를 들면, 물건을 오랜 기간 사용하고 물건에 하자가 있다고 환불이나 교환을 요구하고, 멀쩡한 음식물에 고의로 이물질을 넣어 보상금을 챙기는 사람들이 블랙컨슈머에 해당된다고 볼 수 있다. 기업들은 제품이나 기업 이미지 손상을 우려하여 블랙컨슈머들의 상식 밖의 무리한 요구나 불만을 수용해야 하는 곤란한 처지에 놓이기도 한다.

출처: 시사경제용어사전(2010.11). 기획재정부.

(3) 구매빈도

- **단골고객**: 자주 이용하는 고객, 자사와 지속적인 유대관계를 지닌 고객으로,

경쟁사이 전략에 쉽게 동요되지 않는 고객

- **비활동 고객:** 자사의 고객이었던 사람 중에서, 정기적인 구매를 할 시기가 지났음에도 불구하고 더 이상 구매하지 않는 고객
- **미자격 잠재자:** 구매 가능자 중에서 경쟁회사 임직원처럼 자사 상품에 대해 구매할 가망이 없는 자 또는 확실히 구매능력이 없다고 판단되는 고객층. 이들은 자사의 목표 고객을 설정할 때 고객에서 제외함
- **이용고객:** 현재 이용하고 있는 고객
- **가망고객(구매 가능자):** 아직 우리 고객은 아니지만, 잘 권장하면 우리 고객이 될 가능성이 있는 고객
- **잠재고객:** 현재 구매력은 없는 고객, 향후 구매 가능성이 있는 고객
- **기존고객:** 회사와 지속해서 거래하여 어느 정도 데이터가 쌓인 고객. 데이터를 활용하여 효율적인 마케팅을 실행하며, 반복구매를 유도할 수 있는 단계의 고객
- **충성고객:** 기업이 가장 바라는 고객, 구매 시점에서 자사의 제품이나 서비스를 먼저 고려하는 충성도 높은 고객

(4) 관계 측면

- **사도(apostle):** 고객 중에서 충성도도 높고 마치 예수님의 좋은 말씀을 세상에 전달하였듯이 우리 기업을 널리 알려주는 고객
- **충복(loyalist):** 충성도가 높으나 사도만큼 그 좋은 점을 적극적으로 알리지 않는 고객
- **용병(mercenary):** 여러 이유, 특히 가격 측면의 이유로 우리 기업을 방문하는 고객이며 이들은 다른 기업이 더 좋은 조건을 제시하면 돌아설 수 있는 고객
- **게릴라:** 현재는 관계를 맺고 있으나 다른 기업도 이용하는 등 종잡을 수 없는 고객
- **인질:** 현재 우리 기업으로 끌어와야 하는 고객인데 무슨 이유에서 인지 다른 호텔을 이용하는 고객

(5) 매출액

- VVIP, VIP, MVG
- 최우수고객, 우수고객
- 보통고객, 불량고객

(6) 예약

- 고객(customer)
- 게스트(guest)
- 방문자(visitor)
- 낯선 사람(stranger)

서비스 기업은 자사의 사업 특성에 맞게 고객의 유형을 분류하여 고객관리를 하고 있다. VVIP, VIP, MVG, 최우수고객, 우수고객 등으로 분류하기도 하고, 스타, 골드, 실버 등으로 나누기도 한다.
은행의 경우, 거래실적에 따라 프리미엄, 골드, 로얄, MVP 스타 등으로 고객 등급을 나누거나, 로얄 MVP, 로얄VIP, 로얄골드, 로얄그린 고객 등으로 구분하여 차별화된 서비스를 제공하는 고객제도를 시행하고 있다. 백화점의 경우는 플래티넘 플러스, 플래티넘, 프라임, 단골, 일반 등으로 고객을 분류하고 이에 따라 차별적인 서비스를 제공하기도 한다.

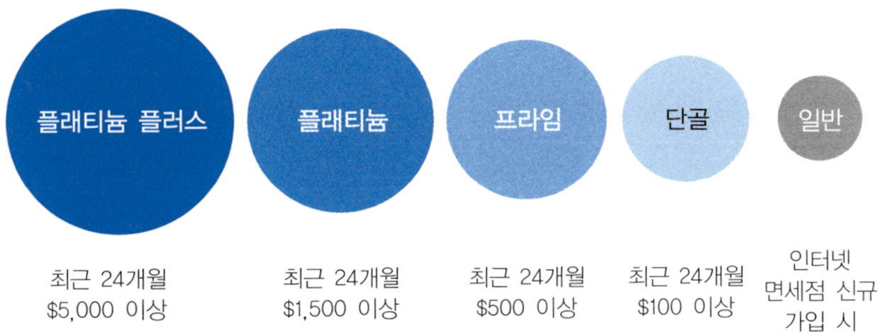

적립금	플래티늄 플러스 10,000원	플래티늄 5,000원	프라임 3,000원	단골 2,000원	일반 없음

그림 3-4 고객 등급 사례

학습정리

- 고객은 기업의 가장 중요한 자산이다. 기업은 고객이라는 자산을 잘 관리해야 하며, 이를 위해서는 고객을 정확하게 이해하고 파악하는 것이 중요하다.
- 고객은 비즈니스 상황과 이해관계에 따라 소비자, 고객, 게스트, 클라이언트, 수요자, 구매자 등 다양한 용어로 표현된다.
- 고객경험 관리(CEM)는 기업이 서비스와 제품을 구매하는 소비자의 경험을 전략적으로 관리하고 이를 자사의 차별화된 서비스로 활용하는 것을 말한다.
- 고객의 욕구와 필요를 명확하게 이해하는 것은 고객에게 접근하기 위한 가장 중요하고 기본적인 과정이다. 이때 기업은 고객의 기본욕구에 먼저 초점을 맞추어야 한다.
- 서비스 기업에서의 내부마케팅은 내부고객인 직원의 욕구충족이 결국 고객만족으로 이어지고 궁극적으로는 이를 통해 기업의 목표가 달성하기 위함이다.
- 감정노동이란 인간이 지닌 자연스러운 감정을 통제하여 사회적으로 바람직하다고 인정되는 감정으로 훈련하여 표현된 감정을 말한다. 감정노동자는 훈련된 감정을 가지고 직장생활을 해야 하는 종사자들을 말한다.

학습평가

01 기업이 서비스와 제품을 구매하는 소비자의 경험을 전략적으로 관리하고 이를 자사의 차별화된 서비스로 활용하는 것을 무엇이라고 하나?

① 고객관계관리(CRM)　② 고객데이터관리(DBM)
③ 고객경험 관리(CEM)　④ 고객만족 관리(CSM)

02 서비스 기업에서의 내부마케팅을 실행하는 목적은 무엇인가?

① 내부고객인 직원의 욕구충족이 결국 고객만족으로 이어지고 궁극적으로는 이를 통해 기업의 목표를 달성하기 위함
② 내부고객인 서비스 종사원과 외부고객이 상호존중하는 서비스 문화를 조성하기 위함
③ 인간이 지닌 자연스러운 감정을 통제하여 사회적으로 바람직하다고 인정되는 감정으로 훈련하기 위함
④ 훈련된 감정을 가지고 직장생활을 해야 하는 종사자들에게 소통의 기술을 교육하기 위함

[정답 및 해설]
01 ③
해설: 고객경험 관리(CEM)의 개념을 파악하는 문제다.
02 ①
해설: ②는 수평적 서비스 문화에 대한 설명이고, ③과 ④는 감정노동에 관련된 설명이다.

Chapter

04 고객행동 이해

학습목표

- 인간관계의 개념과 중요성에 대해 설명할 수 있다.
- 인간행동을 결정하는 요인에 관한 이론은 무엇이 있는지 나열하고 이에 대해 설명할 수 있다.
- 자아개념의 정의와 중요성에 대해 설명할 수 있다.
- 갈등의 개념과 관리법을 설명할 수 있으며, 갈등관리방법을 실제 인간관계에 적용할 수 있다.

1 인간관계 개념과 중요성

인간관계란 인간과 인간 사이의 원만한 관계를 위해 상호 간에 더욱 좋은 상태를 유지하는 것과 관련된 내용을 말한다. 인간은 끊임없이 다양한 관계 속에서 살아가며 인간관계의 시작은 태어나자마자 형성되는 부모와 자녀와 관계이다. 이어서 형제관계, 친구관계, 선후배관계, 상사와 부하직원의 관계, 연인관계, 부부관계 등 많은 관계를 맺으며, 관계의 과정을 겪으면서 자신의 사회적 영역을 넓혀간다. 그러한 관계 속에서 기쁨과 슬픔, 행복과 불행 등의 다양한 감정들을 느끼고 서로가 희로애락을 공유하며 산다. 행복하고 의미 있는 삶의 대부분은 자신이 맺고 있는 인간관계와 밀접하게 관련되어 있다.

인간이 태어나서 죽기까지 느끼는 감정과 중요한 문제들은 대부분 인간관계에서 비롯되기 때문이다. 인간관계는 사람과 사람사이의 상호작용을 통해서 이루어지는 사회화 과정이다. 인간은 서로의 관심을 통해 만족감을 얻으며 서로 협력하며 사람과 사람 간의 복잡한 관계 속에서 일어나는 문제에 대한 해결책을 찾을 수 있는 방법을 모색한다. 또한, 개인이 가지고 있는 능력을 발휘하여 조직 구성원들과 원만한 관계를 유지하고 나와 관련된 조직에서 보다 나은 목적을 달성하기 위한 꾸준한 상호작용이라고 할 수 있다.

인간관계는 삶의 중요한 영역이다. 인간은 혼자서 살 수 없는 존재로 다른 사람들과 관계를 맺으면서 더 나은 미래를 추구하는 노력을 기울인다. 이러한 노력 여하에 따라서 자신이 원하는 인생이 되기도 하고 그렇지 못하기도 한다. 우리는 산업화, 근대화 이후 삶의 가치를 성공에 두며 성공을 위한 요인으로 능력을 중요시해왔다. 능력의 핵심적 요소 중 하나인 높은 지능은 높은 학력과 관련되고 높은 학력은 좋은 회사, 돈, 성공으로 연결되어 사회에서의 성공을 보장 받을 수 있다고 여겨졌다. 그러나 최근에는 인간이 가진 능력을 대표할 수 있는 요인으로서의 지능이 기존의 학업지능 이외에 대인관계지능, 정서지능 등 현대적 의미에서 지능에 대한 개념이 새롭게 정립되고 있다. 특히 대인관계지능인 인간관계능력은 우리의 건강한 삶과 행복을 위해 반드시 갖추어야 할 하나의 중요한 능력인 것이다.

성공적인 직장생활과 기업의 생산성 및 조직의 효율성을 높이는 중요한 요소로 인간관계를 꼽는다. 직장은 가정에서보다 훨씬 많은 시간을 보내는 곳이다. 이곳에서 원만하지 못한 인간관계는 갈등과 스트레스를 불러일으키고 업무에 흥미를 떨어뜨려 효율적인 업무를 방해하는 요소가 됨과 동시에 직장 이탈의 중요요소로 작용한다. 하지만 직장에서 상사와의 관계나 동료와의 관계, 부하 직원과의 관계가 원만하면 보다 적극적으로 직장 생활을 함으로써 업무의 생산성을 향상시키고 공식조직이든 비공식조직이든 활력이 넘치고 효율성이 높은 직장이 될 수 있다.

인간관계는 개인의 자아실현과 삶의 질을 결정하는 데 큰 영향을 미친다. 인간의 내면에는 잠재력과 그 잠재능력을 실현하고자 하는 강한 욕구가 있다. 개인의 잠재능력을 실현하고 성취감과 기쁨을 경험하게 되는 것은 직접적이든 혹은 간접적이든 다른 사람들과의 관계 속에서 가능하다. 자신의 잠재능력을 이끌어 내기 위해서는 다른 사람들의 지지와 응원, 도움이 필요하기 때문이다. 다른 사람들의 사랑, 지지를 받은 사람들은 그들의 실패나 실수를 두려워하거나 후회하지 않는다. 과거를 수용하고 미래를 바라보면서 지금 현재의 삶의 목표에 집중하고 충실할 수 있으며 자신의 잠재능력을 발휘함과 동시에 집단의 성장과 목적도 달성시킬 수 있다. 이를 통해 얻은 성취감과 만족감은 행복을 느끼게 하고 우리의 삶을 의미 있게 함으로써 우리의 삶의 질을 높여준다.

원만한 인간관계는 삶을 풍요롭고 즐겁게 하는 반면, 인간관계의 실패는 곧 좌절을 가져온다. 다른 사람과 인간관계를 통해 자기 성장뿐 아니라 다른 인간관계에도 지대한 영향을 받게 되므로 어떤 인간관계를 맺는지는 매우 중요하다.

좋은 인간관계를 형성하고 유지 및 발전시키기 위해서는 자신과 타인을 수용하는 자세가 필요하다. 바람직하고 긍정적인 인간관계의 형성을 위해 자신에 대한 올바른 이해가 필요하며 타인의 생각이나 욕구, 감정에 대한 이해가 깊을수록 더 효율적인 인간관계가 가능해진다.

좋은 인간관계의 유지를 위해서는 자신과 타인에 대한 이해와 긍정적인 마음이 중요하지만 서로가 보여주는 행동이나 표현방법도 매우 중요하다. 이러한 인간관계 능력을 높이기 위한 방법과 기술을 알고 실제 대인 관계 상황에서 활용할 수 있는 인간관계 능력은 바람직한 인간관계를 수립하고 잘 유지할 수 있게 한다.

2 인간관계 이론

인간은 저마다 생긴 모습과 심리 생활방식이 다른 것처럼 인간관계 역시 다양하고 복잡하다. 특히 세계화, 지식 정보화 시대에 인간관계와 인간관계론은 전통사회에 비해서 훨씬 더 복잡하고 역동적으로 변화하였고, 소통과 상호작용의 방향 또한 입체적, 역동적, 쌍방적, 다(多)방향으로 발전되고 있다.

인간관계에 대한 연구의 필요성은 경영학적 측면에서 먼저 요구 되었다. 산업혁명 이후 종업원의 생산성이나 능률 향상의 극대화를 위하여 인력관리를 어떻게 해야 하는가에 대한 관심에서부터 인간관계론이 태동하게 되었다. 산업혁명 이후에 능률 향상을 위하여 기업에서 행해진 여러 제도들은 종업원을 조직이라는 커다란 기계 속의 작은 조립품으로 여기는 태도를 바꿀 것을 요구하였다. 또한 종업원에 대한 인격적 대우와 심리적 안정이 임금 인상이나 다른 물리적 조건의 변화보다 더울 효율적이라는 사실을 알게 됨으로써 기업과 노동자가 인간 대 인간으로 대면할 것을 제시하는 계기가 되었다.

심리학적 측면에서 인간관계론과 경영학에서의 인간관계론은 그 학문적 목적에서 차이가 있다. 경영학에서는 기업의 생산력을 증진시키기 위한 효율적 방법으로서의 인간관계론에 목적을 둔 반면, 심리학에서는 바람직한 인간관계의 형성 그 자체가 목적이라고 할 수 있다. 그러므로 인간관계론의 이해를 위해서는 인간관계 연구의 발전 과정에 대한 기본 지식을 갖는 것이 중요하다.

인간관계론의 발전 과정은 전통적 인간관계론, 1920~1930년대에 걸쳐 진행된 전통적인 호손 실험을 근거로 성립된 초기의 인간관계론, 1950년대 이후 인간행동을 강조한 현대적 인간관계론 등으로 구분한다.

1) 전통적 인간관계론

테일러(Taylor)에 의해 창시된 과학적 관리법은 능률에 최대의 역점을 두는 것이었다. 과학적 관리법이란 근로자의 능률을 향상시키기 위하여 작업의 본질이나 과정 등을 체계적으로 연구하여 과학적으로 관리하는 방법 또는 산업경영 및 관리의 합리화를 위한 지식, 기술의 체계 즉, 과학과 과학적 방법의 활용을 통하여 관리하는 방법을 말한다.

19세기 말 주로 생산성 증가에 관심 있는 경영자들은 산업 환경의 변화를 고려하지 않고 단지 능률을 향상시켜서 기업의 이익을 최대화하는 것이 목적이었다. 이에, 과학적 관리론자인 테일러(Taylor)는 조직적 태업이 주먹구구식 관리에 의한 노동의 비합리적 운용에 기인한다고 보고 여러 측면에서 과학적이고 합리적인 방법이 도입되어야 한다고 주장하였다. 즉, 작업자를 과학적인 방법으로 선발 훈련하여 개인의 능력을 발전시켜 주어야 한다는 것이다. 또한, 과학적 방법을 통하여 작업의 기본 요소 발견과 수행 방법에 대한 시간연구와 동작연구를 실시하였다. 그 결과 작업방식의 과학화, 임금형태의 합리화, 작업환경의 개선 및 정비, 작업자의 신체적 조건에 대한 철저한 분석 등이 적용되어야 한다고 주장하는 등 과학적 관리론의 기초를 확립하는 데 크게 기여하였다.

그가 주장한 과학적 관리를 위한 기본 원리는 다음과 같다.

- 모든 작업자에게 명확하게 설정된 충분한 과업을 주어야 한다.
- 작업자가 과업을 확실히 수행할 수 있도록 표준화된 조건을 부여하여야 한다.

- 작업자가 과업을 완수한 경우, 성공에 대한 높은 임금을 지불하여야 한다.
- 작업자가 과업을 완수하지 못하고 실패한 경우 손실을 부담시켜야 한다.
- 과업은 초일류의 노동자만이 달성할 수 있게 충분한 것이어야 한다.

과학적 관리론은 노동자를 최선의 방법으로 생산과정에 활용하기 위한 기술과 지식을 체계화하는 기초를 확립하였다는 데에 그 의의가 있다. 실제로 과학적 관리법은 미국의 산업경영에 널리 보급되어 생산능률을 향상시켰다. 하지만 테일러(Taylor)의 이론은 인간관계의 측면에서 많은 비판을 받고 있다. 인간을 마치 기계처럼 인식하고 있으며, 인간의 개성이나 잠재력은 거의 고려하지 않고 단지 인간의 적응 능력을 생산적 합리적인 측면에서 평가하고 있기 때문이다. 이것은 노동자의 개성이나 사회관계가 생산 과정에서 중요한 영향을 미친다는 것을 무시한 결과이다. 이에 따라, 인간의 심리적 측면을 무시한 과학적 관리 방법은 비판받기 시작했고 인간의 기능적인 측면보다는 심리적이고 사회적인 측면을 강조하는 이론이 대두하기 시작하였다.

2) 초기의 인간관계론

1930년대에서 1960년대 사이에 출현한 초기 인간관계론의 형성에 중요한 역할을 담당한 사람은 영국의 사회이론가이며 산업개혁가인 오웬(Owen)이다. 그는 공장노동자들의 자녀를 위한 교육과 모든 공장 노동자에게 주택, 음식, 의복 등을 제공함으로써 공장노동자들의 직무 상황과 작업환경을 향상시키는 데 관심을 가졌다. 작업환경의 개선, 최소 작업연령의 제한, 종업원 복리후생 등의 개선은 노동자가 기업의 부품이 아니라 하나의 인격체임을 인식하게 하였다. 노동자를 생산의 주체로 인정하는 오웬(Owen)의 경영론은 메이요(Mayo)를 중심으로 한 호손 실험을 통해 인간관계론의 이론을 정립하였다.

호손 실험(Hawthorne experiment)이란 1924년 1931년 사이에 미국 전신전화회사의 하나인 서부전기회사의 호손공장을 중심으로 메이요(Mayo)에 의해 수행된 작업의 능률성과 인간관계를 연구한 실험으로 실험 전 가설은 다음과 같다

첫째, 물리적 작업 조건이나 작업 방법을 개선시켜 주면 생산성이 증가할 것이다. 둘째, 휴식 시간을 증가시켜 주고 노동시간을 단축시켜 주면 피로가 감소하고 작업에 대한 단조로움이 감소할 것이다. 셋째, 개인별 인센티브 시스템을 도입하면 산출이 증가할 것이다.

이 3가지 가설을 확인하기 위해 이 실험은 조명실험, 계전기 조립작업 실험, 면접실험 등으로 성립되어 있다.

표 4-1 Hawthorne의 실험 내용

조명실험	조명실험은 공장 내의 조명도와 종업원의 생산능률 간의 상관관계를 연구하고자 한 것이었다. 작업 여건이 인간의 생산성에 미치는 영향을 연구하기 위해 다른 작업조건은 일정하게 해놓고 조명도에만 변화를 가하는 경우 생산도가 어떻게 변화하는지 알아보았다. 이 실험은 조명도가 밝아지면 밝아질수록 생산율이 증가할 것이라는 가설을 확인하려는 것이 목적이었으나 결과는 조명도, 작업장의 온도, 작업시간 등은 생산성에 영향을 미치는 절대적인 요건이 아닌 것으로 나타났다.
계전기 조립실험	계전기 조립실험은 작업 기간 중 휴식 시간의 제공과 간식 공급, 작업 시간과 일수의 단축 등 여러 가지 작업조건의 변화요인을 도입하여 어떤 시간이 노동자의 피로, 권태감을 가장 적게 하고 생산 능률을 최대로 올릴 수 있는가를 발견하기 위해 진행되었다. 이 실험을 통해 조직 또는 집단 내에서 급여 방식, 휴식시간, 작업일수, 간식 공급 등의 물리적 작업조건보다도 안정감, 책임감, 만족감 등의 감정적, 심리적 요인이 생산성 향상에 더 중요하다는 사실을 확인하였다.
면접실험	실험과정에서 인간의 감정적, 심리적인 요인이 중요하다는 것을 알게 됨에 따라 종업원의 인간적인 측면을 임상적으로 파악하는 면접실험을 병행하게 되었다. 생산능률의 저하는 물리적 작업 조건이나 피로에만 기인하는 것이 아니라 주위의 인간적, 사회적 환경에 대한 개인의 균형이 잘 유지되지 못할 경우에도 발생할 수 있다는 확인하였다. 그러므로 인간 행동은 환경의 변화에 대한 반응으로서 감정과 태도가 개입하게 된다. 태도나 감정은 종업원 개인의 과거의 사회적 학습이나 개인적 경력에 의하여 형성된 가치관, 원망, 기대와 직장에서의 동료나 상사화의 사회적 접촉을 통하여 얻게 되는 만족감에 의하여 형성된다는 것이 밝혀졌다.

호손 실험은 인간의 생산성이 작업 시간, 작업방법, 임금, 작업장의 환경 등 작업의 물리적 환경들에 의해 영향을 받기보다는 인간의 내적 심리적 요인에 의해 결정된다는 것을 밝혀냈다.

- 생산 능률은 종업원의 태도 또는 감정에 크게 의존한다. 작업에 영향을 끼치는 종업원들의 근무의욕은 종업원들의 참여의식과 그들이 속해 있는 집단

내부에서 가치 있는 업무를 수행하고 있다는 자신들의 존재 가치와 사회적 의식 등의 사회 심리적 태도와 같은 감정의 논리에 크게 의존하고 있다는 것이다. 결국 생산에 있어서 인적 요인의 중요성을 인식하게 되었다.

- 종업원의 태도나 감정은 그가 속한 집단 내의 인간관계와 밀접한 관계가 있다. 어느 정도 열심히 일을 할 것인가 하는 마음의 결정은 주위 사람들과의 관계에서 영향을 받으며 종업원의 감정은 근로 의욕에 중요한 역할을 한다.
- 공식적 조직 내에는 자생적 조직이 있고 그것을 만들어 낸 규범에 의해 인간의 행동이 통제된다. 종업원은 조직에서 기술적 과정에 의해 상호관계를 맺고 있는 것뿐만 아니라 그들 특유의 집단 감정을 가지고 있으므로 경영자나 능률 전문가들이 비용의 논리나 능률의 논리만을 생각하여 합리화 방안을 일방적으로 추진한다면 반발을 유발한다는 것이다.

초기 인간관계론은 개인적 측면만 중시하고 조직 목적의 효율적 달성과의 연관성을 간과했다는 점, 비공식 조직에만 관심을 두었고 경제적 보상효과를 경시했다는 점, 적절한 인간관계만 이루어진다면 노조는 불필요하다는 입장을 가진 것에 대한 문제들로 비판을 받았다.

3) 행동과학적 인간관계론

행동과학의 목적은 인간행동에 관하여 객관적인 방법으로 자료를 수집하고 경험적 증거에 따라 일반적 법칙을 확립하며 그 법칙을 통해서 인간행동을 과학적으로 설명하고 예측하는 것이다. 따라서 행동과학은 조직의 공식적 측면과 비공식적 측면을 모두 포함하여 조직 전체를 인간의 조직 활동이나 집단과정으로 보고 그것을 객관적으로 측정하고 연구한다. 여기서 인간은 사회의 일원으로 수용되고 그 속에서 지위를 확보하고 능력이 인정되기를 바라는 욕구를 가지고 있다. 동시에 각자가 지닌 능력을 현실에서 활용하고 개발할 수 있는 기회를 원하며 가치 있는 목표를 달성함으로써 느낄 수 있는 만족감을 요구하고 있다.

행동과학에 근거하여 전개되는 인간관계론이 지향하는 바는 조직의 목적이나 개인의 목적을 강조하는 통합적인 성격을 가지고 있다. 행동과학에 대한 연구는 인간관계 중심의 행동과학과 의사결정 중심의 행동과학의 두 방향에서 발전되고 있다. 전자는 주로 동기의 문제를 다루며 후자에서는 조직의 의사결정과정을 해석하고 설명한다. 즉, 조직 내 인간행동에서 중요한 것은 비공식적인 인간관계가 아니고 공식적인 목표 달성을 위한 의사결정이라는 것이다. 인간관계 중심의 행동과학에서는 경제적 인간관을 중시했던 과학적 관리론이나 사회적 인간관을 강조했던 초기의 인간관계론과는 달리 자립적 인간관계를 중시한다.

인간관계를 정립하기 위한 노력에 있어서 자기 통제나 자아실현의 욕구를 충족시켜 줄 수 있는 보다 합목적적이고 역동적인 접근이 필요하며 행동과학은 이러한 요청에 부응한 동기 이론을 제시하였다고 볼 수 있다. 행동과학은 인간관계에서 일어나는 현상을 분석하고 이해하며 궁극적으로 어떻게 해야 가장 바람직할 것인가에 대한 처방에 이르기까지 다방면에서 인간관계 이론을 발전시킬 수 있는 기틀을 마련해 주었다고 할 수 있다.

4) 인간자원관리론

인간자원관리론은 인간에게 잠재되어 있는 미개발 능력을 찾아 이를 개발할 수 있도록 능동적으로 자신의 능력 향상에 주력함으로써 창조적인 자원 개발을 이루어야 한다는 것이다. 이를 위해서는 인간의 업무 능력을 향상시키기 위한 반복되는 경험과 일에 대한 숙련이 필요하고 능력을 발전시키기 위한 노력이 필요하다. 대다수의 노동자들은 현재 그들의 작업이 요구하는 정도 이상의 능동성, 책임성, 창의성을 발휘할 수 있는 능력이 있는데 이러한 능력이 미개발의 자원으로 남아 낭비되고 있다는 것이다. 따라서 관리자는 자신의 부하들이 조직의 목적을 달성하는 데 모든 재능을 바칠 수 있는 환경으로 조성하여 이들의 창조적 자원을 개발하도록 해야 한다는 것이다. 일반적으로 인간자원관리론에 공통적으로 적용되는 일련의 가정들은 다음과 같다.

첫째, 조직 효과를 최대화하기 위하여 인간의 성장과 동기를 높이는 풍토를 지지하는 내부 구조를 참조할 필요가 있다. 높은 수준의 신뢰와 충분한 의사소통과 갈등의 생산적 관리를 촉진하는 개방적 조직풍토에서 가능하다.

둘째, 불확실하고 급변하는 상황에서 적응적인 문제 해결적 조직은 위계적 지위보다 전문성에 더 많은 비중을 두는 유연한 조직을 강조한다.

셋째, 고립, 냉담, 빈약한 작업성과는 직무 자체에서 얻는 만족, 예컨대 성취감, 작업의 본질적 가치 등과 더욱 밀접히 관련되어 있다. 조직의 구성원인 인간은 자기가 하고 싶은 일을 마음 놓고 수행할 때 더욱 보람과 만족을 느낄 수 있다.

3 인간행동 결정

인간은 무한한 욕구를 가지고 있으며 그 욕구는 인간의 내적 외적인 요소들에 의해 계속적으로 자극받고 있다. 자극을 받은 욕구는 곧 행동으로 연결이 되기도 한다. 심리학자들도 인간의 욕구와 연결 지어 인간관계의 중요성을 언급하고 있다. 욕구가 행동으로 이어지는 과정은 인간 내적인 욕구가 개인의 가치관과 태도 등의 요소와 상호작용을 하고 외부의 환경적인 요소들과도 상호작용하는 과정 거치는 등 여러 요소들이 동시에 영향을 미치는 복잡한 과정이다. 인간관계를 이해하기 위해서는 인간 행동을 이해해야 하는데 인간 행동의 동기가 되는 것을 먼저 알아볼 필요가 있다. 인간 행동의 동기이론은 욕구중심이론, 인지중심이론, 환경중심이론으로 나눌 수 있다.

1) 욕구중심의 동기이론

욕구이론은 인간의 행동은 욕구에 의해 동기 유발된다는 전제 하에, 인간의 기본 욕구와 그것이 어떠한 과정을 거쳐 동기를 불러일으키게 되는지에 대한 것을 밝히고자 하는 이론이다.

(1) 매슬로우의 욕구단계론

욕구단계론(Theory of need hierarchy)은 미국의 심리학자 매슬로우(Maslow)가 개발한 이론으로, 그는 인간이 특정한 목적의식을 가지고 어떠한 행동을 하는 것은 단순히 인간이 가지고 있는 논리적인 사고의 결과가 아니라, 그 내면에 잠재해 있는 욕구충족의 필요성 때문이라고 보았다. 그는 일반적으로 인간은 인종, 나라, 문화에 상관없이 같은 종류의 욕구를 가지고 있으며, 이 욕구들은 생리적인 욕구, 안전욕구, 소속과 애정욕구, 존경욕구 및 자기실현 욕구의 다섯 가지라고 주장하였다. 그리고 인간의 행동은 이 욕구들 중 충족 필요성의 강도가 가장 높은 욕구의 작용에 지배를 받게 된다는 것이다. 만약 사람이 잠이 부족하게 되면 인간의 욕구 중 잠을 자고 싶어 하는 생리적인 욕구가 자극이 된다. 이로 인해 인간의 모든 행동은 그 부족함을 충족시키는 데 집중하게 된다.

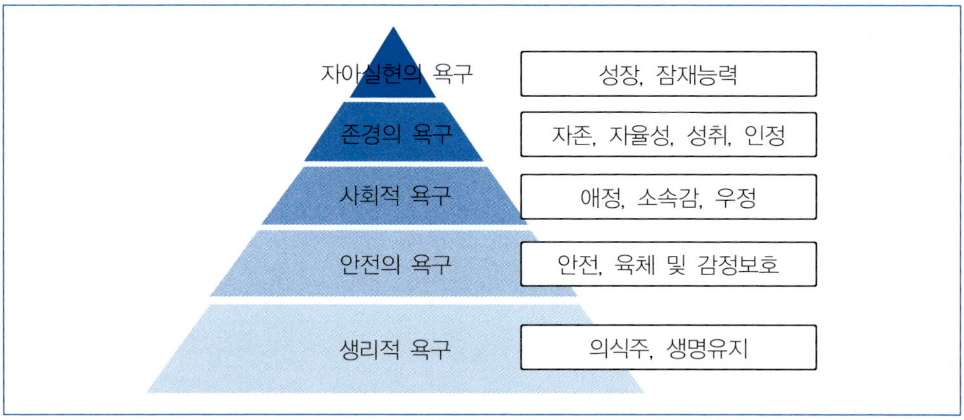

▌그림 4-1▐ Maslow의 욕구5단계

[그림 4-1]에서 보는 것처럼 욕구는 피라미드 구조로 구성되어 있는데 하위계층의 욕구가 충족이 되면 이는 행동의 동기로써 영향력을 잃게 되고 바로 위에 있는 상위계층의 욕구가 행동을 지배하게 된다. 즉, 생리적인 욕구가 충족이 되면 안전욕구가 자극을 받게 되고 안전욕구가 충족되어야지만 소속과 애정의 욕구가 자극을 받으며, 자극을 받은 욕구를 충족시키기 위해 특정한 행동을 하게

된다는 것이다.

- **생리적 욕구**: 욕구의 다섯 단계 중 가장 하위단계의 욕구이다. 주로 인간의 의식주와 관련된 인간의 삶 자체를 유지하려는 기초적인 욕구이며 식욕, 성욕, 주거확보욕구 등 모든 육체적인 욕구를 포함한다. 이 욕구가 차단되면 사랑, 존경 등의 욕구는 관심 밖의 것이 되며 모든 관심은 이 기본 욕구 충족에 집중된다.
- **안전의 욕구**: 가장 하위 단계인 생리적 욕구가 충족된 후, 신체적 및 감정적인 위험으로부터 보호되고 안전해지기를 바라는 욕구이다. 자신을 보호한다는 면에서 신체적인 면과 관련이 있으며 심리적 욕구도 포함한다.
- **사회적 욕구**: 인간의 기본적 욕구인 생리적 욕구 및 안전의 욕구가 충족이 되면 사회적 욕구가 발생된다. 인간은 다른 사람과 더불어 살며 교류하고 우정을 나누고 사랑받기를 원한다. 또한, 자기 주위의 사람들이 자신을 사회의 일원으로 받아들여 줌으로써 특정 집단에 소속되는 소속감을 가지기를 바란다.
- **존경의 욕구**: 한 집단의 구성원이 되고 그들과 우정을 나누고 같은 활동을 하게 된 후 행동 동기의 요인은 존경의 욕구이다. 다른 사람들로부터 존경 받기를 바라고 자신이 중요한 사람임을 인정받고자 하며 사회적 지위를 가지기를 원한다. 이 존경의 욕구는 자기 자신에 대한 자신감, 독립심, 자존감 등도 포함한다.
- **자아실현의 욕구**: 자아실현의 욕구는 인간의 욕구 중 가장 상위수준의 욕구이다. 이 욕구는 자신의 능력과 가치를 최대한으로 발휘하여 이를 실현하고 진정한 자기를 발견하고 참된 자아로서 살아가고자 하는 욕구이다. 이는 살아가는 동안 자신이 해야 할 일이 무엇이며 자신이 진정으로 원하는 일을 하면서 그것을 통해 사회에 기여하고자 하는 바람이다.

매슬로우(Maslow)의 욕구단계론에 따르면, 인간의 욕구는 낮은 차원에서부터 높은 차원으로 이동하게 되며 보다 높은 차원에 의한 동기 유발이 바람직하다고 보았다. 이 이론은 인간이 단지 동물적인 욕구충족에 만족하지 않고 자아실현을 추구하는 존재로서 인간의 존엄성을 확인했다는 측면에서 인정받을 수 있다. 하지만 지나친 획일성으로 개인의 차이와 개인이 직면할 수 있는 상황의 특징을 경시하고 있다는 점과 실증적인 검증이 미비하다는 점에서 비판을 받고 있다.

(2) 알더퍼의 ERG 이론

알더퍼(Alderfer)는 매슬로우(Maslow)의 욕구단계론을 수정하여 인간의 기본욕구를 존재욕구, 관계욕구, 성장욕구의 3단계로 구분하여 설명하고 있다. 또한, 이 욕구들은 단계적으로 작용하는 것이 아니라 언제든지 여러 가지 다른 욕구가 동시에 작용할 수 있음을 밝힘으로써 매슬로우(Maslow)의 욕구계층이론의 문제점을 극복하고자 하였다. 알더퍼(Alderfer)가 제시한 세 가지 범주의 욕구는 존재욕구(Existence needs), 관계욕구(Relatedness needs), 성장욕구(Growth needs)이며 이들의 첫 글자를 따서 ERG이론이라고 명명하였다.

- **존재욕구**: 매슬로우(Maslow)의 생리적인 욕구와 안전의 욕구에 해당하는 것으로 허기, 갈증, 거처 등과 같은 인간의 생존에 관계되는 욕구 및 신체적인 안전에 관한 욕구이다.
- **관계욕구**: 인간의 사회적인 측면으로 타인과의 관계를 유지하려는 욕구이다. 자신의 주변 사람들과의 관계와 관련된 욕구로써 사회집단에 소속감을 느끼며 그들과의 친교, 인정, 존경을 받고자 하는 욕구이다.
- **성장욕구**: 인간이 자신을 개발하고 창조적인 일을 통해 개인적 성장을 위한 노력과 관련된 욕구를 의미한다.

알더퍼(Alderfer)는 매슬로우(Maslow)의 욕구충족이 단계적으로 이루어진다는 것과는 달리 상위욕구를 충족하기 위해 노력하다가 그것이 좌절되면 낮은 욕구로의 퇴행하는 것도 가능하다고 보았다. 인간은 하위욕구가 충족되면 그 상위단계의 욕구충족에 관심을 보이지만 상위욕구 충족의 가능성이 없을 때는 하위욕구 충족에 대한 기대가 커지고 그것에 더 큰 관심을 보인다는 것이다. 인간은 무조건 상위 욕구 충족을 위해 지속적으로 노력하기보다는 욕구충족 행위가 퇴

보되어 낮은 욕구 충족에 머물 수 있는 존재라는 것이다. 또한, 동시에 몇 가지의 욕구가 함께 작용할 수 있다고 보고 있어 긴박성이 가장 큰 욕구가 행동의 동기가 된다는 매슬로우(Maslow) 이론보다 사실적이라는 평가를 받고 있다.

(3) 허츠버그의 두 요인 이론

허츠버그(Herzberg)는 주로 사람들이 일을 열심히 하여 생산성을 높이고 일을 하는 동안 어떻게 그 일로부터 만족을 얻을 수 있는지에 대한 문제를 연구하였다. 그의 연구 결과에 따르면 직무상 사람들이 만족감을 느끼고 일의 의욕을 느꼈을 때는 스스로의 노력을 통해 무언가를 이뤄냈다는 성취감을 느꼈을 때이며, 다른 사람들로부터 인정을 받으며 자신의 발전과 성장을 위해서 일할 때라는 것이다. 반면, 직무상 불만족 요인이 되고 있는 것들은 동료들과의 불협화음, 상사와의 관계, 임금, 작업조건, 안전문제 등이라는 것을 발견했다. 불만족을 줄이기 위해 불만족의 원인인 작업조건을 개선하거나 급여를 올려주거나 하는 등의 작업환경이 개선된다고 해도 일하는 사람들은 만족감을 느끼지 않는다는 것이다.

그의 결론에 따르면, 인간에게는 독립된 두 가지의 서로 다른 욕구가 존재하며 이것이 인간행동에 미치는 영향은 다르다는 것이다. 하나는 불만족을 줄이고자 하는 범주요, 다른 하나는 성취감을 얻고 자기를 성장시킴으로써 만족을 얻고자 하는 영역이다. 그 두 가지를 각각 위생요인과 동기요인으로 구분하였다.

- 위생요인: 위생요인이란 일 자체보다는 직무와 관련된 요인으로 회사의 정책과 관리, 감독, 작업조건, 대인관계, 임금, 지위나 신분, 안전 등이라고 생각할 수 있다. 위생요인은 충족되지 않으면 조직 구성원에게 불만족을 초래하지만 충족된다고 하더라도 직무수행동기를 적극적으로 유발하지 않는 요인으로 불만족요인 또는 유지요인이라고 부르기도 한다.
- 동기요인: 동기요인은 자기가 자신을 가진 지식과 능력을 활용할 여지가 있는 일을 할 때에 경험하게 되는 성취감, 전문 직업인으로서의 성장, 인정을 받는 것을 통해 만족감을 주는 요인을 말한다. 조직 구성원에게 만족을 주고

동기를 유발하도록 작용하는 요인을 말하며 생산력 증대를 직접적으로 가져올 수 있다. 동기요인은 만족요인이라고도 한다.

허츠버그(Herzberg)의 두 요인 이론은 행동을 일으키는 동기를 전적으로 불만 혹은 만족에만 작용하는 요인으로 구분한다는 것과 작업환경에 대한 반응의 개인 차이를 무시하고 만족과 동기부여를 동일한 것으로 취급하고 있다는 것에서 이론적 오류를 범하고 있다. 근로자가 반드시 열심히 일하고 성과를 올린다는 보장은 없다는 점에서 만족이 동기부여를 유도한다는 그의 주장은 비판받고 있다.

표 4-1 Herzberg의 위생요인과 동기요인

위생요인	작업환경, 동료들과의 관계, 상사와의 관계, 감독, 안전, 급여, 지위
동기요인	인정, 성취감, 책임감, 업무자체, 자기실현, 자기성장

2) 인지중심의 동기이론

인지중심의 동기이론은 인간의 정보처리나 인식 혹은 직무 환경과 상황 등의 인식 요인들이 서로 어떻게 관련되어 있는가를 분석하는 데 초점을 둔다. 인간 행동이 본능적인 성향이나 무의식적인 동기보다는 오히려 사고와 목표에 의해 결정된다는 점을 강조한다.

(1) 기대이론

기대이론은 브룸(Vroom)에 의해 처음으로 제안되었다. 인간은 어떤 행동을 할 때 자신의 노력의 정도에 따른 결과를 기대하게 되며 그 기대를 실현하기 위하여 어떤 행동을 결정하게 된다는 이론이다. 인간의 행동 동기는 유의성(valence), 기대감(expectancy), 수단성(instrumentality) 등의 세 가지 요인에 의해 결정된다. 기대이론에서 개인은 행동의 결과로 나타날 수 있는 성과에 관한 기대를 가지고 있으며 사람마다 성과에 대한 선호는 다른 것으로 가정한다.

- **유의성:** 자기가 무슨 일을 하려고 할 때 그 일로부터 얻을 수 있는 보상을 얼마나 소중히 여기며 얻고 싶어 하는가 하는 것이다. 행위자 자신의 주관적인 선호의 강도를 말한다.
- **기대감:** 자신의 노력이나 행동이 자신이 바라는 보상을 얻는 데 필요한 수단이 되는 수준의 성과를 가져올 수 있다고 믿는 확률의 정도이다.
- **수단성:** 열심히 일한 성과가 과연 자기가 바라는 보상을 얻는데 어느 정도 도움이 되나 하는 것에 관한 믿음의 정도를 가리킨다.

어떤 사람이 특정한 행동을 하고자 마음먹기 위해서는 그 행동을 통해 얻을 수 있다고 믿는 보상이 강한 매력을 가지고 있어야 한다. 그의 노력은 그 보상을 얻는데 필요한 수단을 확보할 수 있다는 믿음이 있어야 하며 그의 노력을 통해 확보한 보상수단은 실질적으로 그 바라는 보상과 직접적으로 관련이 있어야 한다.

이 이론은 인간의 행동의 방향은 그 사람에게 의미가 있다고 여겨지는 방향으로 움직이게 되고 또한 그 의미 있는 것을 실제적으로 얻을 수 있는 확률이 높은 방향으로 행동하게 된다는 것이다. 하지만 모든 사람이 행동 방향의 설명을 합리성을 바탕으로 하여 인간을 철저하게 합리적인 동물로만 파악하고 있다는 데 그 한계성이 있다.

(2) 목표설정이론

목표설정이론은 1968년 로크(Locke)에 의해 개념화된 인지과정이론의 일종으로 목표가 실제 행위나 성과를 결정하는 요인으로 보는 이론이다. 욕구보다도 명확한 목표와 가치 및 비전 등이 조직 구성원의 행동에 많은 영향을 미친다는 것이다.

로크(Locke)에 의하면 의식적인 인간행동은 대부분 목표를 향한 행동이며 인간이 어떠한 일에 집중하는 것은 자신이 특정한 목표를 성취해야만 하는 것으로 받아들였을 때, 그 사람의 사고와 행동이 자연적으로 그 방향으로 움직이게 되기 때문이라는 것이다. 모든 인간이 목표를 가지고 그 방향으로 움직이는 것은 아니며 대부분의 사람들은 진정으로 인생에 있어서 목표의 중요성과 구체적으로 어떻게 하면 실현 가능한 목표를 세울 수 있는지에 대해 잘 알지 못한다.

그래서 목표를 설정하는 것이 중요하며 목표를 설정할 때에는 다음과 같은 사항을 고려해야 한다.

- 목표는 달성 가능한 것이어야 한다.
- 목표는 명확하고 구체적이어야 한다.
- 목표설정 자체가 구성원에게도 의미 있는 것이어야 한다.

3) 환경중심의 동기이론

환경중심의 동기이론은 사람들의 행동이나 그 행동을 지속하는 동기가 환경에 의해 결정된다고 이야기한다.

(1) 강화이론

강화이론은 인간의 삶은 곧 행동을 의미하는데 어떻게 행동을 할 것인가 또는 어떠한 행동이 지속적으로 유지될 것인가는 자신의 내적인 결정보다 그 행동이 가져오는 결과에 대한 환경의 반응에 의해 결정된다는 것이다. 어떤 특정 행동의 결과가 긍정적 보상을 받게 되면 그 행동은 점점 강화되어 지속적인 행동의 패턴으로 자리를 잡게 된다. 스키너(Skinner)는 인간의 행동은 전적으로 그 사람의 환경에 의해 결정되고 유지된다고 보았다.

인간행동을 결정하는 요인은 조건적 강화로 바람직한 행동을 했을 때 그에 대해 긍정적으로 보상이나 칭찬을 하면 그 행동이 지속되어 점차 자신의 행동으로 자리 잡게 된다. 이와 같이 인간의 행동은 현재 환경에서 자신이 한 행동에 대해 어떠한 반응을 보이느냐에 따라 결정된다는 것이다.

상대방의 특정행동 자체가 바람직하다고 여겨지면 그에 상응하는 칭찬을 한다든지 다른 보상을 통해 긍정적인 보상을 해줌으로써 그 행동이 지속되도록 유인할 수 있다. 역으로 만약 그 사람의 행동이 마음에 들지 않는다면 부정적인 반응을 통해 그 행동이 다시 반복되지 않도록 통제할 수 있다. 하지만 이 이론은 인간을 항상 환경적인 요소에 의존하여 자신의 행동 패턴을 형성하는 환경적인 산물로만 이해하고 있다. 또한, 다양한 욕구와 복잡한 심리적 작용을 바탕으로 행동하는 인간을 이론에 적용해 이해하는 데 다소 문제가 있다는 점에서 한계성을 가지고 있다.

(2) 사회학습이론

사회학습이론이란 인간의 행동은 다른 사람의 행동이나 어떤 주어진 상황을 관찰하고 모방함으로써 이루어진다는 이론으로 같이 생활하는 사람들의 영향력이 한 개인의 학습과정에 중요한 변수로 작용한다고 본다. 인간은 관계적 산물로 누구와 같이 생활하느냐 하는 것이 곧 그 사람의 행동의 중요한 결정요인이 된다.

반두라(Bandura)는 보보인형 연구를 통해 인간은 사회적 동물이며 주변에 자신이 모델로 삼을 만한 사람을 보고 지속적인 접촉을 통해 그 사람을 닮아가는 특성이 있다는 것을 확인하였다. 인간은 학습하는 과정에 환경의 반응에 따라 행동을 결정하는 것이 아니라 인지적 기능을 통해 누구를 모방할 것인가 대상을 관찰하고 자신의 내적 기준을 통해 행동화 여부를 결정하는 등 스스로 행동방향을 결정하는 존재인 것이다.

표 4-2 Bandura의 학습 4과정

과정	내용
주의집중과정	단순한 관찰이 아닌 자신이 관심 있는 부분에 주의집중을 해야 하며 주관적으로 결정을 하게 된다.
기억유지과정	주의집중해서 관찰한 것을 자신의 기억 속에 유지하는 과정이다. 언어, 제스처, 소리 등 여러 가지 유형으로 기억하게 된다.
행동화과정	자신이 기억하고 있는 것들은 어느 시점에서 행동으로 전환되며 자신의 능력에 따라 행동은 다르게 나타날 수 있다.
동기화과정	동기화는 스스로 결심을 하고 그러한 행동을 하기로 마음먹게 하는 과정이다.

사회학습이론에서는 인간행동을 결정하는 요인 중 환경의 중요성을 강조하면서 인간의 행동은 환경, 행동, 인지적 판단의 세 가지 요소가 상호 영향을 주면

서 결정된다고 하였다. 이것을 상호결정론이라고 한다. 상호결정과정에서 전체적인 행동 방향과 지속성을 결정하는 요인 중의 하나가 자기규제이다.

인간은 사물을 판단하고 행동방향을 결정할 때 자기 나름대로의 기준이 있어서 외적인 보상이나 관심 없이도 스스로 상황에 맞게 자신의 행동을 조절한다. 자기효능감은 인간이 주어진 상황에서 어떤 일을 성공적으로 수행할 수 있다는 자신에 대한 믿음이다. 이것은 인지과정에 영향을 미치며 어떤 일을 처리할 때 자신감을 갖게 되어 긍정적인 방향으로 움직이도록 자신의 행동 선택에 결정적인 영향을 미친다. 만약 실패하더라도 포기하지 않고 재도전할 수 있는 마음을 가지게 만든다.

4 갈등 관리

1) 자기 이해와 타인 이해

(1) 자아 개념

자아 개념이란 자기 자신에 대한 의식이나 관념을 말하며, 내 자신 스스로에 대해 갖는 지각들의 총체라고 할 수 있다. 즉, 나는 누구인가? 라는 물음과 관련된 것으로 한 개인이 자기 자신에 대하여 가지고 있는 지각, 신념 및 태도의 독특한 체계이다. 인간의 자아는 태어날 때부터 결정되는 것이 아니라 태어난 후, 여러 사람들을 만나고 다양한 경험을 하면서 형성된다.

또한, 자신의 주변에 있는 중요한 영향력을 가진 사람들과의 관계 속에서의 경험과 그 경험을 어떻게 해석하느냐에 따라 자아발달에 큰 영향을 미친다. 이렇게 형성되고 발달된 자아는 종종 자기 자신뿐만 아니라 자신이 소중히 여기는 대상, 물건이나 가족, 자신이 속해있는 집단에게까지 확대시키기도 한다. 자신에 대한 긍정적 혹은 부정적인 자아개념은 전반적인 생활태도와 인간관계 형성에 직접적으로 영향을 미친다. 즉, 자신을 긍정적으로 보는 사람은 대인관계에서 적극적이고 당당한 모습을 보이는 반면에 부정적인 사람은 소극적이고 위축된 대인관계를 보여준다. 기본적으로 사람은 자아를 통해서 세상과 타인을 바라보기 때문이다.

(2) 프로이트의 자아

프로이트(Freud)는 인간의 마음이 원초아(id), 자아(ego), 초자아(superego)의 삼층구조로 이루어져 있다고 보았다. 이 세 가지 요소들은 개인이 처한 상황이나 조건, 발달단계에 따라 상대적인 우위에 차이가 있고 이 중 한 가지가 우위를 차지할 때 상호 간의 긴장관계 또한 변화한다고 하였다.

- **원초아(id)**: 인간이 태어날 때부터 존재하는 가장 무의식적이고 본능적인 것이며 원초아를 움직이는 원리는 쾌락원칙으로 반사적이고 일차적인 욕구를 충족시키는 것을 목적으로 한다.
- **초자아(superego)**: 윤리적, 도덕적, 이상적인 체계로 사회 규범에 맞게 행동하는 것이며 가장 마지막에 발달되는 체계이다.
- **자아(ego)**: 원초아의 욕구와 초자아의 이상 사이에서 현실에 맞도록 조정하는 역할을 한다. 인간의 욕구를 충족시키기에 적합한 환경적 조건이 될 때까지 원초아로부터 나타나는 본능적이고 일차적인 욕구를 지연시킴으로써 유기체의 안정을 보존해주는 역할을 한다.

(3) 융의 자아

융(Jung)은 프로이트(Freud)의 자아보다 폭넓은 개념으로 자아를 바라보았다. 프로이트의 자아가 내가 의식하는 혹은 내가 알고 있는 나를 말한다면, 융의 자아는 나도 잘 모르는 자신의 본성이기 때문에 의식적으로 탐색할 때 그 모습이 발견되는 것을 말한다.

자아는 의식과 무의식을 포함한 전체 정신의 중심이며 성격의 모든 요소들 간에 통일성, 완전성, 전체성을 찾도록 해주는 것이다. 의식의 중심에서 인식된 마음을 통솔하고 또한 무의식의 마음과도 관계를 맺을 수 있는 것으로 자신의 의식의 영역을 넓히기도 하고 좁히기도 하며 무의식의 작용을 받아들이거나 거부하기도 한다. 자아는 우리가 외부세계와 관계를 맺는 중요한 창구인 동시에 내면세계와도 통할 수 있는 것이다.

융에게 있어 자아개념은 명확하게 선을 그을 수 있는 고정된 개념이 아니다. 오히려 이른바 의식화 과정을 통해서 무의식을 동화시켜가는 역동적이고 관념적인 개념이다.

(4) 자아의 중요성

자아개념이 중요한 이유는 인간은 자아개념에 따라 어떤 결정이나 행동을 하기 때문이다. 긍정적인 자아개념을 가진 사람들은 매사에 자신감 있고 적극적이며 활기차게 생활한다. 자신의 감정과 의견을 자유롭게 표현할 수 있으며 실수나 실패를 해도 금방 극복할 수 있다.

반면에 부정적 자아개념을 가진 사람들은 모든 일에 소극적이고 두려움이 많다. 자신을 표현하고 노출시키는 것을 피하며 노력하지 않고 포기하며 실패하는 것을 당연하게 받아들인다. 자아개념이 긍정적인지 부정적인지에 따라서 생활태도나 인간관계가 달라지기 때문에 긍정적인 자아개념이 형성되도록 하는 것이 중요하다.

긍정적인 자아개념은 자기 자신을 이해하고 수용하며 다른 사람에게 나를 보여줌으로써 가능하다. 자신의 생각이나 가치관, 경험, 행동 등을 주관적이고 또한 객관적으로 바라보고 이해할 수 있어야하며 그것을 있는 그대로를 인정하고 받아들여야 한다. 이는 다른 사람과의 대화를 통해서 더욱 효율적으로 가능하며 자신에 대해 이해하고 수용했다면 다른 사람도 쉽게 이해하고 수용할 수 있게 된다.

이런 상호작용을 통해 나와 다른 사람과의 사이에 신뢰감을 쌓을 수 있고 신뢰감이 클수록 자신을 개방하는 것이 더 수월하게 이루어진다. 자기개방이 원활할수록 상대방과의 교류는 활발해지고 더 친밀하고 긍정적인 인간관계를 맺을 수 있다.

2) 갈등 관리

(1) 갈등의 개념

일반적으로 갈등이란 특정 개인이나 집단이 추구하려는 목표가 타인이나 타 집단 간에 의해 부정적인 영향을 받았거나 받을 것이라고 지각하는 과정이다. 이 과정에는 개인 또는 집단 간 상반된 이해관계, 상반된 이해관계의 인식, 상대방이 자신의 이해관계를 방해한다는 지각, 그리고 실제로 방해하는 행동 등을 포함하고 있다.

사람들은 사회 속에서 여러 사람들과 어울려 살아간다. 사회적 동물로서 조직 속에서 각각의 자신이 가진 행동이나 신념, 동기 또는 목표를 가지고 활동하다 보면 마찰이나 불편한 관계가 발생하게 되고 이에 따라 갈등이 나타나게 된다. 즉, 서로 간의 의견차이나 태도 차이로 각자의 신념이나 목표가 양립할 수 없을 때 이로 인해 마찰이나 갈등이 생기게 되는 것이다.

표 4-3 갈등의 정의

레빈	두 개 이상의 행동목표를 선택할 때 거의 같은 장의 힘이 대립된 상태
데우치	서로 양립될 수 없는 여러 활동들이 발생할 때 나타나는 현상
토마스	상대방이 욕구불만을 경험하고 있거나 혹은 좌절한 가능성이 있는 것을 지각할 때 나타나는 과정
리커트	자신들이 선호하는 결과를 얻기 위해서 상대방이 그것을 얻지 못하도록 방해하는 노력
로빈스	목적을 달성하고 이익을 계속적으로 추구함에 있어서 의도적으로 좌절을 초해하는 방해 행동

갈등은 여러 원인과 형태가 존재하며 상황에 따라 변화하기 때문에 이를 한 마디로 정의하기는 어려운 일이다. 궁극적으로 사회 속에서 갈등이 존재하느냐의 문제는 인식의 문제라고 할 수 있다. 다른 사람들과의 의견 차이로 인해 발생하는 분쟁을 어떻게 하면 건설적으로 해결할 수 있는가라는 과제를 해결하기 위해서는 표면적으로 드러난 갈등이라는 주제에 국한하지 말고 대인관계에 대한 깊이 있는 분석을 해야 한다.

(2) 갈등 원인

사람들은 개인과 개인, 또는 집단 내에서 다양한 의사소통에 참여한다. 효율적인 관계를 위한 것임에도 불구하고 의사소통의 단절에서 많은 갈등을 겪는다. 갈등이 일어나는 근본적인 원인은 가치관, 신념체계, 동기 및 관점이 각각 다르기 때문이다. 사람들은 자신의 행동 이면에 중요하고 확고한 신념을 가지고 있는데 이것이 바로 가치이며 사람들 간에 가치가 서로 다르면 갈등이 일어날 수 있다. 사람들은 다른 사람의 행동에 대한 기대를 가지고 있다. 그러나 자신이 상대방에 대해 기대하는 바를 말하지 않는 경우가 많으며 그래서 어떻게 행동해야 하는지에 대한 암묵적인 가정들이 어긋나는 상황으로 인해 서로간의 오해가 발생한다. 이와 같이 상대방에 대한 기대에 따라 상대방이 행동하지 않았을 때 갈등이 발생하기도 한다.

역할의 차이 또한 갈등을 유발하는 요인이다. 사람들은 일상생활에서 여러 가지 역할을 맡고 있다. 한 가지 역할이 정해져 있는 것이 아니라 가정에서, 회사에서, 친구들 사이에서 각각 다른 역할을 수행한다. 이렇게 한 가지 이상의 역할을 가지고 있을 때 어떤 역할에 우선순위를 두어야 하는지에 대한 역할 갈등이 발생한다. 또한, 자신에게 주어진 역할을 제대로 수행하지 않아서 그 역할에 맞는 행동을 기대하는 사람 및 조직사이에 갈등이 생기기도 한다. 개인 또는 조직단위는 각자가 추구하는 목표나 이해관계가 다를 때 갈등이 발생한다. 사람들이 어떤 목표를 추가할 것인가에 대해 항상 의견이 일치하는 것은 아니며 목표를 달성하기 위한 방법에서도 의견이 일치하지 않을 수 있기 때문이다.

갈등은 여러 가지 형태로 우리 삶에서 다양하게 나타난다. 갈등을 부정적인 현상만으로 치부해서는 안 된다. 적절하게 다룰 수만 있다면 갈등은 매우 가치 있는 요소가 될 수 있다. 다시 말해 이런 갈등을 사전에 예방하거나 어떻게 효율적으로 관리하느냐에 따라 긍정적 혹은 부정적인 결과를 가져오기 때문에 갈등의 효율적인 관리가 중요하다. 효율적인 관리를 통해 긍정적인 인간관계를 만들 수 있다.

(3) 갈등 관리 방법

인간관계의 갈등을 분석하고 관리하는 가장 보편적인 방법에는 교류분석과 조해리의 창을 이용하는 방법이 있다.

① 교류분석

교류분석(Transactional Analysis: TA)이란 인간의 행동을 이해하고 분석하기 위해 1957년 미국의 정신과 의사인 에릭 번(Eric Berne)에 의해 처음 개발된 이론이다. 교류분석의 목적은 자신의 이해로부터 출발하여 타인을 이해하고 자기와 타인의 관계를 이해함으로써 대인관계를 개선하는 있으며 긍정적인 태도와 개방적 커뮤니케이션을 통해 건전한 인간관계를 형성하고자 하는 데에 있다.

대인관계에 있어서 '자신이 타인에게 어떤 대화방법을 취하고 있는가'와 '타인은 자신에게 어떤 관계를 적용하고 있는가'를 학습함으로써 자기 자신의 자아상태 모습에 대해 자각하고 상황에 따라 적절한 자아 상태를 스스로가 의식적으로 통제할 수 있도록 하는 것이다. 교류분석은 '인간은 긍정적 존재이다.', '인간은 사고할 능력을 지닌 합리적 존재이다.', '인간은 변화와 성장을 위해 재 결단을 할 수 있다.'는 3대 철학을 가진다.

인간은 본래 착한 성질을 갖고 있기 때문에 자라나는 과정에서 형성된 부정성을 극복할 수 있고 자기 성격의 이해, 타인 성격의 이해를 통해 자기와 자신의 관계를 깊이 이해함으로써 인간의 긍정적인 변화를 도모한다.

② 구조분석

구조분석이란 성격이나 일련의 교류들에 대하여 자아 상태모델의 관점에서 분석하는 것으로 P(Parent ego-state), A(Adult ego-state), C(Child ego-state)의 세 가지 자아상태 분석을 의미한다. 세 가지의 자아 상태는 주변의 환경 또는 상황에 따라 어떤 것이 강하게 또는 약하게 반응하게 된다. 그리고 표정이나 자세, 몸짓과 같은 비언어적 표현과 말투나 억양과 같은 언어적 표현을 통하여 나타나고 관찰된다.

개인은 심리적으로 세 가지 자아 상태에서 행동하고 교류하며 세 가지 자아 중 하나의 상태로 에너지가 집중할 때 그 자아 상태의 태도, 행동, 감정, 반응이 나타나게 된다.

세 가지 자아는 자애로운 어머니나 엄한 아버지와 같은 부모자아(P), 객관적이고 합리적인 어른자아(A), 천진난만하거나 순종적인 어린이자아(C)이며 이 세 부분의 자아 상태가 통합되어 있다. 만약 특정 상황에 대하여 부모 또는 부모와 유사한 느낌이나 행동을 하고 있다면 부모자아상태(P)에 있다고 할 수 있다.

부모자아(P)는 기능상 비판적 부모자아(CP: critical parent)와 양육적 부모자아(NP: nurturing parent)의 두 가지고 나뉜다. 비판적 부모자아(CP)는 자신의 가치관이나 생각을 최고로 생각하여 그것을 유지하려고 한다. 주로 비판과 질책과 관련되어 있으며 명령이나 요구대로 살아가며 부모의 행동, 사고, 감정을 반복할 때 CP자아 상태에 있는 것이다.

양육적 부모자아(NP)는 친절, 동정, 관용적인 태도를 나타내는 부분이다. 벌하기보다는 용서하고 칭찬하는 생활방식으로 부모의 자애롭고 포용하는 양육적 행동, 사고, 감정을 반복할 때 NP자아 상태에 있다고 한다. 어렸을 때 자신이 사용했던 방식의 행동이나 생각 또는 감정으로 느낄 때에는 어린이자아상태(C)에 있다고 할 수 있다.

성인이 되어서도 부모나 주위의 기대에 맞추려고 결심했던 어린 시절의 행동방식이 종종 재연되는데 성인에 의해 훈련을 받고 영향 받은 순응적 어린이자아(AC: adapted child)라고 한다. 순응적 어린이자아(AC)는 자신의 솔직한 감정을 자제하고 어른의 기대에 부응하도록 노력하는 것으로 주로 부모의 영향으로 형성된다. 자신을 자제하고 사회적 규범에 따라 행동하는 경향을 가지며 모든 것에 타협하는 자세를 가지기도 한다. 부모나 주의 사람들의 요구나 강압과는 무관하게 행동하는 경우에는 훈련받지 않은 그대로의 자유로운 어린이자아(FC: Free Child)라고 한다.

자유로운 어린이자아(FC)는 가장 기본 인격으로 어떤 것에도 구속당하지 않는 자발적인 부분이며 감정적, 본능적, 창조성의 원천이라고 할 수 있다. 그러다 다소 제멋대로이며 의존적인 면도 가지고 있다. 성인으로서 침착하게 자신의 모든 능력을 사용하여 자신을 둘러싼 사건들에 대해 생각하고 느끼며 행동할 때는 어른자아상태(A)에 있다고 한다. 어른자아(A)는 감정에 지배되지 않는 이성적인 부분이며 합리적인 것이 특징이다. 어린 아이가 자기 자신의 자각과 독자적 사고가 가능해짐에 따라 자신이 혼자서 어떤 일을 해낼 수 있다는 능력감을 갖게 되면서 서서히 형성되기 시작한다. 일상생활에서 말이나 행동을 할 때 우리가 지니고 있는 부모, 어린이, 어른의 세 가지 자아 중에서 어떤 특성을 강하게 가지고 있느냐에 따라 대화 및 행동 양식이 달라진다.

상황에 따라 내면에 있는 세 가지 자아 형태는 적절하게 조정되나 때로는 어느 한 쪽의 자아 상태에 고착되기도 한다. 가장 이상적인 상태는 세 가지 자아 상태가 인간관계의 상황에서 적절하게 표현되는 통합적인 모습이라 할 수 있다. 따라서 평소에 어떤 성향으로 다른 사람과 대화하고 행동하는지를 확인해보고 세 가지 자아가 균형 잡힌 상태를 유지하도록 노력해야 한다.

자아 상태의 구조분석을 통해 자신과 타인의 사고와 행동방식을 이해하고 타인과 건전하고 긍정적인 관계를 유지하며 그 관계를 통해 변화하고 성장할 수 있다.

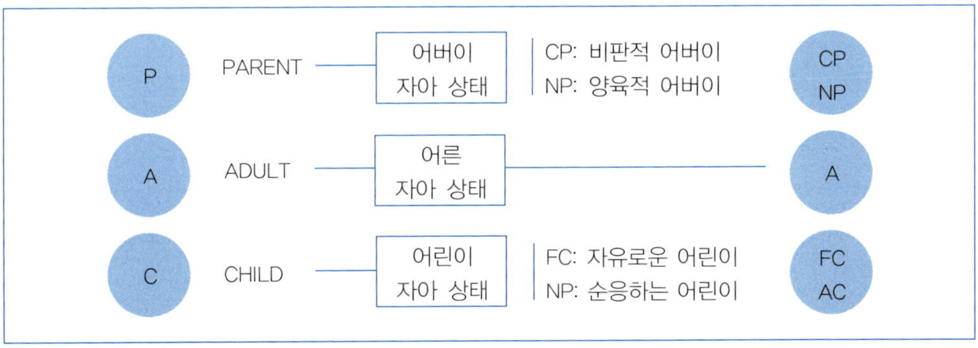

그림 4-2 교류분석_성격의 구조분석

출처: 한국교류분석상담학회(http://taca.kr/intro/intro01.html).

③ 인생태도(교류분석의 4가지 생활자세)

한 개인이 자신과 타인을 긍정적 혹은 부정적으로 느끼고 어떻게 결론을 내리고 있는가를 인생태도라고 한다. 즉, 자신과 타인의 삶을 긍정적으로 보느냐 부정적으로 바라보느냐에 따라 인생태도가 나뉘진다.

인생태도는 자신과 긍정적 혹은 부정적인 느낌과 결론에 의해 네 가지로 구분할 수 있는데 이를 바탕으로 대인관계에서도 네 가지 태도를 보인다고 한다. '나는 소중하다.'고 지각된 경험은 자기 긍정적인 생활 자세를 갖게 되지만 '나는 살아 있을 가치가 없다.'고 지각된 경험들은 자기 부정적인 생활자 세를 갖게 한다. 마찬가지로 타인에 대해서도 '사람들은 나를 도울 수 있을 것이다.' 혹은 '사람이란 믿을 수 없는 존재다.'라고 생각할 경우 타인 긍정 혹은 타인 부정의 생활 자세를 갖게 된다.

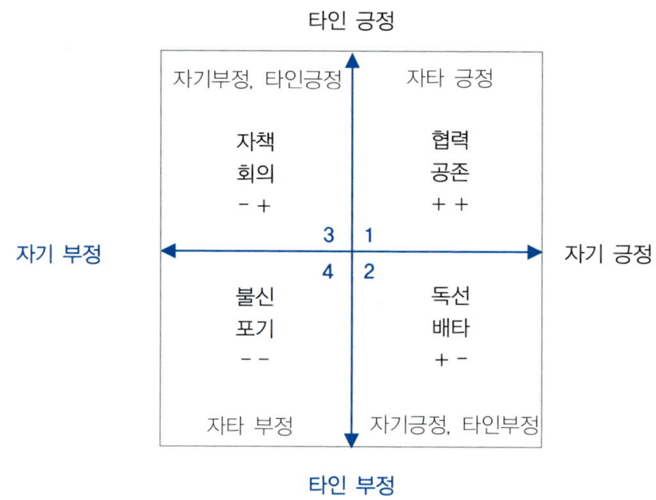

방식 1	자기 긍정–타인 긍정(I'm ok, You're ok)의 생활자세. 가장 정신적, 신체적으로 건강한 자세이며 타인존재의 의미를 충분히 인정하는 상호 존중하는 건설적인 인생관을 가지고 있다.
방식 2	자기 긍정–타인 부정(I'm ok, You're not ok)의 생활자세. 자신이 희생되고 있다고 여기며 주위에서 일어나는 모든 문제를 타인의 잘못을 돌린다. 타인을 불신하고 비난하며 그들과의 관계를 끊으려고 하므로 원활한 인간관계를 이루는데 어려움을 겪는다.
방식 3	자기부정–타인 긍정(I'm not ok, You're ok)의 생활자세. 타인을 긍정하지만 자신을 부정하는 태도로 무력감을 느끼는 사람들로 심리적 우울과 좌절감의 위험을 갖고 있으며 타인과의 관계 형성에 시간을 보내려 하지 않는다.
방식 4	자기 부정–타인 부정(I'm not ok, You're not ok)의 생활자세. 가장 비관론적인 삶의 태도로 무의미한 생활과 시간을 보내며 정상적인 인간관계를 기대하기 어렵다.

▌그림 4-3▐ 교류분석의 4가지 생활방식

출처: http://blog.naver.com/roedu1?Redirect=Log&logNo=220133251582

교류분석에서는 이와 같은 이론을 근거로 일상생활에서 어떤 말, 행동, 태도를 취하게 될 때는 우리가 지니고 있는 어버이, 성인, 어린이의 세 가지 인성 중에서 어떤 특성을 강하게 지녔느냐에 따라 대화패턴과 행동양식이 달라진다는 것이다. 평상시 내가 어떤 성향으로 다른 사람과 대화를 나누고 관계를 맺고 있는지를 점검해보고 성인 대 성인으로서의 대화법이 습관화될 수 있도록 노력해야 한다. 개인은 스스로 변화의 필요성을 인식하고 의식적으로 노력함으로써 자신이 원하는 모습으로 습관화될 때 성숙을 향해 나아갈 수 있다. 그러므로 자신의 내면의 긍정성과 타인의 긍정성을 찾아 OK-OK 인생태도를 완성해야 한다.

④ 교류 패턴 분석

교류 패턴 분석은 P, A, C를 응용해서 일상적인 서로간의 의사소통을 분석하는 것이다. 교류 패턴 분석의 목적은 자신이 인간관계에서 어떤 교류와 대화의 방법을 사용하고 있으며 타인이 자신에게 어떠한 관계방식으로 작용하고 있는가를 학습함으로써 자신의 자아상태와 교류의 방식에 대해 자각하고 대상과 상황에 맞는 적절한 자아상태를 의식적으로 통제할 수 있도록 도움을 주는데 있다. 또한, 상호 교류에서 발생하는 대인간의 의사소통의 문제점을 찾아내어 이것을 해결하도록 돕는다. 모든 형태의 교류는 상보 교류(평행교류: Complementary Transaction), 교차교류(Crossed Transaction)와 이면교류(Ulterior Transaction)로 나눌 수 있다.

표 4-4 교류 패턴 분석의 형태

상보교류	어떤 자아 상태에서 보내지는 메시지에 대하여 예상대로의 반응이 되어 돌아오는 것으로 자극과 반응의 주고받음이 평형되고 있는 교류이다. 언어적인 메시지와 비언어적인 메시지가 일치되어 나타나며 상호지지적인 의사소통이 가능하다.
교차교류	타인의 어떤 반응을 기대하기 시작한 교류에 대해 예상외의 반응이 되돌아오는 것을 말한다. 자극과 반응이 서로 교차하기 때문에 발신자가 예상하고 기대했던 교류가 차단됨으로써 결과적으로 의사소통이 단절된다.
이면교류	상대방의 하나 이상의 자아 상태를 향해서 현재적 교류와 잠재적 교류의 양쪽이 동시에 작용하는 복잡한 교류이다. 표면적으로는 당연해 보이는 메시지를 보내고 있는 것 같으나 그 내면에는 숨겨놓은 의도가 있다.

(4) 조해리의 창

조해리의 창은 미국의 심리학자 조셉 루프트(Joseph Luft)와 해리 잉검(Harry Ingham)에 의해 개발된 자기이해 모델로서 두 사람의 이름을 합성하여 '조해리(Joe + Harry = Johari)의 마음의 창문(Window of mind)'이라고 부른다. 인간의 내면을 자아개방과 피드백을 기준으로 분석한 것으로 자신의 생각, 감정, 욕구에 대하여 다른 사람이 알도록 하는 것을 자아개방 또는 자기 노출이라고 한다. 조해리의 창은 '자신에 대하여 얼마나 아는가?'와 '얼마나 타인들에게 자신을 나타내 보이는가?'의 두 가지 요소에 의해 결정되며 네 개의 영역으로 구성되어 있다. 대인관계능력의 개선 방향을 수립하는 데 널리 활용되고 있다.

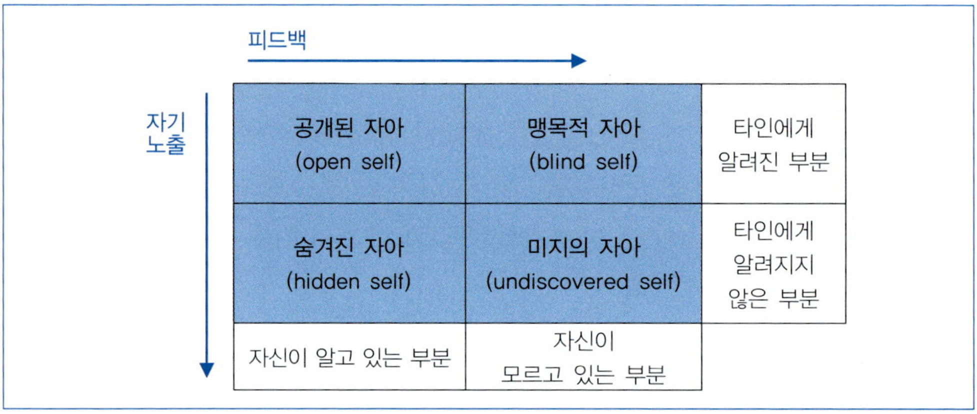

▌그림 4-4▌ 조해리의 4가지 영역

- **공개된 자아:** 개인은 그 자신과 타인에 대하여 잘 알고 있다는 것을 기반으로 한다. 스스로 긍정적이고 만족스러운 삶의 주체가 될 수 있는 가능성을 지니고 있으며 상대방과 진정한 관계를 맺는 데 시간을 투자하며 문제를 건설적으로 해결할 능력이 있다. 이런 유형의 상호작용은 자신에 대하여 자신도 알고 타인에게도 알려진 부분으로 타인에 대하여 개방적이고 타인과 조화를 이루기 쉽기 때문에 갈등의 소지가 적다.
- **맹목적 자아:** 타인은 잘 알고 있지만 오히려 자신은 자기에 관하여 모르고 있는 부분이다. 그 결과 타인이 자신의 자아를 건드리면 우발적으로 화를 낼

수 있으며 갈등을 유발할 수 있다.

- **숨겨진 자아:** 타인은 모르고 자신만 알고 있는 영역이다. 타인에게는 숨겨진 채로 있게 되는데 그 이유는 타인이 자신에 대해 알게 되면 자기에 대해서 어떻게 반응할지 모르는데서 오는 두려움 때문이다. 이 상황에서는 개인 간 갈등에 대한 잠재력이 존재한다.
- **미지의 자아:** 자기 자신도 잘 모를 뿐 아니라 타인도 모르는 영역으로 가장 큰 갈등의 잠재력을 지닌다. 이런 미발견의 부분들이 존재하게 되면 서로 오해와 갈등이 발생하기 쉽다. 미지의 영역을 자신과 타인에게 더 많이 개방함으로써 개인 간 그리고 집단 내부에 있어 갈등이 발생될 여지를 제거하는 것이 필요하다.

조해리의 창에 의하면 대인 관계에서 갈등이 발생하는 것은 숨겨진 자아와 맹목 및 미지의 자아가 차지하는 부분이 크기 때문이다. 그러므로 자아개방을 통해 공개된 자아를 넓혀나가야 한다.

자아개방은 내가 무엇을 생각하고 느끼며 원하는지를 다른 사람이 알도록 하는 것이다. 이것은 다른 사람에게 자기 자신을 알리고 건강하고 견고한 대인관계를 형성하기 위해 중요한 방법 중의 하나이다.

건강하고 견고한 대인관계를 형성하는 데에는 적절한 자아개방이 중요하다. 아직 친밀한 관계가 형성되지 않았는데도 불구하고 자신에 대해 너무 많이 개방한다거나 자신에 대해 전혀 말하지 않으면 안 된다. 즉, 무조건적인 자기개방이 아닌 적절한 수준의 자기개방이 바람직하다고 볼 수 있다.

대인관계에서 발생하는 긴장상태는 대부분 자신의 감정이나 의견을 말하지 않기 때문이다 서로가 마음을 열고 대화를 한다면 의외로 문제는 쉽게 해결된다. 상대방의 말이나 행동에 대해 옳다 그르다, 잘했다 잘못했다 등과 같이 평가나 판단을 하게 된다면 상대방의 감정을 상하게 하여 더 이상 말을 이어가지 않게 할 수 있고 나 자신 또한 상대방의 상황을 이해하고 걱정하는 감정을 제대로 전달하지 못할 수 있기 때문이다.

내가 나의 감정을 정확하게 표현해야 상대방도 나를 더 잘 이해하게 된다. 화나거나 분노했다고 해서 큰소리를 지르거나 할 경우 상대방은 방어를 하게 되고 결국 문제해결은 어렵게 된다. 그래서 상대방을 탓하는 말을 하기 보다는 나를 주어로 하여 나의 느낌이나 감정을 정확하게 전달할 수 있도록 해야 한다. 자기 개방을 통하여 공개된 자아를 넓혀 나감으로써 대인관계가 원만해질 뿐만 아니라 개인 간의 불필요한 갈등이 발생할 가능성은 점점 줄어들 것이다.

3) 성공적 인간관계

인간관계는 기본적으로 나 자신과 타인 간의 상호작용으로 이해할 수 있다. 인간관계를 잘 유지하기 위해서는 우선 자신을 타인에게 적절하게 표현할 수 있고 타인의 애정과 신뢰를 있는 그대로 받아들일 수 있는 건강한 심리 상태가 요구된다. 만일 타인의 시선이나 비난에 지나치게 민감하게 반응하거나 자신의 욕구나 생각에만 집착한다면 원만한 인간관계는 불가능할 것이다.

사람은 개개인마다 나름대로 욕구와 의도, 동기를 가진 존재이므로 다른 사람을 정확히 이해하기는 매우 어렵다. 더구나 다른 사람을 알고 싶어 하는 나 자신도 나의 가치관의 기준에 따라 상대방을 평가하고 판단하게 되므로 다른 사람을 객관적으로 이해한다는 것은 더 어렵게 된다. 그러나 다른 사람이 어떻게 느끼고 있는지 이해하고 공감할 수 있다면 상대방은 자신을 이해한다고 여기게 되며 나를 더 신뢰하게 되고 인관관계는 보다 긍정적으로 바뀔 수 있다.

인간관계는 서로의 성장을 진정으로 돕는 관계이므로 서로의 생각이나 성격 및 가치관의 차이를 인정하고 이해할 수 있어야 한다. 인간관계에서 발생할 수 있는 갈등은 서로의 느낌이나 의견을 상대방에게 분명하고 솔직하게 표현하고 상대방의 행동과 그가 처한 상황을 객관적으로 이해함으로써 해결할 수 있다. 이러한 인간관계의 특징을 고려할 때 자기 자신을 먼저 이해하고 상대방을 이해한 후, 문제나 상황을 해결할 수 있는 효과적인 의사전달이 필요하다.

자신의 자아개념을 정확하게 인식하여 긍정적으로 개발하고 활용할 수 있다면 인간관계를 성공적으로 이끌 수 있다.

학습정리

- 인간관계는 인간과 인간 사이의 원만한 관계를 위해 상호 간에 더욱 좋은 상태를 유지하기 위한 모든 내용을 뜻한다.
- 인간행동의 동기는 내·외적 욕구에 의해 일어나며, 인간관계를 이해하기 위한 기본이다.
- 인간행동 동기는 욕구에 의해 동기 유발된다는 욕구중심 이론, 인간의 인식요인에 의해 동기가 유발되는 인지 중심 동기이론, 환경에 의해 행동을 지속한다는 환경중심 동기이론이 있다.
- 자아개념은 자기 자신에 대한 의식이나 관념을 말하며 내가 나 자신에 대해 갖는 지각들의 총체라고 할 수 있다.
- 갈등은 특정 개인이나 집단이 추구하려는 목표가 타인이나 타 집단 간에 의해 부정적인 영향을 받았거나 받았을 것이라고 지각하는 과정이다.
- 성공적인 인간관계를 위해서는 나와 타인의 차이점을 이해하여 타인과의 관계를 긍정적으로 개발하고 활용해야 한다.

학습평가

01 다음 중 알더퍼의 ERG 이론에 대한 설명으로 바르지 않은 것은?

① 알더퍼는 매슬로의 욕구단계론을 수정하여 인간의 기본욕구를 설명하였다.
② 존재욕구, 관계욕구, 성장욕구의 3단계로 구분한다.
③ 매슬로의 욕구계층이론의 문제점을 극복하고자 하였다.
④ 이전 단계의 욕구가 충족되어야 다음의 욕구가 발생한다.

02 다음 중 반두라의 학습 4과정에 해당하지 않는 것은?

① 주의집중과정
② 단순관찰과정
③ 행동화과정
④ 동기화과정

[정답 및 해설]

01 ④

해설: ERG이론은 존재욕구, 관계욕구, 성장욕구가 단계적으로 작용하는 것이 아니라, 언제든지 여러 가지 다른 욕구가 동시에 작용할 수 있음을 밝힘으로써 매슬로의 욕구계층이론의 문제점을 극복하고자 하였다.

02 ②

해설: 반두라의 학습 4과정은 '주의집중과정-기억·유지과정-행동화과정-동기화과정'이다.

Chapter

05 고객만족경영(CSM)

학습목표

- 고객만족을 위한 핵심개념과 요소들을 이해한다.
- 고객의 기대와 만족 간의 관계를 이해하고 이를 설명할 수 있다.
- CSM의 중요성을 이해하고, 고객만족경영을 성공적으로 실천하고 있는 서비스 기업사례에 대해 말할 수 있다.
- CS 모형과 각각의 이론을 명확하게 이해하고 이에 관해 설명할 수 있다

1 고객만족

고객만족(Customer Satisfaction)이라는 개념은 1972년 미국 농산부에서 농산품에 대한 소비자 만족지수(Customer Satisfaction Index)를 측정하여 발표한 것에서 시작되었다. 이후 1990년대에 들어와서 고객만족의 개념, 측정의 문제가 학계의 주요 연구과제로 등장하면서 고객만족에 관한 연구가 활발하게 진행되었다.

만족(滿足)의 한자적 의미를 살펴보면, '마음에 모자람이 없어 흐뭇함. 모자람이 없이 충분하고 넉넉함'을 말한다. 즉, 욕구가 충족되었다고 느끼는 상태나 느낌을 뜻한다. 만족(satisfaction)은 라틴어의 충분한(satis, enough)과 만들다(facere, to do or make)라는 단어에서 파생되었으며, 만족시키는 제품과 서비스는 충분한(being enough) 정도까지 고객이 요구하는 능력을 지니고 있다는 의미로 보고 있다.

그렇다면, 만족한 상태란 어떤 것인가? 『판단력 비판』에서 칸트는 만족의 대상을 다음의 셋으로 나눈다.

감각적인 쾌(快), 즉 '자극' 때문에 '감성으로 조건 지어진 만족'을 수반하는 '쾌적한 것(das angenehme)', 이성에 의한 판정에서의 쾌(快), 즉 '유용한 것'에

대한 만족 또는 '순수하게 실천적인 만족'을 수반하는 것, 간접적 또는 단적으로 '좋은 것(das gute)', 미적 만족, 동물과 신의 중간적 존재자로서 감성과 이성을 아울러 가지는 인간만이 느끼는 것, '아름다운 것(das schöne)'.

감각적인 만족과 이성적인 만족은 모두 욕구 능력에 관계하며, 대상의 현실 존재에 관한 관심과 결부되어 있다. 이에 반해, 미적인 만족은 미학적 판단에서의 만족은 대상을 목적과 부합되지 않는 자유로운 만족이다. 여기에서 쾌의 감정은 인식 일반의 주관적 조건이기도 한 상상력과 지성의 조화로운 '유희'에 기인한다고 볼 수 있다.

그렇다면, 고객이 제품이나 서비스를 이용한 후에 느끼는 고객만족(customer satisfaction)이라는 말은 어떻게 정의할 수 있을까?

공급자인 기업은 고객에게 제품이나 서비스를 제공한다. 고객은 기업이 제공하는 제품과 서비스를 이용하기 전과 후에 자신이 기대했던 바와 비교하여 자신의 기대를 충족시켰는지를 판단한다. 즉, 고객만족이란 고객이 서비스를 받기 전과 후의 인지적 평가과정에서 발생하는 기대와 결과 간의 주관적 인식이다. 또한, 고객만족은 고객이 서비스를 경험한 후에 표출하는 평가이기도 하다.

고객들은 자신이 경험한 서비스에 대한 평가를 통해 다양한 심리적 반응과 태도를 형성한다. 여기서 중요한 것은 고객만족을 결정하는 사람은 기업이 아닌 고객이라는 것이다.

표 5-1 고객의 기대와 만족

구분	결과
고객의 기대 〉 제품 또는 서비스	고객불만
고객의 기대 ≒ 제품 또는 서비스	보통
고객의 기대 〈 제품 또는 서비스	고객만족
고객의 기대 《 제품 또는 서비스	고객감동

이러한 고객만족의 특성을 기업경영관리의 핵심으로 받아들여, 기업경영의 모든 부문을 고객의 처지에서 생각하고 고객을 만족시켜 기업을 유지하고자 하는 신경영기법인 고객만족경영은 1980년대 후반부터 미국과 유럽 등지에서 주

목받기 시작하였다. 공급이 수요를 초과하는 현대 기업환경에서 고객만족관리는 기업의 생존과 직결되는 중요한 목표가 되었다.

1) 고객만족 핵심요소

고객은 기업이 제공하는 제품과 서비스를 이용하기 전과 후에 자신이 기대했던 바와 비교하여 자신의 기대를 충족시켰는지를 판단하여 만족했는지, 불만족했는지를 결정한다. 그러므로 이러한 고객만족을 결정짓는 핵심적인 요소는 다음과 같이 살펴볼 수 있다.

- 제품요소
- 서비스요소
- 기업 이미지
- 주관적 감정(공평성 지각 등)
- 과거의 경험
- 구전

(1) 제품요소

과거의 고객은 제품의 하드웨어적인 요소와 가치로서 품질, 기능, 가격 등을 중요하게 고려하였다. 그러나 공급과잉의 시대가 되면서 제품에 대한 고객의 기대는 더욱 높아지고 있으며, 제품의 소프트웨어적인 요소인 디자인, 사용용도, 사용의 용이성, 사용자 배려 등 서비스요소를 제품요소로 기대하고 있다.

(2) 서비스요소

제품에서 서비스가 차지하는 비중은 더욱 커지고 있다. 구매 시점에서의 점포의 분위기와 같은 물리적 환경, 종사원의 태도, 판매방법 등이 중요가 요소가 되었다. 기업은 더 이상 유형 제품의 품질이나 성능에서 경쟁기업에 비해 큰 차이를 만들어내는 것은 더이상 어렵다는 것을 인식하기 시작했다. 기업이 고객만족을 위한 노력과 제품의 차별화의 핵심은 이제 서비스요소에서 찾아야 한다는 것이다.

(3) 기업 이미지 요소

고객만족을 위한 직접적인 요소는 제품과 서비스지만, 이 두 가지 요소에 간접적으로 큰 영향을 미치는 것이 바로 기업 이미지 요소이다. 기업이 사회적 공헌 활동이나 지역사회의 발전을 위해 노력하는 모습은 소비자와의 우호적인 관계를 맺는 데 중요한 역할을 한다. 즉 기업의 좋은 이미지는 고객만족을 이루는 간접적인 영향요소가 된다.

▌그림 5-1▐ 한국얀센의 CSR 사례

출처: 한국얀센 홈페이지(http://www.janssenkorea.com/social_contribution).

(4) 서비스 성공과 실패의 원인분석

서비스에 대한 만족이나 불만족이 발생했을 때 고객은 그 원인에 대해 분석하고 평가하게 된다. 그리고 그 경험을 가지고 만족을 판단한다.

(5) 공평성 지각 및 구전

고객은 다른 고객과 비교하여 자신이 공평하게 서비스를 받았는지 판단하며 이것이 고객만족에 영향을 미친다. 또한, 이러한 고객의 평가는 구전 때문에 다른 고객의 만족에 영향을 미치게 된다.

2) 고객만족효과

(1) 광고효과 극대화

고객 중심 기업에게는 고객만족이 목표인 동시에 마케팅 수단이다. 제품에 만족한 고객은 구전을 통해 광고효과를 극대화해 준다. 구매 행동에는 마케팅 관리자의 촉진 커뮤니케이션보다 소비자들 간에 자연스럽게 이루어지는 호의적 커뮤니케이션이 더 큰 영향력을 줄 수 있기 때문이다. 높은 고객만족 수준을 달성한 기업은 자기의 고객들에게 이 사실을 충분히 알려서 좋은 홍보수단으로 이용해야 한다.

(2) 재구매 고객 창출

만족한 고객은 제품 및 서비스에 대한 상표 충성도를 갖게 되므로 한 번 맺게 된 고객과의 관계를 평생 고객으로 유지할 가능성이 크다. 즉, 만족 수준이 높은 고객일수록 재구매 의사가 높게 나타나며, 이는 기업의 수익성 증대로 연결된다.

(3) 비용 절감

신규고객확보는 많은 노력을 해야 하지만 고객이 처음 소비한 제품에 만족하여 재구매나 반복구매하게 되면 그 제품을 구매하도록 설득하는 데 필요한 시간을 A/S나 고객의 불만 해결에 사용할 수 있다. 연구 결과에 따르면 기존고객을 유지하는 비용보다 신규고객을 유치하는 데 5배나 큰 비용이 든다고 한다. 또한, 고객의 욕구와 기대치를 예측하여 불필요한 지출을 감소시킬 수 있는 장점이 있으며 이미 만족한 고객은 가격에 민감하지 않으므로 더 많은 이익을 창출할 수 있게 된다.

(4) 칼 알브레히트의 고객만족 저해하는 7가지 악(惡)

- 무관심: 나와는 상관없다는 태도

- 무시: 고객의 요구에 못 본 척하거나 고객을 피하는 일
- 냉담: 고객의 사정을 고려하지 않는 친근하지 못하거나 퉁명스러운 태도
- 건방 떨기, 생색내기: 의사가 환자를 다루듯 고압적이거나 건방진 태도
- 로봇화, 기계적 응대: 인간의 따뜻함이 배제된 서비스
- 규정 핑계: 고객만족보다는 기업 내부 사정이나 규정을 핑계 대는 태도
- 뺑뺑이 돌리기: '여기는 담당이 아닙니다.' 식으로 문제를 빙빙 돌리는 태도

고객만족 경영의 세계적인 이론가 칼 알브레히트

칼 알브레히트(Karl Hans Albrecht: 1922~2014)는 독일인으로, 독일 최대 할인마트 알디 수드(Aldi Sud)의 설립자이며, 고객만족경영의 세계적 이론가이기도 하다.
그는 "고객의 기대는 계속 진화하고 있다. 그러나 진화하고 있는 고객의 요구에 부응해 더욱 빠르게, 더욱 정확하게 답변을 제공했다 하더라도 사람의 온기가 전달되지 않는다면 진정으로 고객만족을 이룰 수 없다."라고 하였다.
칼 알브레히트의 어머니가 제2차 세계대전 당시 탄광촌에 연 작은 식료품점이 알디의 시작이다. 칼의 아버지는 1913년부터 제과점을 운영했는데 전쟁이 끝난 후 1946년에 칼은 어머니의 작은 점포를 인수했고, '최저가' 판매의 비결을 연구했다.
비용을 줄이고 수요를 정확히 예측해 재고도 거의 제로로 유지하는 방식을 연구해 도입했다. 소비자들은 저가에 열광했고 1960년에는 점포가 300개까지 늘어났다. 이렇게 독일의 최대 할인마트 알디가 탄생되었다.

출처: 아주경제(2010.09.09) 발췌 재구성.

2 고객기대

고객기대(customer expectation)는 서비스 제공에 대한 고객의 신념으로 서비스성과를 평가하는 표준 또는 준거로 쓰인다. 고객은 자신이 갖는 서비스에 대한 준거를 기준으로 지각된 서비스성과를 비교하여 서비스의 질을 평가하기 때

문에 기업으로서는 고객기대를 잘 이해하는 일이 무엇보다 중요하다. 즉 높은 수준의 서비스 품질을 제공하는 데 있어 고객이 기대하는 것을 먼저 파악하는 것이 가장 중요하며 서비스 품질관리에 있어서 첫 단계가 된다.

만약 어떤 기업이 고객이 원하는 바를 잘못 파악하고 있고, 다른 기업이 정확하게 고객의 기대를 파악하고 이를 충족시킨다면 고객을 잃을 수밖에 없을 것이다. 또한, 고객이 별로 중요하게 생각하지 않는 부분에 기업이 돈과 시간, 그리고 여타 자원을 낭비하는 결과를 초래할 것이다. 이렇게 된다면 경쟁이 치열한 시장에서는 기업의 존립 자체가 위태로워질 수 있다.

고객들은 기업이 제공하는 서비스를 이용하기 전에 자신이 어떠한 서비스를 받을지를 기대하기 마련이다. 그러나 고객이 기대하는 서비스 수준은 고객이 가지고 있는 준거에 따라 매우 다양하며, 이러한 다양한 기대가 서비스성과 판단에 이용된다. 대부분 서비스 마케터들은 고객기대가 의미하고 있는 바를 나름대로 이해하고 있지만, 그 전에 보다 정확하게 고객기대를 정의할 필요가 있다.

서비스에 대한 고객의 기대는 매우 역동적이다. 여러 서비스 산업과 마찬가지로 신용카드 기업도 치열한 경쟁을 하고 있으며, 서비스 수준을 경쟁적으로 올리고 있다. 서비스에 대한 고객기대, 특히 최저 서비스 기대는 서비스 제공 또는 약속 증가에 비례하여 빠르게 증가한다. 이처럼 매우 경쟁적이고 급변하는 서비스 산업에서 고객의 기대는 빠르게 상승하고 있다. 그러므로 기업은 고객의 최저 서비스 기대수준은 분석해야 하며, 급변하는 산업일수록 모니터링을 더 자주 할 필요가 있다.

한편 희망서비스 기대는 이보다 훨씬 안정적이다. 왜냐하면, 희망서비스 기대는 개인적인 욕구와 지속적 서비스 증강 인자 같은 지속적인 요인에 의해 영향을 받기 때문에 비교적 높은 수준에서 형성되어 유지되는 경향이 있기 때문이다.

다른 모든 조건이 동일하다면 기업의 목적은 경쟁자보다 고객의 기대를 더욱 충족시키는 데 있다. 최저 서비스 기대가 급속히 변화하고 있는 현실에서 어떻게 하면 경쟁자보다 고객기대 충족에서 앞설 수 있는가?

최저 서비스 기대는 고객이 기대하는 최소의 성과 수준으로, 경쟁 서비스 이용 가능성 등을 포함한 다양한 외부적 요인과 개인적 요인을 반영한 것이다. 성과가 이 수준에 미치지 못하는 기업은 경쟁적으로 불리한 상황에 부닥치게 되며, 그 차이가 클수록 경쟁적 불리함은 더욱 악화할 것이다. 이러한 기업의 고객은 대안을 지각하는 순간 그것으로 옮겨갈 준비를 하게 된다.

만약 기업이 경쟁적으로 유리한 상황으로 옮겨가고자 한다면 최저 서비스 기대수준을 상회하는 서비스를 제공해야 할 것이다. 하지만 최저 서비스 수준을 넘기는 것은 일시적인 우위를 나타내는 지표에 불과하다. 고객의 최저 서비스 수준은 희망서비스 수준과는 달리 변화 가능한 것이기 때문에 경쟁자의 서비스 약속이나 서비스 제공수준이 높아짐에 따라 급속도로 높아진다.

만약 어떤 기업의 서비스 수준이 최저 서비스 수준보다 간신히 위에 있다면, 경쟁상대는 빠르게 최저 서비스 수준의 조건을 따라올 수 있다. 따라서 현재 경쟁상 유리한 상황에 있는 기업일지라도 경쟁자에 대응하기 위하여 끊임없이 서비스를 향상할 필요가 있다.

표 5-2 고객기대 형성요인

CARE
• 경쟁(competition): 고객은 어느 한 업체가 할인하거나 무료서비스를 하면, 유사업종의 경쟁업체도 할인이나 무료서비스를 할 것이라고 기대한다.
• 광고(advertising): 기업의 광고 메시지는 고객의 기대형성에 강한 영향을 준다.
• 명성(reputation): 구전은 고객의 기대형성에 가장 강력한 영향을 미친다.
• 경험(experience): 과거에 유사서비스를 경험한 고객은 이미 서비스에 대한 기대가 형성되어있다.

3 고객만족경영(CSM)

기업이 내부적 관점에서 제품을 생산한 후, 이것을 소비자에게 효과적으로 판매하기 위한 판매 지향적 마케팅이 푸시 마케팅(push marketing)이라면, 고객지향적 관점에서 고객만족을 추구하는 것은 풀 마케팅(pull marketing)이라고 한다.

기업의 고객만족경영의 핵심내용은, 고객지향적인 사고와 전략을 가지고 고객이 욕구를 충족시킬 수 있는 제품과 서비스를 생산하는 것이다. 또한, 제품과 서비스를 제공한 후에 발생할 수 있는 고객 불평을 관리하는 것, 서비스 종사원의 교육 훈련을 통해 서비스 접점에서의 품질을 높이는 것, 내부고객인 서비스 종사원의 업무 만족도를 높여 서비스 제품의 전달 프로세스를 관리하는 것 등이 필수 요소로 포함된다.

결국, 고객만족은 상품의 품질뿐 아니라 제품의 기획·설계·디자인·제작·사후 서비스 등 모든 과정에 걸쳐 제품에 내재한 기업의 서비스 문화와 기업의 이미지와 함께 상품 이미지·기업이념 등을 고객에게 제공하여 소비자에게 만족감을 기대 이상으로 충족시킴으로써 고객의 재구매율을 높이고 고객 충성도를 높이도록 하는 일련의 과정이라고 볼 수 있다.

표 5-3 고객을 만족시키는 일은 왜 어려운가?

기업(종사원)은 기본적으로 고객을 만족시키려고 노력한다. 그런데도 다음과 같은 특성의 고객을 만족시키기란 참으로 어렵다. 다음은 대표적으로 어려운 손님 유형이다. • 물건을 사러 온 건지 싸우는 온 것인지 착각하는 손님 • 종사원을 무조건 무시하는 손님 • 물건에 대하여 제일 잘 아는 손님 • 살 듯 살 듯하면서 안 사는 손님 • 다른 가게와 비교하는 손님 • 가격을 무조건 깎는 손님 • 무조건 고객인 자신을 왕이라고 하는 손님 • 물건에 대하여 무조건 비난부터 하는 손님

고객만족경영은 충성도(customer loyalty)를 확보하는 데 목적이 있으므로 고객만족을 통해서 계속 고객과의 관계를 유지하는 것은 매우 중요하다. 만족한 기존고객은 반복구매뿐만 아니라 긍정적인 구전을 통해 신규고객을 창출하는 효과를 가져온다. 새로운 고객을 창출하기 위한 비용보다는 기존의 고객을 유지하는 비용이 훨씬 적게 든다. 그러므로 기업이 경쟁력을 유지하기 위한 가장 중요한 부분은 기존고객과의 지속적인 우호 관계를 유지하는 것이라고 할 수 있다.

TEN-TEN-TEN 법칙

고객 1명을 유지하는 데 10$ 소요
고객을 잃어버리는 데 10초 소요
고객을 재유치하는 데 10년 소요

10 기존 고객을 유지하는 데 10달러의 비용이 든다. 하지만 새로운 고객을 유치하는 데는 기존 고객보다 5배의 비용이 더 든다.

10 고객을 잃는 데 10초면 충분하다. 첫인상은 쉽게 바뀌지 않으므로 잘못된 첫인상은 고객에게 실망 그 자체이다.

10 고객을 되찾는 데 10년이 걸린다. 한번 잃은 고객을 다시 찾는다는 것은 그만큼 힘이 든다.

그림 5-2 고객관리 법칙

미국의 유명한 물류회사 페덱스(Fedex)에는 1:10:100 법칙이 있다. 개발단계에서 문제점을 찾아 해결하면 1의 비용밖에 들지 않는다. 그러나 생산단계로 넘어간 뒤 뒤늦게 고치려면 10의 비용이 필요하고, 불량품이 팔려나가 고객에게 항의가 들어오면 100의 비용을 들여야 한다는 것이다. 즉 뼈대가 수립되는 계획단계에서 환경문제를 고려하는 것이 나중에 시행 과정에서 불거진 문제와 씨름하는 것보다 100배는 더 효율적이라는 의미다.

1 : 10 : 10 법칙
1$: 즉시
10$: 숨길 시
100$: 클레임 시

FedEx Express

그림 5-3 페덱스(Fedex)사의 1 : 10 : 100 법칙

고객만족은 종업원의 성과관리 포인트로 활용할 수 있다. 종사원 직무에 대한 성과평가는 고객만족을 기준으로 하며 이를 통해서 종사원들을 동기부여 시킬 수 있다. 만족한 고객의 칭찬 한마디가 종사원의 발걸음을 가볍게 할 수 있다.

반대로 고객 불만족과 고객 불평을 겪게 되면 종사원은 직무 스트레스가 쌓이게 된다. 스트레스가 쌓인 상태에서 고객을 응대하는 일은 추가적인 에너지가 필요하게 된다. 또한, 고객만족을 실행하지 못한 종사원은 업무에 있어서 사기 저하로 이어지고 결국 이직을 하게 된다.

우리 사회는 이성 중심의 패러다임에서 감성 중심의 패러다임으로 접어들고 있다. 정보 사회에 뒤이어 도래할 미래는 꿈과 이야기 등의 감성적 요소가 중요하게 부각되는 '드림 소사이어티'다. 드림 소사이어티의 청사진은 오늘날 스토리텔링이 여러 분야에서 적극적으로 활용되고 있는 현상을 뒷받침한다. 이러한 이론을 처음 주창한 사람이 미래학자 롤프 엔센(Rolf Jensen)이다. 그는 고객들이 이성보다는 감성으로 구매 결정을 내린다는 것에 착안하여 '풍부한 꿈과 감성에 기초한 진심 어린 이야기(스토리텔링)'로 고객과 종사원을 독려하는 것이 필요하다고 언급했다.

롤프 엔센과 드림 소사이어티

롤프 엔센(Rolf Jensen, 1942~)은 미래 학자이자 기업인이다. 꿈과 감성을 파는 사회, 드림 소사이어티(dream society)는 바로 미래학자인 롤프 엔센이 주창한 개념이다. 그는 우리 사회가 이성 중심적인 패러다임에서 감성 중심적인 패러다임으로 접어들었음에 주목했다. 세계 대부분에서 삶의 물질적인 측면을 보다 많이 확보하려는 추세가 끝나가면서 인간의 감성적인 측면에 관한 관심이 증가하고 있다. 따라서 정보 사회에 뒤이어 도래할 미래는 꿈과 이야기 등의 감성적 요소가 중요하게 주목받는 사회라는 것이다. 즉, 기업, 지역사회, 개인이 데이터나 정보가 아니라, 이야기를 바탕으로 성공하게 되는 새로운 사회를 가리킨다.

드림 소사이어티는 10만 년의 인류사 전체의 결과로 보아야 한다. 롤프 엔센은 수렵 채취 사회의 모습에서 이상적 사회의 기원을 찾을 수 있다고 보았다. 여기서는 부족의 전설이나 의식(儀式)을 가장 잘 아는 자가 지도자로 선택되었다. 정신적인 요소, 즉 이야기를 가장 중요하게 여겼기 때문이다. 드림 소사이어티에서는 수렵채취인과 마찬가지로 스토리텔러(story teller)가 미래의 중요한 인재가 된다. 상품 자체의 기능이나 효용은 부수적이고, 오히려 상품에 담긴 이야기가 어떻게 고객들의 마음을 사로잡느냐가 관건이라 할 수 있다.

출처: 롤프 엔센(2005). 발췌 인용.

4 고객만족모형

1) 기대-불일치 패러다임

전통적인 기대-불일치 패러다임(expectation disconfirmation paradigm)에 의하면 소비자들은 제품이나 서비스성과에 대한 자신의 기대 때문에 만족 여부를 결정한다는 것이다. 여기서 기대는 예측되는 성과에 대한 소비자의 주관적인 기준으로 작용한다. 즉, 소비자는 자신의 기대와 제품(서비스)성과를 비교하여, 자신의 기대를 상회하면 긍정적인 불일치가 발생하므로 만족감이 증가하고, 반대로 기대에 못 미치면 부정적인 불일치가 발생하여 불만족하다는 것이다. 그래서 고객만족에 영향을 미치는 요인이 바로 '불일치'라는 것이다. 따라서 기대와 성과는 불일치를 판단하기 위해 비교 수준으로만 사용되고 오로지 간접영향을 미칠 뿐이다. 이러한 이론 구성은 PZB가 1988년 말한 서비스 품질 개념, 즉 고객만족에 대한 소비자의 기대-불일치 패러다임이 여기에 근거한다고 볼 수 있다.

고객이 자각하는 불일치에는 두 가지 유형이 있는데, 추론된 불일치(inferred disconfirmation)와 지각된 불일치(perceived disconfirmation)이다.

먼저 추론된 불일치는 연구자가 조사대상자의 성과와 기대를 각각 측정한 후 성과와 기대와의 차이를 추론하여 불일치의 정도를 측정하는 것을 말한다. 지각된 불일치는 연구자가 조사대상자에게 '얼마나 큰 불일치를 느끼는가?' 에 대해 직접 기대와 성과를 비교하여 자신이 느끼는 정도를 질문한 후, 그 결과를 측정하는 것이다. 즉, 추론된 불일치는 전적으로 기대와 성과라는 두 개의 변수에 의해 결정되는 것이지만, 지각된 불일치는 고객이 실제로 경험한 성과에 대해 회상을 통해 측정된 기대를 비교하기 때문에, 기대를 회상하는 과정에서 인지부조화와 대비 효과가 발생할 수 있으므로, 두 방법의 결과는 다르게 나타날 수 있다.

2) 공정성이론

고객의 만족과 불만족을 설명하는 데 있어서 공정성이론(equity theory)은 고객이 서비스제공자로부터 '공정한 대접'을 받았다고 느껴지는지 아닌지에 따라 결정된다는 이론이다. 즉, 고객은 자신이 투입한 노력(비용)에 대한 대가로 정당한 보상이 주어졌는지에 대한 여부를 따져 보고 만족 여부를 결정한다는 이론이다. 즉, 공정성 이론에서는 사람들은 누구나 일단 자신이 불공정한 대우를 받고 있다는 것을 인지한 경우에는 불만족이 야기 된다는 것이다.

공정성이론(公正性理論, equity theory)은 원래 아담스(Adams)에 의해 제시된 일종의 사회적 비교이론(social comparison theory)이다. 사회적 비교이론은 한 개인이 다른 사람에 비해 어느 정도 공정하게 대우를 받고 있는가에 관한 지각의 중요성을 강조한다.

공정성이론은 조직 속에서 개인은 자신이 투자한 투입(inputs)과 여기서 얻어지는 결과(outcomes)를 다른 개인이나 집단의 그것들과 비교한다고 가정한다. 그래서 자신이 투자한 투입 대 결과의 비율이 타인의 그것과 동일하면 공정하다고 느끼며 만족하게 된다. 그러나 이에 대해 불공정성을 지각하게 되면 공정성을 회복하는 쪽으로 노력을 기울이게 된다.

만약 과대보상(overpayment)이든 과소보상(underpayment)이든 불공정성을 지각하게 된다면 개인들은 부족한 보상에 대해서는 불만족을 느끼고, 과도한 보상에 대해서는 부담감을 지각하게 된다. 그리고 이러한 긴장감은 불공정성의 정도에 따라 달라지는데, 불공정성을 감소시키는 방향으로 동기화(motivation)가 작용한다.

- **투입 변경:** 개인들은 불공정성이 유리한 것이냐 불리한 것이냐에 따라 투입을 증가시키거나 감소시킨다. 예컨대 과소보상의 경우, 개인은 노력 수준을 감소시킬 것이고 과다보상의 경우는 노력을 증가시킬 것이다.
- **결과 변경:** 결과 증가 또는 감소 등 결과를 변경시키려고 노력할 것이다.
- **투입 또는 결과 왜곡:** 실제로 투입이나 결과를 변경시키지 않고도 사람들은 인지적으로 이것을 왜곡(또는 합리화)시킴으로써 같은 결과를 얻을 수 있다. 이

는 자기 자신만이 아닌 비교 대상에 대해서도 행해질 수가 있다. 예컨대 비교 대상이 나보다 더 훌륭하고 더 열심히 일하므로 나보다 많은 보상을 받는 것은 당연하다고 믿는 것이다.

- **원인 소멸:** 불공정성이 극히 크다고 느끼거나 감당하기 어렵다고 판단될 때, 불공정함을 일으키는 조직(기업)과의 관계를 끊거나 떠나는 것을 말한다.
- **비교 대상 변경:** 비교 대상을 변경함으로써 불공정성을 줄일 수가 있다. 조직 내의 종사원이라면, 자신의 비교 대상을 자와 비슷한 경력의 동료가 아니라 자신보다 여러 가지 면에서 훨씬 전문지식 수준을 지닌 선배와 비교함으로써 자신의 불공정성을 줄일 수 있다.

3) 비교수준이론

비교수준이론(comparison level theory)에서는 고객의 기대(expectation)에 대해 구체적으로 규명하고 있는데, 기대는 고객의 과거 경험, 유사제품에 대한 경험 등에서 기인한다고 주장한다. 즉 고객이 지니는 기대라는 것은 막연히 형성된 것이 아니라 구체적으로 3가지 결정요소에 의해 형성된다는 것이다.

■ 고객의 기대를 결정짓는 3가지 요소
- 유사한 제품(서비스)에 대한 고객의 과거 경험
- 기업의 광고나 촉진 활동으로 형성된 상황적 기대
- 준거의 대상이 되는 다른 고객들의 경험

고객은 자신의 과거 경험 또는 유사경험 때문에 기대수준이 결정된다. 또한, 기업의 광고나 촉진 활동을 통해 정보를 입력하게 된다. 또한, 입소문, 인터넷의 사용자경험 후기 등과 같은 다른 고객의 경험을 접함으로써 사전적인 기대가 형성된다.

4) 가치-지각 부동성이론

가치-지각 부동성이론(value-percept disparity theory)은 고객만족을 설명하기 위해서는 고객의 '기대-불일치'보다는 '가치-불일치'가 더 중요한 판단 기준이라는 이론이다. 즉, 제품이나 서비스에 대해 고객이 '기대'와 '가치'를 분리해서 판단하는 것이 고객만족을 보다 명확하게 설명할 수 있는 근거가 될 수 있음을 주장하고 있는 이론이다.

예를 들어, 고객은 제품에 대한 기능이 적절하지 못한 불량품을 경험할 때 자신의 기대와는 상관없이 즉시 불만족을 느낀다는 것이다. 또한, 고객은 제품 또는 서비스에 대한 기대가 전혀 없는 경우에도 만족과 불만족을 표현하므로, 기대 때문에 고객만족을 설명하는 것은 한계가 있다는 주장이다.

웨스트브룩과 레일리(Westbrook & Reilly, 1983)는 가치-지각 부동성이론을 설명하면서 고객은 개인의 가치와 대상에 대해 지각하는 과정에서 만족/불만족이 결정된다고 했다. 즉, 고객이 평소에 느끼던 개인적인 욕구나 필요에 대해 자신이 구매한 대상을 구입하는 과정에서 지각한 결과를 판단하게 되는데, 이때 가치-지각 부동성이 작을수록 만족감이 커진다고 주장하고 있다.

학습정리

- 고객만족이란 고객이 서비스를 받기 전과 후의 인지적 평가과정에서 발생하는 기대와 결과 간의 수준상태를 말한다.
- 고객만족을 결정짓는 핵심요소는 제품 요인, 서비스요인, 기업 이미지 요인, 구전 등이 있다.
- 고객만족경영은 기업의 경영체제를 고객지향적으로 갖추어 운영하는 것을 말한다.
- 10:10:10법칙은 고객 유지의 중요성을 강조하기 위한 법칙이다. 페덱스사의 1:10:100법칙은 처음 서비스를 기획하는 단계에서부터 문제 해결까지 즉시 제대로 실행하는 것이 중요하다는 것을 강조하기 위한 법칙이다.
- 미래학자 롤프 옌센(Rolf Jensen)은 고객들이 이성보다는 감성으로 구매 결정을 내린다는 것에 착안하여 '풍부한 꿈과 감성에 기초한 진심 어린 이야기(스토리텔링)'로 고객과 종사원을 독려하는 것이 필요하다고 언급했다.
- 고객만족모형에는 기대-불일치 패러다임, 공정성 이론, 비교수준이론, 가치-지각이론 등이 있다.

학습평가

01 다음은 고객만족 모형 중 어떤 모형에 대한 설명인가?

"고객의 '기대(expectation)'에 대해 구체적으로 규명한 이론으로, 기대는 고객의 과거 경험, 유사제품에 대한 경험 등에서 기인한다. 기업의 광고, 촉진 활동을 통해 정보가 입력되며, 입소문, 인터넷 사용자 후기 등 다른 고객의 경험을 접함으로써 사전적인 기대가 형성되며, 이를 통해 만족도 수준을 결정한다."

① 기대-불일치 ② 공정성 이론
③ 비교수준이론 ④ 가치-지각이론

02 다음 ( ) 안에 들어갈 단어를 고르시오.

미래학자 롤프 옌센(Rolf Jensen)은 고객들이 이성보다는 감성으로 구매 결정을 내린다는 것에 착안하여 '( )'로 고객과 종사원을 독려하는 것이 필요하다고 했다.

① 진심 어린 이야기(스토리텔링) ② 복리후생 증진
③ 개인화된 서비스 ④ 사려 깊은 서비스

[정답 및 해설]

01 ③

해설: 비교수준이론에 대한 설명으로, 고객의 기대가 형성되는 것에 대해 구체적으로 규명한 이론이다.

02 ①

해설: 롤프 옌센의 드림 소사이어티에서는 스토리텔링의 중요성을 강조하고 있는데, 이는, 우리 사회가 이성 중심적인 패러다임에서 감성 중심적인 패러다임으로 접어들었음에 주목하여 주장한 내용이다.

Chapter

06 고객관계관리(CRM)

학습목표

- CRM의 개념과 중요성을 명확하게 정리한다.
- CS와 CRM을 비교하여 설명하고, CRM의 등장 배경을 이해할 수 있다.
- 고객 가치와 기업가치의 관계를 이해한다.
- 고객화, 고객 유대에 대해 설명할 수 있다.
- 고객 포트폴리오 전략 및 CRM 성공전략을 설명할 수 있다.

1 CRM 개념

CRM은 고객(customer), 관계(relationship), 관리(management)를 말한다. 여기에서 관계(relationship)란, 고객과의 상호작용을 통해 형성되는 장기적인 관계를 말한다. 관리(management)는 고객과의 관계를 관리하여 고객이 충성도, 몰입도, 친밀감을 느끼도록 효과적으로 고객을 관리하는 것을 말한다.

이는 기업이 소비자들을 자신의 고객으로 만들고, 이를 장기간 유지하고자 하는 경영방식이며 기업들이 고객과의 관계를 관리, 고객 확보, 그리고 고객, 판매인, 협력자와 내부 정보를 분석하고 저장하는 데 사용하는 광대한 분야를 아우르는 방법이다. 고객관계관리로 해석되는 CRM은 고객 상담 애플리케이션, 고객 데이터베이스, 콜센터 시스템을 기반으로 발전하게 되었다. CRM은 신규 고객을 획득하는 그것보다는 기존고객을 유지하기 위해 고객 요구와 행동을 분석하고 개별고객 특성에 맞춘 마케팅을 실행하는 경영기법이다. CRM은 기업의 고객 가치를 최적화함으로써 기업의 수익증대 및 비용 절감을 목적으로 차별적인 서비스를 제공한다.

전사적 차원에서의 고객관리인 CRM은 다음과 같은 4가지 측면에서 경영을 가능하게 해준다.

- 기업이 고객을 하나의 통합된 시각에서 바라보도록 함
- 지속적인 관계, 고객 충성도를 얻기 위한 고객관리
- 고객의 개별적 특성에 따른 관리 – 1:1 마케팅/서비스
- 정보기술에 의한 관리– 데이터베이스를 이용하여, 고객의 정보를 관리

그림 6-1 전사적 차원에서 고객관리, CRM

또한, CRM은 기업의 고객점유율을 우선으로 하며 기존고객과의 지속적이고 우호적인 관계를 통해 고객 충성도를 향상하는 데 그 목적이 있다.

〈표 6-1〉과 같이 매스마케팅과 CRM을 비교해서 살펴보면 CRM의 목적을 더욱 명확하게 정리할 수 있다. CRM은 고객 가치를 판매의 기반으로 하며, 기업이 특정하게 선정한 다수 고객을 대상으로 접근한다. CRM의 관심은 집단고객이 아니고 개별고객이며, 시장점유율이 아닌 고객 점유율을 기업 마케팅의 목표로 둔다.

표 6-1 Mass Marketing vs CRM

항목	Mass Marketing	CRM
판매기반	거래	고객 가치
접근방식	불특정 다수	특정 다수
관심 여부	집단고객	개별고객
목표	시장점유율	고객점유율

CRM의 중요성은 다음과 같은 연구 결과에 따라 더욱 부각되었다.

- 기업 수익의 65%는 만족을 얻은 고객을 통해 이루어진다.
- 신규고객을 획득하는 데 소요되는 비용은 기존고객을 유지하는 데 소요되는 비용의 약 5배가 더 든다.
- 상위 20%에 해당하는 고객 1인의 매출액이 나머지 80%에 해당하는 고객 16명의 매출액과 비슷하다.
- 대부분 기업은 매년 약 15~20%의 고객을 잃는다.

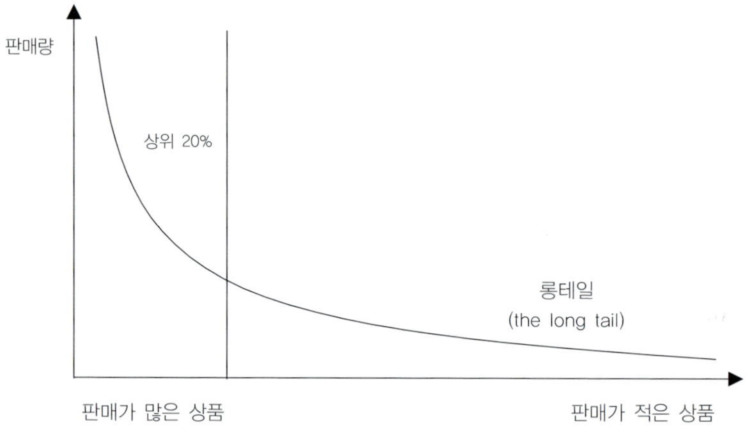

• 파레토 법칙(Pareto 法則) 또는 80 대 20 법칙
'전체 결과의 80%가 전체 원인의 20%에서 일어나는 현상'을 말한다. 예를 들어, 20%의 고객이 백화점 전체 매출의 80%에 해당하는 만큼 쇼핑하는 현상을 설명할 때 이 용어를 사용한다. 2 대 8 법칙이라고도 한다. 이 용어를 경영학에 처음으로 사용한 사람은 조셉 M. 주란이다. '이탈리아 인구의 20%가 이탈리아 전체 부의 80%를 가지고 있다'고 주장한 이탈리아의 경제학자 빌프레도 파레토의 이름에서 따왔다.

• 긴 꼬리(The Long Tail) 법칙 또는 롱테일 법칙
파레토 법칙을 그래프에 나타냈을 때 꼬리처럼 긴 부분을 형성하는 80%의 부분을 일컫는다. 파레토 법칙에 의한 80:20의 집중현상을 나타내는 그래프에서는 발생확률 혹은 발생량이 상대적으로 적은 부분이 무시되는 경향이 있었다. 그러나 인터넷과 새로운 물류기술의 발달로 인해 이 부분도 경제적으로 의미가 있을 수 있게 되었는데 이를 롱테일이라고 한다. 이는 기하급수적으로 줄어들며 양의 X축으로 길게 뻗어나가는 그래프의 모습에서 나온 말이다. 2004년 와이어드지 20월호에 크리스 앤더슨(Chris Anderson)에 의해 처음으로 소개되었으며 이후 책으로 나와 베스트셀러가 되었다. 이러한 분포를 보여 주는 통계학적 예로는 부의 분포, 단어의 사용빈도 등이 있으며 크리스 앤더슨에 의해 소개된 롱테일 부분을 경제적으로 잘 활용한 사례로는 아마존의 다양한 서적 판매 사례 등이 있다.

그림 6-2 파레토 법칙과 롱테일 법칙

출처: 위키피디아(http://ko.wikipedia.org).

- 고객 유지율의 단 몇 %만 증가해도 매년 25%~100%까지 기업의 이윤을 증가시킬 수 있다.
- 불만족한 고객의 10% 미만이 자신의 불만을 호소한다.
- 만족을 얻지 못한 고객의 91%는 절대로 그 기업의 제품을 재구매하지 않을 것이며, 최소한 9명에게 자신의 불쾌한 경험을 이야기한다.

(1) CRM 영역

CRM의 목적은 기존고객과의 장기적인 관계유지 및 고객 이탈방지에 있다. 그리고 일단 확보한 고객의 가치를 지속해서 높여가려는 노력에 있다. 그러므로 CRM에서 다루는 가장 중요한 영역은 고객 유지이다.

(2) 고객 유지

초기 관계마케팅의 주된 관심 영역은 고객의 불만을 예방하고, 고객 불만이 발생했을 때 효과적으로 대처해야 한다는 수동적인 노력의 서비스 회복과 관계 유지에 있었다. 그러나 현재의 CRM은 수동적인 서비스 관계회복뿐만 아니라 고객이 요구하기 전에 고객을 먼저 분석하고 고객 가치를 높이기 위해 적극적으로 부가적인 혜택을 제공하는 적극적인 노력이 중심이 되고 있다.

(3) 고객 확보

잠재시장의 고객 데이터베이스를 활용하여 가망고객을 도출해내고 적극적으로 신규고객을 발굴해 내는 영역이다. 즉 고객 유지 활동을 통해 얻은 고객데이터를 분석하여 우량고객의 특성과 패턴을 도출하고, 이를 활용하여 잠재고객 중 우량고객이 될 가능성이 큰 고객 군을 도출하여 신규고객 대상으로 삼고 새로운 고객관계를 형성해 나간다. 기업이 신규고객을 확보하기 위해 일반적으로 이용하는 방법은 고객 DB 분석, MGM, 제휴 등의 방법이 있으며, 이를 간략하게 요약하면 다음과 같다.

- **잠재시장 DB 분석 및 고객 예측**: 고객 데이터베이스 분석을 통해 우량고객의 특성과 패턴을 도출하고, 이를 활용하여 잠재고객 중 우량고객이 될 가능성이 큰 고객 군을 도출
- **MGM(member get member)**: 기존고객을 통해 신규고객을 확보하는 방법. 신규고객이 될 가능성이 있는 사람의 정보를 기존고객으로부터 추천받아서 마케팅 수행
- **제휴(alliance, partnership cooperation)**: 기업 간의 공식적인 제휴를 통해 정보를 공유하는 방법. 일반적으로 정보공유를 목적으로 제휴를 맺기도 하고, 정보를 가진 회사의 마케팅을 대행해 주기 위해 제휴를 맺기도 한다.

(4) 고객 가치 개발

고객 가치 개발은 일단 확보한 고객의 가치를 지속해서 높여가려는 노력이다. 예를 들어 교차판매(cross-selling)는 고객이 기존의 구매품목 외에 새로운 상품을 구매하도록 유도하는 활동이며, 추가판매(up-selling)는 특정 카테고리 내에서 상품의 구매액을 늘리도록 유도하는 활동인데, 이러한 활동은 고객 가치를 높이는 데 기여한다.

2 CS와 CRM

고객은 달라지고 있다. 이처럼 변화하는 고객을 이해하고 만족시키기 위해 과거 많은 기업은 막대한 노력을 기울여 왔다. 그러나 고객만족(Customer Satisfaction: CS) 활동으로 총칭되는 이들 활동의 성과는 경영자의 입장에서 보면 그다지 만족스럽지 못하다. 고객만족도와 서비스 질을 다각적으로 측정·평가하면 수치상으로는 꾸준히 향상되고 있지만, '만족한다'는 고객의 평가에도 불구하고 기업의 '수익성'은 향상되지 않았다.

CS 활동 결과 기업 이익의 확대와 직원역량 강화로 연결되지 못하는 경우가

많았다. 기업은 자사의 CS 활동과 수익성이 연결되지 않는 현상을 분석하면서, 다음과 같은 교훈을 얻을 수 있었다.

1) CS 활동의 교훈

(1) 고객 세분화의 어려움

고객은 일률적이지 않으며, 더구나 그 고객들을 분류하는 일이 매우 어려워졌다는 것이다. 대다수 기업이 지금까지 해 온 방법은 비교적 단순한 속성(나이, 성별, 지역 등)의 차이에 기초한 고객 세분화였다. 그러나 점차 고객의 욕구가 다양해지고 고객을 명확하게 식별하기 어려워지면서 기존의 마케팅, 고객 응대 방식은 한계가 있다는 것을 깨닫게 해주었다.

(2) 고객을 '매우 만족'시키는 일의 한계

CS 활동 결과 기업들은 고객을 전반적으로 어느 정도 만족시키는 일은 가능하였다. 하지만 개별고객을 '매우 만족' 시키는 일은 어려운 일이라는 것을 깨닫게 되었다.

또한, 기업의 경영성과를 나타내는 표면적인 고객만족 조사 수치에는 만족을 표하는 대부분의 응답자층에 가려 침묵을 지키는 중간층, 불만층 등이 잠재되어 있으며, 어느 정도 만족하는 다수의 고객이 아닌 '매우 만족'하는 고객을 조사해 내는 것에도 한계가 있다.

(3) 이익이 되는 고객과 이익이 되지 않는 고객

기업이 모든 고객을 상대로 개별적으로 대응해야 하는 것은 아니다. '고객은 왕이다.'라는 말이 있지만, 모든 고객이 다 왕은 아니다. 즉, 고객 중에는 이익이 되는 고객과 이익이 되지 않는 고객이 있다는 것이다. 기업이 고객지향 마인드를 가지고 일대일 대응을 한다는 것은 매우 바람직한 행위처럼 보이지만, 현실적으로 기업에 이익이 되지 않는 고객까지 극진히 대응하게 되면 기업의 수익성은 오히려 낮아질 것이다. 또한, 기업이 이익이 되지 않는 고객을 정중하게 응대하는 동안 진짜 이익이 되는 고객은 아무런 불평도 하지 않은 채 조용히 그 기업을 떠날 것이다.

일반적으로 20대 80의 규칙으로 알려져 있듯이 대부분은 기업에게 이익을 가져다주는 고객은 소수이다. 그러나 이 소수의 우량고객이 떠날 때 기업에 기져다주는 손실은 막대하다.

(4) 고객을 정확히 분석하기 위한 새로운 방법 모색 필요

고객 개개인에 맞춘 관계마케팅이 실현되기 위해서는 고도의 기업 능력이 요구된다. 이익이 되는 고객과 그렇지 않은 고객을 식별할 수 있는 분석능력이 필요하고, 다양한 상품과 서비스를 열거하고 엄밀하게 분석하여 개별고객의 구체적인 요구를 정확하게 적용하는 분석능력이 필요하다. 이러한 분석능력은 고객에 대한 정확한 이해를 바탕으로 한 기능적인 분석과 병행해야 한다.

(5) 애매한 고객의 요구

고객은 자신의 욕구를 겉으로 강하게 표출하지 않으므로, 고객의 의중을 명확하게 파악하여 상품과 서비스를 해석하는 일은 매우 어렵다. 특히 자사에 이익을 주는 소수 우량고객의 욕구를 명확하게 분석하는 일은 매우 어렵다. 그러므로 기업은 '고객에 대해서'가 아니라, '고객의 편에 서서' 고객을 이해하고 구매를 유도해야 한다.

2) 수요와 수익 기회 포착

CS 활동의 한계를 극복하고 기업의 수익에 연결되게 하는 방법은 고객관계관리(CRM)를 통해 놓칠 수 있는 수요를 붙잡고 기존수요에 연결되는 신규수요를 창출하는 것이다. 예를 들어, 하나의 상품이 팔렸다고 하자. 상품과 서비스라는 측면에서만 본다면, 이 판매로 인하여 수요충족의 순환이 완결된다. 그러나 거기에는 포착하지 못한 거대한 수익 기회가 존재하고 있다. 즉, 하나의 상품과 서비스 판매는 새로운 기회를 창출하기 위한 관계의 고리이다.

(1) 고객수요포착

기업의 입장에서 생각할 때 고객을 장기적인 관계로 구축할 경우, 고객은 인생의 순간마다 필요한 수요가 존재할 것이고, 한 번의 구매 이외의 파생된 수요(교차판매나 업셀링)가 발생할 수 있으며, 지속적인 고객관계를 유지함으로써 재구매와 같은 직접적 이익 이외에도 추가이익이나 구전효과 등을 기대할 수 있다.

(2) 개별고객과 고객관계

고객과의 관계는 필연적으로 '개인' 단위의 '일대일 마케팅(one-to-one-marketing)'이라는 개념의 관점이 존재한다. 기업은 고객과 꾸준한 접촉을 통해 고객 한 사람 한 사람의 데이터를 축적·분석·이해하고, 그 고객과 이루어지는 어떠한 접촉의 '순간'에도 고객을 '개별고객'으로 보는 노력을 할 때 수익 기회를 포착할 수 있다.

또한, 개별고객 정보를 이용한 마케팅이 '데이터베이스 마케팅(data base marketing)'뿐이라는 발상은 불충분하다. 고객과의 접점은 마케팅 활동에만 있는 것은 아니다. 마케팅, 세일즈, 서비스 제공 등 일련의 고객 접점 프로세스 모든 면에서 고객정보는 획득되고 활용될 필요가 있기 때문이다.

(3) 고객관계의 진화

기업과 고객의 관계도 다른 사회적 관계와 마찬가지로 시간이 지남에 따라 발전하는 경향이 있다. 서비스제공자와 고객 사이에서 일어나는 교환관계는 이방인에서 아는 사이, 친구, 파트너로 진화할 가능성이 크다.

3) 고객과의 관계 유형

(1) 이방인

이방인(stranger)이란, 산업 측면에서 보면 기업에 대해 알지 못하거나 기업과 어떠한 상호작용(거래)도 체험하지 못한 잠재고객을 말하며, 아직 자사의 표적시장에 진입조차 못 한 고객들로 정의할 수 있다. 또한, 기업 측면에서 보면 자사의 고객이 아닌 경쟁사의 고객들을 포함할 수 있으며, 아직 자사와는 관계를 갖은 경험이 없는 고객을 말한다.

따라서 기업이 이방인 고객에 대해 할 일은 자사 고객으로 유인(attract)하기 위한 커뮤니케이션(communication)을 펼친다거나 자사 상품을 사용(trial)해 보도록 판촉 또는 이벤트 활동을 벌이는 일이다.

(2) 아는 사이

아는 사이(acquaintance)란, 기업이 고객과 한 번 이상 거래 또는 관계를 형성하여 어느 정도 고객에 대해 파악하고 있는 사이를 말한다. 일단 고객이 기업과 친근해지고 아는 사이가 되는 관계에서는 '고객만족'을 시키는 것이 기업의 주요 목적이 된다.

이 단계에서의 기업은 일반적으로 경쟁자보다는 나은 가치를 고객에게 제안하는 것에 관심을 끌게 된다. 고객이 만족하고 교환 활동을 통해 그들이 받은 것이 공정한 가치로 지각되는 한 고객은 아는 사이가 의미 있다고 지각하게 되며, 반복적인 상호작용을 통해서 체험을 축적하고 해당 기업의 제품이나 서비스에 대해 점점 더 친숙하게 된다. 이러한 상호작용은 교환에서 기대되는 편익에 대해 고객의 불확실성을 감소시켜, 경쟁사보다 상대적으로 기업의 매력도를 증가시킬 수 있으며, 고객의 지각된 위험 및 기업의 비용을 감소시켜 거래를 쉽게 한다. 기업은 이렇게 많은 고객과 관계를 반복하면서 이들 거래로부터 학습한 내용을 통해 가치를 창출할 수 있으며, 경쟁사 보다 앞서는 가치를 고객에게 제공하는 데 초점을 맞추게 된다.

예를 들어 아마존닷컴(amazon.com)은 혁신적인 주문처리 과정을 통해 그들과 아는 사이 단계에 있는 고객들을 위해 가치를 창출하고 있다. 고객으로부터 얻은 과거의 거래 자료를 처리하고 조직화하여, 비슷한 구매 행동을 하는 다른 고객들로부터 얻은 자료와 비교하는 시스템을 통해 고객을 획득하고 교차판매의 기회를 창출한다.

(3) 친구

친구(friends)란 고객이 기업과 반복거래를 통해 유대관계를 형성한 고객을 말한다. 한 고객이 어떤 기업으로부터 반복구매를 하면 기업은 이 고객의 욕구를 구체적으로 알게 되어 그 욕구를 직접 해결하는 상품이나 서비스를 창조할 수 있게 된다. 독특한 상품과 서비스와 더불어, 이를 통한 차별화된 가치의 제공은 교환관계의 단계를 아는 사이에서 친구로 전환한다. 이처럼 아는 사이에서 친구 단계로의 진화에는 신뢰가 필요하다. 특히 서비스 교환관계에서는 더욱 그러한데, 서비스 제품을 구매하는 고객은 구매와 소비 이전에 서비스성과를 평가하기 어렵고 때로는 서비스를 구매한 후에도 서비스성과를 분별하지 못할 수 있다. 그러므로 고객은 제공자가 약속한 것을 이행할 것으로 믿어야만 한다.

고객이 기업의 친구가 되면 그들은 기업과 친밀해질 뿐만 아니라 기업이 훨씬 더 탁월한 가치를 제공할 것으로 믿게 된다. 이 단계에서 고객은 기업의 상품과 서비스에 대해 높이 평가할 것이고, 아마도 기업과 관련된 다른 서비스에 대해서도 매우 호의적일 것이다. 또한, 친구 단계에서 기업의 경쟁우위는 훨씬 높다. 왜냐하면, 상품이나 서비스가 훨씬 더 독특하고(경쟁사가 모방하기 훨씬 어렵고), 고객이 이런 독특성을 신뢰하기 때문이다.

(4) 파트너

파트너(partner)로서의 고객은 기업과 오랫동안 상호작용을 통해 신뢰를 쌓은 관계의 고객을 말한다. 고객이 기업과 계속해서 상호작용하게 됨에 따라 신뢰의 수준은 점점 더 높아지고, 고객은 좀 더 고객화(customized)된 제품과 서비스를 받게 된다. 친구 관계에서 강조되는 신뢰는 파트너 단계에서는 필수조건일 수 있지만, 충분조건은 아니다. 즉, 신뢰가 몰입을 끌어낼 수 있지만, 몰입 그 자체는 아니다. 몰입은 관계의 지속기간을 연장하는 데 핵심이다.

파트너 단계에서의 성공 요인은 경쟁사보다 좀 더 효과적으로 개별고객에 대한 정보를 조직화하고 사용할 수 있는 기업의 능력이다. 고객은 자신에 대해 잘 파악하여 고객화된 서비스를 제시하는 기업에게 편익을 얻고 더 몰입하게 되며, 관계를 더욱 강화해 타 경쟁사의 유혹에 넘어가지 않을 뿐 아니라, 장기적으로 기업의 서비스를 추가로 구매하기를 기대하게 된다. 이러한 충성된 고객을 보유하고 있는 기업은 견고한 수익기반을 갖추고 있는 것이며, 미래의 잠재성장을 보장해 줄 수 있는 기반을 갖추고 있다.

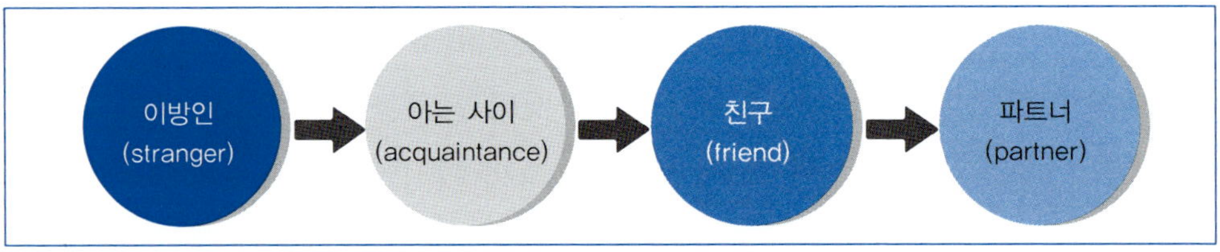

그림 6-3 고객관계 진화 유형

3 고객 가치 창출과 전달

기업이 지속해서 사업을 유지해 나가기 위해서는 자사의 고객에게 초점을 맞추고, 고객과 장기적인 관계를 구축, 유지, 고양하기 위한 상호작용을 계속해 나가야 한다. 여기서 장기적인 고객관계(long-term relationship)라는 개념은 마케팅의 주요 목적인 고객들과의 지속적인 관계를 추구함을 의미한다. 기업은 신규고객을 유치(attract)하고, 확보·유지(retain)하며, 향상(enhance)하는 과정을 반복하면서 고객과의 관계를 구축해 나간다. 기업은 고객과의 장기적인 관계를 맺기 위해 먼저 고객관계가치를 창출해내고, 다양한 전략을 구사함으로써 고객관계를 구축시켜 나간다.

1) 고객 가치

고객은 제품이나 서비스에 대해 자신이 지불한 비용(가격)과 이를 통해 얻을 편익을 비교하여 판단하는데 이를 고객 가치(customer value)라고 한다.

고객의 기대수준은 나날이 높아지고 있다. 고객은 자신이 실제로 지불한 비용보다 더 많은 것을 얻기를 요구한다. 즉, 고객은 다른 제품이나 서비스와 비교하여 더 유용하다는 가치를 인식할 때 그것을 구매한다. 특정 제품(서비스)을 구매하는 데 소용되는 비용(금전, 시간, 위험, 의심, 두려움 등)보다 그 제품(서비스)을 구매하는 데 기대되는 편익(便益)이 더욱 우수하다고 인식될 때 비로소 구매행위가 일어난다.

가치창조는 고객의 기대를 충족시켜 나가는 과정이다. 고객들이 우리 기업에 요구하는 바가 무엇인지 파악하고, 고객 가치를 창조하고 그 가치를 고객에게 전달함으로써 고객만족이 형성된다. 그러므로 고객 가치를 창조하는 과정은 기업의 고객전략의 핵심이 된다. 또한, 서비스 편익을 고객에게 어떻게 전달하느냐에 따라 서비스 질이 결정되는 것이다. 그러므로 기업은 고객을 정의하고, 고객에게 필요한 문제를 인식하고, 그 문제들을 해결해 나가면서 고객 가치를 서비스와 제품으로 현실화하여 지속해서 제공해야 한다. 즉, 기업경영의 시작과 끝은 고객의 관점에서 사업을 바라보는 고객 가치의 실현에 달려있다.

고객만족은 서비스 품질과 관련이 있으며, 서비스 품질은 가치와 매우 밀접한 관계가 있다. 고객이 서비스 품질을 높게 평가할수록 제품과 서비스에 대해 높은 가치를 인식하게 된다. 즉, 기업은 고객의 가치를 창조하는 경영을 할 때, 고객만족을 실현할 수 있게 된다.

고객의 가치창조를 위해서는 고객과 지속적이고 우호적인 관계를 맺어야 한다. 고객은 기업의 무형자산이다. 그러므로 고객과의 관계를 잘 유지하는 것은 기업의 자산을 잘 관리하는 것에 해당한다.

이처럼 기업이 고객과의 장기적 관계를 유지하기 위해서는 고객의 관점에서 사고하는 고객지향적 사고가 요구된다. 고객지향적 사고란, 기업의 사고를 기업의 관점이 아닌 고객의 관점에서 고객의 욕구와 필요를 규정하는 것을 말한다.

기업의 매출은 신규고객과 기존고객의 구매에서 일어난다. 그러나 새로운 고객을 유치하는 데는 기존고객을 유지하는 것보다 훨씬 큰 비용이 발생한다. 그러므로 기업의 생존을 위해서는 기존고객과의 우호적인 관계를 통한 고객 유지가 중요한 핵심이며, 이를 위해서 필수적으로 요구되는 것이 바로 고객만족이다. 만족한 고객은 반복구매를 하며, 입소문을 내고, 브렌드 또는 기업에 대한 충성도를 형성하기 때문이다.

▌표 6-2▐ 고객만족 vs 고객 가치

항목	고객만족	고객 가치
핵심개념	긍정적·심리적 만족 상태 정서적·인지적·주관적 평가 및 반응	비교 판단 수준 및 정도 지지, 관여, 관계 유지, 유형성 정도
핵심요소	구매전 기대–구매 후 성과로 판단	지각된 반응과 편익과의 관계
판단 시점	구매결과(과거에 대한 회상)	과거 및 미래
전략적 요소	제품, 서비스, 기업 이미지	고객 로열티, 반복구매, 지지, 추천

고객의 관계가치란 고객이 일생 기업과의 거래 혹은 관계에서 발생할 수 있는 수입과 수익성을 기업에 공헌하는 가치로 계산하는 것으로 고객수명 가치라고도 한다. 이러한 관계가치의 계산은 기업이 고객과 장기적인 관계를 구축하고자 할 때 필요하다. 즉, 고객과의 장기적 관계에서 발생할 잠재적인 재무 가치는 얼마이며, 고객 손실이 발생하면 재무 손실은 얼마인지를 계산할 필요가 있다.

고객의 관계가치에 영향을 미치는 요인들과 고객관계가치를 계산하는 몇 가지 방법들을 제시하면 다음과 같다.

(1) 고객관계가치 영향요소

고객관계가치는 평균수명에 영향을 받는다. 평균수명은 생애에 걸친 제품 및 서비스의 판매, 고객의 추천, 그리고 제품 및 서비스 제공 관련 비용 등으로 산출한다. 관계가치는 때때로 오직 수명 동안의 수익 흐름만을 의미하기도 한다. 대체로 비용까지 고려하며, 이런 경우 관계가치는 사실 수명 수익성을 의미한다.

(2) 고객관계가치 측정

고객관계가치의 측정은 기업이 고객을 상실함으로써 입게 되는 손해가 얼마인지 알 수 있다. 단골고객의 금전적 가치를 평가하는 한 가지 방법은 고객이 경쟁사로 옮겨가지 않고 단골고객으로 남아있음으로써 증가하는 가치 또는 이익을 추정하는 것이다.

이러한 방법은 베인 앤 컴퍼니사(Bain & Company)가 여러 산업에 적용했으며, 그 결과는 [그림 6-4]에 제시되어 있다. 그림은 고객 유지율 혹은 애호율이 5% 증가할 때, 기업의 총이익이 몇 퍼센트(%) 증가하는지를 보여주고 있으며, 낮게는 35%에서 높게는 95%까지 급격히 증가하는 것을 볼 수 있다. 이러한 증가율은 현재 유지율에서 고객의 관계가치(평생의 평균 현금 유입)를 순 현재가치로 환산한 금액과 5% 높은 유지율에서의 그것을 비교하여 구할 수 있다.

시간의 흐름에 따라 나타나는 실제 비용과 수익 흐름을 파악할 수 있는 보다 정교한 회계시스템을 통해 기업은 고객 유지에 따른 금전적 가치와 비용을 보다 정확하게 산출할 수 있다. 즉 이 시스템은 단지 장기적인 수익 흐름만이 아니라 단골고객과 관련된 모든 편익과 비용의 금전적 가치를 측정하려는 것으로, 구전광고의 가치, 직원 유지, 고객 유지비용의 감소 등이 포함될 수 있다.

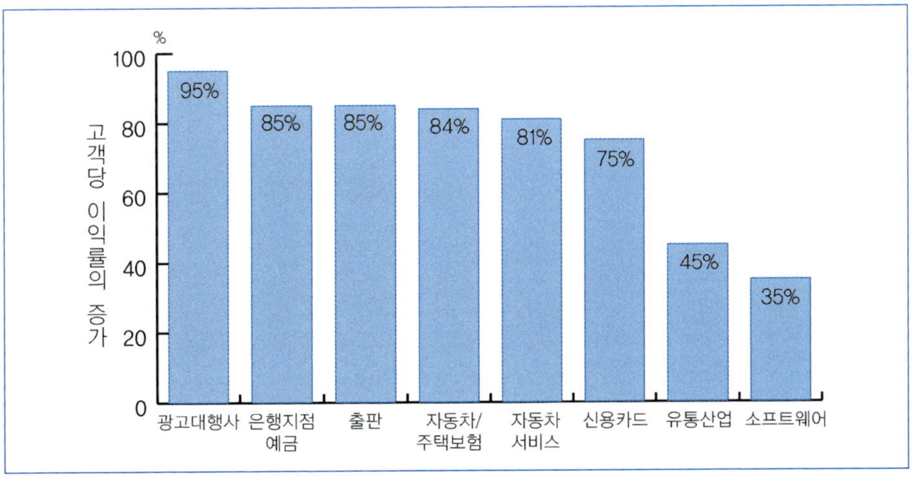

▌그림 6-4▐ 고객 유지율 5% 증가 시의 기업의 이익 효과

출처: Reichheld(1994).

(3) 고객관계가치와 기업가치 연결

고객관계가치 측정의 중요성은 지난 10년 동안 많이 증가하였다. 이렇게 강조하는 것은 단골고객 유지를 통해 기업이 창출하는 경제적 편익을 높이 평가한 결과로 볼 수 있다. 흥미롭게도 최근 연구에서 고객 유지가 기업가치에 큰 영향을 미치고, 관계가치의 계산이 고객 유지를 통한 기업가치 평가의 유용한 지표가 된다고 한다. 즉, 기업의 시장가치는 고객의 가치를 신중히 계산함으로써 대략 결정할 수 있다.

접근방식은 간단하다. 고객의 관계가치를 측정하고, 미래에 증가할 수 있는 고객의 수를 예상해 보며, 기업의 현재 및 미래가치를 결정하는 데 이러한 자료를 이용한다. 고객에 기초한 경영은 기업의 전반적 가치 형성에 있어 큰 부분을 차지하고, 이러한 계산은 기업가치의 측정방법을 제공할 수 있다. 특히 성장률이 높은 신생 기업에게 관계가치를 통한 기업가치의 추산이 유용하다.

2) 고객의 관계가치 전달 전략

강력한 고객관계를 구축하는 데에 영향을 미치는 요인은 핵심서비스제공, 전환 장벽, 관계 유대 등이다. [그림 6-5]에 제시된 이러한 요인들은 기업이 기존 고객을 유지하기 위해 사용하는 구체적 전략의 이론적 근거가 될 것이다.

(1) 핵심서비스 제공

만약 기업이 우수한 서비스 품질과 고객만족이란 견고한 기반을 갖추고 있지 않다면, 유지전략은 장기적으로 성공하기 힘들 것이다. 품질과 고객만족이 경쟁자들 사이에 또는 세계적 수준에서 반드시 최고가 되어야 할 필요는 없다. 그러나 최소한 경쟁자와 비슷한 수준이거나 경쟁자들보다 좀 더 나아야 한다.

고객의 기대를 최소수준에서 충족시키는 좋은 핵심서비스를 제공하는 것에서 관계개발 프로세스가 시작되는 것이다. 열등한 서비스로 관계전략을 설계하는 것은 좋지 않다. 앞서 제시된 USAA 사례는 고객에게 제공하는 핵심서비스와

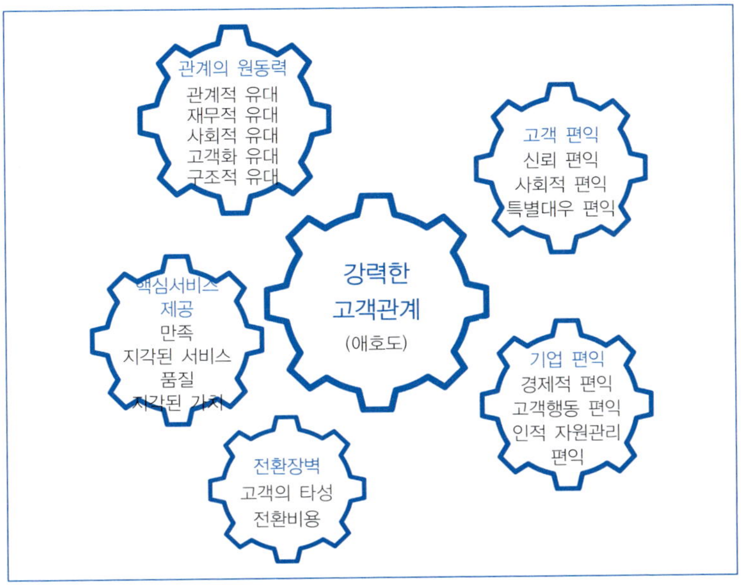

▌그림 6-5▌ 고객 유지율 5% 증가 시의 이익 효과

출처: Gremler · Brown(1998).

제품의 품질이 성공적 관계전략을 위해 필수적이라는 주장에 설득력 있는 근거를 제시하고 있다. 이 기업은 단골 고객기반으로부터 큰 편익을 얻고 있는데, 뛰어난 품질 제공과, 이를 기반으로 성공을 굳건히 하기 위한 관계전략을 사용하였다.

(2) 전환 장벽

서비스제공자를 바꾸려 할 때, 고객은 기존 서비스제공자로부터 떠나 새로운 서비스제공자와 관계를 시작하는 일을 어렵게 하는 수많은 장벽에 부딪힐 수 있다. 관련 연구들에 따르면 전환 장벽은 관계에서 벗어나고자 하는 의사결정에 영향을 미치고 또한 고객 유지를 도와준다고 한다.

(3) 고객의 습관

고객이 기업과의 관계개발에 몰입하는 한 가지 이유는 기업을 바꾸는 데는 큰 노력이 필요하기 때문이다. 흔히 소비자들은 제공자를 바꾸는 것에 대해서 "그게 그거지" 하고 매우 단순하게 말한다. 고객의 습관화된 타성은 심지어 불만족한 고객들이 제공자와 관계를 유지하는 이유이기도 하다. 학자들은 사람들이 더 높은 만족을 찾지 않고, 관계 내에 머무르는 이유가 관계를 그만두는 것이 그들의 생활을 재구성하도록 하기 때문이라고 한다. 생활의 재구성이란 새로운 생활습관을 개발하고, 오랜 우정을 바꾸어 새로운 우성을 쌓는 것을 말한다.

고객을 유지하기 위해 기업은 서비스제공자를 바꾸는 데 따르는 고객의 지각된 노력을 증가시키려 할 것이다. 만약 고객이 전환하는 데 큰 노력이 필요하다고 믿는다면, 고객은 좀 더 기존의 관계에 남아 있으려 할 것이다. 예를 들어 자동차 수리상은 고객의 자동차에 대한 완벽하고 꼼꼼한 정비 이력을 유지-보유하고자 할 것이다. 이러한 기록은 고객이 자동차 서비스에 대해 기억해야 하는 부담을 덜어준다. 만약 그 자동차가 새로운 정비회사에 보내지면 완벽한 정비이력을 제시하는 데 상당한 노력을 기울여야만 한다.

반대로 만약 기업이 경쟁사의 고객을 유인하고자 하면, 전환에 따르는 고객의 노력을 최소화하도록 가능한 많은 프로세스를 자동화해야 할 것이다. 장거리 전화회사는 콜센터 직원에게 "네"라고 말하기만 하면 서비스 회사를 바꿀 수 있게 한다. 따라서 고객은 아무런 조치를 하지 않아도 쉽게 다른 기업으로 이동할 수 있다.

(4) 전환비용

많은 경우 고객은 전환하고 구매하는 데 따르는 비용 때문에 기업에 대한 애호도를 갖게 된다. 전환에 따르는 어려움인 전환비용은 실제로 있을 수도 있고, 지각된 비용일 수도 있으며, 금전적-비금전적 비용을 포괄한다. 전환비용은 시간, 돈, 노력의 투입을 포함하여 시작비용, 탐색비용, 학습비용, 그리고 계약비용 등으로 나누어진다. 예를 들면 환자가 의사를 바꿀 때 신체검사를 다시 하거나, 치과의사를 바꿀 때 새로 엑스-레이(x-ray) 촬영을 하는 비용이 발생하는 것과 같다.

서비스 산업의 경우 높은 체험품질 및 신뢰품질 속성뿐만 아니라 무형성, 이질성, 그리고 생산과 소비의 동시성 때문에 대체서비스에 대한 정보를 획득하는 데 따른 높은 탐색비용이 필요할 수도 있다. 학습비용은 제품 또는 서비스를 사용하는 방법의 특수성을 학습하는 것과 관련된 비용이다. 여러 가지 상황에서 기업을 바꾸고자 하는 고객들은 새로운 제품 또는 서비스의 사용 스킬이나 노하우가 필요할 수 있다. 계약비용은 고객이 일찍 관계를 중단할 경우 위약금을 지불해야 할 때 발생한다.

기업은 고객이 관계로부터 이탈하는 것을 어렵게 만들거나 최소한 어려움을 지각하도록 하기 위한 목적으로 전환비용을 증가시키려 할 수도 있다. 실제로 이동전화 서비스나 헬스클럽 등 많은 서비스에서 계약서에 이러한 비용을 명시하고 서명하도록 한다. 반면 신규고객을 유인하기 위해, 서비스제공자는 현재 그들과 관계를 맺고 있지 않은 고객의 전환비용을 낮추는 전략을 실행할 수도 있다. 예컨대 은행은 예금 및 지불 자동화를 포함하여 예금계좌를 개설하는 데 필요한 모든 서류업무를 대신해 주는 경우가 있다.

(5) 관계 유대

전환 장벽은 고객이 극복해야 하므로 기업과의 관계를 유지하는 제약으로 작용한다. 그러나 고객이 원하기 때문에 기업과의 관계를 유지하도록 촉진하는 활동을 할 수도 있다. [그림 6-6]은 관계 유대를 이해하고 이를 개발하는 데 도움이 되는 기본 틀을 관계전략의 수준이란 이름으로 제시하고 있다. 이 기본 틀은 관계마케팅이 다른 수준에서 이루어질 수 있음을 제안하고, 연속적인 이들의 유대 수준은 기업을 고객에게 더 가까이 다가설 수 있도록 하는 연결고리가 된다. 또한, 수준이 올라갈수록 경쟁우위의 잠재력이 향상한다. 유대 수준에 대한 아이디어를 토대로 [그림 6-6]에 나타나는 4가지 유형의 유지전략을 논의할 것이다. 그러나 어떠한 유지전략도 우수한 핵심서비스를 기반으로 해야 한다는 점을 명심해야 할 것이다.

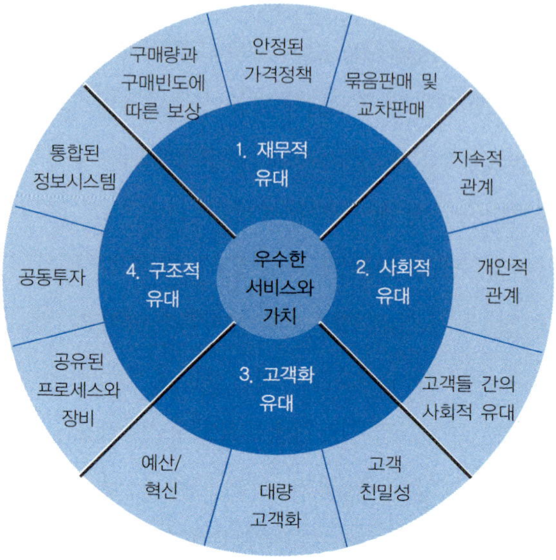

그림 6-6 관계전략의 수준

출처: 김혜영 외(2014).

(6) 제1수준: 재무적 유대

제1수준에서 고객은 주로 재무적 인센티브(많은 양을 구매하는 고객에게 낮은 가격을 제시하고, 오랫동안 거래한 고객에게 가격할인 혜택 제공)를 통해 기업과 관계를 맺고 있다. 이를 재무적 유대(financial bonds)라고 한다. 이와 같은 관계마케팅의 제1수준에 해당하는 예를 찾기는 어렵지 않다.

항공업이나 호텔, 렌터카 회사와 같은 여행 관련 서비스업을 생각해 보자. "상용 고객우대제도"는 특정 항공사를 자주 이용하는 여행객들에게 재무적 인센티브와 보상을 제공하는 프로그램이다. 호텔과 렌터카 업체도 이와 같은 프로그램을 시행하고 있다. 미국의 장거리 전화회사들은 시장점유율을 유지하고 애호고객기반을 구축하기 위해 구매량에 따른 할인이나 다른 가격 인센티브를 제공하는 등 재무적 수준에서 전쟁을 치르고 있다.

여러 기업에서 재무적 인센티브 프로그램을 많이 사용하는 이유는 시행에 어려움이 적고, 적어도 단기적으로는 이익을 가져다주는 경우가 흔히 있기 때문이다. 그러나 불행히도 재무적 인센티브는 다른 관계전략과 결합하지 않으면 결국은 경쟁자로부터 자사를 차별화시키지 못하기 때문에 기업에게 장기적인 이익을 제공하지는 못한다. 대부분 여행자가 몇 개의 상용 고객우대제도에 가입해 필요에 따라 번갈아 가면서 사용하는 것을 보면 잘 알 수 있다. 또한, 가격과 기타 재무적 인센티브는 경쟁기업이 쉽게 모방할 수 있다는 단점도 있다.

묶음 판매와 서비스의 교차판매에 초점을 맞춘 재무적 보상에 주로 의존하는 재무적 유대도 있다. 위와 동일한 상용 고객 우대 제도를 예로 살펴보자. 많은 항공사는 그들의 보상프로그램을 호텔 체인, 자동차 렌탈 및 신용카드사용과 연계시키고 있다. 항공사 마일리지 점수를 다른 기업의 서비스 사용과 연계시킴으로써 고객은 그들의 애호도에 대한 대가로 더 큰 재무적 편익을 누릴 수 있다.

또 다른 경우 기업들은 단순히 가장 애호도가 높은 고객들에게 안정된 가격을 보장하거나 최소한 신규고객이 지불하는 것보다 적게 가격 인상분을 지급하도록 함으로써 재무적 유대를 갖는다. 이러한 유형의 기업들은 원가절감 일부를 애호고객들과 공유함으로써 그들에게 보상하고 있다.

물론 점점 더 많이 더 널리 재무적 유대가 유지전략으로 사용되고 있지만, 이것을 시행하는 데는 주의가 필요하다. 먼저 재무적 유대를 강화하기 위한 프로그램들은 너무 쉽게 모방할 수 있다는 점을 유의해야 한다. 둘째, 재무적 유대를 통해 애호도를 높이도록 구조화하지 않으면 단지 신규고객을 유인하기 위한 수단으로 사용되어 고객이 끝없이 기업 사이를 왔다 갔다 하게 만들 수 있음도 주의해야 한다.

(7) 제2수준: 사회적 유대

제2수준은 재무적 인센티브 이상의 것으로 기업과 소비자를 묶는 것인데 이를 사회적 유대(social bonds)라고 한다. 즉, 제2수준이란 마케터가 재무적 유대뿐만 아니라 사회적 유대 및 대인관계 유대를 통해 고객과 장기적인 관계를 구축하려 하는 것을 말한다. 사회적 유대 및 대인관계 유대는 개인적인 서비스제공자(헤어드레서, 카운슬러, 의료서비스제공자)와 고객 사이, 그리고 전문직 서비스 제공자(변호사, 회계사, 교사)와 고객 사이 등을 예로 들 수 있다.

진료 전 몇 분 동안 환자의 기록을 살펴보는 것을 통해 환자의 개인적 특성(직업, 가족 사항, 관심, 치과 진료기록) 등에 대한 기억을 떠올리면서 진료를 함으로써 치과의사는 환자 개개인에 대해 진심으로 관심을 보일 수 있고 사회적 유대를 구축하게 된다.

대인관계 유대는 기업 간의 거래에서도 흔히 볼 수 있다, 기업 간 거래에서 고객은 해당 기업의 세일즈맨이나 관계 관리자들과 대인관계를 발전시킨다. 세계에서 가장 큰 채굴, 건설 및 농업용 중장비 제조업체인 캐터필러사(Caterpillar)는 세계적으로 광범위한 안정적인 유통망 덕분에 성공하였다고 볼 수 있는데, 이는 유통망을 세일즈맨이자 관계 관리자로 인식함으로써 애호도를 구축하여 성공할 수 있었다. 물론 그들의 기술 및 제품품질도 우수하지만, 성공의 많은 부분이 세계적으로 제공되는 강력한 판매 네트워크와 제품지원서비스를 통해 실현되었다고 말한다.

최초 경영자인 데이비드 피터스(David Peters)는 캐터필러의 딜러들이 제공하는 제약 시장에 대한 정보와 고객들과의 밀접한 관계가 매우 귀중한 자산임을 다음과 같이 말하고 있다. "우리의 딜러들은 그들의 서비스 영역에서 커뮤니티 활동에 깊이 관여하고 있고, 그 지역에서 생활하고 있는 비즈니스 리더들 사이에서 명성을 얻고 있다. 우리의 제품판매는 인적 비즈니스이기 때문에 딜러들의 명성과 이들과의 장기적인 관계는 매우 중요하다."

때때로 고객과 기업의 관계보다 "고객들 간"의 관계로 인해 고객과 조직 간에 사회적 유대가 생기는 예도 있다. 이러한 유대는 헬스클럽, 컨트리클럽, 교육시설 등을 비롯하여 고객들이 상호작용하는 서비스 환경에서 흔히 형성된다.

고객이 다른 고객들과 맺는 장기적인 사회적 관계는 그들이 다른 조직으로 전환하는 것을 막을 수 있도록 해주는 중요한 요소이다. 고객들 간의 유대를 구축한 예는 지역별로 호그(Harley owners group: HOG)를 가지고 있는 할리데이비슨(Harley-Davidson)이다. HOG는 기업이 주최하는 국제적 HOG 이벤트뿐만 아니라 지역별 경주, 여행 및 모임에도 참여한다. HOG를 통해 할리데이비슨 고객들은 서로에 대해 알게 되고, 그들의 공동 관심사인 오토바이 타기를 통해 커뮤니티 의식을 개발한다. 사회적 유대 하나만으로 고객을 기업에 영구히 붙들어 맬 수는 없지만 가격 인센티브보다 경쟁자들이 모방하기에 훨씬 어려운 특징임은 분명하다.

이처럼 다른 서비스제공자로 전환할 강력한 유인이 없는 경우, 사회적 유대는 고객들을 관계 속에 붙들어 매는 역할을 한다. 더불어 재무적 인센티브와 결합하여 사용될 경우 사회적 유대 전략은 매우 효과적일 수 있다.

(8) 제3수준: 고객화 유대

제3수준인 고객화 유대(customization bonds)는 제1, 2수준의 유대 전략들을 포함하면서 그 이상의 무엇을 포함하고 있다. 예컨대 캐터필러(Caterpillar) 딜러들은 고객들이 강력한 개인적 몰입을 형성하게 할 뿐만 아니라 개인에 대한 정보를 피드백하여 고객의 욕구에 맞는 고객화된 제품을 제공할 수 있도록 도와준다.

고객화 유대에서 공통으로 사용되는 두 전략은 대량 고객화(mass customization)와 고객 친밀성(customer intimacy)이다. 이러한 전략들은 개별고객들에 대한 정보를 자세히 알고, 개별고객들의 욕구에 맞는 일대일의 솔루션을 개발하게 하여 고객 애호도를 높이게 한다.

대량고객화는 "가격은 표준화되고, 대량생산된 것과 같으며, 고객화되고 다양한 제품과 서비스를 생산할 수 있도록 유연한 프로세스와 조직구조를 갖추는 것"으로 정의된다. 대량고객화는 고객이 원하는 것을 끝없이 제공하는 것을 의미하는 것이 아니다. 그보다는 대다수의 일반적인 고객이 아닌 개개인의 고객의 개인적 욕구를 충족시키기 위한 고객화된 서비스를 제공하는 것이다. 더구나 고객화된 서비스로 인해 고객의 부담이 늘어나지 않도록 하는 것을 의미한다. 이처럼 정보기술을 활용하여 고객화된 서비스를 제공하는 성공사례가 늘어나고 있다.

(9) 제4수준: 구조적 유대

제4수준인 구조적 유대(structural bonds)는 제1, 2, 3 수준의 유대뿐만 아니라 개별화된 시스템 설계까지 포함하기 때문에 모방하기가 가장 어렵다. 구조적 유대는 서비스제공자가 고객에게 더욱 개별화된 서비스를 제공하는 서비스제공

시스템을 설계함으로써 창출된다. 고객화된 서비스제공시스템은 대부분 기술에 기반을 두고 있으며, 고객의 생산성을 높이는 데 공헌한다.

앨리지언스 헬스사(Allegiance health)의 사례를 통해 기업 간의 관계에서 구조적 유대의 예를 찾아볼 수 있다. 미국에서 두 번째로 큰 의약품 유통회사인 카디날 헬스(Cardinal health)가 소유한 기업인 앨리지언스사는 자사의 가치를 크게 높일 수 있도록 공급자로서 병원들과 밀접한 관계를 맺기 위해 병원에 공급하는 물품의 주문, 배송, 및 청구시스템을 개선할 방법을 개발해 냈다.

예컨대 특정병원에 제공하는 모든 물품을 쉽게 식별할 수 있는 "특정병원에 특화된 팔레트 시스템(pallet system)"을 개발했다. 개별 팔레트는 해당 병원의 저장시스템을 반영하여 조립된다. 잡다한 물품이 앨리지언스사의 필요에 따라 분류된 상자가 도착한다. 즉, 개별 병원의 욕구에 맞추어 설계된 개별 팔레트에 화물이 실려 도착하는 것이다. 또한, 앨리지언스는 밸류링크(value link)라고 명명된 서비스를 통해 병원을 데이터베이스 주문시스템에 연결하고 배송의 효율을 높여, 미국 내 150개 이상의 엄격한 병원들과 구조적으로 관계를 맺고 있다.

밸류링크가 제공하는 향상된 서비스 외에도 앨리지언스는 이 시스템의 이용을 통해 고객들에게 매년 평균 500,000달러 이상을 절약할 수 있도록 해주는 것으로 추산하고 있다.

제4수준 전략의 또 다른 예는 UPS(united parcel service)와 페더럴 익스프레스(federal express)의 오랜 경쟁에서도 엿볼 수 있다. 1990년대 중반 두 기업 모두 그들의 고객과 밀접한 유대관계를 구축하기 위한 컴퓨터시스템을 마련하였는데, 페더럴 익스프레스는 파워십(powership)이고, UPS는 맥시십(maxiship)이다. 이 컴퓨터를 통해 고객은 주소와 발송 자료에 관한 정보를 제공하고, 소포의 위치를 확인할 수 있다. 또한, 기업은 전체적으로 시간을 절약할 수 있게 되었다.

현재에 이르러 기술이 더 진보함에 따라 두 기업 모두 웹과 무선기술을 통해 고객과의 관계를 유지하고자 하고 있다. 그러나 고객의 관점에서는 이러한 유대에 대해 부정적일 수도 있다. 고객은 한 공급자와 너무 깊게 관계를 맺으면 미래에 다른 공급자로부터 받을 수 있는 가격할인과 같은 이점을 누리지 못할 것을 우려할 수 있기 때문이다.

4 CRM 전략

관계마케팅은 고객 및 다른 이해관계자와의 긴밀한 관계를 구축하고, 유지·강화할 것을 필요로 한다. 그러므로 관계마케팅의 목표는 고객과의 장기적 관계를 구축하는 데 있으며, [그림 6-7]과 같이 고객과 형성하는 관계를 5가지 차원으로 구분할 수 있다.

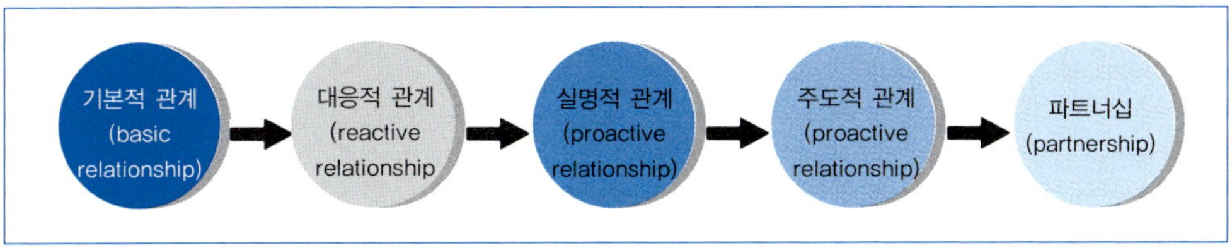

▌그림 6-7▌ 고객관계 형성단계

- **기본적 관계:** 기업이 상품·서비스 판매 이후, 다른 추가 활동을 하지 않음
- **대응적 관계:** 기업이 상품·서비스 판매 이후, 고객이 원하는 추가적 요청에 대응
- **설명적 관계:** 기업이 상품·서비스 판매 이후, 고객으로부터 기업이 판매한 상품·서비스에 대한 의견을 듣고 평가 및 개선점에 대해 정보를 구함
- **주도적 관계:** 기업은 고객의 창조적인 조언을 듣기 위해 수시로 연락
- **파트너십:** 기업과 고객이 협력함

1) 고객유치단계

관계마케팅의 관점으로 보면 대부분 장기적 관계는 양쪽 상대방에게 모두 이익을 가져다줄 것으로 이해된다. 하지만 때로는 이와는 반대로 관계 기관이 오래될수록 부정적인 결과를 초래하는 때도 있으므로 주의가 요망된다. 관계가 길어질수록 고객은 게으르게 되고 시장에서 일어나는 일에 대해 무관심하게 된다. 즉, 경쟁 관계에 있는 공급자들이 새롭고 더 나은 기술을 개발하고 있는 와중에도 기존 공급자와의 안정적인 거래에 익숙한 나머지 이러한 변화에 주의를 기울

이지 못한다.

한편으로는 공급자는 기존 거래고객과의 안정적인 거래로 인하여 새로운 기술이나 변화에 소홀하게 된다. 결국, 양 당사자들의 이러한 태만은 결국에는 치명적이고 부정적인 결과를 가져오게 된다. 따라서 이러한 거래에서 '어두운 측면'을 조기에 인식하고 서로에게 짐이 되지 않으며, 윈윈(win-win) 관계로 나아갈 수 있도록 특히 주의를 기울일 것이 요망된다. 따라서 고객유치단계에서는 주식투자 할 때와 마찬가지로 고객 포트폴리오를 최적으로 구성할 필요가 있다. 또한, 기업에게 장기적인 이익을 제공할 수 있는 올바른 고객을 유치단계에서부터 선별하는 것도 중요하다.

2) 고객 포트폴리오 관리

포트폴리오(Portfolio)란 개념은 여러 종목으로 구성되는 주식 또는 자산의 집합을 나타낸다. 일반적으로 투자자는 하나의 자산에만 투자하지 않고 여러 개의 자산에 동시에 투자하여 포트폴리오를 구성한다. 그 이유는 투자를 분산시킴으로써 각 투자에 따른 위험을 분산시킬 수 있기 때문이다. 사업단위를 선정하는 데도 포트폴리오를 이용하여 위험분산 및 자원의 효율적 배분을 기하는 것이 보통이다.

이 개념을 여러 형태의 고객들이 있는 서비스 기업에 적용할 수 있다. 고객 포트폴리오는 서비스 기업이 거래하고 있는 모든 고객의 구성을 나타낸다. 만약 특정 형태 고객의 가치와 각 고객 형태가 차지하는 비율을 안다면, 이 고객들의 지속적 가치를 미래 수익 흐름의 관점에서 예측할 수 있다.

많은 서비스 기업이 아직도 각 고객의 수익성에 관해 관심을 두지 않고 고객의 수만을 강조하고 있다. 거래고객의 수는 서비스 생산 또는 운영 관리상 중요하지만, 기업 전체로서는 수익성에 영향을 미치는 고객의 믹스가 더 중요하다고 볼 수 있다. 실제로 일부 서비스업에서는 그 기업의 처분 시에 기존고객의 가치를 평가하여 기업가치를 결정한다. 즉 고객이 많고 각 고객이 높은 수익을 보장하는 경우 그 기업의 가치는 높아진다.

(1) 고객 포트폴리오 관리의 요건

① 기업자원과의 부합성 및 수익성 고려

고객 포트폴리오는 두 가지 관점으로 볼 수 있다. 한 가지 관점은 서비스 기업이 거래하고 있는 모든 고객을 의미하고, 다른 관점은 특정 시점에 있어서 서비스를 받는 고객들의 구성을 나타낸다. 전자는 현재 및 장래의 잠재이익을 토대로 기업가치를 평가하는 데 필요하고, 후자는 한 시점에서 이용 가능한 생산능력을 어떻게 최적으로 활용하는가를 결정하는 데 필요한 것이다.

많은 서비스 기업의 생산능력은 좌석 수, 공간, 기계 등의 물리적 관점이 아니라 인적자원의 관점에서 평가한다. 예를 들어 법률 회사나 컨설팅 회사에서는 일정 수의 전문 인력과 보조직원을 고용하고 있다. 물론 수익이 중요하기 때문에 각 직원이 최대한의 이익을 얻도록 해야 한다. 그러나 이 직원들의 관심 및 참여를 유지하는 것도 중요하다.

기업은 수익 목표와 직원 관심의 유지라는 두 가지 다른 목표를 가지기 때문에 사업의 적절한 믹스를 추구해야 할 것이다. 즉 이용 가능한 자원에 부합되는 사업과 직원들의 관심에 부합되는 것을 적절하게 선택해야 한다.

② 고객을 상품 일부로 간주

고객은 상품 일부분이다. 특히 고객이 다른 고객과 같은 시설을 공유해야 하는 경우, 고객은 상품 일부분으로 작용하게 된다. 예를 들어 극장, 식당, 호텔, 항공, 소매업 등이 이에 해당한다. 이런 서비스 기업에서는 고객의 구성이 그 기업의 이미지와 서비스 경험의 성격을 결정한다.

고객층이 서비스의 분위기를 결정하기 때문에 기업은 가장 적절한 고객을 확보하고 또한 이 고객들이 분위기에 맞는 적절한 의상과 행동을 알 수 있도록 해야 한다. 예를 들어 주로 젊은 층에 소구하는 록카페에서는 정장 차림의 중년 손님들을 받지 않으려고 한다. 또는 층별로 록카페의 분위기를 차별화하여 다양한 소비자의 욕구에 부응하는 방식을 채택하기도 한다. 모 호텔의 경우 회사 중역들을 주 대상으로 하므로 관광단 등 단체 손님은 되도록 받지 않고 있다, 오케스트라 연주에 참석한 사람은 타인에게 방해가 안 되도록 조용해야 하지만 록

콘서트에 간 사람은 시끄럽게 환호해도 되며 때로는 이것이 오히려 타인의 흥을 돋우게 된다. 즉, 서비스마다 적합한 행동 및 의상이 다르다.

(2) 고객 포트폴리오 관리방법

고객 포트폴리오를 통해 기업의 수익성을 극대화할 수 있는 마케팅 업무는 다음과 같다.

- 자사의 능력 및 임무와 일치하는 주요 세분 시장을 확인한다.
- 특정 가격 수준에서 각 세분 시장으로부터의 수요를 예측한다.
- 가용능력 이용률의 극대화가 아니라 순수익을 극대화하는 뜻에서 이상적인 사업 믹스를 구상한다.
- 각 세분 시장별로 특정 날짜의 구체적인 매출 목표를 제공한다. 이 정보는 광고 및 마케팅 커뮤니케이션 활동에 유용하다.
- 각 세분 시장별로 책정한 가격 지침을 제공한다. 어느 세분 시장에서는 이 지침을 엄격히 지켜야 할 것이다. 반면 다른 세분 시장에서는 이 지침이 단순히 협상의 목표가 될 수 있다.
- 오랜 기간에 걸쳐 성과를 추적한다. 수익성이 기대보다 높거나 낮은 이유를 분석하고, 그에 따라 미래 전략을 수정하는 것이 필요하다.

(3) 올바른 고객유치

기업은 장기적으로 이익을 주는 고객을 유치하는 것이 중요하다. 여기서 간과해서는 안 되는 것이 재무적 이익만이 이익이 아니라는 것이다. 즉, 아이디어를 제공하는 고객도 중시해야 한다. 기업에게 정문일침을 가해주는 고객이나 신상품 아이디어 또는 개선점 등을 제공하는 고객은 장기적인 이익 창출에 기여하는 올바른 고객(right customer)이다. 올바른 고객을 유치하기 위해 다음과 같은 방법을 활용할 수 있다.

① 충성도가 높은 고객유치

고객관계구축의 첫 단계는 올바른 고객을 선별 및 유치하는 것에서 시작한다.

서비스 기업은 다음 세 가지 유형의 기준을 고려하여 고객을 유치해야 한다.

▌표 6-3▐ 고객유치를 위한 고객 선별

- 충성도가 높은 고객: 기업과의 거래나 관계에 있어서 예측 가능하고 충성스러운 고객. 이들은 기업과의 안정되고 장기적인 관계를 선호
- 수익성이 높은 고객: 많이 구매하고, 신속하게 청구금액을 지불하며, 서비스에 대해 까다롭지 않은 고객
- 적합성이 높은 고객: 특정 기업이 제공하는 서비스가 경쟁사보다 가치 있다고 느끼는 고객. 모든 고객으로부터 선호 받는 기업은 없음. 다만, 회사의 특별한 능력이 특정 고객의 요구와 기회에 상대적으로 더 적합한 때도 있으며, 이에 해당하는 고객

② 역선택 위험 회피

기업에서 가장 유치하고 싶어 하는 고객이 가장 최악의 고객인 경우가 종종 존재한다. 이것을 역선택 현상이라고 한다. 역선택이 발생하는 이유는 고객은 항상 최대한 유리한 조건의 계약만을 추구하는 반면, 계약을 제공하는 회사는 위험측정 및 가격설정을 평균에 근거하여 특정 고객의 실제 위험과 비용에 대해 낙관적인 가정을 하기 때문이다. 예를 들어 고객들의 보험 가입에 대해 생각해 보자. 가입자들은 자신들의 위험 상황에 대해 잘 알고 있으므로, 여러 회사가 제시한 보험료 중 가장 낮게 측정한 회사를 선택할 것이다.

역선택을 최소화하기 위해서 애미카 뮤츄얼사(Amica Mutual)는 기존고객들로부터 추천을 받아 신규고객을 유치하고 있다. 프레그레시브 보험사(Progressive Insurance)는 최악의 운전자들이 대리점으로 직접 찾아오는 경향이 있음을 발견하고, 이런 고객을 피하고자 대리점을 교통량이 많은 상업지구에서 옮겨 한적한 곳에 자리 잡게 했다. 이와 같은 창조적 여과 방법으로 역선택을 줄일 수 있었다.

때때로 기업들은 성장 목표에만 치우쳐 바람직하지 못한 고객을 계속 받아들이는 경우가 많다. 미국의 핸드폰 사업을 살펴보면, 이 업종의 모든 사람은 성장과 이윤을 위해 유지율이 중요하다는 것을 알기 때문에 끊임없이 유지율을 측정하고 있다. 그런데도 업계의 고객 이탈률은 연 40%나 된다.

③ 장래성이 없는 관계의 포기

올바른 고객을 유치하기 위해서는 기업과 장기적인 관계구축을 통해 상호 이

익을 얻을 수 있는 고객을 선별적으로 유치하는 것이 필요하다. 따라서 그렇지 않은 고객은 오히려 회피하는 것이 더 나은 경우가 있다.

그렇다면 장기적인 이익이 되지 못하는 고객들과 장기적 관계구축을 통해 이익을 창출할 수 있는 고객들을 어떻게 구분할 수 있을까? 가급적이면 다음과 같은 경우의 고객은 회피하는 것이 더 좋을 것이다.

표 6-4 관계구축 시 회피해야 하는 고객

1. 상품과 고객과의 부합도가 낮은 경우
- 핵심 상품과 보조서비스가 고객의 니즈와 부합되지 않으면 고객은 실망하게 됨. 고객의 니즈와 상품이 부합되지 않는 잘못된 세분 시장은 포기하는 편이 나음.
- 모든 고객을 다 만족시킬 수 없음. 기업에서 충족시킬 수 없는 서비스를 요구하는 소비자 그룹은 포기.
- 경험이 없는 고객은 자신의 니즈를 완전히 파악하지 못하여, 자신의 진정한 니즈와 관계없는 엉뚱한 상품을 요구할 수 있음. 기업은 주의 깊은 조사 및 분석을 통해 이런 고객들이 자신의 니즈를 명확히 설명하도록 해야 함.

2. 고객과 기업의 관계가 양자 간에 충분한 가치를 갖지 못한 경우
- 상품이 고객과 잘 부합되고 고객이 구매했더라도 고객이 금전적·비금전적으로 발생하는 모든 비용을 지불할 용의가 없거나 능력이 없는 경우, 장기적 관계가 지속할 수 없음.
- 고객이 문제 해결하는 데 드는 총비용을 알고 나서 떠나는 경우. 이 경우 고객은 비용 대비 가치가 충분하지 않다고 판단.
- 마찬가지로 고객이 원하는 서비스를 제공하기에는 기회비용이 높은 경우, 기업으로서 고객을 거절할 수 있음.

3. 고객의 자원이 충분하지 않은 경우
- 고객이 재정적으로 어려워진 경우. 또는 기업이 원가절감 수단으로 고객 활동을 감소시킨 경우. 고객 관계 유지 활동이 중지됨.

4. 고객수요의 주기가 기업과 다른 경우
- 기업의 서비스 가용능력이 한계에 도달하는 시기에 신규고객과의 거래를 시작하는 것은 문제를 일으킬 수 있음. 성수기 때 서비스를 원하는 고객을 계속 유치하게 되면 이때 제공되는 서비스의 질이 저하되고 설비의 과도한 사용과 유휴설비의 존재 등으로 인해 비수기 때의 생산성도 낮아짐.

5. 고객이 필요한 기술을 가지고 있지 않은 경우
- 고객과 서비스제공자가 함께 협력해야 하는 경우, 서비스제공자뿐만 아니라 고객도 필요한 기술을 가져야 함.
- 고객과 서비스제공자는 서로를 교육할 수 있음. 고객이 최소한도의 필요 기술을 가지고 있지 못한 경우, 서비스 질이 기준 이하로 떨어질 수 있음.

출처: 김혜영 외(2014).

④ 불량고객의 유형 및 대처방안

서비스나 상품을 잘못 소비하거나 잘못 사용하는 고객을 불량고객이라는 용

어를 사용하여 부르고 있다. 이러한 불량고객은 기업에 득보다는 해가 되는 경우가 많다. 이러한 고객과는 장기적인 관계를 맺는 것이 불필요하고, 오히려 골칫거리를 떠맡는 사태를 초래할 수 있다. 따라서 고객을 유치할 때는 장기적 관계를 맺음으로써 고객과 기업 모두에게 효익이 되는 올바른 고객을 선별하여 유치하되, 서로 해가 되는 관계가 될 우려가 있는 불량고객들과는 관계를 맺지 않는 것이 더 좋다.

우리는 '고객은 항상 옳다.' 또는 '고객은 왕이다.'라는 슬로건을 자주 접한다. 그러나 사실 '고객이 언제나 옳은 것은 아니다. 때로 고객이 틀린 예도 있다'라는 사실도 염두에 두어야 할 것이다. 〈표 6-5〉에서는 불량고객의 6가지 유형을 살펴보고, 유형별 대응방법을 생각해 보기로 한다.

표 6-5 6가지 불량고객 유형

1. 도둑형(thief)
- 서비스에 대한 대가를 지불하지 않는 사람, 물건이나 서비스를 훔치는 사람, 본래 정해진 가격을 다 지불하지 않으려고 값을 깎는 고객을 말함.

2. 규칙 위반형(rule breaker)
- 기업이 만들어 놓은 규칙을 위반하는 고객을 말함.
- 고객의 건강과 안전, 원활한 시설 사용, 기업의 법적 보호 등을 목적으로 서비스를 포함한 많은 사업에서 직원과 고객들의 행동에 대한 규칙 필요
- 규칙 위반 고객들에 대해서는 사전 교육, 위험에 대한 경고 등의 조치 필요

3. 호전형(belligerent)
- 상점, 공항, 호텔, 식당 등 어느 곳에서든 얼굴을 붉히면서 고함을 질러대고 욕을 하고 삿대질을 해대는 고객을 말함
- 화난 고객을 적절히 처리하기 위해 기업은 일선 직원들을 세심하게 교육하는 것이 필요. 일선 직원들은 그들이 마주친 어려운 상황을 해결하는 데 필요한 여러 가지 기술, 고객의 화를 누그러뜨리는 구체적인 방법, 고객의 걱정이나 고민을 완화하는 방법 등을 습득해야 함.

4. 내분형(family feuders)
- 화난 고객 중에서는 다른 고객들과 싸우는 고객들도 있는데, 이를 내분형이라 함.
- 예를 들어, 함께 온 자기 가족들과 싸우는 사람들이 있는가 하면, 자신의 정당성을 주장하기 위해 다른 고객들을 자기편으로 끌어 모으려 하는 고객들도 있음. 운동경기 중에도 관람객들 간에 싸움이 일어나고, 레스토랑에서도 시끄럽게 뛰어다니는 아이 때문에 손님들 간에 말다툼이 발생하기도 함.

5. 파괴형(vandal)
- 서비스 시설이나 장비를 물리적으로 손상하는 고객을 말함
- 예를 들어, 은행 ATM에 콜라를 엎지른다거나 벽에 낙서한다거나 버스 의자 시트를 칼로 긋는다거나

공중전화기 번호판을 담뱃불로 지진다거나 식당 테이블보에 구멍을 뚫는다거나 하는 행위를 하는 사람
- 이에 대한 최상의 처방은 미리 방지하는 것. 밝은 조명을 사용하는 등 안전을 높임으로써 이러한 파괴 행위를 감소시킬 수 있음.
- 고객들에게 시설 사용법에 대한 교육, 경고문구 등을 표시

6. 신용 분량형(deadbeat)
- 신용카드사용과 같이 거래 직후 대금 지급이 이루어지지 않는 경우 불량 채무자 발생 가능.
- 이에 대한 해결방법은 사후조치보다 사전예방이 중요. 주문 시 고객의 신용카드 번호를 먼저 요구한다거나, 서비스 전달이 완성되는 시점에 고객에게 즉각 청구서를 보여주는 것. 아직 고객의 마음속에 서비스가 신선하게 남아있을 동안에 청구서를 보내는 것이 좋음.
- 불량 채무자라 해서 반드시 가망 없는 거래자인 것은 아님. 고객에게 지불할 수 없는 불가피한 상황이 생겼을 수도 있고 실수로 잊었을 수도 있으므로, 쉽게 관계를 끊는 것보다는 고객에게 세심하게 정황을 묻고 방법을 강구하는 것이 필요.

출처: 김혜영 외(2014).

3) 고객 이탈 관리

대부분의 서비스 기업들은 이미 고객관계 관리를 실시하고 있다. 그러나 기업의 고객관계관리 현황을 진단해 볼 때 가장 부족한 부분은 고객 이탈에 대한 관리문제이다. 즉, 다음과 같은 3가지 상황에 해당하는 기업의 문제이다.

- 자사의 핵심고객들이 이탈하고 있는데도 모른 채 방치하고 있는 기업
- 자사 핵심고객들이 이탈하는 것은 알지만, 왜 떠나는지 원인은 모르는 기업
- 핵심고객이 이탈하는 것도 알고, 그 원인도 파악했지만, 그들을 붙잡거나 다시 돌아오게 할 능력이 없는 기업

(1) 자사 고객 이탈 현황을 인지하지 못한 경우

핵심고객이 빠져나가는데도 알아채지 못하는 기업들이 의외로 많이 있다. 그 이유는 크게 두 가지다.

- 핵심고객에 대한 정의가 없거나 잘못되어 있는 경우이다. "모든 고객은 왕이다."라는 슬로건하에 전체 고객을 대상으로 획일적인 고객관리 전략을 수립해 실행하는 기업이라면 핵심고객이 이탈하고 있는 건지 아니면 '제발 떠나주었으면 좋을' 블랙리스트 고객이 떠나는지 구분할 방법이 없기 마련이다.

레이더는 있는데, 적군과 아군을 식별 못 하는 것과 마찬가지다.

- 고객 이탈을 예측하거나 발견하는 방식에 문제가 있는 기업이다. 다시 말해 레이더는 있는데, 고장이거나 오작동 중인 셈이다. 예를 들면, 어느 백화점에서 이탈고객을 '지난 6개월간 구매가 없었던 고객'으로 정의했다고 하자. 그러면 지난 6월에 마지막 구매를 한 고객 A는 11월 현재 시점에서 '활성화 고객'으로 분류될 것이다(아직 6개월이 안 지났으니까). 반면 4월에 마지막 구매를 한 고객 B는 '이탈고객'으로 분류될 것이다(6개월이 지났으니까).

그러나 이런 분류가 과연 정확한 것일까? 예를 들어 A고객과 B고객의 구매 주기가 다르다고 하자. 즉 고객 A는 평균 2개월에 한 번씩 구매하는 반면, 고객 B는 8개월에 한 번씩 구매한다고 하자.

그렇다면 고객 A는 본인의 구매 주기가 두 번이나 찾아왔는데도 구매를 하지 않았으니 이탈고객으로 분류하는 게 맞다. 그런데도 그는 아까의 기준으로라면 활성화 고객으로 분류되고 만다. 또한, 고객 B는 아직 본인의 구매 주기(12월)가 돌아오지 않았으니 구매의 가능성이 있고 당연히 활성화 고객으로 분류해야 하는데도 이탈 상태로 분류되어 버린다. 이러한 오류는 고객 개인별 구매 성향과 무관하게 이탈 고객관리 기준을 일률적으로 정한 데서 비롯된 것이다.

(2) 고객 이탈은 인지했지만, 이탈 사유는 모르는 경우

핵심고객이 이탈한 것은 파악했지만, 왜 이탈했는지 모르는 기업들 또한 무수히 많다. 이유는 역시 두 가지일 것이다. 첫째, 오랜 기간 거래하던 기업을 떠나면서 자신이 왜 떠나는지를 정확하게 '고백'하는 고객들이 거의 없기 때문이다. 둘째, 기업 스스로 핵심고객의 이탈 원인을 파악하는 데 무심하기 때문이다. 즉, 기업이 신규고객을 확보하느라 너무 분주해서 조용히 이탈하는 고객에 대해 미처 관리할 여유가 없는 경우이다.

(3) 고객 이탈을 막을 방법이 없는 기업

핵심고객들이 왜 떠나는지를 알고도 붙잡을 방안이 막막한 회사들 또한 적지 않다. 이런 기업들의 특징은 제품의 품질이나 디자인, 가격, 서비스 등 고객들이 중요하게 생각하는 가치 속성들에서 경쟁사에 현저하게 밀렸거나, 고객과의 관계에서 결정적인 실수를 저지른 경우이다. 전자의 경우는 아이폰(i-phone)이 미국에서 출시된 후 2년 이상의 시간이 있었음에도 제때 대응하지 못해 고전 중인 국내 휴대폰 제조사들이나 이동통신사들을 들 수 있다.

후자의 예로는 고객들이 계속 클레임을 제기하는 데도 무심한 반응을 보이다가 기록적인 자사 차량 리콜의 수모를 당한 도요타나, 7.5% 확정금리형 개인연금에 가입한 고객들을 변액보험이나 종신보험 등 변동금리형 신(新)상품으로 갈아타게 하려고 수만 명의 설계사를 동원해 전국적인 캠페인을 벌이다. 당국에 적발된 생명보험사들을 들 수 있다.

고객은 언제나 지금의 기업과의 관계를 떠날 준비가 되어있는 사람이기도 하다. 그러므로 기업이 이탈하는 고객을 관리하기 위해서는 다음과 같은 사항들을 체크해 보는 것이 필요하다.

- 우리는 핵심고객을 제대로 정의·파악하고 있는가?
- 우리의 핵심고객 중 이탈 가능성이 큰 고객은 누구인가?
- 그들은 왜 이탈하려고 하는가?
- 그들의 이탈을 막을 방법이 있을까?
- 혹시 막을 수 없다면 나중에라도 돌아올 마음이 생길 정도로 감동적인 이별 절차는 무엇일까?

표 6-6 CRM 성공전략

1. 고객을 유형별로 나누고 이에 대한 대응전략을 세운다. • 예상 고객(잠재고객): 신규 고객화 전략 • 신규고객, 일반 고객: 관계강화전략 • 이탈가능고객: 이탈방지 및 관계강화전략 • 우량고객: 수량화 유지전략 • 보통고객, 불량고객: 우량화 전략 • 이탈고객: 재유치 전략
2. 신규고객 확보(Customer Acquisition) • 자사의 상품을 전혀 구매해 본 경험이 없는 고객을 자사 상품의 구매자로 유도하는 전략 • 데이터를 활용하여 잠재고객 분석 • 잠재고객 발굴 전략: 현재 고객과 유사한 특성을 가진 대상을 발굴 • 잠재고객을 대상으로 샘플 제공, 광고자료 배포, 프로모션 행사, 할인 쿠폰제공
3. 고객 유지(Customer Relationship)전략 • 고객 불평 관리 체계구축, 해결방안 마련 • 이탈가능고객 예측 • 불량고객 분석모형 개발 • 고객에 대한 보상전략 • 고객에 대한 수익성 향상전략
4. 고객 활성화(Customer Activation) 전략
5. 고객 충성도(Loyalty Enhancement) 전략
6. 교차판매(Cross-selling)전략 • 기존 상품계열에 고객이 관심을 가질만한 다른 상품을 접목해 판매
7. 업셀링(Up-selling) 전략 • 고객이 관심을 두는 품목보다 약간의 비용을 추가하면 더 향상된 기능과 품질의 상품을 구매하도록 유도하여 판매
8. 과거 고객 재활성화(Customer Reactivation) 전략 • 자사의 제품 및 서비스를 구매해 본 경험이 있는 고객은 거래실적인 전혀 없는 고객에 비해 가치 있는 고객으로 전환될 가능성이 더 큼. 과거 고객데이터를 분석하여 재활성화 유도

출처: 김혜영 외(2014).

학습정리

- CRM은 시장점유율보다 고객 점유율에 더 관심과 비중을 두며, 신규고객 유치보다는 기존고객과의 우호적인 관계유지에 더 중점을 둔다.
- 고객 가치는 고객이 지불한 비용과 편익을 비교하여 고객이 판단하는 가치를 말한다.
- 기업은 고객만족을 어느 정도 달성할 수는 있지만, 나수의 특정 고객을 배우 만족시키는 일은 어렵다. 이러한 CS 활동의 반성과 교훈으로 CRM이 등장하였다.
- 기업과 고객의 관계는 최초의 관계인 이방인에서 아는 사이, 친구, 파트너로 발전해 나갈 수 있다.
- 고객 유대를 형성하기 위해서는 4가지 유대 수준을 고려해야 하는데, 이는 재무적 유대, 사회적 유대, 고객화 유대, 구조적 유대 등이다.
- CRM 성공전략 중의 하나는 고객을 유형별로 나누고 고객 포트폴리오를 활용한 전략이다.

학습평가

01 고객관계관리(CRM)에 대한 설명으로 적절하지 않은 것은?

① 고객관계관리(CRM)는 고객점유율에 더욱 비중을 둔다.
② 고객관계관리(CRM)는 시장점유율에 더욱 비중을 둔다.
③ 고객관계관리(CRM)는 기존고객유지에 더욱 비중을 둔다.
④ 고객관계관리(CRM)는 고객 가치에 더욱 비중을 둔다.

02 고객과의 유대관계를 형성하기 위해서는 4가지 유대 수준을 고려해야 하는데, 여기에 해당하지 않는 것은?

① 재무적 유대
② 사회적 유대
③ 고객화 유대
④ 주도적 유대

[정답 및 해설]
01 ②
해설: 고객관계관리(CRM)는 시장점유율보다는 고객 점유율에 더욱 비중을 둔다.
02 ④
해설: 고객 유대를 형성하기 위해서는 4가지 유대 수준을 고려해야 하는데, 이는 재무적 유대, 사회적 유대, 고객화 유대, 구조적 유대 등이다.

1. 낙인효과(stigma effect)

어떤 사람이 나쁜 사람으로 낙인(烙印, stigma, 스티그마) 찍히면 그 사람에 대한 부정적 인식은 사라지지 않는다는 이론. 과거에 대한 나쁜 기억은 웬만해선 사라지지 않으며 오히려 상황을 부정적으로 몰고 가게 된다. 기업의 경우 시장에서 신뢰를 잃게 되면 기업이 추후 어떤 발표를 해도 시장에서 부정적으로 받아들여질 때도 사용된다. '스티그마 효과'라고도 한다.
즉, 다른 사람들에게 무시당하고 부정적인 낙인이 찍히면 행태가 나쁜 쪽으로 변해 가는 현상을 말한다. 사회심리학에서 일탈 행동을 설명하는 한 방법으로, 남들이 자신을 긍정적으로 생각해 주면 그 기대에 부응하려고 노력하지만, 부정적으로 평가해 낙인을 찍게 되면 부정적인 행태를 보이게 되는 경향성을 말한다. 스티그마 효과와 반대되는 '피그말리온 효과(Pygmalion effect)'는 긍정적 기대를 받게 되면 긍정적 행태를 보이는 경향성을 말한다.

2. 피그말리온 효과(Pygmalion effect)

타인으로부터 긍정적인 기대를 받을 경우, 그러한 기대에 부응해 긍정적 행태를 보이게 되는 경향성을 말한다. 교육심리학에서는 교사의 기대가 학생에게 긍정적인 영향을 미치는 심리적 요인이 된다는 것을 말한다. 그리스 신화에 나오는 조각가 피그말리온의 이름에서 유래한 심리학 용어다. 조각가였던 피그말리온이 아름다운 여인상(갈라테이아, Galateia)을 조각하고, 그 여인상을 진심으로 사랑하게 되자, 여신(女神) 아프로디테(비너스)는 그의 사랑에 감동해 여인상에 생명을 주었다. 이처럼 타인의 기대나 관심으로 인해 능률이 오르거나 결과가 좋아지는 현상을 피그말리온 효과라고 한다. 이 신화는 '무언가를 간절히 바라면 결국 그 소망이 이루어진다.'라는 상징을 담고 있다. 갈라테이아 효과(Galateia effects), 로젠탈효과(Rosenthal effects), 자성적 예언(self-fulfilling prophecy) 또는 자기충족적 예언이라고도 한다.

3. 로젠탈 효과(rosenthal effect)

하버드대 심리학과 교수였던 로버트 로젠탈 교수가 발표한 이론으로 칭찬의 긍정적 효과를 설명하는 용어다. 그는 샌프란시스코의 한 초등학교에서 20%의 학생들을 무작위로 뽑아 그 명단을 교사에게 주면서 지능지수가 높은 학생들이라고 말했다. 8개월 후 명단에 오른 학생들이 다른 학생들보다 평균 점수가 높았다. 교사의 격려가 큰 힘이 되었기 때문이다. '피그말리온 효과'와 일맥상통하는 용어다.

4. 플라시보 효과(placebo effect)

환자에게 아무런 효험이 없는 가짜 약을 진짜 약이라 속이고 먹게 했을 때 실제로 병세가 호전되는 현상을 말한다.

이한수는 "의사는 거짓말을 하지만 환자를 회복시키는 효과를 얻는다."라며 다음과 같이 말했다. "자연 속 동물들도 생존을 위해 거짓 행위를 한다. 여우는 살아남기 위해 죽은 체하고, 거미는 자신의 먹이가 될 곤충들을 속여야만 살아갈 수 있다. 어쩌면 자연의 세계에서 거짓과 속임수는 생존의 법칙이기까지 하다. ··· 플라톤은 공동체의 이익을 위해 거짓말을 하는 것이 불가피한 때도 있음을 인정했다. 피카소는 '예술이란 진리를 깨닫게 해주는 거짓말이다'라고 말했다. 거짓은 때로 사회를 돌아가게 하는 윤활유인 반면, 진리는 오히려 위험하고 파괴적일 수 있다는 사실이다."

2007년 미국국립보건원 실험 결과, 수면제를 먹고 평소보다 쉽게 잠드는 것은 효능과 관계없이 약을 먹었다는 사실만으로 심리적 안정을 느끼는 '플라시보 효과'라는 게 밝혀졌다.

2007년 3월 독일 도르트문트 대학의 토마스 마이어 정치학 교수는 서울 한국언론재단에서 열린 초청 강연에서 "정치인들은 미디어가 뉴스를 선택하고 보도하는 '미디어의 논리'를 배워 자신의 정치를 '미디어의 룰'에 따라 연출하고 있어 정치가 '미디어화(mediatize)'하는 현상이 확산되고 있다"라며 "정치인들이 미디어의 무대에 신속히 등장할 수 있는 '미디어의 룰'을 잘 알고 있으므로 진지한 정치나 정책을 제시하는 것이 아니라 '플라시보 정치(placebo politics: 유사 정치)'로 기울어지고 있다는 데에 문제가 있다"라고 주장했다. 마이어는 로널드 레이건 전 미 대통령의 사례를 들어 플라시보 정치를 설명했다. 레이건 전 대통령은 교육예산을 크게 줄였던 인물이지만, 당시 그는 학교를 찾아가 교사와 학생들과 이야기를 나눴다. 이때 미디어가 전달한 것은 '학교 문제로 깊이 고심하는 정치인'의 이미지였다는 것이다.

5. 체리피커(얌체, cherry picker)

신 포도는 먹지 않고 맛있는 체리만 골라서 따먹는 사람을 가리키는 말로, 부가혜택만 이용하고 실제 돈은 거의 쓰지 않는 실속 소비자를 지칭한다.

즉, '골라먹는 사람'이라는 뜻으로 기업의 제품 구매, 서비스 이용실적은 좋지 않으면서 자신의 실속만을 차리는 데 관심을 두는 소비자를 말한다. 예를 들어 카드사의 경우 카드로 물건을 사서 카드사에 수수료 수익을 가져다주는 것이 아니라, 놀이공원 입장 할인·극장 할인 등의 혜택만 누리고 있는 고객, 쇼핑몰의 경우 경품을 노리고 무더기 주문을 한 뒤 당첨되지 않은 상품은 반품하는 얌체 고객 등을 지칭한다.

2000년대 말 이러한 체리피커 고객 20%를 상회하며 매출에 큰 영향을 끼치면서 이를 관리하기 위해 디마케팅(demarkering) 전략이 도입되고 있다. 디마케팅은 수익에 도움이 되지 않는 고객을 밀어내는 마케팅, 즉 돈이 안 되는 고객과는 거래를 끊고 우량고객에게 차별화된 서비스를 제공해 인력과 비용을 절감하고, 수익은 극대화하려는 마케팅 기법을 말한다. 유통업체나 신용카드사는 가급적이면 기존 제공되는 다양한 부가서비스 혜택의 종류를 줄이거나, 부가서비스 혜택 수해기준을 높이고 있다. 진성고객인 우량고객과 체리피커를 구분하고, 진성고객들에게 보다 많은 혜택을 줌으로써 자사 제품에 대한 충성도를 강화하려는 시도이다.
한편으로는 체리피커를 SNS를 통한 입소문 마케팅에 이용하여 신규고객 확보와 기존고객 유지에 이용하려는 시도도 나타나고 있다.

6. 웨버노믹스(webonomics)

웹(web)과 경제(economics)의 합성어로 웹의 확대와 더불어 가상공간 안에서 형성되고 있는 인터넷 중심의 산업구조를 가리키는 새로운 경제를 말한다. 에번 I. 슈워츠는 그의 저서 'webnomics(웹 경제학)'에서 웹의 열풍을 하나의 경제현상으로 보고 있는데, 새로운 사이트가 등장하고 있는 웹이라는 디지털 세계에서 현실세계와는 전혀 다른 새로운 경제체제가 형성되고 있으며 이러한 현상을 웨버노믹스라 정의하고 있다.
기존의 경제학이 제한된 자원을 얼마나 효율적으로 분배하는가에 초점이 맞추어져 왔다면 웨버노믹스는 무한한 자원 속에서 어떻게 수요를 창출하는가에 초점이 맞추어져 있다. 즉 웨버노믹스는 기존의 경제학과는 달리 공급부족 대신 수요부족현상이 나타나는 세계라는 것이다.
웹상에서의 경제주체는 소비자, 콘텐츠 제공자, 마케터, 인프라 제공자로 구성되어 있다. 웨버노믹스는 가상공간 안에서 새로운 경제법칙, 새로운 통화제도(사이버머니), 새로운 소비자 행동을 형성하고 있다.

PART

SM전략 02

Service Management

Chapter

07 서비스 차별화 전략

학습목표

- 서비스 마케팅이란 무엇인지 설명할 수 있다.
- 서비스 환경분석 방법에는 무엇이 있는지 파악하고 이를 서비스 산업에 적용할 수 있다.
- 서비스 접점관리의 중요성을 이해하고 설명할 수 있다.
- 서비스 리더십과 그 종류에 대해 숙지하여 실제 업무에 적용할 수 있다.

1 서비스 마케팅 전략

1) 서비스 마케팅 개념

서비스 마케팅이란 서비스 산업의 발달로 금융·부동산·여행·통신 등의 서비스 분야에서도 마케팅 전략의 중요성이 강조됨에 따라 생긴 개념으로 서비스를 통해 고객의 필요와 욕구를 충족시킴으로써 마케팅 목표를 달성하려는 기업 활동을 의미한다.

전통적 마케팅에서는 생산과 소비의 분리를 전제하고 있지만 서비스는 앞에서 설명한 것과 같이, 소멸성, 무형성, 변동성(이질성), 동시성(비분리성)의 고유의 특성으로 인해 전통적 마케팅을 그대로 적용하기는 것은 무리가 있다. 기업과 소비자 간의 상호작용이 발생하고 생산과 소비가 동시에 발생하기 때문에 판매자와 구매자 간의 상호작용 및 접점을 관리하는 것이 필요해지는데, 이는 흔히 마케팅 이외의 관리자나 담당자가 실시해야 한다. 다시 말해, 전통적 마케팅 활동인 광고, 인적판매, 판매촉진 등은 마케팅 전문가가 담당하지만, 상호작용에 관련된 활동은 마케팅 비전문가가 담당하게 된다. 그렇기 때문에 전통적 마케팅 기능에 상호작용적 마케팅 기능이 추가된 서비스 마케팅이 필요하게 된다. 서비스 마케팅의 상호작용적 기능은 판매자와 구매자의 상호작용을 관리하는 것으로 소위 파트 타임 마케터들이 흔히 담당한다. 상호작용적 마케팅에서는 생산수단 및 생산과정의 모든 인적요소와 물적 요소가 서비스에 대한 소비자 인식에 영향을 미친다는 사실을 강조한다.

서비스의 경우 고객과의 관계가 중요하므로 이를 관리하는 것은 매우 중요하다. 따라서 소위 거래 마케팅(Transaction Marketing)에서 관계마케팅(Relationship Marketing)으로의 전환이 필요하다. 거래마케팅과 관계마케팅의 차이는 다음과 같다.

- 거래유형 차이

거래 마케팅은 고객과의 지속적인 관계를 형성하려는 노력 없이 하나의 거래를 이루는 것을 강조하는 마케팅이다. 반면 관계마케팅은 고객과의 관계를 형성·유지·발전시키는 것을 강조하는 상호작용 마케팅이다. 만약 고객과의 접점을 잘못 관리한다면 아무리 전통적 마케팅 노력을 기울인다 해도 고객이 기업과의 관계를 유지하지 않을 것이다. 거래마케팅에서는 전통적 마케팅 기능이 지배적이나 거래를 이루기 위해 많은 마케팅 믹스 활동이 수행된다. 관계마케팅에서는 물론 전통적 마케팅 믹스 활동이 수행되지만 상대적으로 상호작용적 마케팅 기능이 중요해진다.

- 서비스 품질 인식 차이

고객이 서비스 품질을 인식하는 차원이 거래마케팅에서는 결과 중심의 기술적 차원으로 상품 그 자체가 가장 중요하다. 그러나 관계마케팅에서의 서비스 품질은 단순히 결과 중심이 아니라 서비스 일련의 과정까지 포함하게 된다. 물론 기술적 차원의 품질은 일정 수준 이상이 되어야 할 것이다. 이것이 충족되면 과정과 관련된 기능적 품질이 전체 품질에 대한 인식을 좌우하게 된다.

- 가격 민감도 차이

거래마케팅에서는 고객과의 관계가 상품 자체에 국한되는 경우가 대부분이다. 따라서 경쟁 상품의 품질이 비슷하고 가격이 저렴하다면 고객을 잃게 된다. 즉, 거래마케팅 상황에서는 고객이 가격에 대단히 민감하다. 그러나 관계마케팅에서는 판매자가 고객과 광범위하고 깊은 관계를 개발·유지하기 때문에 경쟁사가 낮은 가격을 제시한다고 해서 고객이 쉽사리 이탈하지 않게 된다. 경쟁 수단으로서 가격의 역할이 감소하며 고객의 가격 민감도가 낮아지게 된다.

• 가치 창출원 차이

거래마케팅에서는 고객을 위한 가치가 기업에 의해서 창출되며, 상품 안에 포함되어 고객에게 전달된다. 따라서 거래마케팅에서는 생산의 결과가 중요하며 결국 마케팅의 핵심은 고객들에게 이미 생산된 가치를 효과적으로 유통시키고 전달하는 것이다. 반면 관계마케팅에서 고객을 위한 가치는 공장이나 후방 부서에서 미리 생성할 수 없으며, 상품에 삽입할 수 없는 대신에 고객과 서비스 생산자 및 제공자와의 상호작용적인 관계를 통해 창출된다. 즉, 고객을 위한 가치는 제품과 서비스를 사용할 때 고객에 의해 창출되고 어떤 경우에는 이들에 의해 공동으로 창출되기도 한다.

2) 마케팅 환경 분석

일반적으로 모든 서비스 마케팅 전략의 시작은 환경 분석에서 시작한다. 환경 분석 방법에는 여러 가지 방법이 있지만, 대표적으로 많이 활용되는 방법은 3Cs, SWOT, PEST 분석이 있다.

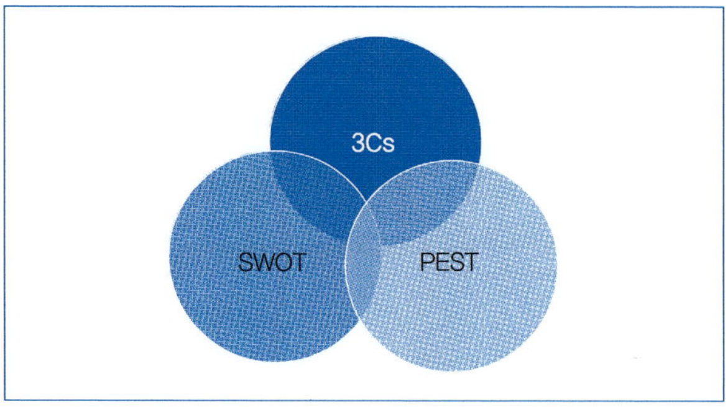

그림 7-1 대표적인 환경 분석 방법

(1) 3Cs 분석

3Cs 분석은 대상 제품이나 서비스에 보다 직접적으로 영향을 미치는 미시적 환경 분석 방법 중 하나이다. 이 분석은 대상 제품이나 서비스가 현재 시점에서 시장에 내놓는 것이 매력적인지 아닌지를 포괄적인 관점에서 확인해보는 분석이다. 고객(Customer), 경쟁자(Competitor), 자사(Company)의 3가지 요인을 분석하는 것으로 제품이나 서비스를 주로 이용하는 고객의 나이, 성별, 직업, 소득 형태, 학력, 가족 구성원, 거주지, 근무지, 생활양식, 구매 및 이용 습관 등을 분석하고, 경쟁하는 기업의 상태, 즉, 경쟁 기업의 문화, 재정 상황, 기술력, 브랜드 가치, 시장 점유율 등을 파악한다.

또한 자사의 기업 문화, 재정 상황, 기술력, 브랜드 가치, 시장 점유율 등을 파악하여 제품이나 서비스가 최종 소비자에게 이르기까지 어떤 과정을 거치는가에 대한 밸류체인(value chain)을 파악하여 개선하는 데에 목적이 있다.

(2) SWOT 분석

SWOT분석은 가장 많이 활용되는 분석으로 기업의 환경 분석을 통해 강점(strength)과 약점(weakness), 기회(opportunity)와 위협(threat) 요인을 규정하고 이를 토대로 마케팅 전략을 수립하는 기법이다. 어떤 기업의 내부 환경을 분석하여 강점과 약점을 발견하고, 외부 환경을 분석하여 기회와 위협을 찾아내어 이를 토대로 강점은 살리고 약점은 죽이고, 기회는 활용하고 위협은 억제하는 마케팅 전략을 수립하는 것을 말한다. 학자에 따라서는 기업 자체보다는 기업을 둘러싸고 있는 외부환경을 강조한다는 점에서 위협 · 기회 · 약점 · 강점(TOWS)으로 부르기도 한다.

이때 사용되는 4요소를 강점 · 약점 · 기회 · 위협(SWOT)이라고 하는데, 강점은 경쟁기업과 비교하여 소비자로부터 강점으로 인식되는 것은 무엇인지, 약점은 경쟁기업과 비교하여 소비자로부터 약점으로 인식되는 것은 무엇인지, 기회는 외부환경에서 유리한 기회요인은 무엇인지, 위협은 외부환경에서 불리한 위협요인은 무엇인지를 찾아낸다. 기업 내부의 강점과 약점을, 기업 외부의 기회와 위협에 대응시켜 기업의 목표를 달성하려는 SWOT분석에 의한 마케팅 전략의 특성은 다음 [그림 7-2]와 같다.

긍정요인 / **부정요인**

내부요인

S
- 국내브랜드로서 해외로의 로열티 지출 없음
- 안정적 매출, 낮은 원가율
- 신제품 개발의 유연성
- 해외 브랜드과 유사한 브랜드이미지
- 커피 브랜드들 중 비교적 경쟁력이 높음

W
- 해외 브랜드에 비해 낮은 브랜드 인지도
- 서울 및 수도권에 집중된 매장
- 소규모 자본력
- 제조 및 서비스 교육시스템 부족
- 점포별 낮은 수익

국내 A커피 브랜드

외부요인

O
- 에스프레소 커피시장의 성장
- 인스턴트 커피시장의 축소
- 외식사업 창업 희망자의 지속적 증가
- 국내경기 회복 추세

T
- 커피시장의 과다경쟁 가능성
- 서울 및 수도권 유망상권의 포화
- 자금력 갖춘 신규기업의 커피시장 진출
- 원재료 가격변동에 대한 위협
- 소매 커피음료시장의 확대

- **SO전략(강점-기회전략):** 시장의 기회를 활용하기 위해 강점을 사용하는 전략을 선택한다.
- **ST전략(강점-위협전략):** 시장의 위협을 회피하기 위해 강점을 사용하는 전략을 선택한다.
- **WO전략(약점-기회전략):** 약점을 극복함으로써 시장의 기회를 활용하는 전략을 선택한다.
- **WT전략(약점-위협전략):** 시장의 위협을 회피하고 약점을 최소화하는 전략을 선택한다.

▌그림 7-2▐ SWOT 분석 사례와 SWOT 분석에 의한 마케팅 전략

(3) PEST 분석

PEST 분석은 거시적 환경 분석 단계에서 사업에 영향을 미치는 정치적(Political), 경제적(Economic), 사회적(Social), 기술적(Technological)요인을 간결하게 조직화하여 쉽게 이해할 수 있도록 해주는 모델이다. PEST 분석은 영향을 줄지도 모르는 환경의 핵심 동향과 발전을 예측할 수 있게 해주는 필수 검사 도구이며, 분석의 결과로 사업의 방향을 결정하고 전략 기획 과정에 반영할 수 있는 방법이다.

정치적 요인에서는 해당 시장이나 산업에 대한 정부 정책, 정당 정책, 외교

정책, 무역 정책 그리고 이에 대한 이익 집단이나 일반 대중들의 여론, 정부 규제 및 관련 법규 등에 주의를 기울여야 하며, 경제적 요인에서는 현대 시장의 소비 환경이 국내뿐 아니라, 해외의 경제요소에 의해 영향을 받기 때문에 글로벌 경제 요소까지 함께 고려되어야 한다. 사회적 요인은 라이프스타일의 변화, 환경에 대한 관심의 변화, 시대 흐름에 따른 유행 등의 구매패턴의 변화, 교육수준, 관습, 신념, 가치관, 인구통계 특성 등의 사회 특징을 파악한다. 마지막으로 기술 요소는 새로운 기술로 인해 제품이나 서비스의 혁신, 프로세스 개선에 영향을 미치는 부분에 대한 검토가 이루어져야 한다.

3) STP 전략

급속한 환경변화에 따라 서비스의 수명주기가 짧아짐에 따라, 서비스가 시장에서 성공할 확률은 감소하고 있으며 성공하였다 하더라도 시장점유율을 확보·유지하는 것이 어려워졌다. 이에 기업의 마케팅 전략의 기본단계로서 S-T-P 분석이 가지는 의미가 더욱 중요해졌다.

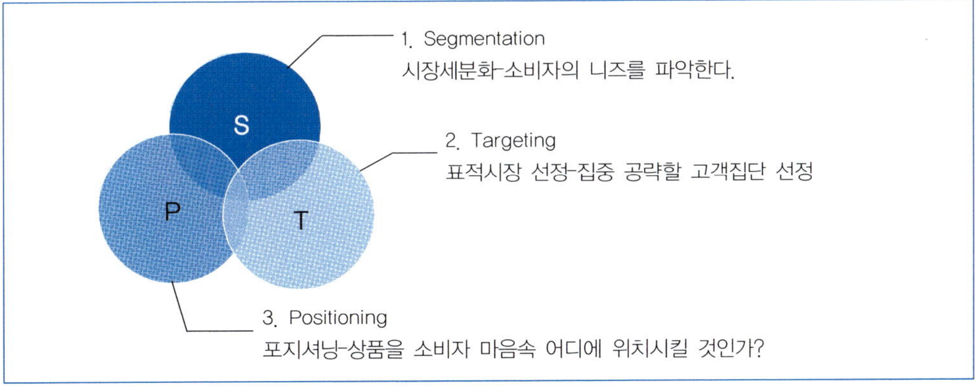

그림 7-3 STP전략

S-T-P분석은 철저하게 고객 중심으로 이루어져야 한다. 기업의 정책, 절차, 습관이나 담당자의 근시안적 사고, 과거 경험 등으로 인해 서비스 제공 과정이 고객이 바라던 기대와 다른 방향으로 이루어질 수 있다. 고객의 최종 만족은 결

과에 대한 기대에 근거한 서비스 과정에 대한 인식에서 나오기 때문에 고객만족은 고객이 지각한 품질뿐만 아니라 서비스에 대한 기대에도 영향을 받는다. 그러므로 기업은 항상 기업의 입장이 아닌 고객의 입장에서 고객의 기대와 니즈를 이해할 필요가 있다.

(1) 시장세분화

모든 세분화 전략은 현 구매과정, 구매자 행동, 구매자의 미 충족욕구 등과 관련되어야 한다. 구매자의 니즈가 막연하게 표현되면 구매로 전환될 가능성이 불투명해진다. 즉, 구매자의 미충족욕구가 분명하게 표현되어 전체 시장 내에서 반영이 되어야 비로소 새로운 세분화 도구가 될 수 있는 것이다. 효과적인 시장세분화를 위해서는 각 세분시장이 적정규모 이상이며, 상이한 반응을 보이며, 측정가능하고, 접근 가능해야 한다. 일반적으로 시장세분화에 사용되는 기준은 인구통계학적 기준, 심리학적 기준, 구매행동 기준, 세분시장의 독특한 니즈, 서비스 제공수준 등이 있다.

(2) 목표시장 선정

세분시장은 규모와 성장률, 경쟁우위, 자사와의 적합성 등을 고려해 평가할 수 있다. 서비스 기업이 각 세분시장을 평가한 후 목표시장(target market)을 선택할 때 고려할 수 있는 목표 시장 선정 방법은 매우 다양하지만, 비차별적 마케팅 전략, 차별적 마케팅 전략, 집중 마케팅 전략의 3가지로 나누어 볼 수 있다.

- **비차별적 마케팅 전략:** 세분시장별 차이를 무시하고 전체시장을 하나로 보는 전략
- **차별적 마케팅 전략:** 복수 세분시장을 선택해 각 세분시장별로 마케팅 전략을 수행하는 전략
- **집중적 마케팅 전략:** 단일 세분시장을 선택하는 전략

세분시장의 평가는 세분시장 내의 매출 규모, 동일한 세분시장 내에서 서비스

를 제공하고 있는 경쟁자들과 비교하였을 때의 경쟁적 지위, 세분시장에 도달하는 데 드는 비용, 그리고 세분시장의 니즈와 기업 목표의 일치 정도에 바탕을 둔다. 이러한 의사결정 요인들은 목표시장 선정에 있어서 중요한 역할을 한다.

▌표 7-1▌ 목표시장 선정과 마케팅 전략

	비차별적 마케팅 전략	차별적 마케팅 전략	집중적 마케팅 전략
시장정의	광범위한 고객	둘 혹은 그 이상의 제한된 고객 집단	잘 정의된 단일 고객집단
목적	경쟁 우위 장악	동질적인 욕구와 선호 충족	시장 입지 획득
비용	비용 절감	비용 증가	비용 최다 증가
제품전략	다양한 고객을 겨냥하여 단일 사요로 한정된 수의 제품 및 서비스 판매	각 고객 집단별 적합한 제품이나 서비스 제공	단일 소비자 집단을 대상으로 단일 상표의 제품이나 서비스 제공
가격전략	전체적인 단일 가격	차별적 가격	단일 가격
유통전략	가능한 모든 판매경로 동원	세분시장별 차별적 유통 경로 선정	단일 판매 경로 선정
촉진전략	대중 매체	세분시장별 차별적 매체 선정	전문잡지 등 특화된 매체
전략의 강조점	동일한 마케팅 프로그램을 통해 다양한 유형의 소비자들에게 접근 가능	각 세분시장별 차별적 마케팅 전략으로 둘 또는 그 이상의 시장에 접근	고도로 전문화된 동일 마케팅 프로그램을 통해 구체적인 소비자 집단에 접근
위험부담	소	중	대
사고방식	기업체 중심 사고	고객 중심 사고	고객 밀착 사고

(3) 포지셔닝

포지셔닝(positioning)은 시장 내 고객들의 마음에 해당 기업이 자리매김한다는 의미를 지닌다. 시장에서 기업의 포지셔닝 전략은 시장세분화를 기초로 정해진 표적시장 내 고객들의 마음에 자사분석, 고객분석, 경쟁분석 등을 기초로 하여 얻은 전략적 위치를 계획한다는 의미를 갖는다. 즉, 시장에서의 차별적 위치를 차지하여 고객욕구를 충족시키는 서비스를 표적시장에 제공하는 것이다. 포지셔닝은 시장에 대한 기업의 의사결정을 종합적으로 반영하고 있다.

다시 말해, 기업의 고객은 누구이며(표적시장), 그들에게 어떤 이미지를(서비스 콘셉트), 어떤 방법으로(마케팅 믹스 전략) 인식시키려고 노력하는가를 포지셔닝 전략에 의해 파악할 수 있다. 서비스 마케팅에 있어 포지셔닝의 결과로 제시되는 서비스 콘셉트(service concept)는 매우 중요한 의미를 지닌다. 서비스 콘셉트란 기업이 고객에게 제공하는 서비스에 대한 약속으로 정의할 수 있다. 즉 기업이 고객을 위해 무엇을 어떻게 하겠다는 의사표명인 것이다.

표 7-2 포지셔닝 과정과 포지셔닝 맵 예시(초콜릿 바 시장)

과정	내용
1단계: 포지셔닝 수준결정	산업일반, 조직체, 서비스계열, 개별 서비스
2단계: 세분시장의 규명	표적 세분시장의 주요 속성 규명
3단계: 포지셔닝 맵 작성	포지셔닝 맵을 통한 위치 파악
4단계: 포지셔닝 대안의 선택 및 실행	현 위치의 강화, 틈새 시장공략, 재포지셔닝

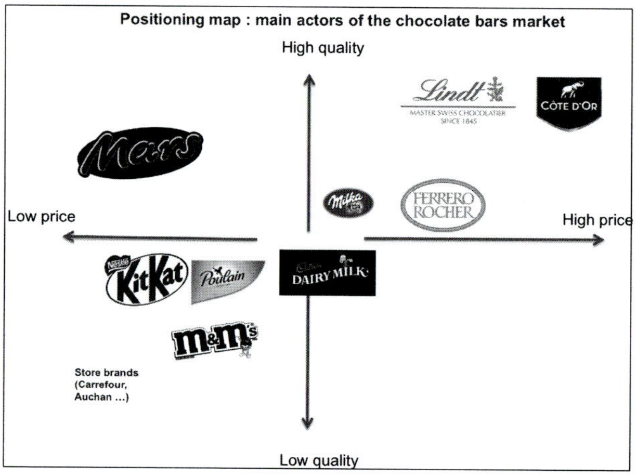

출처: https://userscontent2.emaze.com/images/07820886-40a2-4a1f-b056-cd63bf07e89f/0d6bfcae-3416-45a4-abe5-1a44989cd96b.png

4) 서비스 마케팅 믹스

마케팅 믹스(Marketing Mix)란 마케팅 목표를 합리적으로 달성하기 위해 마케팅 경영자가 일정한 환경적 조건을 전제로 하여 일정한 시점에서 전략적 의사결정으로 선정한 마케팅 수단들이 적절하게 결합 내지 조화되어 있는 상태를 가리킨다. 따라서 이는 일정한 시점을 전제로 하여 작성된 마케팅 계획과 같은 뜻이 된다.

마케팅 믹스의 구성요소는 마케팅 관리자가 통제할 수 있는 제수단이다. 특히 중요한 것은 제품계획, 가격정책, 판매경로정책, 광고, 인적 판매활동, 판매촉진 등이 있다. 이에 대한 견해는 학자마다 차이가 있는데, 미국의 매카시(McCarthy) 교수는 마케팅 믹스의 구성요인을 4P라고 하여 제품(product) · 장소(place) · 가격(price) · 촉진(promotion)을 들고 있다.

일반적으로 마케팅 믹스는 고객과 의사소통을 하거나 고객을 만족시키기 위해 기업이 관리 하는 주요 요소로 상품(product), 가격(price), 촉진(promotion), 채널(place)의 4P로 구성된다. 이러한 요소들은 마케팅 계획에 있어서 핵심적인 결정변수이며, 이들 요소들 간에는 상호의존성이 매우 높다. 마케팅 믹스는 주어진 시점에서 주어진 세분시장 내에 최적의 믹스가 존재한다고 가정하기 때문에 최적화된 4P전략은 성공적인 서비스 마케팅에 필수적이다.

서비스는 생산과 소비가 동시에 발생하기 때문에 고객은 직원이나 다른 고객들과 접촉하고, 상호작용하면서 서비스 생산과정에서 일정 역할을 담당하게 된다. 서비스는 무형적이므로 서비스 제공자들은 고객들이 서비스를 경험하기 전에 유형적으로 보여주는 것이 유의미하다. 그러므로 서비스 마케터들은 고객과 의사소통하고 그들을 만족시키기 위해 추가적 변수를 사용한다.

기본적인 마케팅 믹스 4P	Product	Price	Promotion	Place			
확장된 마케팅 믹스 7P	Product	Process	People	Physical Evidence	Price	Promotion	Place
	• 물리적 특성 • 품질 • 보조서비스 • 상품계열 • 브랜드	• 서비스 활동의 흐름(표준화/개별화) • 서비스 제공 단계(단순/복잡) • 고객의 참여 수준	• 직원선발, 교육, 동기부여 • 고객관계 관리	• 시설 • 장비/설비 • 건물 • 종업원 복장 • 명함 • 팸플릿 • 계산서 등	• 유연성 • 가격수중 • 거래조건 • 차별화 • 할인	• 인적 판매 • 광고 • 판촉 • 홍보 • DM	• 채널유형 • 중간상 • 매장위치 • 채널관리

그림 7-4 마케팅 믹스(4P, 7P)

이러한 추가적 변수들의 중요성이 부각되면서 [그림 7-4]와 같이, 4P에 프로세스(process), 사람(people-employee, customer), 물리적 증거(physical evidence)를 포함한 확장된 마케팅 믹스가 활용되고 있다.

① 상품

서비스·포장·디자인·브랜드·품질 등의 요소를 포함한다. 결국 상품은 제품의 차별화를 기할 것인가, 서비스의 차별화를 기할 것인가, 아니면 둘 다 기할 것인가를 따져 보는 것이다.

② 가격

기업이 제품에 책정하는 가격이다. 통상 고객이 느끼는 가치에 비해 가격은 낮게, 생산비용인 비용보다는 높게 매겨야 한다. 즉, V(가치) 〉 P(가격) 〉 C(비용)라 할 수 있다. 한편, 기업이 설정하는 가격은 이윤 극대화, 판매 극대화, 경쟁자 진입 규제 등 시장 전략에 따라서 달라질 수도 있다.

③ 촉진

광고, PR, 다이렉트 마케팅, 판매촉진 등 고객과의 커뮤니케이션을 의미한다. 고객과 이뤄지는 다양한 소통의 방식을 말하며, 기업이 사회적 책임을 앞세워 사회와의 연계성을 강화하는 것도 그 일환이라 할 수 있다.

④ 채널

기업이 재화나 서비스를 판매하거나 유통시키는 장소를 가리킨다. 제품이 고객에게 노출되는 장소라는 물리적 개념이기도 하면서 동시에 유통경로와 관리 등을 아우르는 공간적 개념까지도 포함한다. 마케팅 경로의 다양성과 효과적 운영은 매출액 신장과 직결되기 때문이다.

⑤ 프로세스

서비스 전달이나 운영시스템을 의미한다. 즉, 서비스가 실제로 수행되는 절차나 활동의 메커니즘과 흐름 등을 말한다. 고객이 경험하게 되는 서비스 전달과정에서 고객은 서비스를 평가하게 되는데 서비스의 경우 고객들이 서비스 과정을 수행하는 데에 있어서 복잡하고 광범위한 참여를 하도록 요구하기도 한다.

⑥ 사람

서비스 전달과정에서 일정한 역할을 함으로써 구매자의 지각에 영향을 주는 모든 행위자를 말한다. 즉, 직원, 고객, 서비스 환경 내의 다른 고객들이다. 사실상 컨설팅, 상담, 교육 등의 전문 서비스에서는 제공자 자체가 서비스가 된다. 또한 일견 적은 역할을 하는 것처럼 보이는 항공 수하물 운반자나 전화 설치 기술자들 역시 서비스 접점에서는 결정적 역할을 한다.

⑦ 서비스스케이프

서비스스케이프(servicescape)란 서비스(service)와 시각적으로 보이는 것, 인테리어, 경치 등을 나타내는 접미사인 스케이프(scape)의 두 단어가 접목된 합성어로서 서비스 사업에서의 물리적 환경을 의미한다. 즉, 서비스가 전달되고 기업과 고객이 접촉하는 환경으로 서비스의 제공이나 커뮤니케이션을 용이하게 해주는 유형적 요소이다. 예를 들어, 팜플렛, 명함, 간판, 설비, 화장실 등의 모든 요소가 그것이다. 이러한 물리적 증거는 고객에게 일관성 있는 이미지와 강한 메시지를 제공한다. 이것은 기업의 목적이나 의도된 시장세분화, 서비스의 속성 등에 따라 다른 기준을 제시한다.

2 고객 접점 관리 전략

1) 고객 접점 개념

점이 모여 선이 되고 선이 모여 면이 된다. 모든 시작은 점에서부터 시작된다. 접점(接點)이란 서로 만나는 점을 의미한다. 특히 서비스 관련해서 접점은 인카운터(encounter), 즉 '맞닥뜨리다', '부딪히다'라는 뜻을 지닌다. 서비스 접점(service encounter)은 서비스 전달과정에서 고객과 기업 간에 대면적 접촉이 일어나는 관계를 말한다. 서비스는 고객과 직원 간의 상호관계에서 발생하기 때문에 상당한 불확실성을 가지고 있다. 선은 고객과의 연결고리가 된다. 또한 점들이 모여서 선이 되듯이 고객 접점은 서로 연결이 되어 고객 접점 주기, 즉 선이 되며 마침내 선과 선이 모여 하나의 면, 즉, 서비스 이미지를 형성하게 된다. 고객 접점의 범위는 물리적 환경, 사람, 그리고 이 두 가지가 만들어 내는 서비스라고 할 수 있다. 따라서 넓은 개념으로는 회사가 고객과 접촉하는 모든 순간을 말하는 것으로, 이때에는 직접 방문하지 않아도 다양한 상황에서 로고 및 이름, 브로셔, 건물 외관 등을 만나는 것을 통해 형성된다.

좁은 개념의 접점은 방문객과 서비스 직원 간에 서비스가 제공되는 시간 동안 발생한다. 보통 상호작용, 서비스 제공기간, 결정적 순간 등으로 표시되는데, '결정의 순간' 혹은 '진실의 순간(moment of truth: MOT)'이라는 표현은 스칸디나비아 항공사의 얀 칼슨(Jan Carlson)이 『고객을 순간에 만족시켜라: 결정적 순간』이라는 저서를 발간하면서 최초로 언급된 용어이다. MOT는 고객이 기업의 종사원 또는 특정자원과 접촉하는 순간으로 인적요소 뿐만 아니라 물리적 요소 등 유·무형의 자원과 접촉하는 시점을 뜻한다. 이 시점은 매우 짧은 순간이지만 서비스 품질을 보여주는 기회로 서비스에 대한 인상을 좌우할 수 있다.

2) 고객 접점 관리 중요성

서비스 접점 관리가 중요한 이유 중의 하나는 서비스의 특징과 밀접한 관련이 있고 적극적으로 서비스를 제공하는 기회와 방어적으로 서비스 실패를 회복할 수 있는 기회를 제공하기 때문이다. 예를 들어, 호텔 방문객들은 로비로 들어가면서 혹은 도어맨이 열어주는 문을 거치면서 서비스가 시작되었음을 알게 되고 기대와 안심을 하게 된다. 프론트 데스크에서 체크인을 하면서 겪는 어려움은 직원의 친절한 안내를 통해서 구체화된다.

서비스 접점은 이질적이기도 하다. 고객과 직원의 상호작용은 특정한 시간과 공간에서 같은 일이 반복되지 않는다. 따라서 매뉴얼에 충실하고 운영의 묘를 살리는 것이 중요하다. 소멸성은 서비스 접점이 잠시 중단되는 상황이다. 따라서 고객은 다른 서비스 접점과 마주하게 되는 것이 서비스가 생성되는 것이라고 볼 수 있다. 이는 뒤에서 언급할 서비스 접점 주기가 된다. 즉, 점으로 이루어진 서비스 접점이 다른 접점과 연결되어 선으로 진행되는 접점의 시작 순간이다. 첫인상 즉, 초두효과(初頭效果)가 매우 중요하다는 점을 감안한다면, 최초의 서비스 접점이 역시 매우 중요하며 최초의 서비스 접점에서 느꼈던 감정들이 고스란히 다음의 서비스 접점으로 계속 연결될 수도 있다는 것이다. 이때 문제가 되는 것은 좋은 감정보다는 나쁜 감정이다.

직접 고객과 접촉하는 제일선의 종사원들이 중요한데, 이들이 서비스 접점을 통해서 얻은 정보는 조직 내 유입을 통해 최고위층 임원들이 경영전략을 구사하고 의사결정을 내리는 데 기초가 된다. 서비스 접점을 통해 호텔의 방문고객들은 호텔의 브랜드이미지를 발견하기 때문에 호텔의 장기적인 관점에서 브랜드 가치를 높이기 위한 접점 관리가 매우 중요하다. 서비스 접점에는 서비스 조직과 접촉 종사원 그리고 고객이라는 세 명의 인물이 등장하는데, 이들이 추구하고 원하는 것들이 얽히고설키어 서비스 접점을 만들어 낸다. 서비스 접점은 갈등의 장(場)이며 이들의 갈등이 서로 해결되고 조화를 이루어 나가는 것이 결국 서비스의 시작과 끝이다.

서비스 기업은 종사원이 고객과 접점에 최대한의 자율성을 발휘할 수 있도록 만들어 주고 싶지만 반대로 조직의 효율성을 생각하지 않을 수 없다. 예를 들어 레스토랑에서 헤드웨이터(head waiter) 혹은 캡틴(captain)이 본인의 판단 하에 고객에게 껍질이 있는 바닷가재와 뼈를 바르지 않은 넙치 요리로 어려워하고 있을 때 이를 직접 발라주는 것은 분명히 고객의 만족을 높여줄 것이다. 그러나 조직 입장에서 보면 그 시간에 다른 테이블에서 서비스가 약한 웨이터를 지원해 주는 것이 보다 효과적이다. 지나친 권한위임(empowerment)은 효율성을 해치며 또 지나친 효율성 추구는 조직의 경직화를 가져온다. 접촉종사원 역시 단순하게 고객의 주문에 실수 없도록 하는 이른바 오더 테이커(order taker)가 될 것인가 혹은 적극적으로 매출을 올리기 위해서, 생일 축하 자리라고 판단되면 샴페인을 추천하고 쇼맨십을 발휘하여 테이블의 분위기를 띄울 것인가를 고민하게 된다. 고객의 접점에 어떠한 행동을 해야 하는지를 명시해 놓은 매뉴얼은 최소한의 고객 불만족을 일으키지 않게 하는 행동지침이며 서비스 기업의 매출을 위해 구체적으로 어떠한 행동을 해야 할 것인가를 언급해 놓은 것은 찾기 힘들다.

고객은 항상 본인이 내놓은 것보다 더 많이 받으려고 하며 이것이 마이너스가 될 경우에 불만족이 될 수 있다. 이른 바 본전 찾기를 위해 갈등을 하게 되며 서비스 접점에서 이것저것을 요구하게 된다. 이때 조직은 운영의 효율성을 위해 때로는 고객의 요구를 최소화하는 전략을 취하거나 표준화시킨다. 극단적인 예로 메뉴판에 있는 메뉴는 효율성을 추구하는 상징이다. 고객은 메뉴의 선택에서 제한을 받게 된다. 다만 샐러드의 드레싱을 선택하거나 스테이크의 굽는 상태를 별도로 요청하면서 선택의 자유를 얻는 것이다. 또한 빵을 추가 주문 한다든가 하는 것 역시 준 것보다는 더 많이 받으려는 갈등의 결과이다.

(1) 서비스 접점주기 개념

서비스의 접점주기(encounter cycle)는 고객의 욕구와 기대가 충족될 수 있도록 각 순간마다 여러 종사원들이 노력하는 일에 대한 사건, 즉 진실의 순간이 반복되는 연속이다. 그 주기는 고객과 조직이 처음으로 접촉하는 바 그 순간에서부터 시작되어 고객이 서비스 행위가 완결되었다고 판단할 때 주기가 일시적으로 끊겼다가 고객이 다시 거래하러 올 때 시작한다. 서비스 접점을 연결하면 선이 되고 선이 모여 면이 된다. 즉, 서비스 접점은 고객 경험의 지도라고 볼 수 있다. 이때 중요한 것은 곱하기에 유의해야 한다. 즉, 하나하나의 접점 결과로서 고객이 만족 혹은 불만족을 할 때 이들이 선으로 연결된다. 이때 어느 하나가 불만족(0, zero)하게 되면, 전체적으로 마이너스가 되어 버린다는 것이다.

따라서 서비스 접점, 그리고 서비스 접점 주기에서 고객을 만날 때에는 오늘이 마지막이라는 생각을 해야 한다. 서비스 접점에서 고객에게 서비스를 할 때는 항상 시간적 제약을 고려해야 한다. 고객은 언제까지나 기다려주지 않기 때문이다. 예를 들어, 커피전문점인 스타벅스(Starbucks)에 방문하는 경우를 생각해보자. 고객이 스타벅스에 방문하는 첫 순간부터 마지막 나올 때까지 접점은 발생한다. 이러한 접점은 서로 연결되어 고객의 경험을 최종적으로 만들어 낸다. 고객은 처음에 매장의 위치와 외관을 보고, 종사원의 따스한 인사를 만나며 매장의 장식과 마주친다. 향과 배경음악이 뒤따르며 좋았던 기분은 기다리는 줄을 보고 약간 실망을 하게 된다. 비싼 커피 값에 약간 구매가 망설여졌지만 다양한 커피의 종류를 보고 구매를 결심한다. 이러한 일련의 마주침이 서비스 접점주기가 되는 것이다.

(2) 서비스 접점주기 관리 방법

서비스 접점주기를 관리하기 위한 방법은 크게 고객의 관점에서 관리하는 방법과 종사원의 관점에서 관리하는 두 가지가 있다.

- **고객 관점에 의한 접점관리:** 제안제도(voice of customer: VOC)는 고객이 접점에서 무엇을 원하는 지를 파악할 수 있게 해준다. 즉 고객에게 직접 물어보는 방식이다. 좀 더 적극적인 형태를 띠기도 한다. 명품자동차 메르세데스 벤츠의 수입딜러인 H상사는 "당신이 계신 곳에서부터 서비스는 시작된다."는 것을 슬로건(slogan)으로 고장 시 고객이 있는 곳으로 직접 방문해서 무료픽업(free pick-up) 및 배달 서비스를 하고 있다. 서비스와 같이 생산과 소비가 동시에 일어나는 것을 감안한 전략이다.
- **종사원 관점에 의한 접점관리:** 고객과 직접 대면하는 종사원들의 관점에서 접점을 관리하는 것으로 종사원의 소리(voice of employee: VOE)를 듣는 것에서 시작한다. 현장 최일선의 종사원은 고객만족을 좌우하는 가장 중요한 위치에 있으므로 이들을 어떻게 만족시키고 동기를 부여함으로서 서비스 접점주기를 성공으로 이끄느냐를 고민해야 한다. 따라서 신입직원인 경우 고객과의 접점에서 과도한 부담이 발생할 수 있는데 평소에 선임사원의 멘토링(mentoring)을 활용하거나 또는 현장에서 팀으로 활동을 하게 하는 것도 한 방법이다.

이러한 점에서 볼 때 고객의 요구가 구체화되는 것이 서비스 접점이자 아울러 호텔운영의 효율성을 위하여 관리되는 고객의 동선 역시 서비스 접점이다. 크루즈에서는 좁은 공간의 효과적 활용을 위해서 고객의 동선을 강제하고 있으며 이는 선박의 설계에 반영되기도 한다.

크루즈(cruise)는 고객을 항구로 이동시켜야 하고 이동시키기 전에 티켓을 팔아야 하는데 각각 항공사와 여행사에 의존하게 된다. 물론 크루즈 이용객의 서비스 접점주기는 크루즈와는 직접적인 관계는 없으나, 고객의 입장에서는 크루즈 상품과 서비스를 이용하는데 일련의 서비스 접점주기를 감안하게 되며 품질에 따라 만족과 불만족이 결정된다. 따라서 항공사와의 항공과 바다 패키지(Air & Sea package)를 운영하면서 전략적인 우호관계를 밀접하게 갖는다든지, 크루즈 티켓 판매 여행사들에게 크루즈에 대한 상품지식을 시키고 선사협회 명의의 자격증을 부여하는 것은 이와 같은 맥락이다.

3 서비스 리더십 전략

1) 서비스 리더십의 개념

강력한 서비스 문화는 탁월한 서비스 리더십(service leadership)을 보이는 리더로부터 출발한다. 레오날드 베리(Leonard Berry)에 의하면 성공적인 서비스 기업의 리더는 정직(integrity), 기쁨(joy), 존경(respect)이라는 가치를 공유하는 경향이 있고, 이들은 조직 전체에 이러한 가치를 불어넣는다고 하였다. 리더십이란 정해진 매뉴얼에 따라 명령을 내리는 것이 아니라, 리더의 가치관이 일관성 있게 밖으로 표출된 것이다. 직원들은 리더가 소중히 여기는 가치를 가지고 살아가는 모습을 볼 때, 자신들도 그 가치를 소중히 여길 가능성이 높다. 즉, 공동의 목표를 설정하고 이를 달성하기 위해 구성원들의 협력을 가져오는 영향력을 리더십이라고 한다.

리더십은 크게 두 부분으로 구분할 수 있다.

- **조직 내부적 측면의 리더십:** 조직의 리더십 시스템을 잘 갖추어 조직의 가치와 방향, 성과와 기대수준, 고객 및 이해관계자 중심의 경영, 조직학습 및 경영혁신 등을 조직에 전파하는 것에 초점을 두는 것이다.
- **조직 외부적 측면의 리더십:** 조직이 어떻게 사회적 책임을 인식하고 표현하는

가, 주요한 지역사회를 지원하는가 등을 의미한다. 효과적인 리더십을 위하여 필수적인 일은 리더십의 발휘와 어떤 관계가 있는지를 체계적으로 분석하고 측정하여 피드백하는 시스템을 구축해야 하는 것이다. 만약 이런 시스템이 없다면 그저 주먹구구식인 경험과 직관 아니면 오만과 편견에 의존하여 의사결정을 하게 되기 때문이다.

서비스 리더십의 목표는 고객만족이다. 고객만족이라는 목표는 서비스업에 종사하는 리더에게 변할 수 없는 목표라고 할 수 있다. 물론 여기서 고객만족은 고객서비스를 제공하는 내부고객만족과 서비스를 구매하는 외부고객의 만족을 동시에 의미한다. 서비스 행위를 통하여 리더는 파트너라는 내부고객을 만족시키고 그 파트너는 또 다른 파트너인 외부고객을 만족시키는 선순환의 사이클 관계가 성립됨을 의미한다. 서비스 리더십은 파트너의 만족을 이끌어 내는 만족유도 행위를 많이 하도록 하고, 불만족하게 만드는 행위를 줄이는 것을 목표로 한다. 이를 위해 서비스 리더는 다양한 접근과 노력이 필요하다.

2) 서비스 리더의 역할

서비스 리더는 〈표 7-3〉에 제시된 서로 곱하기의 관계를 지니는 C·M·S가 고루 갖춰져 있을 때만 바람직한 리더의 행동을 하게 되고 그 리더의 행동은 파트너 만족 및 외부고객의 만족으로 연결된다. 여기서 곱하기의 관계라는 것은 더하기의 관계와는 근본적으로 다르다.

표 7-3 서비스 리더십의 핵심 구성요소(CMS)

구성요소	내용
서비스 신념(service concept)	철학, 비전, 혁신
서비스 태도(service mind)	열정, 애정, 신뢰
서비스 능력(service skill)	창조능력, 운영능력, 관계능력

더하기의 관계는 다른 것에 상관없이 어느 하나 혹은 다른 두 요소가 높으면

전체의 합은 높아질 수 있다. 그러나 곱의 관계는 어느 하나가 마이너스 혹은 제로이면 전체는 제로가 되거나 마이너스가 되는 특성을 지닌다. 따라서 서비스 리더는 신념, 태도, 능력(C·M·S)의 3요소를 고르게 가지고 있어야만 한다.

서비스리더는 우선 자신에 대한 파악이 우선되어야 한다. 즉, 무엇보다도 자기 자신에 대한 파악을 통하여 강점 및 약점을 파악해야 한다. 이를 통하여 강점은 살리고 약점은 제거하기 위하여 변화를 시도하고 이를 통하여 한층 발전된 리더십을 발휘할 수 있게 된다. 리더는 구성원에게 조직의 성공은 어느 한 개인의 뛰어난 재능이 아닌, 구성원 전체의 일치된 호흡에 의한 상부상조의 결과로 나타남을 인식시켜야 한다. 리더는 구성원에게 권한위임을 통하여 조직과 고객 모두에게 만족을 줄 수 있는 의사결정을 스스로 할 수 있도록 훈련시킬 수 있는 역량을 발휘할 수 있도록 해야 한다.

커트 라이맨(Kurt Layman)은 우수한 리더의 특성을 다음과 같이 7가지로 정리하였다.

- 고객에 대한 접근성
- 솔선수범과 정확한 지식의 결합
- 일에 대한 열정
- 도전적 목표
- 강력한 추진력
- 기업문화와 변화
- 조직화

리더는 공식적 리더와 비공식적 리더로 나누어 볼 수 있는데, 공식적 리더는 어느 조직에서 공식적으로 책임과 권한이 부여된 리더이고 비공식적 리더는 책임과 권한이 공식적으로 존재하지 않는 리더를 말한다. 리더는 공식적 리더의 역할 뿐 아니라, 비공식적 리더의 역할을 수행하여 고객서비스 향상에 도움이 되는 역할을 도울 수 있도록 하여야 한다. 또한 구성원에 대한 상담자(counselor) 또는 조언자(coach)로서의 역할을 통해, 구성원들의 동기부여를 이끌어낼 수 있어야 한다.

3) 리더십의 종류

리더십의 종류는 그 관점에 따라 다양하게 제시되고 있다. 서비스 산업에서 주로 거론되는 리더십 이론은 서번트 리더십(servant leadership), 참여 리더십, 감성 리더십 등이 있다.

(1) 서번트 리더십

서번트 리더십(servant leadership)은 1970년대 후반 그린리프(Robert K. Greenleaf)에 의해 처음으로 제기된 이론으로 부하와의 관계 관리를 중시한다. 부하를 가장 중요한 재원으로 보고 부하에게 리더의 모든 경험과 전문 지식을 제공하면서 극진하게 섬기는 리더십을 말한다.

이 유형의 리더십은 10가지 특징을 지니는데, ① 경청하는 자세, ② 공감하는 자세, ③ 치유에 대한 관심, ④ 분명한 인식, ⑤ 설득, ⑥ 폭넓은 사고, ⑦ 통찰력, ⑧ 청지기 의식, ⑨ 사람들의 성장에 대한 헌신, ⑩ 공동체 형성이 그것이다.

(2) 참여 리더십

참여 리더십은 효과적인 조직 구조와 운영을 위해서 조직 구성원들을 조직의 과정 속에 보다 적극적으로 활용하여 그들의 의견을 의사결정에 최대한 반영시키는 형태의 리더십이다. 참여 리더십은 일에 대한 적극적인 동기를 부여하고 이러한 과정 속에서 개별 구성원들은 조직의 목표를 스스로에게 내재화하는 경향을 통해서 업무수행력이 높아진다고 본다.

참여 리더십은 주요 행정적 결정에 하급자들의 생각, 정보, 선호도를 이끌어 내어 반영하고, 하급자들이 책임질 수 있는 분야에는 의사결정 권한을 위임하며, 상부의 결정사항에 대한 집행 방법의 선택 권한을 일선 업무자들에게 부여하는 특성을 보인다. 참여 리더십의 장·단점을 살펴보면 〈표 7-4〉와 같다.

표 7-4 참여리더십의 장단점

장점	단점
① 조직목표에 대한 참여 동기의 증대	① 참여에 따르는 시간 소모
② 집단의 지식과 기술 활용이 용이	② 타협에 의한 어중간한 결정에 도달
③ 조직 활동에 더욱 헌신하게 만듦	③ 책임 분산으로 인해 무기력하게 됨
④ 개인적 가치, 신념 등을 고취	④ 헌신적이고 선견지명을 가진 지도자를 가지기 힘듦
⑤ 참여를 통해 경영에 대한 사고·기술을 익힘	⑤ 참여적 스타일을 배우기가 쉽지 않음
⑥ 자유로운 의사소통을 장려할 수 있음	⑥ 구성원들의 자격이 서로 비슷한 상황에서만 제한적으로 효과 발휘

(3) 감성 리더십

감성 리더십은 조직원들의 감성에 집중하고 이를 기반으로 감정적인 공감대를 형성하여 이를 시스템으로 체계화함으로써 조직원들이 온전히 자신의 능력을 발휘하여 조직의 목표를 달성할 수 있도록 하는 리더십을 말한다. 다니엘 골먼(Daniel Goleman)은 성공한 리더와 실패한 리더 간의 차이가 기술적 능력이나 지능지수(IQ)보다는 감성지능(EQ, 자신의 한계와 가능성을 객관적으로 판단해 자신의 감정을 잘 다스리며, 상대방의 입장에서 그 사람을 진정으로 이해하고 타인과 좋은 관계를 유지할 수 있는 능력)에 의해 크게 좌우된다는 연구결과를 발표하기도 하였다.

감성 지능은 자아인식력, 자기조절력, 동기부여능력, 감정이입능력의 5가지 요소로 구성되며, 감성 역량은 자신과 구성원의 감성 코드를 맞추고, 관리해 나가는 역량으로 자기 인식 능력, 자기 관리 능력, 사회적 인식 능력, 도전과 열정의 4가지 요소로 구성된다.

4) 서비스 능력

서비스 능력은 서비스 리더십을 구성하는 세 가지 요소(서비스 능력, 고객만족, 커뮤니케이션 능력) 중 가장 핵심적인 것으로 서비스 기업 성공의 관건이라고 할 수 있다. 서비스 능력은 서비스의 접점에 있는 직원들이 어느 정도 리더로서의 역량과 자질을 갖추었는지를 나타낸다. 제조업과 달리 서비스업은 전 직원이 주인의식을 갖고 자율성을 발휘하여 서비스 제공할 때만 진정한 고객만족을 이끌어낼 수 있기 때문에 이러한 능력이 더욱 중시된다. 서비스 능력은 리더십 교육과 훈련을 통해서 배양될 수 있으며, 서비스 종사원을 서비스 리더로 양성할 수 있는 기본적인 능력은 다음의 5가지로 요약할 수 있다.

(1) 정신적 능력

서비스 리더가 갖추어야 할 정신적 능력(service mind)으로는 서비스 철학, 비전, 혁신의 마인드를 들 수 있다.

첫째, 서비스 리더는 남들과 차별화된 서비스 철학을 갖추고 있어야 하는데, 남을 위한 희생과 봉사를 전제로 하고 있는 서비스의 개념에 대한 신념과 철학이 필요하다. 즉, 지위고하에 무관하게 인격은 동등하다는 신념이나, 나는 하려고 하는 일에 최선을 다할 수 있다는 자신감, 남을 기쁘게 하고 유익하게 하는 서비스 능력을 개발하고 발전시키면 반드시 보람이 있다는 믿음을 갖게 되면, 수준 높은 서비스를 지속적으로 실행할 수 있다.

둘째, 서비스 리더는 장기적인 비전을 갖추고 있어야 한다. 비전이 무엇인가에 따라 서비스 리더의 행동력이 달라지기 때문이다. 특히 전사적으로 공유된 구호성 비전이 있다면 서비스 실행 상황에서 목표를 설정하게 되고, 그 목표를 달성하기 위한 기준과 계획이 수립되어 위임받은 권한을 활용하여 고객만족 서비스를 실행할 수 있게 된다.

셋째, 서비스 리더는 현재의 잘못된 부분을 고치거나, 부족한 것을 채우거나, 더 나은 것으로 변화시킬 수 있는 혁신적인 마인드가 필요하다. 서비스 기어에서 경영의 제반 요소들이 고객만족 서비스 실행을 방해하고 있다면 서비스 리더는 이를 과감히 혁신해 나가야 한다. 혁신에는 저항이 따르겠지만 리더가 솔선수범하여 일관성 있게 지속적으로 행동변화를 추구하고 실행한다면 성공의 가능성이 높아질 것이다.

(2) 태도적 능력

서비스 리더는 태도적인 면에서 긍정적인 마인드, 열정, 그리고 신뢰의 태도적 능력(service attitude)이 요구된다. 서비스 리더의 긍정적인 태도는 잠재능력을 깨우고 서비스 기준을 높여주며, 도전 의식을 불러일으켜 바람직한 결과를 얻게 한다. 또한 기계적이고 일상적인 업무태도를 넘어서 마음으로부터 고객에게 다가가려는 열정이 필요한데, 이러한 열정이 도를 넘어서 마음으로부터 고객에게 다가가려는 열정이 필요한데, 이러한 열정이 반복적으로 쌓이면 상대방도 진실한 마음으로 받아들이게 된다. 마음으로부터 느끼는 감동이 전해지면 고객이 감동하여 재구매를 통한 평생고객가치를 실현하게 되는 것이다. 이러한 평생고객으로의 전환은 신뢰를 통해 가능하게 되는데, 서로 협력하고 공유하며 함께 발전하려는 win-win의 사고방식이 이를 가능케 한다.

(3) 업무적 능력

서비스 리더는 조직의 운영원리와 조직의 흐름을 잘 파악하여 조직의 과제를 원활히 해 나갈 수 있는 업무적 능력(service procedure ability)이 요구된다. 그러기 위해서는 현재 자기 업무에 정통한 전문가가 되어야 함은 물론, 서비스 리더로서 고객의 욕구를 정확하게 읽을 수 있어야 한다. 이를 위해 판매하는 상품에 대한 해박한 지식, 반복적인 훈련과 학습을 통한 업무 숙달, 고객의 이름을 외우는 등의 노력으로 고객이 편안하게 최상의 서비스를 받았다고 느낄 수 있게 해야 한다.

(4) 희생적 능력

서비스 리더는 고객서비스에 대한 남다른 철학이 구축되어 있을 때 희생적 능력(service sacrifice)이 함양될 수 있는데, 양질의 서비스를 받고 고객들이 즐거워하는 모습을 보고 기쁨과 보람을 느낄 때 더 훌륭한 서비스를 제공해야겠다는 다짐이 가능할 것이다. 훌륭한 서비스는 정형화되고 계획된 서비스 수준을 넘어 자신의 희생을 통한 관심과 배려를 베풀어야 한다. 즉, 조건적이고 계산된 차원의 서비스가 아닌 진심에는 우러나오는 서비스를 제공해야 할 것이다.

(5) 창조적 능력

서비스 리더는 고객이 기대하는 일상적인 서비스 수준을 넘어서 고객이 기대하지 못한 서비스를 제공함으로써 고객을 감동시킬 수 있는 창조적 능력(service creativity)이 요구된다. 어떻게 하면 서비스를 새롭게 느끼게 할 수 있는지 차별적으로 표현할 수 있을지에 대한 고민과 탐색이 필요하다. 마인드스토밍 등을 통해 아이디어를 적고 적합한 대안들을 결정하여 실행해 보는 것도 한 방법이다. 특히, 리더로서 직원 모두를 리더로 육성해 나가기 위해 새로운 아이디어를 내놓을 때 비판을 두려워하지 않도록 개방적인 분위기를 갖추어 주고 계속적인 시도가 가능하도록 격려해 주어야 한다.

학습정리

- 서비스 마케팅이란 서비스를 통해 고객의 필요와 욕구를 충족시킴으로써 마케팅 목표를 달성하려는 기업 활동을 의미한다.
- 서비스 환경 분석의 대표적인 방법으로는 고객, 경쟁자, 자사를 평가하는 3Cs분석, 강점, 약점, 기회, 위협 요소를 분석하는 SWOT분석, 정치적, 경제적, 사회적, 기술적 요인을 분석하는 PEST분석이 있다.
- 서비스 기업의 차별화 전략의 기본단계로서 시장세분화, 표적시장선정, 포지셔닝의 S-T-P 분석이 중요하다.
- 최근에는 제품, 장소, 가격, 촉진의 4P에 프로세스, 사람, 물리적 증거를 포함한 확장된 마케팅 믹스인 7P가 주로 활용된다.

학습평가

01 부하를 가장 중요한 재원으로 보고 부하에게 리더의 모든 경험과 전문지식을 제공하면서 극진하게 섬기는 리더십을 무엇이라고 하는가?

① 서번트 리더십
② 참여 리더십
③ 감성 리더십
④ 설득 리더십

02 다음 중 고객 접점에 관한 설명으로 옳지 않은 것은?

① 서비스 전달과정에서 고객과 기업 간에 대면적 접촉이 일어나는 관계이다.
② 접점의 범위는 물리적 환경, 사람과 이 두 가지가 만들어내는 서비스이다.
③ 접점은 찰나의 순간으로 서비스 이미지와는 별개의 개념이다.
④ 결정의 순간 혹은 'Moment of Truth'라고 표현하기도 한다.

[정답 및 해설]

01 ①

해설: 서번트 리더십은 1970년대 후반 그린리프에 의해 처음 제기된 이론으로 부하와의 관계 관리를 중시한다.

02 ③

해설: 고객 접점은 서로 연결되어 고객 접점주기를 이루고 이는 서비스 이미지를 형성하게 된다.

Chapter

08 서비스스케이프관리

학습목표

- 서비스스케이프가 무엇인지 설명할 수 있다.
- 서비스스케이프의 중요성을 인식하고 이를 적용할 수 있다.
- 서비스 산업에 있어서 서비스스케이프의 의미와 중요성에 대해 예를 들어 설명할 수 있다.

1 서비스스케이프의 개념

서비스스케이프(servicescape)란 서비스가 전달되고 서비스 기업과 고객의 상호작용이 이루어지는 물리적 환경을 말한다. 물리적 환경은 고객의 구매 의사결정에 영향을 미칠 뿐 아니라, 서비스 품질에 대한 단서로서 고객의 기대와 평가에 영향을 준다. 미국의 마케팅 교수인 비트너(Mary Jo Bitner)가 도입한 물리적 환경이 서비스스케이프인데, 이는 서비스(service)와 경치, 풍경을 의미하는 접미사인 스케이프(scape)를 합성한 용어로 인간이 창조한 환경을 의미한다. 이는 시설의 외형, 간판 등의 안내 표지판, 주차장, 주변 환경 등의 외부 환경과 내부 장식과 표지판, 벽의 색상, 가구, 시설물, 실내 온도와 습도 등의 내부 환경으로 구성된다.

표 8-1 고객 관점에서 서비스스케이프 사례

	외부 환경	내부 환경
항공사	비행기의 색상과 외형	기내 좌석, 실내 온도와 습도, 조명
호텔	호텔 외형, 주차장, 주변 장식	객실 가구, 실내 온도와 습도, 조명
레스토랑	레스토랑 외형, 주차장, 표지판	BGM, 실내 온도와 습도, 조명
보험회사, 택배회사	중요하지 않음	중요하지 않음

서비스스케이프를 소비자 정보 처리(consumer information processing)를 통해서 살펴보면, 소비자는 외부의 정보를 받아들여 자신의 기억 속에 저장하는데 소비자가 무엇인가를 느끼는 순간 감각 기억에 정보가 투입되고 단기 기억을 거쳐서 장기 기억에 저장한다. 이러한 기억은 적절한 단서가 제공되면 소비자들이 제품에 대한 재인(recognition)이나 회상(recall)을 하도록 도와 행동으로 이어지게 된다. 즉, 소비자 정보 처리의 시작은 물리적 환경에 대한 오감의 작동으로부터 이루어진다.

표 8-2 서비스스케이프에서 작동하는 오감각

감각	내용
시각	받아들이는 전체 정보 중에서 소비자들이 시각을 통한 것이 약 80% 정도가 된다고 한다. 제품 패키징이나 광고물, 브랜드명 등이 전부 시각적인 효과와 직결되어 있다.
청각	빠른 음악은 소비자를 빠르게 움직이게 하고, 느린 음악은 소비자를 천천히 움직이게 한다. 세일 시에는 빠른 음악을 틀어 소비자 움직임을 활발하게 유도하고, 3시~5시 정도의 오후 시간에는 내점객이 적으므로 느린 음악을 틀어서 손님들을 되도록 길게 체류하게 하는 것이 좋다.
미각	인간의 몸에서 가장 민감한 부분으로 알려진 것이 혀이다. 어느 정도 수준급에 든 제품의 맛을 약간 속이면 소비자들이 금방 떠나간다. 진짜 오랫동안 우려내고 끓인 설렁탕을 판매하던 호텔음식점의 주방장이 바뀌고 소비자들은 금방 맛의 변화를 간파한다.
후각	아침에 빵 굽는 냄새는 소비자들의 위를 자극시킨다. 냄새나는 화장실이 있는 호텔 면세점 매장들은 그렇지 않은 매장들보다 훨씬 더 소비자 불만이 높다고 한다.
촉각	몸에 닿는 촉감에 정다움을 느끼는 소비자들도 있다. 호텔면세점의 명품 중의 명품 의상은 아주 가볍고 그리고 감촉이 남다르다. 신발의 마니아인 어느 재벌회장이 차에서 내리려고 하면 직원들이 빨간 카펫을 앞에다 까는 것은 구두가 헤지지 말라는 배려이다.

2 서비스스케이프의 중요성

서비스스케이프가 중요한 이유는 환경 심리학(Environmental Psychology)의 관점에서 서비스스케이프가 심리 상태에 영향을 주어 결정, 서비스의 무형성 극복, 이미지 형성, 직원 행동 등에 영향을 미치기 때문이다.

1) 구매결정에 영향

서비스스케이프 내에 있는 많은 요소들은 고객의 행위와 구매, 서비스 경험에 잠재적으로 영향을 미친다. 어떤 서비스 구매 상황에서는 상품 자체보다는 매장의 배경음악, 향기, 조명, 온도 등의 분위기가 구매결정에 더 큰 영향을 미칠 수 있다.

2) 서비스의 무형성 극복

소비자들은 기업의 환경 내에서 서비스를 이용하기 때문에 서비스 기업의 서비스스케이프는 매우 중요한 영향력을 가지고 있다. 즉, 서비스스케이프는 서비스나 그 품질에 대한 정보적 단서를 제공하는 커뮤니케이션의 역할을 한다. 서비스의 무형적 특징으로 인하여 소비자들은 서비스 상품을 이해하거나 평가에 도움이 될 수 있는 단서를 찾고자 하는데, 이때 서비스스케이프는 소비자의 이해와 의사결정을 돕는 역할을 한다.

3) 이미지 형성

서비스스케이프는 서비스 기업의 이미지를 형성하는 데 있어서도 매우 중요한 역할을 한다. 색상, 조명, 음향, 실내 공기, 온도, 공간 배치, 가구 스타일 등은 기업에 대한 인상을 형성하는 데에 영향을 미친다. 호텔들이 주기적으로 호텔 외관과 내부시설에 대한 리모델링을 수행하는 이유가 바로 여기에 있다. 즉, 서비스스케이프를 통해 형성되는 이미지를 통해 기업 이미지 자체에 대한 긍정적 인식을 창조하기 위한 노력이다.

4) 직원 행동에 영향

서비스스케이프는 소비자뿐만 아니라, 기업의 내부고객인 직원에게도 많은 영향을 미친다. 알맞은 사무 공간, 적당한 온도와 공기 등의 쾌적한 근무 환경은 일에 대한 만족도에 영향을 미쳐, 직원의 생산성을 높이고 동료 직원들과 조화롭게 지낼 수 있게 만들어 기업에 긍정적인 결과를 가져온다.

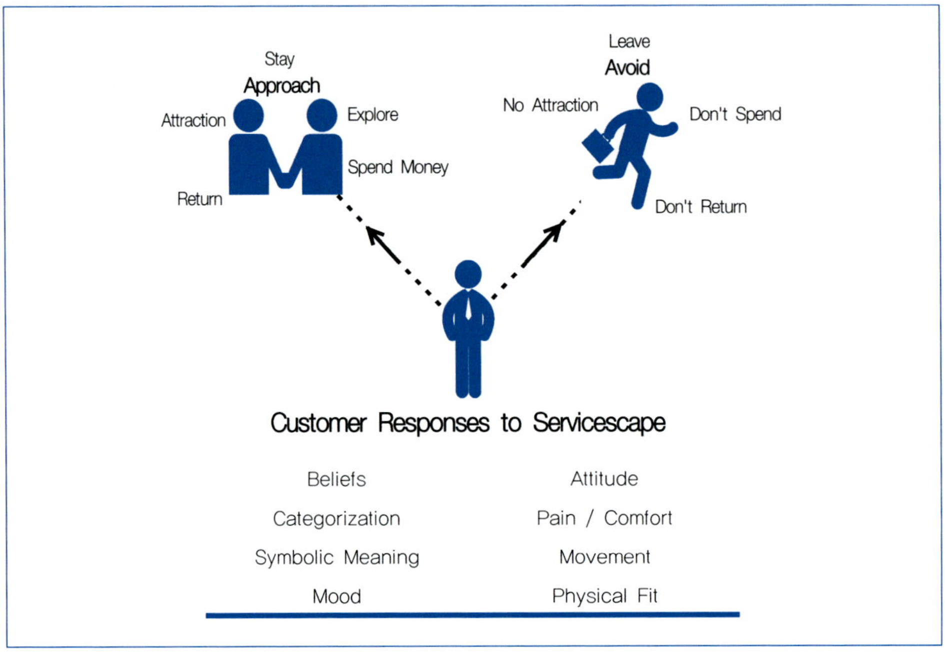

▮그림 8-1▮ 서비스스케이프에 대한 고객의 반응

3 서비스스케이프 관련 사례

1) 호텔 객실에서의 서비스스케이프

고객들은 휴양지에 있는 호텔을 방문할 때, 객실 창문이 바깥으로 향하는 outside room을 선호하는데, 이는 객실에서 창밖으로 아름다운 풍경을 감상할 수 있기 때문이다. 즉, 창밖의 풍경은 자연스럽게 창출되는 서비스스케이프가 된다. 크루즈 호텔은 탑승 인원이 많고 시설을 효과적으로 활용하기 위해서 창문을 작게 만든다. 그러나 최근에 대형화되는 추세와 넓은 방을 선호하는 고객들의 욕구에 부응하여 창을 크게 하고 심지어 발코니까지 만들어 배 안에서 바라보는 바다와 육지라는 독특한 물리적 환경을 만들어 내고 있다.

호텔의 서비스스케이프에는 앞에서 설명한 대형의 것들뿐만 아니라 호텔 객실의 칫솔, 치약, 비누, 헤어드라이기 등과 같은 각종 어메니티(amenity)와도 연관이 될 수 있다. 하룻밤에 오백만 원을 넘는 최고급호텔 객실의 인테리어와 함께 목욕실에 배치된 각종 어메니티도 호텔 고객에게 서비스스케이프 지각의 보조수단으로 활용될 수가 있다. 인테리어가 약간 떨어져도 어메니티류가 고급이면 인테리어의 지각의 수준이 올라갈 수 있는 것이다.

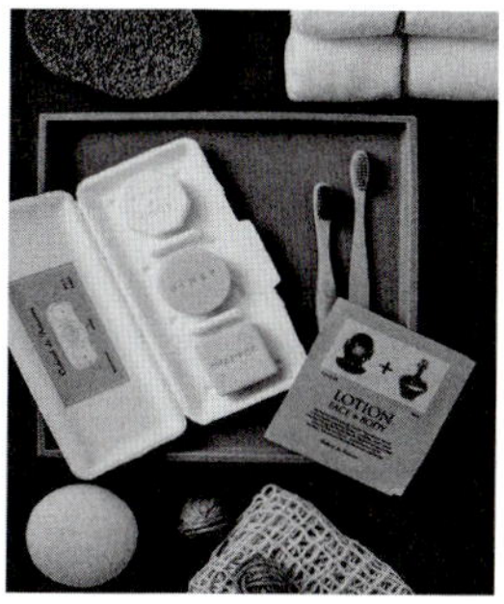

아난티 호텔은 플라스틱 용기가 필요 없는 고체 타입의 친환경 어메니티 '캐비네 드 쁘아쏭(Cabinet de Poissons)'을 개발했다.

▌그림 8-2▐ 서비스스케이프 사례(1): 호텔 객실의 친환경 어메니티

출처: http://www.upinews.kr/newsView/upi201908120035

또한 호텔이나 항공 관련 서비스 기업에서는 비즈니스센터를 강화하는 것도 긍정적인 서비스스케이프의 지각 수단이 될 수 있다. 비즈니스 센터는 간단한 업무를 급히 처리할 수 있도록 돕는 공간으로, 팩스와 컴퓨터, 프린트기 등의 간단한 시설만으로도 고객들에게 시설이 좋다는 인식을 제공할 수 있다. 비즈니스센터를 이용하는 고객들은 급한 업무를 처리하는 경우가 대부분이기 때문에, 명도가 낮은 녹색계열의 배경과 잔잔한 배경음악을 통해 편안함을 제공하는 것도 좋은 이미지를 만드는 요소가 될 수 있다.

❚그림 8-3❚ 서비스스케이프 사례(2): 호텔의 비즈니스센터

출처: (좌) lottehotel.com, (우) shilla.net/jeju

2) 레스토랑의 주변 환경과 서비스스케이프

서비스 기업의 매장은 매장 자체뿐 아니라 매장의 주변 환경까지도 고객에게 영향을 미칠 수 있다. 특히, 외식 기업의 경우에는 위생적인 상품뿐 아니라, 청결한 환경까지 중요하게 작용된다. 맥도날드는 이미 오래 전에 자사 매장 내의 청결뿐 아니라, 주변 환경의 청결에 대한 중요성을 인식하여 매장 인근 도로의 쓰레기까지 처리하고 있다.

서비스스케이프는 정서적 반응에 큰 영향을 미치기 때문에, 고객들이 원래 예상했던 것 보다 더 오래 혹은 더 짧게 매장 내에 머무를지를 결정하는 등 구매와 관련된 행동을 결정하는 데에 큰 영향을 미친다. 예를 들어, 크리스피 크림 도넛의 경우 매장 내에 생산 과정을 보여주는 '도넛 극장'을 설치하여 고객들에게 흥미를 끌고 크리스피 크림 도넛은 바로 만들어 바로 제공하는 따뜻한 도넛을 먹을 수 있는 곳으로 인식되어 소비 욕구를 자극한다.

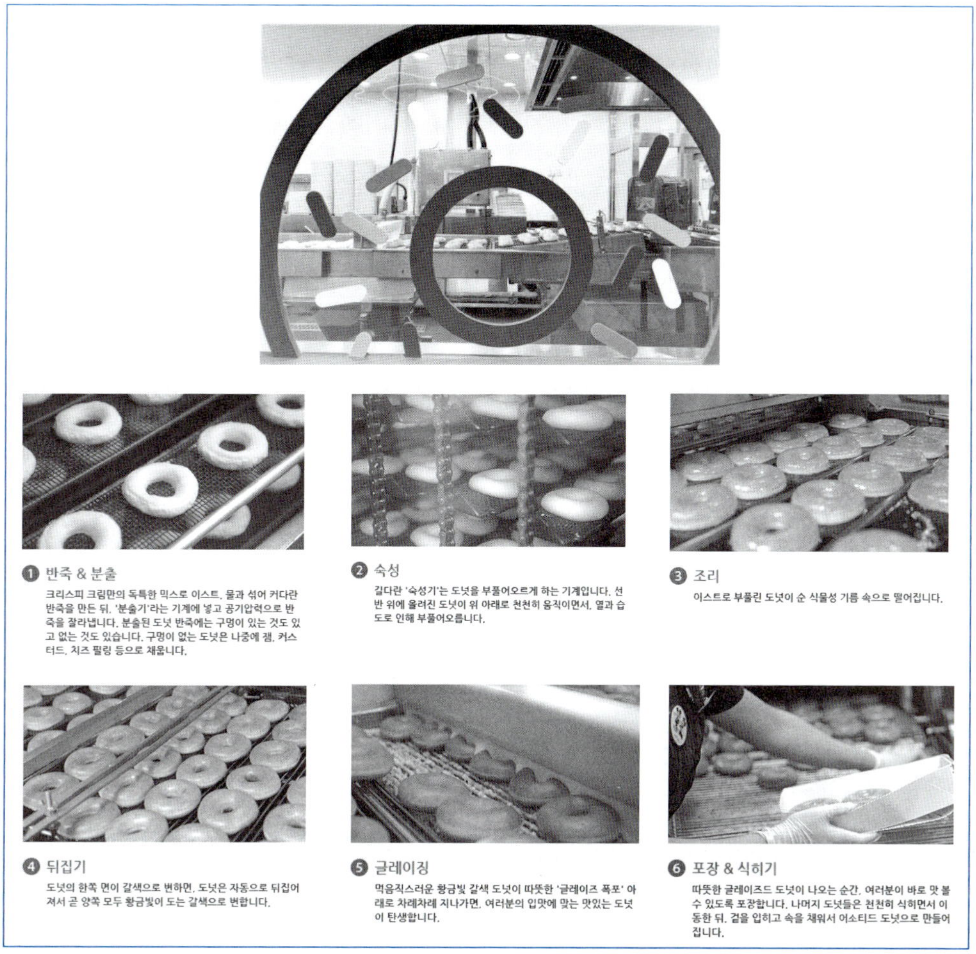

▌그림 8-4▐ 서비스스케이프 사례(3): 크리스피그림 도넛의 도넛극장

출처: https://magazine.hankyung.com/business/article/202109173267b;
https://www.krispykreme.co.kr

3) 혼잡한 공간에서의 서비스스케이프

마트와 백화점 등의 쇼핑센터에서의 꽉 찬 인파, 제한된 공간은 혼잡성(crowding)을 느끼게 한다. 혼잡성은 공간적 제한에 대한 사람들의 인식처럼 어떤 주어진 상황에 대한 사람들의 주관적이고 심리적 요소와 관련된 개념으로 서비스스케이프에 영향을 주기도 하고 영향을 받기도 하는 요소이다. 서비스 시설 내에 있는 고객의 수를 비롯하여 시설 내의 음악이나 잡음, 무질서한 시설 등은 혼잡성에 영향을 미친다. 즉, 소음이 심하고 시설물이 무질서하게 놓여 있는 등 서비스스케이프가 적절하게 구성되어 있지 못하면 고객들은 평소보다 더 혼잡하다고 느낀다. 혼잡성은 소비자가 인식하고 처리할 수 있는 정보의 양을 제한하기 때문에, 마트에서는 점포 내 판촉, 단위당 가격 등과 같은 서비스와 관련한 정보를 제공하여 공간적인 상징물 등에 덜 몰입하게 만들려고 노력한다.

또한 최근에는 문화예술 분야에 있어서도 서비스스케이프의 중요성이 커지고 있다. 문화예술기관이나 단체의 외부 속성(예를 들어 간판, 주차장, 건물 등)과 내부 속성(예를 들어 디자인, 레이아웃, 조명 등)은 고객들이 느끼는 서비스 품질에 결정적인 영향을 미친다. 이에 문화예술기관은 물리적 증거나 환경을 개선함으로써 경쟁 기관과의 차별화를 시도하고 있다. 문화예술 분야에서의 사례로는 청각장애인이나 외국인이 공연을 즐길 수 있도록 배려한 컬쳐커넥트의 공연자막 서비스를 들 수 있다.

소셜 벤처기업 컬쳐커넥트는 공연 시작과 동시에 좌석 거치대에 설치된 스마트폰에 실시간으로 자막을 제공하는 기술을 개발했다. 모든 장벽을 허물겠다는 '배리어(barrier) 프리'의 취지를 살려 청각 장애인이나 외국인이 자막을 보며 공연을 즐기도록 해 서비스 스케이프를 만족스럽게 구현했다.

▌그림 8-5▐ 서비스스케이프 사례(4): 컬쳐커넥트의 공연자막 서비스

출처: 컬쳐커넥트(facebook.com/ccnt.kr).

학습정리

- 서비스스케이프란 서비스가 전달되고 서비스 기업과 고객의 상호작용이 이루어지는 환경을 말한다.
- 서비스스케이프가 중요한 이유는 환경 심리학의 관점에서 서비스스케이프가 심리 상태에 영향을 주어 결정, 서비스의 무형성 극복, 이미지 형성, 직원 행동 등에 영향을 미치기 때문이다.

학습평가

01 다음 중 상대적으로 서비스스케이프가 중요하지 않은 분야는?

① 항공사
② 호텔
③ 레스토랑
④ 택배회사

02 다음 중 서비스스케이프의 중요성이 아닌 것은?

① 구매결정에 영향
② 서비스의 무형성 극복
③ 직원 행동에 영향
④ 고객만족 정도의 정확한 측정

[정답 및 해설]

01 ④

해설: 보험회사나 택배회사는 서비스스케이프의 중요도가 상대적으로 낮은 분야이다.

02 ④

해설: 서비스스케이프는 고객만족에 긍정적 영향을 줄 수 있는 요소이기는 하나, 고객만족의 요소는 복합적으로 작용하는 경우가 많기 때문에 그 정도를 정확하게 측정하기는 어렵다.

Chapter

09 서비스 품질관리

학습 목표

- 서비스 품질이란 무엇인지 설명할 수 있다.
- 서비스 품질을 측정하는 방법에 관해 설명할 수 있다.
- 서비스 품질관리 모델(GAP 모델)에 관해 설명할 수 있다.

1 서비스 품질의 개념

서비스 품질이란 고객의 기대에 비해 상대적으로 훌륭하고 우월한 서비스를 제공하는 것으로 정의할 수 있다. 즉, 고객의 지각을 중심으로 한 서비스 품질의 개념은 '제품성과에 대해 고객이 어떻게 지각하는가?'로 설명한다.

일반적으로 서비스 품질은 과정품질(process quality)과 결과품질(outcome quality)로 나누어 접근할 수 있다. 과정품질은 고객이 서비스를 어떻게 받는가 또는 서비스 제공 과정을 어떻게 경험하는가를 나타낸다. 이는 고객과 판매자 간의 상호작용, 즉 접점의 순간인 진실의 순간(Moment of Truth: MOT)들이 어떻게 다루어지는가, 서비스제공자가 어떻게 기능을 수행하는가를 나타내므로 기능적 품질이라고도 부른다.

결과품질은 고객이 기업과의 상호작용의 결과로서 획득하는 것을 의미한다. 결과품질은 객관적으로 평가할 수 있는 차원으로 그 성격상 기술적인 해결책인 경우가 많으므로 기술품질이라고도 한다.

또한, 고객의 지각을 중심으로 한 서비스 품질 개념은 서비스가 제공하는 결과와 서비스가 이루어지는 프로세스로 나누어 기술적 품질(technical quality)과 기능적 품질(functional quality)로 설명할 수 있다. 기술적 품질은 제공된 서비스의 결과로 고객이 받게 되는 것에 의해 평가가 이루어지는 것이고 기능적 품질은 서비스가 어떻게 제공되는가로 평가가 이루어진다.

이처럼 호텔이 제공하는 서비스 품질에 대한 우수성은 서비스가 제공될 때마다 고객이 판단하고 지각하는 태도로 인지되기 때문에, 서비스제공자와 고객의 만남, 즉 서비스 접점(service encounter)에서 고객이 느끼는 서비스 품질이 중요하다고 할 수 있다.

2 서비스 품질의 측정

1) SERVQUAL에 의한 서비스 품질 측정

서브퀄(SERVQUAL)은 서비스 품질의 차원을 설명하는 대표적인 개념이라고 할 수 있다. 파라수라만(Parasuraman)과 자이다믈(Zeithaml), 베리(Berry)는 신뢰성, 대응성, 능력, 접근성, 예의, 커뮤니케이션, 진실성, 안전, 공감, 유형성의 10개의 서비스 품질 속성을 중심으로 97개의 세부측정 항목을 개발한 후 실증적인 자료조사와 통계적인 분석 및 검증과정을 통하여 타당성 있는 속성과 측정항목으로 요약한 서비스 품질 측정척도, 즉 SERVQUAL을 개발하였다. 이러한 SERVQUAL이 사용하고 있는 5가지 서비스 품질의 속성은 다음과 같다.

(1) 유형성

유형성(tangibles)은 서비스 제공을 위해 사용하는 물적인 시설이나 장비 혹은 서비스제공자의 외모 등을 나타내는 서비스 품질의 속성을 말한다. 최신식 장비와 컴퓨터 시설을 갖추고 호텔과 같이 아늑하고 고급스러운 분위기를 연출하는 진료실에서 외모가 단정한 간호사의 안내를 받는다면 그 자체로 환자는 높은 수준의 서비스 품질을 지각하게 된다는 것이다.

(2) 신뢰성

신뢰성(reliability)은 고객에게 약속한 서비스를 믿을 수 있고 정확하게 수행해 줄 수 있는 능력을 나타내는 서비스 품질의 속성을 말한다. 고장이 난 승용차를 가지고 온 고객에게 적극적으로 문제의 원인과 수리방법을 설명해 주며, 고객과 약속한 시각에 정확하게 정비를 마칠 수 있도록 준비하고, 고객의 정비기록을 정확하게 관리하는 회사라면 서비스 신뢰성이 높은 정비회사가 될 수 있을 것이다.

(3) 대응성

대응성(responsiveness)은 고객을 적극적으로 도우려는 자세를 가지고 있으며, 신속하게 서비스를 제공할 수 있는지를 나타내는 서비스 품질의 속성을 말한다. 수리를 요청하는 고객에게 정확한 출장 수리 방문시간을 알려주거나, 고객의 수리요청에 대해 더욱 신속하게 대응해 주며, 사용하는 제품의 상태에 대하여 정기적인 점검서비스를 제공해 주는 서비스 센터라면 대응성 품질 수준이 높은 조직이 될 수 있을 것이다.

(4) 확신성

확신성(assurance)은 종사원들이 서비스 제공에 필요한 지식과 정중함을 갖추고 있으며, 고객에게 믿음과 확신을 심어줄 수 있는 능력을 갖추고 있는지를 나타내는 서비스 품질의 속성을 말한다. 고객에게 항상 공손하고, 신뢰감을 심어주며, 고객서비스를 위해 필요한 교육과 훈련을 잘 받은 종사원을 가진 백화점이라면 확신성 품질 수준이 높은 회사가 될 수 있을 것이다.

(5) 공감성

공감성(empathy)은 고객을 배려하고 개별적인 관심을 보여줄 수 있는 능력을 나타내는 서비스 품질의 속성을 말한다. 정기적으로 검진이 필요한 시기를 알려주고, 환자의 개인적인 사정을 고려하여 진료시간을 예약하며, 직장인들을 위한 야간진료시간을 운영하고, 환자의 재정적 형편을 고려하여 다양한 진료비 납부 제도를 시행하는 병원은 공감성 측면의 서비스 품질을 높게 평가받을 수 있을 것이다.

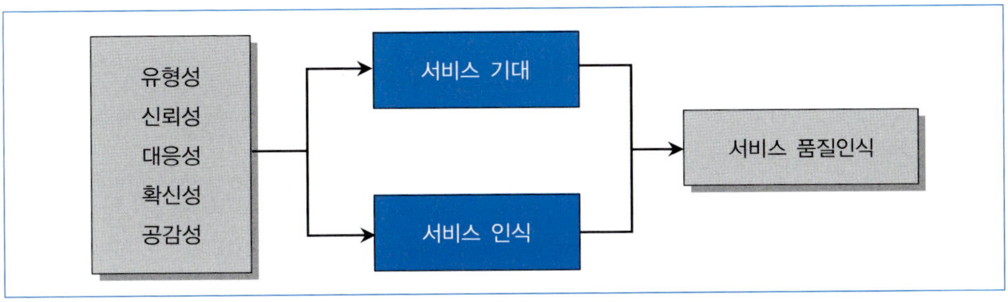

그림 9-1 PZB의 서비스 품질 인식모형(1988)

출처: Parasuraman · Zeithaml · Berry(1985).

2) 핵심상황법에 따른 서비스 품질 측정

핵심상황(critical incident)이란 고객과 서비스제공자 사이에 발생한 특정한 접촉상황으로서, 접촉의 결과가 어느 한 당사자 혹은 양자 모두에게 특별히 만족스러웠거나 불만족스러웠던 경우를 나타낸다. 따라서 핵심상황법(critical incident techniques: CIT)이란 서비스 접점에서 발생하는 핵심상황들에 관한 자료를 수집하고, 분류하며, 분석하는 방법을 말한다.

본래 핵심상황법은 1954년 플라내건(Flanagan)에 의해 효과적인 직무성과 수행을 위하여 필요한 요건을 규명하기 위한 목적으로 개발된 방법이었으나, 비트너(Bitner) 등에 의해 지각된 서비스 품질의 측정 도구로서 핵심상황법의 유용성을 인식하고, 이를 적합하게 개발하여 사용하게 되었다. 이들은 다양한 서비스 산업을 대상으로 일선에서 근무하는 종사원과 고객 사이에 발생하는 커뮤니케이션 문제를 분석하기 위해 핵심상황법을 활용하였다.

핵심상황법의 장점은 고객이 서비스 프로세스를 통하여 실제로 경험하게 되는 상황을 바탕으로 더욱 구체적이고 현실적인 품질 결정요인을 규명해 낼 수 있다는 것이다. 고객의 불만이 발생하지 않은 데 필요로 하는 최소한의 서비스 속성은 무엇인지, 고객의 만족감을 증대시키는 데 필요로 하는 추가적인 서비스 속성이 무엇인지를 구체적으로 밝혀줌으로써 서비스 품질개선을 위해 더욱 유용한 단서를 제공해 줄 수 있다.

3) 온라인 서비스 품질 측정

온라인 서비스의 성장과 함께 고객들이 인터넷상에서의 서비스를 어떻게 평가할지, 오프라인 서비스 품질을 판단하는 것과 그 기준이 어떻게 다른지에 대한 의문점이 생겨났다. MSI(Marketing Science Institute)의 후원으로 파라수라만(Parasuraman)과 자이다믈(Zeithaml), 말호트라(Malhotra)는 고객이 온라인 서비스 품질을 어떻게 평가하는가에 관한 연구를 통해 E-S-QUAL이라는 측정 도구를 개발하였다. E-S-QUAL은 웹사이트(web-site)가 얼마나 효율적으로 쇼핑, 구매, 전달이 이루어지는가에 대한 범위를 정의했다. 이에 따라 핵심서비스 평가와 서비스 회복 평가를 위한 중요한 7가지 차원을 제안하였다. 다음의 4가지 차원은 고객이 의문 사항이나 불만 없이 온라인 서비스를 얼마나 잘 이용할 수 있는가를 평가하기 위해 사용된다.

- **효율성(efficiency)**: 고객이 웹사이트에 접속하고 그들이 바라던 상품과 정보를 발견하여 최소의 노력으로 결정하는 능력. 예를 들어 이용이 쉬운지, 거래가 빠르게 처리되는지, 웹사이트가 빠르게 로딩(loading)되는지 등
- **충족성(fulfillment)**: 서비스 약속이행의 정확함. 예를 들어 약속한 대로 주문이나 배달이 잘 수행됐는지 등
- **신뢰성(reliability)**: 웹사이트의 기술적 기능. 예를 들어 웹사이트가 이용 가능한지, 안정적으로 이용할 수 있는지 등
- **사생활 보호(privacy)**: 각종 정보를 노출하지 않고 보호할 수 있다는 확신성. 예를 들어 개인정보가 잘 보호되는지 등

3 서비스 품질관리 모델

1) 서비스 품질관리 모델: 갭 모델

서비스는 그 고유한 특성으로 인해 품질평가 및 관리가 매우 어렵다. 서비스 품질에 대한 지각은 특정 서비스에 대한 고객의 기대와의 반복적인 비교에 따라 달라진다. 또한, 완성품을 놓고 평가하는 일반 품질관리와는 달리, 서비스는 결과물뿐만 아니라 그 전달 과정까지 평가하게 된다.

서비스 갭 모델(GAP model)은 서비스 품질을 개선하고 제공 상의 문제점을 해소하기 위해 개발되었다. 서비스 품질은 개념적으로 제공자(관리자, 종사원)와 고객의 기대와 지각 간의 차이로서 이해될 수 있으며, 고객에게 제공되는 서비스는 고객과 접촉하는 종사원뿐만 아니라 서비스 생산과정에 참여하는 모든 사람의 역할이 중요함을 함께 고려해야 한다.

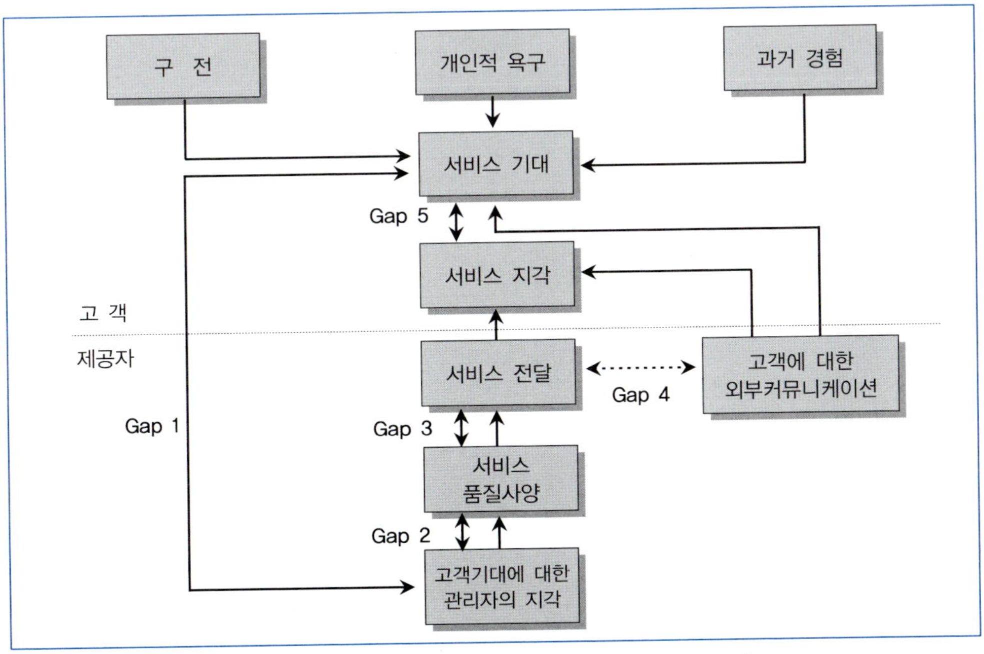

▌그림 9-2▌ 서비스 품질 관리 모델(GAP Model)

출처: Parasuraman, Zeithaml, & Berry(1985).

2) 고객의 갭

고객 갭이란 [그림 9-3]과 같이 고객기대와 고객지각 간의 차이를 말한다. 고객기대는 고객이 서비스를 체험할 때 사용하는 기준 또는 준거점이며, 고객지각은 실제 서비스 경험에 대한 고객의 주관적인 평가이다. 고객기대는 고객이 서비스에 대해 기대하는 것으로 구성된다. 예를 들면 고급레스토랑에 갈 때 높은 수준의 서비스를 기대하게 되는데, 이 기대는 패스트푸드점(fast food restaurant)에서 기대하는 것보다 훨씬 높은 차원의 기대일 것이다. 고객의 기대와 지각의 차이를 최소화하는 것은 서비스 품질관리의 목표이며, 이것이 바로 갭 모델의 기본이다.

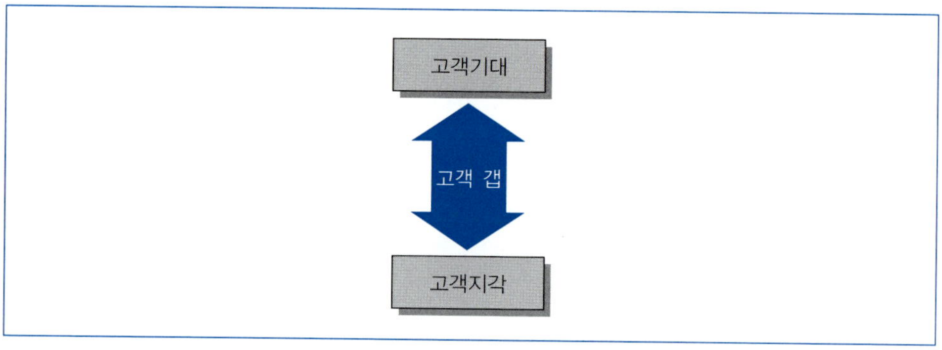

▌그림 9-3▌ 고객의 갭

출처: Parasuraman, Zeithaml, & Berry(1985).

3) 제공자의 갭

제공자 갭이란 서비스를 제공하는 조직 내에서 발생하는 것으로 '제공자 갭 1', '제공자 갭 2', '제공자 갭 3', '제공자 갭 4'로 나뉜다. 고객 갭은 '고객 갭'으로만 표현되므로 일반적으로 제공자 갭은 '갭 1', '갭 2', '갭 3', '갭 4'라고 표현된다. 고객 갭을 줄이기 위해서는 제공자 갭을 메우는 것이 중요하다.

(1) 제공자 갭 1

'제공자 갭 1'은 지식 격차(knowledge gap)로 기업이 고객의 기대를 알지 못해서 발생하는 차이이다. 즉, 서비스에 대한 고객의 기대와 이러한 기대에 대한 기업 이해의 차이를 말한다. 많은 기업이 고객의 기대를 충족시키지 못하는 첫 번째 이유는 기업이 고객의 기대를 정확히 이해하지 못하기 때문이다.

관리자들이 고객기대를 정확히 파악하지 못하는 이유는 다음과 같은 경우다. 기업이 고객과 직접적인 상호작용이 없는 경우, 기업이 고객기대를 파악하고자 하는 의지가 없는 경우, 기업이 고객기대에 응할 준비가 안 된 경우 등이다. 우선순위 부여에 관한 권한과 책임을 진 사람이 고객의 서비스 기대를 정확히 이해하지 못하는 경우, 자원 배분을 적절하게 하지 못하고 질 낮은 품질의 서비스를 제공하는 악순환에 빠지게 된다.

[그림 9-4]는 '제공자 갭 1'을 일으키는 핵심요인들을 보여준다. 마케팅 조사에 대한 부적절한 생각이 핵심요인 중 하나이다. 관리자나 권한을 부여받은 직원이 고객기대에 대한 정확한 정보를 갖고 있지 못하면, '제공자 갭 1'은 커지게 된다. 고객기대에 관한 정보를 획득하는 공식적, 비공식적 방법은 다양하게 개발되어 있다.

제공자 갭과 관련된 또 다른 핵심요인은 상향 커뮤니케이션의 부족이다. 일반적으로 일선 직원들은 고객을 다루는 많은 노하우(know-how)를 갖고 있다. 만약 관리자가 일선 직원들과 접촉을 하지 않는다면 그들이 알고 있는 것을 이해하지 못할 것이며, 따라서 갭은 커지게 된다.

제공자 갭 1과 연관되는 마지막 주요요인은 부적절한 서비스 회복이다. 고객이 기대하는 것을 이해하고자 하는 강한 의지를 갖추고, 명확히 이해하고 있는 초우량기업에서조차도 가끔 서비스 회복에 실패하기도 한다.

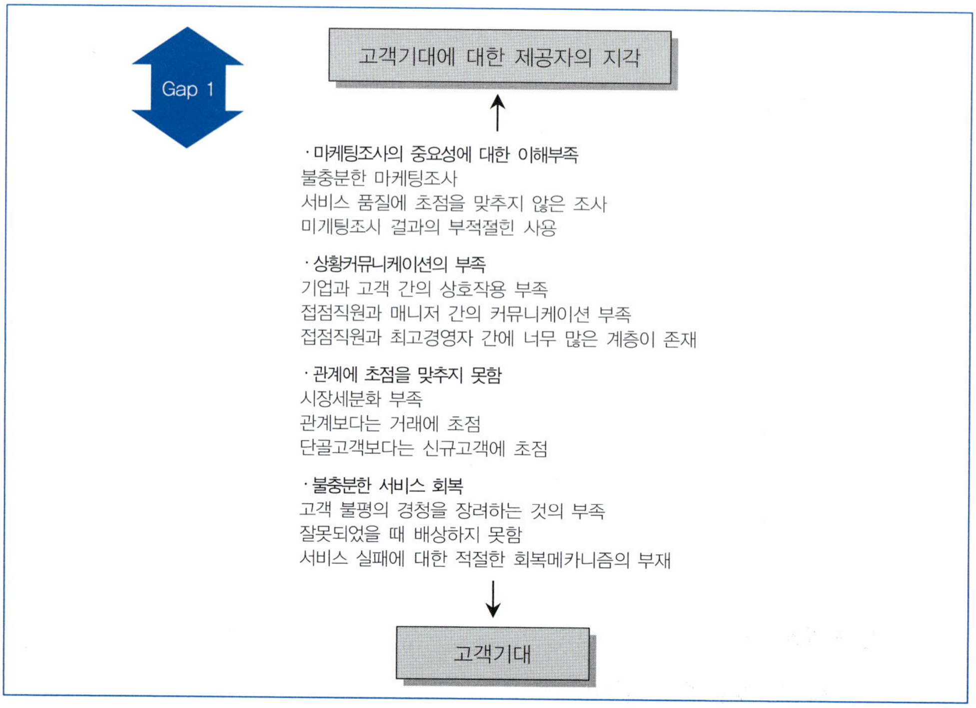

▌그림 9-4▌ 제공자 갭 1을 발생하게 하는 주요 원인

출처: Parasuraman, Zeithaml, & Berry(1985).

(2) 제공자 갭 2

탁월한 품질의 서비스를 제공하기 위해 고객기대를 정확히 지각하는 것은 필수 조건이지만 충분조건은 아니다. 또 다른 선결 조건은 고객기대에 대한 정확한 지각을 반영할 수 있는 서비스설계와 성과표준의 마련이다. 서비스 기업에서 흔히 일어나는 문제 중의 하나가 고객기대에 대한 이해를 서비스 '품질명세(quality classification)'로 전환하는 것의 어려움이다.

'제공자 갭 2' 표준 격차(standard gap)로 고객기대에 대한 기업의 이해와 고객 중심적 서비스설계 및 표준 간의 차이 때문에 생긴다. 고객 중심적 표준은 고객이 직접 말하고 느끼는 그들의 요구조건에 초점을 두고 있다는 점에서 대부분의 서비스 기업이 활용하는 전통적인 성과표준인 기업 중심적 표준과는 다르다. 즉 생산성이나 효율성과 같은 기업의 관심사에 맞춘 것이 아니라 고객기대나 고객의 우선순위에 부응하여 마련된 표준인 것이다.

[그림 9-5]는 제공자 갭 2가 발생하는 이유를 보여주고 있다. 표준설정에 권한을 가진 관리자들은 때때로 고객기대가 비논리적이고 비현실적이라고 생각한다. 또한, 그들은 서비스가 갖는 다양성으로 인해 표준화가 불가능하므로, 서비스표준을 설정하는 것이 무의미하다고 생각하기도 한다. 이러한 주장들이 어떤 경우에는 타당할 수 있을지도 모른다. 그러나 이러한 주장은 대체로 탁월한 서비스를 제공하기 위해 서비스표준을 설정하는 어려운 과제를 해내기 싫어하는 관리자들의 합리화를 위한 변명일 뿐이다.

제공자 갭 2를 피하는 가장 중요한 방법의 하나는 지나친 단순화, 불완전성, 주관성 그리고 편견 없이 명확히 서비스를 설계하는 것이다. 그렇게 하기 위해서는 신/구 서비스들을 발전시키고 향상할 수 있는 도구들이 필요하다.

고객과의 접점에 있는 직원을 평가하고 보상하는 기준인 서비스표준은 이들이 제공한 서비스 품질에 결정적인 영향을 미친다. 서비스표준은 접점에 있는 직원들에게 관리층이 우선시하는 요소가 무엇이고 실제 인사고과에 반영하는 성과의 유형이 무엇인지를 알리는 신호이다.

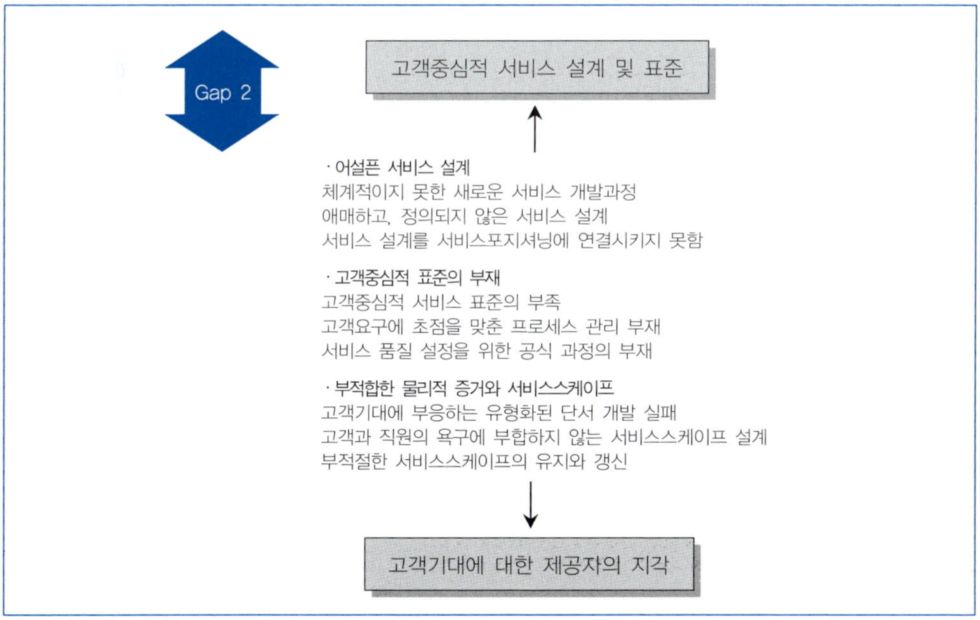

그림 9-5 제공자 갭 2를 발생하게 하는 주요 원인

출처: Parasuraman, Zeithaml, & Berry(1985).

서비스표준이 없거나 현재 서비스표준이 고객기대를 반영하고 있지 않다면, 고객이 지각하는 서비스 품질은 매우 낮을 것이다. 서비스표준이 고객이 기대하는 바를 반영하고 있을 때, 고객이 받는 서비스는 향상될 것이다.

(3) 제공자 갭 3

제공자 갭 3은 전달 격차(deliver gap)로 고객 중심 서비스설계 및 표준과 접점 직원이 실제로 제공한 서비스성과 간의 차이를 말한다. 서비스 수행에 대한 가이드라인이 존재하고 고객을 적절히 다룬다고 해서 서비스 품질에 대한 성과가 확실히 달성되는 것은 아니다.

서비스표준을 정한 대로 달성하기 위해서는 사람, 시스템, 기술 등의 적절한 자원의 뒷받침이 있어야 하고, 또한 직원에 대한 효과적인 지원이 있어야 한다. 직원에 대한 효과적인 지원이란, 설정된 표준에 부합하는 성과에 기초한 직원 성과측정과 보상을 말한다. 서비스표준이 정확하게 고객의 기대를 반영하고 있다 하더라도 기업에서 서비스표준이 달성되도록 직원에게 요구하고, 격려하지 않으면 아무 소용 없다. 제공된 서비스가 서비스표준에 못 미친다면 고객이 기대하는 바를 제공해 줄 수 없기 때문이다. 갭 3을 줄이는 것이 바로 고객 갭을 줄이는 것이다, 이를 위해서 서비스표준을 달성할 수 있도록 필요한 모든 자원을 적절히 지원해야 한다.

그러나 갭 3을 줄이는 데 장애가 되는 몇 가지 핵심적인 요인들이 존재한다.

- 직원이 접점에서 자신이 수행해야 할 역할을 명확히 이해하지 못함
- 고객과 관리자 사이에서 느끼는 갈등
- 효과적이지 못한 채용
- 직원에게 맞지 않는 기술
- 직원의 부적절한 보상과 평가
- 권한위임과 팀워크의 부족

이러한 장애 요인들은 모두 채용, 교육, 피드백(feedback), 직무설계, 동기부

여, 조직구조 등과 같은 인적자원관리와 관련된 것이다. 더 나은 서비스성과를 제공하기 위해서, 이러한 문제들은 마케팅과 인적자원부서에서 반드시 함께 해결해야 한다.

제공자 갭 3에 있어 또 다른 중요한 변수는 고객이다. 접점 직원이 완벽하게 일관된 서비스를 제공하더라도 또 하나의 통제 불가능한 변수인 고객은 서비스 제공에 변동을 가져오게 한다. 서비스제공자에게 꼭 알려야 할 정보를 고객이 말해주지 않는다거나, 고객이 지시사항을 따르지 않는다거나, 자신에게 할당된 서비스제공시간보다 더 사용하는 경우, 다른 고객의 서비스 품질에 부정적인 영향을 끼치게 된다. 즉, 고객 상호 간의 행동이 서비스성과에 영향을 미칠 수 있다.

갭 3과 관련된 세 번째 어려움은 서비스가 소매상(retailer), 프랜차이즈(franchise) 가맹점, 대리인, 브로커(broker) 등과 같은 중간상을 통해 제공되는 경우 부딪히는 문제들이다. 서비스 품질은 고객과 서비스제공자 간에 이루어지는 인간적인 상호작용을 통해 달성되기 때문에 서비스가 실제 고객에게 제공되는 접점에 대한 통제가 매우 중요하나 많은 어려움이 따른다.

마지막으로 서비스 기업이 수요와 가용능력을 잘 조정해야 한다는 것이다, 서비스는 소멸성이 있어 재고로 보관할 수 없으므로 초과수요나 수요부족 상황에 자주 직면하게 된다. 초과수요를 대처할 만한 재고가 없다는 것은 서비스 기업에 있어 고객의 욕구를 충족할만한 공급이 없다는 것인데, 이 경우 기업은 사업기회를 놓치게 된다.

한편, 수요부족의 상황에서는 기업의 가용능력이 제대로 활용되지 않고 있다는 것이다. 대부분 기업은 수요와 공급을 조절하기 위해 교차 교육이나 직원 수위 조절 등과 같은 운영전략에 의존하고 있다. 이러한 상황에서 마케팅 전략을 사용하는 기업은 별로 없다. 가격할인, 광고, 촉진, 대안 서비스 제공 등과 같은 수요관리를 활용함으로써 공급관리 방식을 보완할 수 있을 것이다.

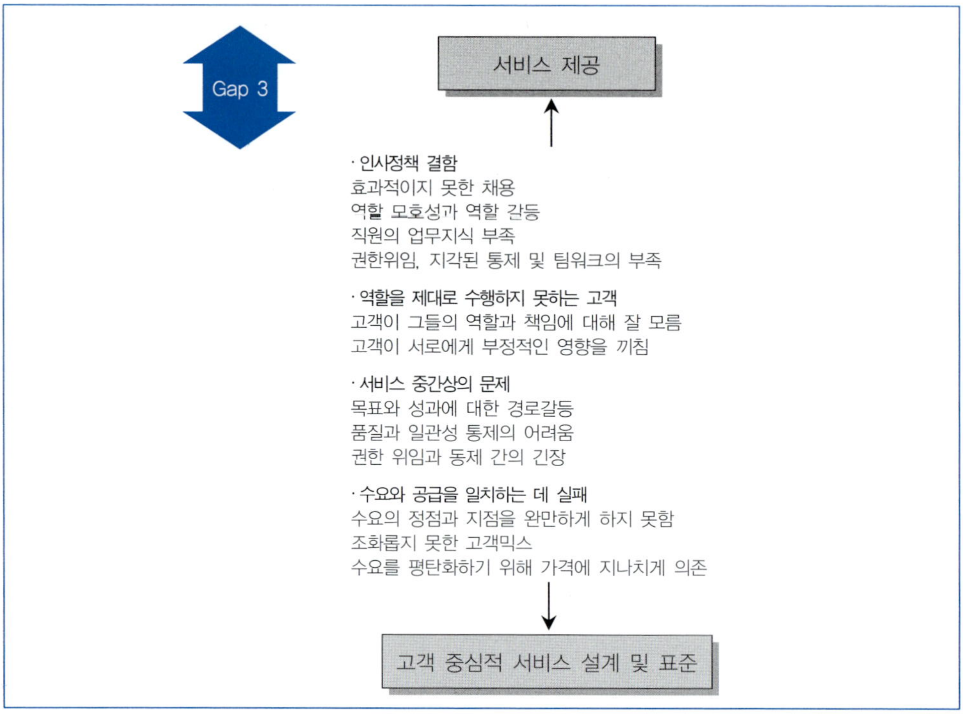

그림 9-6 제공자 갭 3을 발생하게 하는 주요 원인

출처: Parasuraman, Zeithaml, & Berry(1985).

(4) 제공자 갭 4

제공자 갭 4는 커뮤니케이션 격차(communication gap)로 제공된 서비스와 서비스제공자의 외부커뮤니케이션과의 차이를 나타낸다. 매체 광고, 판매원, 기타 커뮤니케이션을 통해 서비스 기업이 약속한 서비스 수준은 고객이 서비스 품질을 평가할 때 기준으로 사용되어 고객의 기대를 높일 수 있다. 따라서 약속된 서비스와 실제 서비스 간의 차이는 고객 갭에 역(逆)효과를 미친다. 기업이 제공하는 서비스가 약속에 미치지 못하는 경우는 여러 가지 이유로 발생할 수 있다.

- 광고나 인적 판매를 통해 지키지 못할 약속을 하는 경우
- 영업과 마케팅 간의 부적절한 조정
- 서비스판매경로 간의 정책 및 절차의 차이

[그림 9-7]은 제공자 갭 4를 생기게 하는 핵심요인들을 보여준다. 과장된 주

장으로 고객의 기대를 과도하게 부풀리게 하는 예도 있지만, 외부커뮤니케이션은 고객의 서비스품질평가에 영향을 미치므로 중요하다. 예를 들어, 고객 교육도 외부커뮤니케이션인데 서비스 기업은 흔히 고객이 서비스를 적절히 이용할 수 있도록 교육할 기회를 포착하는 데 실패한다. 고객기대 관리 또한 그 예다. 서비스 기업은 서비스거래에서 고객이 제공받을 것에 대한 기대를 관리하는 것을 소홀히 하는 경우가 많다.

서비스 기업의 커뮤니케이션과 관련된 주요 어려움 중의 하나는 여러 부서가 관련되어 있다는 점이다. 서비스광고라는 것이 사람이 행하는 것에 대한 약속이고, '사람이 행하는 것'은 물리적 재화를 생산해 내는 기계를 통제하듯 통제할 수 없는 것이기 때문에, 서비스 커뮤니케이션은 마케팅 부서 외의 기타 부서들과 밀접한 관련을 맺게 된다. 이러한 형태의 마케팅을 상호작용 마케팅이라 부른다. 상호작용 마케팅은 직원과 고객 간의 접촉으로 이루어지는 것으로서, 생산기업과 서비스 기업에서 사용되어왔던 전통적인 형태의 외부마케팅과 조화를 이루어야 한다. 서비스를 촉진하는 직원이 서비스 제공의 실제를 완전히 이해하지 못할 때, 그들은 지키지 못할 약속을 하거나 고객의 관점에서 커뮤니케이션하지 못해 고품질 서비스를 제대로 제공하지 못하게 된다. 이러한 이유로 고객은 서비스 품질을 낮게 지각하게 된다. 따라서 외부커뮤니케이션과 실제 서비스 제공을 제대로 조화시키는 것은 제공자 갭 4를 줄이고, 이에 따라 고객 갭도 줄어들게 한다.

제공자 갭 4와 관련된 또 다른 쟁점은 서비스의 가격이다. 포장 소비재 혹은 내구성 소비재의 경우, 많은 고객은 구매 전에 이미 경쟁자의 제품과 비교해 적당한 가격을 판단할 수 있는 지식을 충분히 갖고 있다. 그러나 서비스에서는 많은 고객이 구매와 소비 전에는 가격에 대한 내부 준거 가격을 잘 알지 못한다. 최저가와 같은 할인정책과 쿠폰발행 같은 가격전략은, 준거 가격이 없는 서비스의 경우 명백히 달라질 필요가 있다. 즉, 서비스에 대한 가격책정은 재화의 가격책정보다 복잡하다.

마케팅 커뮤니케이션이나 가격과 같은 외부커뮤니케이션은 서비스 제공에서의 기대를 높임으로써 커다란 고객 갭을 창출해 낼 수 있다. 그러므로 서비스 제공을 향상하는 것과 더불어 과장된 약속으로 더욱 높은 기대를 하지 않도록 고객에 대한 모든 커뮤니케이션을 관리할 필요가 있다.

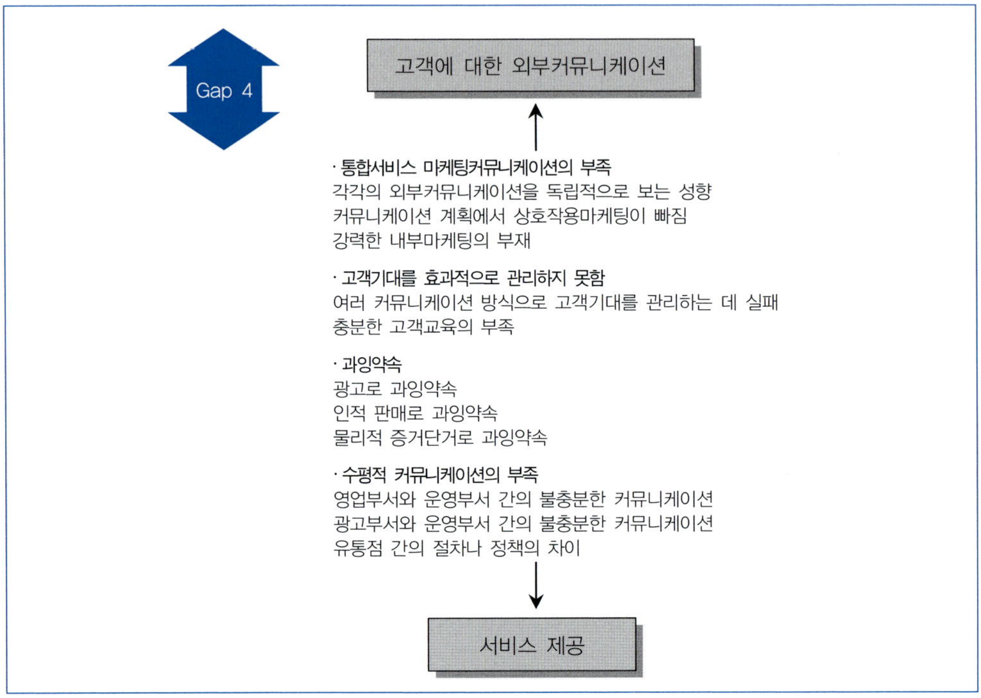

▌그림 9-7▌ 제공자 갭 4를 발생하게 하는 주요 원인

출처: Parasuraman, Zeithaml, & Berry(1985).

학습정리

- 서비스 품질이란 고객의 기대에 비해 상대적으로 훌륭하고 우월한 서비스를 제공하는 것이다.
- 서비스 품질을 측정하는 방법에는 SERVQUAL(유형성, 신뢰성, 대응성, 확신성, 공감성), 핵심상황법, 온라인 서비스 품질 측정 등이 있다.
- 서비스 품질에 대한 지각은 고객의 기대와 지각 간의 차이가 발생할 수 있다.

학습평가

01 서비스의 품질은 서비스를 받기 전의 기대와 실제 경험의 비교를 통해 평가하게 된다. 이때 서비스 품질을 결정하는 모델을 무엇이라고 하나?

① NPS
② SERVQUAL
③ CSI
④ CTI

02 서비스 품질을 특정하는 변수가 아닌 것은?

① 확신성
② 대응성
③ 유형성
④ 객관성

[정답 및 해설]

01 ②

해설: SERVQUAL은 서비스 품질을 평가하기 위한 모델이다. 파라수라만(Parasuraman)과 자이다믈(Zeithaml), 베리(Berry)는 실증적인 자료조사와 통계적인 분석 및 검증과정을 통하여 타당성 있는 속성과 측정항목으로 요약한 서비스 품질 측정척도, 즉 SERVQUAL을 개발하였다.

02 ④

해설: 서비스 품질을 측정할 때, 객관성이 아닌, 고객의 입장을 공감해주는 종사원의 공감성(empathy)이 중요한 변수 중의 하나이다.

Chapter

10 서비스 수요 공급관리

학습 목표

- 서비스 수요관리의 필요성을 설명할 수 있다.
- 서비스 수요-가용능력 균형전략에 관해 설명할 수 있다.
- 효율적인 수익관리에 대한 개념을 이해하고 이에 따른 문제점과 위험 요소를 파악할 수 있다.
- 대기행렬 전략은 무엇인지 설명할 수 있다.

1 서비스 수요와 가용능력

1) 서비스 수요관리의 필요성

서비스의 특성인 소멸성과 비분리성으로 인해 서비스는 수요 및 가용능력 관리에서 재고를 보관할 수 없다는 근본적인 문제가 발생한다. 또한, 서비스 기업은 주어진 한 시점에서 공급능력이 고정되어 있으므로 관리의 중요성이 대두되고 있다.

극장 하면 흔히 많은 관객이 줄지어 표를 사는 모습을 연상하게 되지만 실제로는 많은 극장의 평균 좌석 점유율이 절반을 훨씬 밑돌고 있다. 주말에는 영화를 보러 왔다가 매진으로 돌아서는 관객이 발생하는 한편 주중에는 관객이 적어 객석이 텅 비기 때문이다.

제조업과는 달리 서비스 기업은 미래의 판매를 위해서 서비스를 재교화시킬 수 없다. 이 특성은 수요가 비교적 안정적이고 예측 가능한 경우에는 문제가 안 되지만 수요의 변동이 매우 심하면 한정된 서비스 가용능력 때문에 경영의 어려움이 초래된다. 구체적으로 서비스 기업에서 공급능력을 제한시키는 핵심요인은 시간, 인력, 잡비, 시설 그리고 이들의 조합될 수 있다.

이러한 서비스 수요·공급 불일치는 또한 다른 측면에서도 중요한 의미가 있다. 예를 들어 현재의 서비스 능력보다 훨씬 많은 수요를 보이는 경우, 서비스 품질은 떨어질 수밖에 없다. 마찬가지로 수요가 적어서 서비스 시설을 덜 이용하게 되는 경우도 서비스 품질을 떨어뜨릴 수 있다. 그러므로 서비스 기업의 성공 여부는 정확한 수요 예측과 제한된 서비스 가용능력을 효율적이고 효과적으로 운영할 수 있는 경영능력에 달려있다고 하겠다.

2) 서비스 수요의 특성 및 유형

서비스의 기본특성은 수요에도 그대로 반영되며, 앞에서 언급한 바 있는 서비스의 특성이 수요의 성격과 유형에 영향을 준다.

표 10-1 서비스 수요의 특성

	내용
변동성	월별·주별, 요일별·시간대별, 성수기·비성수기
저장 불가능	서비스 수요의 소멸성으로 인해 재고 저장 불가능. 서비스 수요는 발생 순간 즉시 만족시키지 못하면 사라지는 경우가 많음.
다양성과 개별성	일시적 경험을 제공하는 무형서비스의 경우는 특히 서비스 능력을 수요와 일치시켜야 함. 서비스 상품의 다양성과 개별성을 서비스 능력의 호환을 어렵게 하므로, 서비스 수요가 능력보다 부족하면 능력은 그대로 유휴 상태가 되어버림.
시간·공간의 제약	서비스는 운반이 불가능하고 특정 장소나 시간에 제공되어야 하는 제약이 있음. 이러한 제약은 서비스 제공에 있어서 대량 처리로 인한 규모의 경제달성을 어렵게 함.

출처: 김혜영 외(2014).

수요의 변화를 통제하고 조절하기 위해서는 그 수요를 좌우하는 변수들을 이해해야 한다. 즉 서비스 기업은 경영전략을 수립하기에 앞서 시간이 진행되면서 변화하는 수요의 유형과 그에 영향을 미치는 요인들을 분석해 내야 한다. 경영자는 다음에서 제시한 간단한 질문을 이용하여 자사가 직면한 서비스 수요에 영향을 미치는 요인들을 찾아낼 수 있다.

▌표 10-2▐ 서비스 유형 파악을 위한 체크리스트

① 기업에서 제공하는 서비스에 대한 수요가 주기적이고 예측할 수 있게 변화하는가?
하루(시간 단위 변화) 한 주(요일 단위로 변화) 한 달(날짜 또는 주 단위로 변화) 일 년(월 또는 계절 단위로 변화) 그 외 다른 기간 단위 변화
② 주기적인 수요변동을 일으키는 요인은 무엇인가?
기후의 계절적 변화 급여 지급일 학교의 방학과 개학 공휴일
③ 수요변동이 불규칙한 경우, 그 원인은 무엇인가?
매일 매일의 날씨 변화 발생 예측이 어려운 건강 문제 사고, 자연재해, 범죄 등 긴급 대처가 필요한 경우
④ 서비스 수요의 변화가 시장세분화를 통해 이해될 수 있는가?
이용 패턴에 따른 차이 이용 고객 또는 이용 목적의 차이 거래별 수익성의 차이

출처: 김혜영 외(2014).

서비스에 대한 수요는 단일주기에 의해서 영향을 받기도 하지만 많은 경우 복수주기에 의해 동시에 영향을 받는다. 대중교통수단의 경우 하루 중 출퇴근 시간과 기타 시간대의 수요 수준이 다른 주말이냐 평일이냐에 따라 그리고 계절적 영향에 따라 이용객의 수가 차이를 보이게 된다. 그러므로 이용자의 기록을 세밀히 분석해 보면, 고객이 왜 특정 시간에 특정 서비스를 이용했는지를 파악할 수 있어 소비유형을 날짜별, 시간대별로 분류하여 세분화할 수도 있는 것이다.

수요에 영향을 미치는 요인들을 분석하여 수요 유형을 파악하고, 수요를 결정하는 원인과 예측 가능성에 대해서도 이해할 필요가 있다. 이를 위해서는 구체적으로 ① 수요의 유형 도표화, ② 예측 가능한 수요의 변동성, ③ 예측이 어려운 수요변동 요인, ④ 세분 시장별 수요패턴을 파악해야 한다.

표 10-3 서비스 수요 유형 분석 및 방법

분석방법	분석내용	사례
수요 유형 도표화	- 단위시간 동안의 수요 수를 도표화 - 일별, 주별, 월별로 수요 수준 추적 - 계절별 변동 폭이 큰 경우, 전년도 정보와 비교하여 도표화	은행, 호텔 등은 하루 중의 시간적 변동 또한 의미가 있을 수 있음
예측 가능 수요 변동주기	- 수요 수준을 도표화 하여 패턴을 분석하고, 예측 가능한 주기가 존재할 때와 존재하지 않을 때를 나누어 분석 - 예측 가능한 주기가 존재한다면 그렇게 나타나게 한 원인을 파악	외식사업의 경우, 월별·주별·일별·시간대별로 변화하는 수요 파악
예측 불가능 수요 변동주기	- 수요패턴이 무작위로 나타나 예측이 어려운 경우 - 수요 예측은 어려워도 원인을 파악할 수 있으므로	날씨 변화 금융위기 불황 (구제역·조류인플루엔자 등의) 전염병 가격상승(원자재 수입원가 상승)
세분 시장별 수요패턴 파악	- 세분 시장별 수요 분석 통해 패턴 파악 - 세분 시장별로 예측 가능 수요와 예측 불가능한 수요를 분석	의료기관의 경우, 환자들이 월요일에 몰리는 경향이 있음. 다른 요일에 진료를 받아도 괜찮은 환자는 월요일을 제외한 다른 날에 예약하도록 함.

출처: 김혜영 외(2014).

3) 서비스 수요의 산업별 차이

모든 서비스 산업에서 동일한 수준의 수요관리 노력이 요구되지 않는다. 수요 문제의 심각성은 시간에 따라 수요가 변동하는 정도와 공급이 제한되는 정도에 달려있다. 호텔을 비롯한 식당, 통신, 병원, 교통 등의 기업은 수요에서 큰 폭의 변동을 경험하게 되지만, 다른 기업들은 비교적 좁은 변동을 겪게 된다. 또한, 전기, 전화와 같은 일부에서는 피크타임의 수요라도 충족할 수 있지만, 일부에서는 피크타임 수요가 가용능력을 초과하게 된다. 이러한 차이는 〈표 10-4〉에 정리되어 있다. 서비스 기업이 효과적으로 서비스 수요를 관리하기 위해서는 자신이 속한 산업이 가져오는 수요변동의 패턴을 이해하는 것이 필요하다.

▌표 10-4▐ 산업별 수요변동 차이

시간적 수요변동 정도		공급이 제한되는 정도
넓음	좁음	
전기 천연가스 전화 경찰과 소방서	보험 법률서비스 은행 세탁업소	피크타임의 수요가 지체 없이 충족됨
회계 및 조세 준비 교통 호텔 등 숙박 시설 레스토랑 극장	위와 비슷한 서비스 중에서 기본 가용능력이 불충분한 서비스	피크타임의 수요가 가용능력을 초과함

출처: 김혜영 외(2014).

4) 서비스 가용능력

고객을 최대한으로 수용할 수 있는 수준을 최대가용능력(Maximum Available Capacity)이라 하고 고객에 대한 서비스의 질을 최적으로 유지할 수 있는 수준을 최적가용능력(Optimum Capacity)이라고 정의한다면 이러한 수준과 관련한 수요의 상황을 다음과 같이 4가지로 나누어 볼 수 있다.

- **수요가 최대가용능력 초과:** 최대가용능력을 초과하는 수요로 사업기회를 상실할 수 있다. 이 경우 고객 일부가 서비스를 받지 못하고 서비스를 받는 경우도 인원 혼잡 및 시설 부족으로 서비스 불만 발생의 가능성이 있다.
- **수요가 적정가용 능력 초과:** 최적가용능력을 초과하지만, 최대가용능력에 미달하는 수요를 말한다.
- **최적가용능력과 일치하는 수요:** 이상적인 수준의 서비스를 제공 가능한 수요이다.
- **초과가용능력:** 최적가용능력에 못 미쳐서 가용능력에 미달되는 수요로 생산성, 수익성 저하로 이어져 사업에 악영향을 미칠 수 있다.

서비스 기업의 입장에서 보면 단순히 수요가 많다고 해서 좋은 것은 아니다. 수요가 최대가용능력을 초과할 때는 잠재적인 고객이 서비스를 받을 기회가 없으므로 고객을 상실하게 된다. 또한, 수요가 최적가용능력을 넘어설 때는 모든 고객이 동일한 양질의 서비스를 받을 수 없으므로 고객이 불만족을 느끼고 기업에 대한 서비스 질의 평가가 낮아질 수 있는 위험이 있다.

서비스의 수요가 가용능력에 못 미쳐서 설비가 유휴화되는 경우에는 서비스 기업의 수익성이 악화하는 것은 물론이고 고객에 대한 서비스의 질도 낮아지는 악순환을 겪게 된다. 텅 비어 있는 식당의 경우, 당장의 수익이 낮을 뿐만 아니라 잠재적인 고객마저도 그 식당에서 만족할 만한 식사 분위기를 기대할 수 없으므로 그 식당을 찾으려 하지 않을 것이다. 또한, 식당의 종사원들은 수익이 낮은 상태에서 높은 보상을 기대할 수 없으므로 사기가 저하되고 자연스럽게 그들이 제공하는 서비스의 질은 낮아지게 된다. 그리고 다시 낮은 서비스의 질은 고객의 발길을 끊게 만든다.

많은 서비스에서는 최적가용능력이 최대가용능력보다 작은 것이 보통이다. 고급레스토랑의 경우, 좌석이 꽉 차 있을 때는 고객이 서비스를 충분히 받을 수 없으므로 불만족스럽게 되기가 쉽다. 그리고 혼자 비행기 여행을 하는 고객은 자신의 옆자리가 비었을 때 좌석이 만원인 경우보다 더욱 편안하게 여행을 한다는 것이 밝혀져 있다.

어떤 서비스의 경우에는 최대가용능력과 최적가용능력이 일치하고 고객도 그러한 수요 상황에서 최대의 만족을 얻기도 한다. 영화관에서 관객은 영화 자체에서 흥미를 느낄 뿐만 아니라 관객 상호 간의 작용을 통해서 재미를 더욱 느끼게 된다. 서울 시내의 유명 영화관들의 상영관 규모가 피크타임 시의 수용 인원보다 작은 것도 이러한 이유 때문이다. 상영관의 규모가 작은 것은 또 다른 측면에서 이점이 있는데, 영화를 관람하려는 관객은 사전에 입장권을 예매하려 하므로 수요관리가 용이해진다는 점이다. 야구장이라든지 라이브콘서트도 최적가용능력이 최대가용능력과 일치하게 된다.

각각의 서비스 기업은 산업의 특성에 따라 고객의 만족과 서비스 질을 동일하게 유지할 수 있는 최적 수요 수준이 다를 것이다. 그러므로 서비스 기업은 수요를 적절히 조절하여 최적 수요 수준이 되도록 하는 것이 경영목표가 된다.

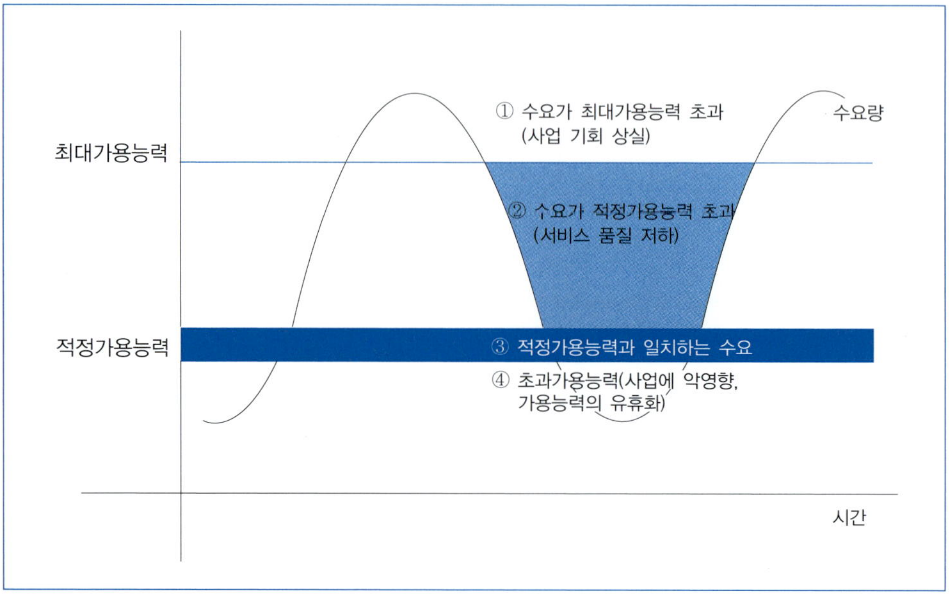

▌그림 10-1▐ 서비스 수요와 적정가용능력

출처: Parasuraman, Zeithaml, & Berry(1985).

2 서비스 수요-가용능력균형 전략

어떤 서비스 기업이 수요의 패턴에 대한 이해와 자신의 가용능력의 제한점에 대해서 분명하게 이해하고 있다면, 그 기업은 서비스 수요와 공급을 일치시킬 수 있는 전략을 세울 수 있다. 이러한 일치 전략에는 두 가지 방향이 존재한다. 한 가지 방향은 수요의 변동을 약하게 함으로써 기존의 공급량에 수요를 맞추는 것으로 수요관리전략이라고 부를 수 있다. 다른 방향은 변동하는 수요에 맞도록 가용능력을 변화시키는 것으로서, 가용능력관리전략이라고 할 수 있다. 서비스 기업에서는 자신의 가용능력과 수요의 특징을 잘 파악하여 최선의 전략을 선택해야 할 것이다.

1) 전략 선택

어느 경우에 수요관리전략을 선택하고 어느 경우에 공급관리전략을 택할 것인가? 이 질문에 대한 대답은 서비스 기업이 당면한 수요의 특성에 따라 달라진다. 서비스 기업이 당면한 수요가 예측 가능하고 고객들이 기업의 마케팅 활동에 따라 기꺼이 서비스 수요시간과 구매 장소를 바꾸려 한다면 서비스 수요관리(수요의 재고화 또는 조절)가 중요한 역할을 한다. 그러나 그렇지 않은 경우에는 가용능력관리전략(가용능력 변화 또는 고정)을 택해야 한다. 이러한 관계를 나타내면 〈표 10-5〉와 같다.

표 10-5 수요-가용능력 관리 전략

		수요의 예측 가능성	
		예측 가능	예측 불가능
기업의 고객수요 이동능력	낮음	가용능력변화전략	가용능력고정전략
	높음	수요재고화전략	수요조절전략

출처: 김혜영 외(2014).

2) 수요관리전략

서비스 기업이 고객의 수요를 이동시킬 수 있다면 수요의 예측 가능성 유무에 따라 수요조절전략과 수요재고화전략을 사용할 수 있다. 그러나 어떤 서비스 기업은 스스로 수요변화에 대한 전략을 수립하여 수요를 조정하려고 하지는 않는다. 이 경우에는 아무런 반응도 보이지 않는 무반응전략을 취한다고 볼 수 있다. 따라서 수요관리전략으로 사용할 수 있는 전략에는 무반응전략, 수요조절 전략, 수요 재고화 전략 등의 3가지 전략이 있다.

(1) 무반응전략

수요의 변화에 전혀 반응하지 않음으로써 수요가 저절로 조정되도록 내버려 둔다. 고객들이 그들의 경험과 타인의 구전 때문에 어느 때에는 오랫동안 기다려야 하고 언제는 곧바로 서비스를 받을 수 있는지를 예상할 수 있도록 하는 것이다.

(2) 수요조절 전략

수요증대전략과 수요감소전략 두 가지가 있다. 피크타임에는 수요를 감소시키고, 반대의 경우에는 수요를 증가시킨다.

서비스 기업은 마케팅을 통해서 수요를 증대시킬 수 있으며 반대로 수요를 감소시킬 수도 있다. 예를 들어서 한국전력공사에서 에너지 절약의 방법을 꾸준히 대중 매체를 통해서 홍보함으로써 소비자를 교육하는 것은 수요를 감소시키기 위한 전략의 전형적인 예라고 할 수 있다. 이제 상품, 장소, 가격, 촉진의 4P를 사용하여 수요조절을 할 수 있다.

관리자들은 〈표 10-6〉에서 보는 것처럼 수요가 최고조일 때 어떤 요인에 의해 병목현상이 발생하는지를 알아보아야 한다. 그러기 위해서는 서비스 생산능력의 구성요소를 철저하게 분석해야만 한다. 여기에는 서비스 청사진과 같은 방

▌표 10-6▌ 서비스 수요 상황과 수요관리 전략

	수요가 너무 많을 경우	수요가 너무 적을 경우
가격	• 가격 인상, 또는 특정 세분 시장만을 대상으로 한 가격 인상 • 여유 시간으로 수요를 전환하기 위해 가격촉진 활용	• 가격 인하, 또는 특정 세분 시장만을 대상으로 한 가격 인하 • 가격촉진책 활용
촉진	• 여유 타임 이용 장려	• 사용(trial) 구매 장려
제품/과정	• 예약시스템 구축 • 더욱 많은 고객의 참여 유도 • 생산성 증대 및 생산능력 제고를 위한 표준화 및 단순화 • 대기 전략 활용	• 새로운 고객을 유인하기 위해 새로운 서비스 추가
유통	• 영업시간 연장 • 가능하다면 추가점포의 개설	• 더욱 편리한 영업시간 보장 • 더욱 편리한 입지 제공
인적자원	• 다능화 교육 수행 • 일용직 근로자의 활용 • 시간 민감도에 따라 고객을 세분화하고 유휴 타임에 고객유치 장려	• 부적절한 세분 시장에서 철수

출처: 김혜영 외(2014).

법이 유용하다. 이러한 방법을 통해 얻은 서비스 생산능력 제한요소에 따라 기업은 적절한 수준의 서비스를 제공할 수 있게 된다.

(3) 수요 재고화 전략

예약시스템이나 대기 시스템을 채택하여 수요를 재고화한다.

일상생활에서 고객들은 많은 예약과 기다린다. 호텔을 예약한다든지, 인기 있는 비디오테이프를 예약하며 종합병원에서는 몇 시간씩 차례를 기다린다. 서비스 기업이 서비스를 재고화할 수는 없으나 예약시스템이나 대기 시스템을 이용해서 서비스에 대한 수요는 재고화할 수 있다.

예약을 받는다는 것은 서비스 기업이 서비스를 사전에 판매하는 것을 의미한다. 예약함으로써 고객은 서비스를 받기 위해 기다릴 필요가 없으며 서비스 기업도 수요를 사전에 예측할 수 있으므로 수요관리가 가능하고 서비스의 질을 유지하는 데 쉽게 된다. 그러나 반드시 예약이 서비스 기업에게 이로운 것은 아니다. 고객은 예약한다고 해서 추가적인 비용을 부담하지 않기 때문에 일단 예약을 해놓고 사정이 편한 대로 예약을 취소할 수 있다. 이를 피하고자 항공사는 탑승일 며칠 전에 예약자가 탑승권을 구매하도록 한다든지 예약 불이행 시 범칙금을 부과한다든지 하여 예약부도율을 낮추려고 노력하고 있다. 또 예약부도율을 고려해 약간의 중복예약을 받기도 한다.

한편 서비스 기업이 과다하게 중복예약을 받음으로써 실제로 고객이 예약해 놓고서도 서비스를 못 받는 경우가 발생하기도 한다. 이 경우에는 고객들의 불만은 물론이고 고객을 상실할 수 있는 위험이 발생하게 된다. 그러므로 서비스 기업은 정확한 수요예측기법을 개발하고 정교한 예약시스템을 갖추어 초과예약의 위험을 사전에 방지하여야 한다. 사후적으로는 초과예약 보상(overbooking compensation)을 제공해 고객의 불만을 최소화할 수 있다.

대기 시스템의 개발과 활용은 기술적인 분야에 속하는 것이지만 서비스에 대한 만족과 서비스의 전달에는 매우 중요한 의미가 있다. 대기 시스템에서 요구되는 마케팅의 초점은 고객이 서비스를 받기 위해서 기꺼이 기다릴 수 있는 최대의 시간이 어느 정도인지를 확인하는 것과 고객이 기다리는 동안 시간을 즐겁고 빠르게 보낼 수 있도록 하는 것이다. 그러기 위해서 편안하고 유쾌한 환경을 만들고 예상 대기시간을 사전에 고객에게 알려주고 부수적인 서비스를 제공하는 마케팅 노력을 하여야 한다. 호텔이나 아파트에서는 로비에 거울을 설치하여 고객이 엘리베이터를 기다리는 사이에 복장 및 용모를 정돈하여 대기시간에 신경을 쓰지 않도록 함으로써 불평을 감소시키고 있다. 은행이나 병원에서도 대기표를 주어 기다리면서 자기 순번을 알게 하고 주간지나 책을 배치하여 지루하지 않도록 하는 것이다.

세 가지 전략과 앞에서 살펴본 수요 상황과의 관계에서 전략별로 기업의 수익성과 서비스의 질, 고객의 만족 정도를 평가해 보면, 〈표 10-7〉과 같다.

▌표 10-7▌ 수요-가용능력 관리 전략

		수요 상황		
		최대 가용능력 초과	최대 가용능력 일치	최대 가용능력 유휴화
무반응전략		• 고객 대기(고객 불만족/재구매 기피)	• 가용능력 최대활용	• 구매고객 실망
수요 조절 전략	수요 감소 전략	• 홍보를 통한 수요분산 유도 • 세분 시장전략검토	• 반응하지 않음	• 반응하지 않음
	수요 증대 전략	• 반응하지 않음(단, 수익성 있는 세분 시장 개발 기회가 있다면 검토)	• 반응하지 않음(단, 수익성 있는 세분 시장 개발 기회가 있다면 검토)	• 상품, 가격, 촉진, 유통의 다양화 전략 수립 (단, 현 사업에 영향을 미치지 않고 관련 원가를 보전하는 범위에서)
수요 재고화 전략	예약시스템 이용	• 수익성이 가장 높은 세분 시장부터 실시 • 피크타임 이외의 시간대/미래의 피크타임으로 고객 분산	• 수익성을 고려한 사업부 구성	• 예약시스템이 필요 없음
	대기 시스템 이용	• 대기 중인 고객관리에 주력 • 대기 시간대 예측	• 병목현상 사전예방	• 대기 시스템이 필요 없음

출처: 김혜영 외(2014).

3) 공급능력 조절 전략

관리자가 수요와 공급능력을 일치시키기 위해서 공급능력의 변화와 수요의 조절 등 두 가지 방법을 사용한다. 여기에서는 공급능력을 조절하거나 유연화하는 것에 초점을 맞추는 공급능력을 수요에 맞추는 관리에 관하여 기술하고 다음 절에서 수요의 관리에 초점을 맞추어 설명하고자 한다.

이 방법의 근본적인 아이디어는 공급능력에 맞추어 수요를 이동시키기보다는 수요에 맞도록 공급능력을 조절하는 것이다. 즉 수요가 최고조에 이른 기간에 공급능력을 가능한 한 많이 늘리거나 확대하고, 수요가 낮은 기간에는 공급능력을 축소한다면 자원의 낭비를 막을 수 있다. 따라서 관리자가 단기적으로 공급능력을 조정하기 위한 실행 방안은 다음과 같다.

(1) 소비자 참여

서비스 기업은 서비스의 운영에 소비자를 참여시킴으로써 종사원의 서비스 행위를 줄여줄 수 있다. 이렇게 함으로써 종사원 1명당 서비스 가능한 고객 수를 늘릴 수 있으므로 기업은 경영능력·관리능력을 확대할 수 있다. 이 방법은 확대영역에 따라 두 가지로 구분할 수 있다.

공급능력의 문제를 해결하기 위해서는 공급능력의 활용에서 최대활용과 적정활용에 대한 이해가 필요하다. 적정과 최대 공급능력이 동일한 것은 아니다. 적정수준에서 활용한다는 것은 자원을 완전히 이용하지만 무리하지 않는 것이며 고객이 적시에 양질의 서비스를 받고 있음을 의미한다. 한편 최대 수준이란 서비스 이용 가능성의 절대적 한계를 나타낸다.

프로야구 경기의 경우는 적정활용과 최대활용이 동일하다. 프로야구의 오락적 가치는 관중이 모든 좌석을 채웠을 때 증대되며 이때 수익성도 가장 증대된다. 반면에 대학 강의의 경우에는 학생들로 모든 자리가 가득 차는 것은 항상 바람직한 것은 아니다. 이런 경우에는 적정활용 수준의 공급능력이 최대활용 수준보다 낮다.

다른 경우로 공급능력을 최대로 활용하는 대중음식점은 고객이 많이 기다려야 하므로 불만을 초래할 수도 있다. 이런 경우에는 음식점의 적정활용 수준이 최대활용 수준보다 낮을 수도 있다.

전화, 헬스클럽 등 장비가 제약요인인 서비스와 호텔, 항공기, 레스토랑 등 시설이 제약조건인 서비스의 경우에는 특정 시점에서의 최대 공급능력은 분명하다. 전화의 회선 수나 레스토랑의 경우 좌석 수 등은 모두 일정하게 정해져 있다. 이처럼 장비나 시설이 최대 공급능력을 초과하는 경우 발생하는 문제를 파악하는 것은 상대적으로 매우 쉬울 수 있다.

제약조건이 시간이나 종사원의 수일 경우에는 시설이나 장비보다 유연하므로 최대 공급능력을 구체화하기가 매우 어렵다. 즉 서비스제공자 개인의 최대 공급능력을 초과하였을 경우 그 결과로 품질 저하, 고객 불만족 및 종사원 이직 등의 현상이 나타날 수 있지만 이러한 결과의 원인이 공급능력의 초과에 있다는 점을 파악하기는 쉽지 않다.

품질의 저하, 고객과 종사원 불만족으로 인해 비용이 발생한다면 기업은 인적 역량의 최적 및 최대 수준을 파악하는 것이 중요하다.

서비스 제공 시스템 중 어느 일정 부분에 소비자가 전적으로 참여하는 것이다. 이 방법은 최근에 와서 음료 서비스의 관리에서 널리 도입되어 사용하고 있다. 예를 들면 패스트푸드점에서는 소비자가 스스로 음료수를 가지고 오게 하여 종사원은 더욱 많은 고객에게 서비스할 수 있게 하고 있으며 이러한 서비스는 일반음식점에서도 보편적으로 사용하고 있다. 이 방법의 핵심은 고객이 기다리고 있는 동안 지루하게 기다리고 있다는 것을 느끼지 않게 하는 것이다.

바쁜 시간이나 성수기에만 부분적으로 공급능력을 확대하기 위해 소비자를 참여시키는 것이다. 호텔이나 레스토랑이 평소와는 달리 휴일에 더 많은 고객을 유치하기 위해 이 방법을 많이 도입하고 있다. 예를 들면 수요가 많은 시기, 즉 고객이 동시에 몰리는 아침 시간대에 조식 뷔페를 상시로 시행하거나, 또한 휴일이나 기념일, 대규모 회의가 있는 날에는 일시적인 특별뷔페를 도입하여 공급능력을 확대하고 있다.

(2) 시설의 임차 또는 공유

어떤 기업이 수요가 절정에 이른 기간 동안 추가적인 장비와 시설을 구매한다면 수요 수준이 떨어지고 나면 과잉설비로 비용부담을 갖게 된다. 이러면 서비스 기업은 장비와 시설을 임차하는 것이 더 바람직하다. 예를 들면 국제 특급운송 서비스 기업은 성수기인 연휴 기간에는 트럭을 임차함으로써 수요 수준을 맞추고 있다. 이러한 기업들이 성수기 외에는 활용하지 못하는 트럭을 구매한다는 것은 경영상 불리할 수 있다.

시설의 공급능력이 최대일 경우에는 다른 기업과 상호 공유하거나 임대함으로써 임대수익을 올릴 수 있다. 홍콩의 옴니(Omni)는 3개의 호텔을 소유하고 있다. 이들의 호텔은 상호 간에 업무제휴를 맺고 보완적으로 시설을 공유하고 있다. 이러한 임대나 공유, 자기 시설 밖으로 단체고객을 유도하든가 하는 것은 단기적인 수요에 대응하여 공급능력을 확대할 수 있게 한다.

(3) 종사원의 교차훈련

서비스 기업에서 모든 서비스에 대한 수요증가와 감소가 같은 수준에서 이루어지는 것은 아니다. 한 부문에서는 통상의 수요밖에 없는 데도 다른 부문에서는 갑작스러운 수요증가를 초래하는 경우가 많다. 만약 경영자가 평소에 종사원에게 교차훈련(cross-training)을 시키고 있었다면 종사원의 순환 근무를 통해 공급능력을 확대할 수 있다.

많은 항공사도 종사원들에게 발권 업무, 탑승창구업무, 수화물처리업무 등 다양한 훈련을 통하여 여러 가지 일을 수행할 수 있도록 하고 있다. 레스토랑에서도 평상시에는 2명의 종사원으로 서비스할 수 있었지만, 갑자기 그 이상의 수요가 있을 때 지배인은 교차 서비스 교육을 받은 프런트 종사원과 연회담당 종사원을 활용할 수 있다. 또한, 지배인은 근무 예정 종사원이 병이 났을 때 대체 종사원으로 보충할 수 있다.

(4) 시간제 근무자 활용

관리자는 특히 바쁜 날이나 식사시간대, 계절적 업무량 변동에 따라 1년 중 바쁜 기간에 시간제(part-time) 근무자를 활용할 수 있다. 시간제 근무자는 기업이 인적자원을 수요에 맞춰 재조정하여 공급능력을 효율적으로 증감시키는 것을 가능하게 한다. 즉 시간제 근무자는 기업이 수요에 대응하여 필요로 하는 근무자 수를 적절히 조정하는 것을 가능하게 한다.

여름의 휴양지는 여름 동안만 일하는 시간제를 고용하며, 세무사나 회계사들은 세금신고 기간 임시직원을 고용하며, 주문이 휴일에 몰리는 기업들은 휴일에 시간제 근무자를 고용한다. 또한, 시간제 근무자를 미리 확보하고 있다가 필요한 때에 불러내어 활용할 수도 있다. 호텔 같은 외식업체들은 통상 대규모 행사 때 필요한 연회 웨이터의 명단을 보유하고 있다.

(5) 영업시간의 연장

영업시간을 연장함으로써 공급능력을 확대할 수 있다. 예를 들면 리조트 콘도미니엄의 성수기에는 슈퍼마켓과 레스토랑, 오락 시설에 대해 영업시간을 연장함으로써 그 공급능력을 확대하고 있다.

(6) 최신 기술의 이용

최근 서비스 기업들이 최신 기술의 도입을 통해 공급능력의 확대를 도모하고 있다. 레스토랑의 경우 POS(point of sales) 시스템을 도입하여 고객에게 신속하고 정확하게 서비스를 제공함으로써 식사 제공이나 계산에서의 서비스 지연을 방지하고 있다.

(7) 가동률이 낮은 기간

계절변동에 영향을 받는 리조트사업은 수요의 과잉과 부족을 주기적으로 경험한다. 위에서 검토한 여러 가지 대책은 수요가 최대화한 경우에 공급능력을 어떻게 확대할 것인가라는 것이었다. 그런데 수요가 낮은 기간은 공급능력을 가능한 한 떨어뜨려 업무의 효율적 수행을 생각하여야 한다.

공급능력을 떨어뜨리는 하나의 방법으로서는 수요가 낮은 시기에 개·보수 및 관리를 계획하는 것이다. 또한, 수요가 적은 시기를 골라서 종사원에게 휴가를 사용하게 하거나 다른 활동에 동원하기도 하고, 종사원 교육도 수요가 적은 시기를 골라 계획하는 등의 방법으로 성수기의 서비스 제공능력을 최대화할 수 있다.

(8) 서비스 장소 조절

서비스 기업이 서비스 제공 장소를 조절하는 것은 고객이 고정된 장소를 방문해서 서비스를 받도록 하는 것이 아니라 고객이 있는 곳으로 이동하여 서비스를 제공하는 것이다. 이것은 특히 시설 측면에서 제약이 따르는 서비스 기업에서 공급능력의 확충방안으로 많이 활용하고 있다. 이 방법은 피자헛 등의 배달서비스를 주로 하는 서비스 업체들이 공간적 제약을 극복하려는 방안으로 사용되고 있다. 이를 위해 식당 내에 테이블이 없는 음식점이 등장하기도 한다.

3 효율적 수익관리

수익관리(yield management)란 공급능력이 제한된 서비스에서 수요와 공급을 맞추는 다소 섬세하고, 다양한 방법들을 칭하는 이름이다. 수익관리 모형을 이용하여 특정 시점에서 가격, 세분 시장 및 공급능력 사이에 최적 균형을 찾아낸다. 수익관리의 목표는 제한된 공급능력으로 최고의 재무적 수익을 올리는 것이다. 특히 수익관리는 “최대한 수익을 올릴 수 있도록 알맞은 가격으로 알맞은 고객에게 알맞은 공급능력을 할당하는 프로세스”로 정의된다.

수익관리를 실제로 하는 데는 복잡한 수학적 모형과 컴퓨터 프로그램이 필요하지만, 기본적으로 특정 측정 기간의 잠재수익 대비 실제 수익의 비율로 측정한다.

표 10-8 **산출률 계산 공식**

$$산출률 = \frac{실제수익}{잠재수익}$$

$$실제수익 = 실제로사용된공급능력 \times 평균실제가격$$
$$잠재수익 = 총공급능력 \times 최대가격$$

이 수식은 산출률이 가격과 사용된 공급능력의 함수라는 것을 나타낸다. 앞서 지적한 바와 같이 공급능력에는 제약조건이 있다. 그러므로 산출률이란 제한된 공급능력의 수익 잠재력을 활용하는 정도를 측정한 것이다. 총 공급능력과 최대 가격이 변화될 수 없음을 가정하고, 실제로 사용된 공급능력이 향상하거나 한정된 사용 능력으로 좀 더 높은 가격을 받을 수 있다면 산출률은 1에 가까워진다.

표 10-9 **항공사의 효율적 수익관리 사례**

항공사의 경우, 관리자는 사용 능력을 채우기 위해 좀 더 많은 승객을 찾거나 제한된 공급능력에 좀 더 큰 비용을 지불하는 고객을 찾아 산출률을 늘리는 데 초점을 둔다. 실제로, 수익관리 전문가는 상이한 세분 시장 간에서 지속해서 최대 수익을 올리기 위해 수용 능력과 가격책정에 대해 관리하는 일을 한다.

1) 수익관리 시스템의 실행

수익관리 시스템을 실행하려면, 현재 시장수요를 추정하는 방법뿐만 아니라 세분 시장별 과거 수요패턴에 대한 상세한 데이터가 필요하다. 이러한 데이터는 각종 방법-수학적 프로그래밍 방법, 의식역(threshold)분석, 전문가시스템을 통해 특정 시점에서 제한된 역량을 최적으로 할당하는 데 사용된다. 이렇게 할당된 객실, 좌석, 시간 혹은 기타 자원을 판매하도록 판매 대리인이나 예약직원들에게 전달되고 때때로 이러한 할당은 한번 결정되면, 고정적으로 되는 경우가 있다. 또 다른 경우 새로운 정보에 대응하여 주별로 혹은 심지어는 일별로 바꾸기도 한다. 판매되는 객실이나 좌석, 시간, 혹은 다른 제한된 자원을 위한 표적으로써 판매대표자나 예약직원에게 알려질 수 있다.

최근의 연구는 전통적인 수익관리 접근을 다음과 같은 두 가지 경우에 수익성이 있다고 지적하고 있다.

- 서비스 제공자가 다른 세분 시장을 상대하거나 서로 다른 시간에 예약하고 다른 시간에 도착하는 고객을 상대하는 경우
- 늦게 예약하고 도착하는 고객보다 일찍 예약하고 도착한 고객이 더 가격에 민감한 경우

이러한 두 가지 조건은 항공사나 많은 호텔에 적합하다. 즉, 공급능력을 할당하기 위해 효과적 또는 광범위하게 수익관리기법을 사용하는 산업에서 적합하다. 다른 엔터테인먼트, 스포츠, 패션 등과 같은 서비스 산업에서 좀 더 높은 가격을 지불할 용의를 갖는 고객들을 제품을 나중에 구매하는 고객보다는 초기에 먼저 구매하는 고객일 것이다. 특정한 퍼포먼스를 보기를 진정으로 원하는 사람들은 가능한 가장 빠르게 좌석을 예약한다. 초기 구매자들에게 가격할인을 하게 되면 이익은 줄어든다. 이런 상황에서 가격은 일반적으로 높게 시작하며, 그 후 공급능력을 채우기 위해 가격은 하락한다.

흥미롭게도 몇몇 항공사들은 이러한 전략들을 효과적으로 사용한다. 항공사들은 일찍 가격을 지불할 용의가 있는 고객들을 위해 좌석을 할인한 가격에 판매하기 시작하는데, 보통의 경우 레저 또는 여행중개상들이 이런 일을 담당한다. 항공사는 제일 늦게 항공권을 사려고 하는 사람들에게 높은 가격을 요구하는데, 이들 대부분을 목적지나 스케줄 변경이 어려우며 가격에 덜 민감한 전형적인 비즈니스 고객들이다.

어떤 경우에는 항공기 출발 직전에 할인된 가격에 판매되기도 하는데, 빈 좌석을 채우기 위해 인터넷을 통해 판매하는 경우이다. 프라이스라인 닷컴(priceline.com)과 같은 인터넷 기반의 기업들에 의해 제공되는 온라인 경매와 서비스는 공급능력을 채우기 위해 출발이 임박한 시간에 제공되며, 종종 상당히 낮은 가격에 서비스를 구매할 수 있다.

2) 수익관리 이용에 따른 문제점과 위험

수익관리 프로그램은 수익향상에 상당한 도움이 된다. 그러나 비록 수익관리가 수요와 공급을 일치시키는 문제를 위한 이상적인 해결책으로 보이기는 하지만, 위험이 없는 것은 아니다. 차별화된 공급능력의 할당과 가격 결정을 통하여 재무적 이익의 근대화에 초점을 두면, 조직은 다음과 같은 문제에 봉착할 수 있다.

- **경쟁초점의 상실:** 수익관리는 이윤 극대화에 지나치게 초점을 두고 장기적으로 경쟁에서 우위를 점하게 하는 서비스 측면을 무시하는 결과를 초래할 수 있다.
- **고객의 소외감:** 만약 고객이 다른 사람들보다 서비스에 대해 더 높은 가격을 지급한다는 것을 알게 되고, 특히 그들이 그러한 이유를 이해하지 못하면, 그러한 가격 결정은 불공평한 것으로 지각된다. 그러나 레스토랑 산업에서 이루어진 연구를 살펴보면 고객들이 하루 중 일정 시간, 일주일 중 특정 요일, 그리고 테이블 위치에 따라 다른 요금이 부과된다는 정보를 인지하고, 특히 수요가 많은 시간이나 특정 좌석에 프리미엄 가격을 부여하는 것이라기보다는 덜 붐비는 시간에 가면 할인해 주는 것으로 가격 차이를 인지한다면, 이러한 수익관리를 점차 공정하게 느낀다는 것이다. 그러므로 고객 교육은 효과적인 수익관리 프로그램에 있어 필수적이다. 요컨대, 수익관리 프로그램을 효과적으로 작동시키는 데 있어 필수적인 초과예약으로 인한 피해에 적절하게 보상받지 못하고 희생된다면, 고객은 더욱더 소외될 것이다
- **직원 사기 문제:** 수익관리시스템은 판매 및 예약을 담당하는 직원들과 관계없이 책정된 가격에 추측하고 판단하는 경우가 많다. 어떤 직원은 그러한 지시에 대해 반가워하지만, 다른 직원은 자유 재량권에 대한 규제 및 제한으로 보고 분개한다.
- **인센티브 및 보상 시스템의 불일치:** 직원들은 수익관리 시스템과 인센티브 구조가 맞지 않으면 수익관리 시스템을 원망하게 된다. 예컨대, 많은 관리자가 공급능력 활용 혹은 부과된 평균 가격에 기초하여 보상을 받지만, 수익관리

는 이 두 가지 요소의 균형을 강조한다.

- **직원 훈련의 결핍:** 수익관리 시스템을 작동시키기 위해서는 광범위한 훈련이 필요하다. 직원들이 이러한 시스템의 목적, 작동방법, 의사결정 방법 및 그들의 직무에 미치는 영향에 대해 이해할 필요가 있다.
- **부적절한 수익관리 담당 조직:** 수익관리가 가장 효과적으로 되기 위해서는 예약을 집중화해야만 한다. 항공사들 및 몇몇 대형 호텔 체인들과 선박회사들은 그러한 집중화 시스템을 가지고 있지만, 더욱 작은 회사들은 분권화된 예약 시스템을 가지고 있어 수익관리 시스템을 효과적으로 작동하기가 어렵다.

4 대기행렬 전략

수요에 맞춰 공급능력을 관리하거나 그 반대로 하는 것이 불가능한 때도 있다. 예컨대, 대부분 의료기관에서 겨울에 독감이 유행하는 동안 수요절정기에 맞추어 시설과 내과 의사들을 추가하는 것이 너무 비용이 많이 들기 때문에 실행 불가능하다. 그러므로 환자들은 대개 진료받기 위해 기다려야만 한다. 또한, 수요를 예측하기가 거의 불가능에 가깝고 서비스 능력은 고정적이라서 어쩔 수 없이 기다려야 하는 예도 있다. 때로는 서비스해 주는 시간이 들쭉날쭉하여 기다려야 하는 경우도 발생할 수 있다.

대부분의 서비스 조직의 경우, 고객을 기다리게 하는 것은 어쩔 수 없는 현실일 수 있다. 기다림은 전화를 거는 데서도 발생할 수 있다. 정보를 묻거나, 어떤 것을 주문하거나 혹은 불평을 하기 위해 전화를 걸 때, 고객은 수화기를 들고 기다린다. 은행, 우체국, 디즈니랜드, 혹은 내과병원에서와 같이 직접 줄을 서서 기다려야 하는 예도 있다.

오늘날처럼 바쁜 세상에서 모든 사람이 잘 참고 기다리는 것은 아니다. 일하는 시간이 길어지고, 여가가 거의 없으며, 가족과 함께하는 시간은 적어서 사람들의 시간에 대한 압박은 전보다 더 커졌다. 이러한 환경에서 고객은 기다리지 않는 효과적이고 빠른 서비스를 찾게 된다. 고객을 기다리게 하는 조직으로부터 고객은 떠나가거나 적어도 불만족하게 된다. 이러한 불가피한 기다림을 효과적으로 다루기 위하여 조직은 다양한 전략을 이용하게 되는 것이다.

서비스 경험에 대한 고객들의 지각에 있어 서비스 기관의 첫인상이 매우 중요하기 때문에, 대기 고객을 효과적으로 관리하는 것은 중요하다. 대기 전략과 관련하여 다음 8원칙이 제시되고 있는데(〈표 10-10〉), 기업들은 이를 잘 고려하여 효율적인 관리 전략을 수립하고 서비스 지연과 관련하여 발생할 수 있는 부정적인 효과를 최소화해야 한다.

표 10-10 대기 전략 8가지 원칙

① 고객이 기다리는 동안 무언가 다른 일을 하게 한다.
- 레스토랑에서 대기 손님을 위해 라운지 바 제공
- 병원 대기실에 TV나 잡지 비치

② 서비스 과정 중이나, 서비스 제공이 끝난 후 기다리는 것은 더 길게 느껴진다.
- 비행기가 공항에 착륙하면, 승객들은 서둘러서 안전벨트를 풀고 선반에 있는 짐을 내려 출구 쪽으로 먼저 가려고 함

③ 불안감은 대기시간을 더욱 길게 느끼게 한다.
- 바쁠 때는 건널목 신호등 시간이 무척 길게 느껴짐

④ 대기시간을 예측할 수 없을 때 더 길게 느껴진다.
- 레스토랑에서 자리를 잡기 위해 대기 순번에 따라 기다릴 때보다 착석 후, 주문한 음식을 기다리는 시간이 더 길게 느껴질 수 있음

⑤ 대기 이유를 모를 때 더 길게 느껴진다.
- 도로가 막혀 있을 때, 영문도 모른 채 무작정 기다리는 경우 더 길게 느껴짐

⑥ 대기가 불공평하다고 느끼면 대기시간이 더 길게 느껴진다.

⑦ 서비스의 가치가 높을수록 오래 기다릴 수 없다.

⑧ 혼자 기다릴 때, 더 길게 느껴진다.

출처: 김혜영 외(2014).

1) 운영시스템의 개선

만약 고객이 거의 언제나 기다려야 한다면, 비효율성이 있다고 보고 이를 제거하기 위해 운영 프로세스를 분석하는 것이 필요하다. 고객을 보다 빨리 이동하게 하려고 시스템을 재설계하는 것이 가능할 수 있다. 고객의 기다림을 줄이고 서비스를 개선하기 위한 노력의 목적으로 시카고의 퍼스트내셔널은행이 채

택한 해결책이 바로 운영시스템의 개선이다.

▌표 10-11▌ 운영시스템 개선 사례

퍼스트내셔널은행은 고객의 질문에 신속히 응답할 수 있도록 컴퓨터 기반의 고객정보 시스템을 도입하였는데, 전자 대기열 시스템(electronic queuing system)을 실행하고, 피크 타임(peak time)에만 일하는 직원을 고용하고, 고용된 직원의 근무시간을 확장하여, 고객에게 은행 업무를 볼 수 있도록 대안 경로에 대한 정보를 전달하였다. 이러한 공통의 노력은 고객의 기다리는 시간을 줄였고, 생산성을 향상했으며, 고객만족을 증진했다.

메리어트호텔은 운영상의 개선, 즉 신속한 체크인을 하게 함으로써 손님이 이전에 체험한 기다림을 없앴다. 신용카드로 예약한 손님들은 호텔 프런트 데스크에서 줄을 서서 기다리지 않게 한 것이다. 이들을 대신해서 '고객서비스 요원'이 체크인하고, 키를 받아들고 로비에 있는 사무대에서 서류처리를 하고, 그러고 나서 곧장 객실로 안내한다. 이렇게 하여 손님이 호텔 밖의 하차지점에서 객실까지 가는데 3분 이하가 걸리도록 하였다.

미국 교통보안청은 등록된 여행자 프로그램을 통해 자주 여행을 하는 선택된 여행자를 먼저 처리하기 위한 정책을 실행해 왔다. 이는 미국인 혹은 특정 항공 기준에 부합하는 영구 거주자만이 이를 신청할 수 있다. 시스템에 등록하고 광범위하게 배경을 조사하여 걸러진 후, 이 여행 프로그램의 자격을 획득한 여행자는 지정된 공항에서의 일반적인 보안 검사를 받지 않고 지문이나 홍채검사 등의 보안 검사만 받으면 된다. 이들도 역시 금속탐지 검사나 그들 가방의 X레이 검사를 받아야 하지만, 그들만의 고유의 대기열이 있으며 무작위로 선택되는 추가적인 심사는 받지 않는다.

줄을 세우는 것이 불가피할 경우 조직은 어떤 종류의 대기 시스템을 사용할 것인가를 결정해야 한다. 대기모형(queue configuration)이란, 대기열의 수, 그 위치, 대기열의 공간적 필요, 그리고 이들이 고객 행동에 미치는 영향을 말한다. [그림 10-2]에서 볼 수 있는 것처럼, 몇몇 가능성이 존재한다. 다중대기열의 경우, 고객은 서비스 시설에 도착하여 어느 대기열에서 기다릴 것인가와 만약 다른 줄이 더 짧은 것으로 나타난다면 나중에라도 옮겨갈 것인가를 결정해야만 한다. 단일대기열의 경우, 선착순의 원칙을 따르기 때문에 대기시간의 공정성은 모든 사람에게 보장된다.

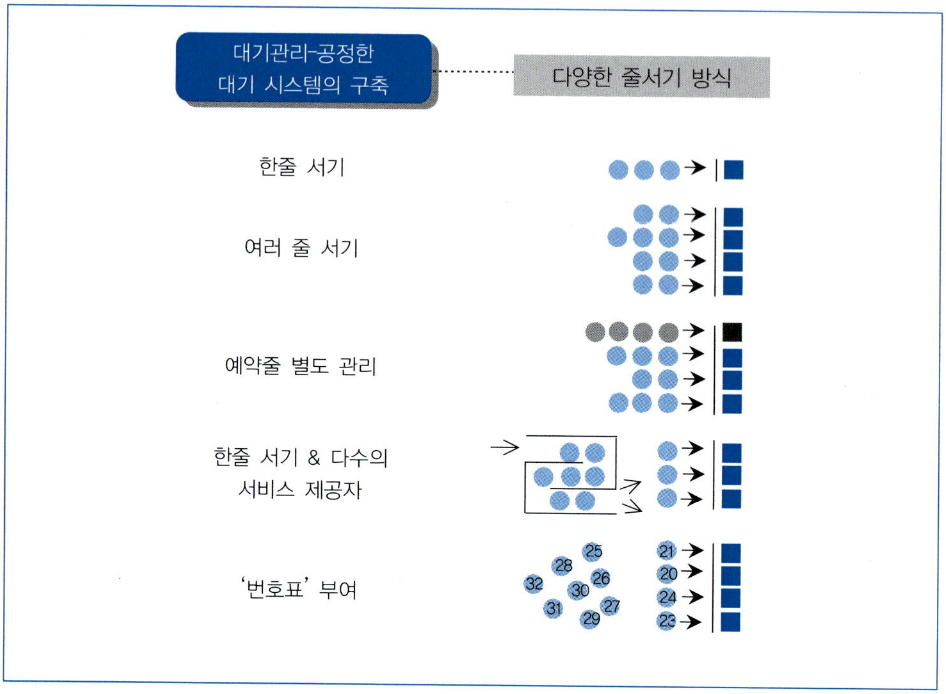

▌그림 10-2▐ 대기관리 시스템의 구축

2) 예약시스템 확립

기다림을 피할 수 없는 경우, 예약시스템으로 수요를 조절할 수 있다. 음식점, 운송회사, 극장, 내과병원, 그리고 기타 서비스제공자들은 긴 기다림을 완화하기 위해 예약시스템을 이용한다. 예약시스템 속에 담긴 기본 생각은 고객이 도착했을 때 바로 서비스를 이용할 수 있게 한다는 것이다. 예약시스템은 단순히 기다리는 시간을 감소시키는 것을 넘어서, 수요를 덜 바람직한 시간대로 이동시키는 부수적인 편익도 있다. 그러나 예약시스템이 갖는 근본적인 한계는 "예약을 하고 나타나지 않는 사람(no-shows)"이다. 불가피하게 예약하고도 나타나지 않는 고객이 있다는 것이다.

어떤 조직은 이러한 사람들의 과거 비율에 기초하여 자신들의 서비스 능력을 초과하는 예약을 받음으로써 이러한 문제를 처리하고 있다. 만약 예측치들이 정확하다면, 초과예약은 좋은 해결책이 된다. 그러나 예측치가 부정확한 경우, 고객은 여전히 기다려야만 하며 어떤 때는, 비행기의 초과예약 경우처럼, 서비스를 전혀 받지 못할 수도 있다. 초과예약의 희생자들은 이런 경우에 자신들의 불편에 대하여 보상을 받을 수 있다. 예약 후 나타나지 않는 사람들의 문제를 최소화하기 위하여, 호텔, 항공사, 협회 및 연수 프로그램, 극장 같은 기업은 일정한 시간 내에 나타나지 않거나 예약을 취소한 고객들에게 그 대가를 청구하기도 한다.

3) 대기 고객의 차별화

모든 고객이 서비스를 받기 위해 동일한 시간을 기다릴 필요는 없다. 욕구나 우선순위에 따라, 몇몇 조직은 고객을 차별화하여 어떤 사람들에게는 다른 사람들에 비해 짧게 기다리도록 한다. '대기열 원칙(queue discipline)'이라고 불리는 그러한 차별화는 서비스를 받을 다음 순서를 정하는 관리정책을 반영한다. 대부분 선착순원칙을 택하지만 때때로 다음과 같은 원칙에 기초할 수도 있다.

- **고객의 중요성:** 단골고객 혹은 조직에 큰 공헌을 하는 고객에게 남다른 대기 장소나 분리된 대기열을 제공함으로써 서비스에 있어서 우선권을 부여한다.
- **업무의 긴박성:** 매우 긴박한 요구를 가진 고객은 먼저 서비스를 제공받을 수 있다. 이는 병원 응급실에서 사용되는 원칙이다. 이는 또한 일상적인 유지가 아니라 고장난 에어컨을 우선하여 보수하는 것과 같이 유지보수업자가 사용하는 원칙이다.
- **거래의 지속성:** 많은 경우에 더욱 짧은 서비스는 '긴급 경로(express lanes)'를 통해 우선권을 가질 수 있다. 그렇지 않고 별도의 시간이 필요할 것이라고 예상하는 경우, 이러한 고객의 전문적인 요구를 받아들일 수 있는 제공자에게 위탁될 수 있다.
- **프리미엄 가격의 지불:** 별도의 요금을 지불하는 고객(예컨대, 항공기의 일등칸)들은 별도의 수속절차나 긴급시스템을 통하여 종종 우선권을 부여받는다.

4) 기다림에 대한 즐거움 부여

불가피하게 고객이 기다려야만 할 때도, 조직이 기다림을 어떻게 처리하느냐에 따라 어느 정도는 만족할 수도 있다. 물론 기다린 실제 시간이 고객의 서비스 체험에 대한 느낌에 영향을 미치겠지만 이것만이 중요한 것은 아니다. 고객이 기다리는 시간을 어떻게 느끼느냐 하는 것이 중요하다. 기다림의 유형 또한 고객이 어떻게 행동할지에 영향을 미칠 수 있다.

고객이 느끼는 대기열에 대한 심리는 기다림과 관련된 몇 가지 원칙들 – 바로 앞에서 살펴본 대기 전략 8가지 원칙과 같다. 이들 각각은 조직이 어떻게 기다림을 더욱 즐겁게 혹은 적어도 참을 수 있게끔 만들 수 있는가에 대해 많은 시사점을 던져주고 있다.

학습정리

- 서비스의 특성인 소멸성과 비 분리성으로 인해 서비스는 수요 및 가용능력 관리에서 재고를 보관할 수 없다는 근본적인 문제가 발생하기 때문에 서비스 수요관리는 필수적이다.
- 서비스 수요-가용능력 균형전략은 수요의 예측 가능성과 기업의 고객수요 이동능력에 따라, 가용능력변화전략, 수요재고화전략, 가용능력고정전략, 수요조절전략으로 나누어 살펴볼 수 있다.
- 수익관리 프로그램은 수요 공급을 일치시키는 문제를 위한 해결책을 제공하지만, 경쟁초점의 상실, 고객의 소외감, 직원 사기 문제, 인센티브 및 보상 시스템의 불일치, 직원 훈련의 결핍, 부적절한 수익관리 담당 조직 등의 문제점이 초래될 수 있다.

학습평가

01 서비스의 수요와 공급의 문제를 해결하기 위한 서비스 수요관리 전략 중 수요가 너무 많은 상황에서 사용하기에 적절하지 않은 것은?

① 해피타임 실시
② 방문 서비스, 고객서비스 증가
③ 대기시스템 실시
④ 수요분산을 위한 예약제 실시

02 서비스 수요관리의 필요성은 서비스의 어떤 특성 때문인가?

① 소멸성과 비분리성
② 무형성과 소멸성
③ 무형성과 비분리성
④ 소멸성과 무형성

[정답 및 해설]

01 ②

해설: 수요가 몰리는 상황에서는 고객 서비스를 증가시키는 것은 불가능하다. 오히려 셀프 서비스와 같은 방식이 적절하다.

02 ①

해설: 서비스의 특성을 다시한번 확인하기 위한 문제이다. 서비스의 소멸성과 비분리성(동시성)으로 인해 서비스 상품을 재고화 할 수 없기 때문이다.

Chapter

11 서비스 불평관리

학습목표

- 고객 불평 인식의 중요성에 대해 이해하고 설명할 수 있다.
- 고객 불평에 대응하는 방법에 대해 파악하고 이를 실제 상황에 적용할 수 있다.
- 서비스 실패란 무엇인지 이해하고 설명할 수 있다.
- 서비스 회복이란 무엇인지 이해하고 이를 실천할 수 있다.

1 고객 불평

1) 고객 불평 인식의 중요성

조용한 고객에는 두 가지 종류가 있다. 하나는 정말로 만족한 고객이고 다른 하나는 불만족했으나 아무런 불평을 하지 않는 고객이다. 통계에 따르면 불만족 고객의 90~95%가 불평을 직접 토로하지 않는다고 한다. 따라서 기업은 고객이 조용하다고 해서 그 고객이 만족했다고 생각하는 착각에서 벗어나야 한다. '무소식이 희소식'은 결코 아닌 것이다. 전직 하버드대학교 마케팅 교수 테오도르 레빗(Theodore Levitt)은 "고객과의 관계가 나빠졌다는 가장 확실한 표시는 아마도 고객이 더 이상 불평하지 않는 것이다"라고 이야기하였다. 또한, 레빗은 "어느 고객도 그처럼 만족하지 않았다. 단지 고객은 솔직하지 않았을 뿐이고, 아니면 만나서 이야기를 들어볼 기회가 없었을 뿐이다."라고 언급하였다.

표 11-1 고객 불평 인식의 중요성

고객 불평의 중요성	기업이 불만족 고객에게 불평을 토로할 기회를 많이 주는 것, 그 자체가 불만족 해소에 도움이 될 수 있다. 이는 흔히 바가지 긁는 아내의 불평을 그저 들어주는 것만으로도 아내의 불만을 많이 해소시킬 수 있는 것과 비슷하며, 회식 때 서로들 불평하다 보면 어느새 가슴이 후련해진다는 직장인과도 비슷하다. 이외에도 고객 불평은 다음과 같은 이유에서도 매우 중요하다.
고객 불평과 재구매율	• 불평하지 않는 고객의 재구매율: 9% • 불평토로 후, 해결된 고객의 재구매율: 54% • 불평 토로 후, 해결되지 않은 고객의 재구매율: 19%
고객 불평의 순기능	• 문제점 조기 파악 및 해결 • 부정적인 구전효과 최소화 • 유용한 정보 제공

(1) 문제점 조기 파악 및 해결

고객 불평은 상품의 결함이나 문제점을 조기에 파악하여 그 문제가 확산되기 전에 신속히 해결할 수 있게 해준다. 실례로 프록터 앤 갬블사(P&G)의 서비스 부서의 경우를 보면 고객 불평의 채택을 통해 큰 도움을 받았다는 것을 알 수 있다. P&G사의 제품들 중에 다우니란 세탁 세제의 경우 이 세제의 용기에 대해 여러 소비자가 불평을 해왔다. 그 이유는 용기를 열고 닫을 때 손가락을 다친다는 것이었다. 그 원인을 찾고자 납품업체에 문의해 보니 얼마 전에 용기의 제조 성분을 변경했다는 것이었다. 조사결과, 이 새로운 성분으로 만든 용기의 뚜껑은 시간이 지나면 갈라지기 쉽고, 이것이 소비자의 손을 다치게 한다는 점을 알게 되었다. 다행히 아직 적은 수의 용기가 납품된 상황이어서 P&G사는 손쉽게 용기 뚜껑만을 교체함으로써 큰 손실을 막을 수 있었다. 이 경우 P&G사는 고객 불평을 적극적으로 수용하고 그 원인을 조기에 파악하여 재정적으로 또는 기업 이미지 면에서 치명적인 타격이 될 수도 있었던 전 제품 회수라는 극한 상황을 피할 수 있게 되었다.

(2) 부정적인 구전효과 최소화

불만족 고객은 흔히 친구, 이웃, 친지 등에게 자신의 불만족스러운 경험에 대해 이야기하곤 한다. 기업에 대한 부정적인 견해가 여러 입과 귀를 통해 전해지는 것은 해당 기업에게는 그다지 바람직스러운 일이 아니다. 이렇게 불평하며 다니는 고객은 테러리스트에 비유될 수 있다. 여기 저기 다니며 기업의 이미지를 엄청나게 망가뜨리지만 기업으로서는 찾아내기 어려운 존재라는 것이다. 이런 부정적인 구전을 최소화하기 위해서는 불만족 고객이 직접 기업에게 불평하도록 유도해야 한다.

표 11-2 구전효과의 두 가지 부정적 편향

- 사람들은 무엇인가를 전하는 입장에 서면 좋은 경험보다 나쁜 경험에 대해 더 많은 이야기를 하는 경향이 있다. 미국 제너럴모터스(GM)의 연구에 따르면, 만족한 고객은 평균 8명에게 말하는 반면, 불만족한 고객은 평균 25명에게 말한다고 한다. 따라서 불만족한 고객 1명의 구전효과를 만회하기 위해서는 3명의 만족고객이 필요한 셈이다.
- 듣는 입장에 있는 사람도 좋은 이야기보다는 나쁜 이야기에 대해 더 솔깃해하는 경향이 있다. 즉, 어떤 서비스에 대해서 좋은 이야기를 10번 들었더라도 나쁜 이야기를 한번이라도 들으면 그것이 그 서비스의 평가에 결정적인 부정적 영향을 미친다. 이와 같이 전하는 면에서나 듣는 면에서의 부정적 구전효과를 최소화하기 위해서는 직접 기업에게 불평을 토로하도록 해야 한다.

(3) 유용한 정보 제공

토로된 고객 불평은 기업에게 아주 유용한 정보를 제공한다. 고객 불평을 통해 기업은 고객의 미충족 욕구를 파악할 수 있으며, 서비스를 어떻게 개선할 수 있는가에 대한 중요한 자료도 수집할 수 있다. 실제로 던킨 도넛(Dunkin Donut)의 하인즈(Hines) 지부의 경우 고객들의 불평으로부터 높은 지대에 사는 사람들에게는 케이크 만드는 데 특수 조리사항이 필요하다는 것을 알게 되어 이 같은 사항을 포장에 첨가한 사례가 있다. 이처럼 많은 기업들이 고객의 욕구나 문제를 파악하기 위해 많은 비용을 투자하고 있다.

그런데 이런 업무는 마케팅 부서나 R&D에서만 하는 것으로 국한해서 생각하고, 실제 사용자인 고객들이 토로한 불평은 그저 별개의 일로 여기는 경향이 있다. 따라서 고객의 불평 자료를 많은 유용한 정보가 담겨 있는 자료로써 적극적으로 이용하는 것이 필요하다.

2) 고객 불평 대응

기업은 고객의 불평에 어떻게 대응해야 하는가? 우리는 '고객 불평의 악순환' 이라는 개념을 통해 고객 불평에 대처하는 기업의 올바른 태도를 찾아낼 수 있다. '고객 불평의 악순환'은 기업이 고객 불평을 어떻게 관리해야 하는가를 단적으로 보여 주는 현상이다. 예를 들어, A라는 부서에 고객 불평이 많이 접수되었다고 가정하자. 그런데 최고경영자들이나 상사들은 흔히 고객 불평의 빈도를 업무실적의 평가기준으로 사용한다.

고객 불평이 많았던 부서에 대해 나쁜 평가를 할 뿐만 아니라 그 나쁜 실적에 대한 벌로써 그 부서에 대한 인적·물적 지원을 줄이게 된다. 그러면 그 부서는 자원의 부족으로 영업활동상 더욱 어려움을 겪게 될 것이며 고객에 대한 서비스는 악화되고 고객의 불만은 자연히 더욱 커질 것이다. 사실 이미 고객 불평이 많았다는 것은 그 부서에 여러 자원이 부족했다는 것인데, 본부로부터 지원이 줄어들게 되니 더욱 문제가 커지는 셈이며 고객 불만이 증가하고 불평이 더욱 늘어나는 것은 자명한 이치이다. 이런 고객 불평의 악순환은 [그림 11-1]과 같이 표현될 수 있다.

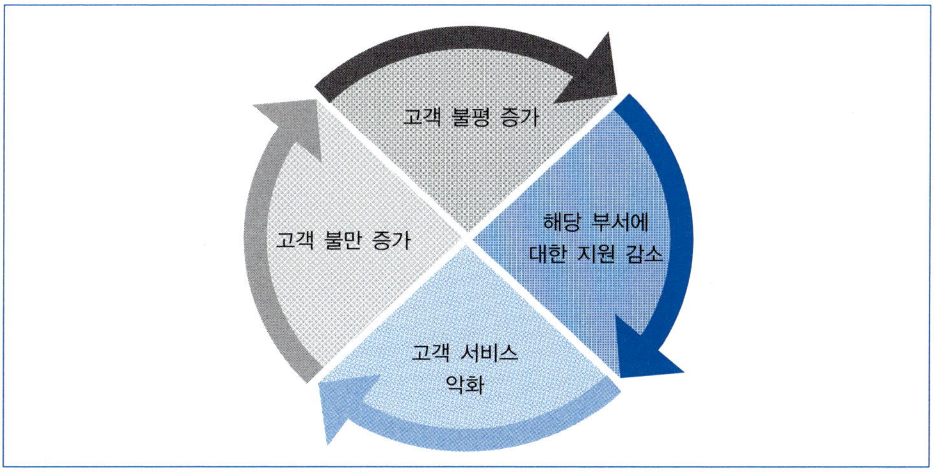

그림 11-1 고객 불평의 악순환

그러면 이런 현상은 어떻게 줄여나가야 하는가? 이는 기본적으로 기업이나 경영자들이 고객의 불평을 그저 귀찮은 것이나 문제점으로만 인식하는 태도에서 과감히 탈피하는 것으로부터 시작된다. 이런 소극적인 태도를 고치지 않는 한 고객과의 관계는 계속 악화될 것이기 때문이다. 기업의 올바른 태도는 고객 불평이 많았던 부서에 오히려 물심양면으로 많은 지원을 하는 것이다. 그럴 때 비로소 고객 불평의 악순환 고리는 끊어지고 근본적으로 고객이 가지고 있는 불만을 해소해 결국에는 고객 불평을 줄일 수 있는 것이다.

앞에서 살펴본 대로 불만족 고객의 불평을 듣고 그 문제를 해결할 때, 그들은 상품을 반복 구매하게 된다. 즉, 고객 불평은 조용히 기업을 등지거나 또는 이웃에게 그 기업을 비방하며 다니게 될 불만족 고객을 만족시켜 충성스러운 고객으로 바꾸는 계기가 될 수 있는 것이다. 따라서 기업은 고객 불평을 비용만 발생시키는 골칫덩어리로 여길 것이 아니라 오히려 기업 이익을 도모할 수 있는 귀중한 전략적 기회로 삼아야 할 것이다.

불평고객을 응대하는 방법에는 5가지 기본원칙이 있다.

- **피뢰침 원칙:** 건물이나 자동차에 달린 피뢰침은 번개를 직접 맞지만 자신은 상처를 입지 않을 뿐만 아니라, 건물이나 자동차까지도 아무런 상처가 없도록 번개를 땅으로 흘려보낸다. 고객은 개인적인 감정이 있어서 화를 내는 것이 아니라 복잡한 규정과 제도에 항의 하는 것이므로 고객의 불만을 피뢰침과 같이 받아들여 회사의 규율에 반영하여 개선할 수 있도록 하는 원칙이다.
- **책임공감 원칙:** 구성원의 일원으로서 내가 한 행동의 결과이든 다른 사람의 행동으로 인한 결과이든 고객의 불평에 대한 책임을 같이 나누는 원칙이다. 고객은 누가 나의 문제를 해결해 줄 것인가가 궁금한 것이 아니라, 이 문제를 해결해 줄 수 있는지를 중요하게 생각하기 때문이다.
- **감정통제 원칙:** 전화 또는 직접적으로 불평고객을 만나다 보면 자신도 모르게 감정을 드러내는 경우가 발생한다. 종사원 자기 자신의 감정을 조절하여 사람과의 만남에서 오는 부담감을 극복해야 한다는 관점의 원칙이다.
- **언어절제 원칙:** 서비스 기업에서 가장 중요한 원칙으로, 여겨지는 것으로, 고객보다 말을 많이 하게 되는 경우 자칫 고객의 입장보다 자신의 입장을 먼저

고려할 수 있으므로 최대한 말을 아끼고 고객의 불평을 들어 주는 것에 집중해야한다.

- **역지사지 원칙:** 고객의 입장에서 문제를 바라보고 그들의 마음을 이해해야한다는 관점의 원칙이다. 고객들은 기업의 제도나 규정에 대해 잘 알지 못한다는 것을 인지하여 고객의 시각에서 응대해야 한다.

표 11-3 불평고객 응대의 기본 원칙

피뢰침 원칙	고객의 화는 일처리에 대한 불만으로 규정과 제도에 항의하는 것이라는 관점
책임공감 원칙	고객 불만족의 책임을 조직 구성원의 일원으로 함께 책임
감정통제 원칙	의사소통 시 자신의 감정을 통제할 줄 아는 능력 요구
역지사지 원칙	고객의 관점에서 이해하도록 노력

2 서비스 실패

1) 서비스 실패의 개념과 유형

서비스 실패(service failure)란 '서비스 접점에서 고객 불만족을 야기하는 열악한 서비스 경험을 말하며 서비스가 전달되어지는 동안 발생하는 여러 실수들, 고객에 대한 서비스의 약속 위반 혹은 여러 형태의 서비스 오류' 등을 포함한다. 우리는 언제나 서비스에 만족하는 것은 아니다. 때로는 불만족하게 되며 이러한 경우 어떻게 반응할 것인가가 중요한 관심사로 대두된다. 예를 들어, 직원에게 비공식적으로 항의를 하거나 아니면 직접 관리자를 찾아가 문제에 대해서 상의할 수 있을 것이다. 하지만 이러한 방식이 부담스러운 경우, 그저 단순히 가족이나 친구들에게 이야기하고는 다음부턴 절대 다시 이용하지 않겠노라고 결심할지 모른다. [그림 11-2]는 종종 소비자들이 서비스 실패 시 반응하는 유형들을 나타내고 있다.

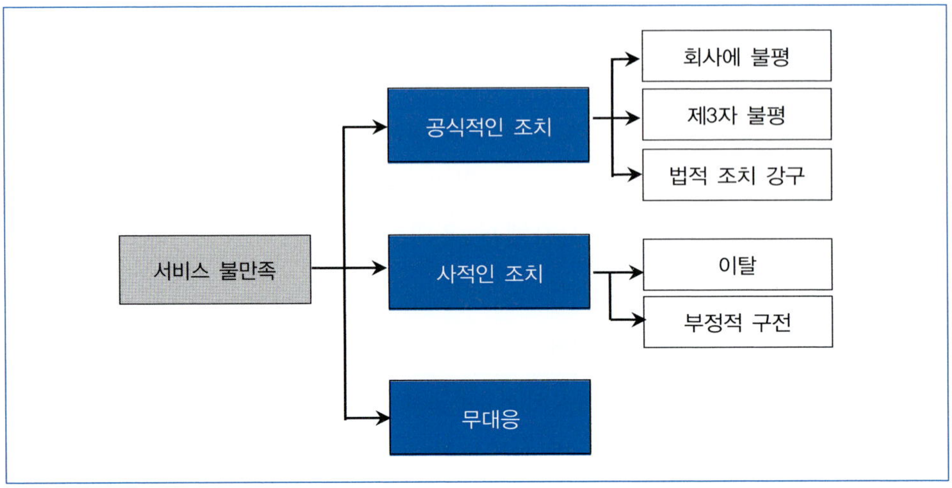

그림 11-2 서비스 실패에 대한 고객의 다양한 반응

2) 서비스 실패에 대한 고객 반응: 불평

먼저 고객은 서비스 회사에 불평하거나 소비자보호원, 시민단체와 같은 공식 기구를 통해서 공식적인 조치를 취하거나 심한 경우 경찰서 등에 신고하거나 소송을 제기할 수 있을 것이다. 또는 단순히 더 이상 그 회사를 이용하지 않고 다른 회사로 이탈하거나 주위 사람들에게 그 회사에 대해서 부정적인 구전을 할 수 있다. 물론 아무런 조치를 취하지 않고 무대응할 수도 있다. 여기서 중요한 점은 고객들이 여기에 제시된 여러 가지 방법들을 한 가지만 선택하여 행동할 수 있지만 다양하게 여러 방법들을 조합해서 사용할 수도 있다는 사실이다. 이때 관리자들이 주의해야할 사항은 이러한 서비스 실패로 인해서 회사는 단지 고객 1명만 잃는 것이 아니라는 점이다. 화가 난 고객은 이내 주위의 많은 사람들에게 회사의 문제점을 이야기할 것이다. 이에 더해서 인터넷을 이용하여 많은 네티즌이 이용하는 게시판이나 자신의 블로그 또는 웹페이지에 불평사항을 게시할지 모른다. 그렇다면 그러한 불평은 불특정 다수의 사람들에게 삽시간에 엄청난 속도로 확산될 수 있다.

서비스 실패에 대한 고객 반응을 제대로 이해하고 불만족한 고객을 효과적으로 관리하기 위해서 관리자는 고객이 왜 불평하는지, 즉 고객 불평의 원인을 파악할 필요가 있다.

일반적으로 고객들은 4가지 목적에 의해 불평하는 것으로 이해되고 있다.

- **보상받기**: 많은 경우 고객들은 주로 환불, 보상 및 서비스 재이용과 같이 경제적 손실을 만회하기 위해서 불평을 제기한다.
- **감정 다스리기**: 일부 고객들은 서비스 실패로 인한 자존심 손상 및 화난 감정을 다스리기 위해서 불평한다. 서비스 프로세스가 지극히 비합리적이거나, 직원이 무례하거나, 고의적으로 질 나쁜 서비스를 제공하고, 명백히 고객들에게 성의 없이 서비스를 제공한다면 고객의 자존심이나 공정성 인식이 손상을 입게 될 것이다. 그 결과 고객은 분노하고 감정적으로 자극받게 된다.
- **서비스 개선**: 고객이 서비스에 고관여된 상태라면, 예를 들어 대학교나 학원 또는 동창회 등일 경우 서비스 실패가 다시 발생하지 않도록 진심으로 서비스가 개선되기를 바라는 마음에서 불평을 제기할 것이다.
- **이타주의**: 고객은 이타주의를 나타낼지 모른다. 다른 고객들이 자신이 겪은 문제를 다시 겪지 않게하기 위하여 자발적으로 문제를 해결하게끔 노력하려고 한다. 이러한 이타주의적 성향의 고객은 서비스 실패 상황을 그대로 방치하게 하는 일은 다른 고객들에게도 피해를 입히게 하는 것이라고 생각하고 불평행동을 통해서 문제를 해결하려고 노력한다.

3 서비스 회복

1) 서비스 회복에 대한 고객의 반응

고객의 불평은 기업에게 실제로 문제를 시정할 수 있는 기회를 제공해 준다. 기업이 미처 파악조차 하지 못했던 문제들에 대해 개선할 기회를 주는 것이다. 또한 일단 불평을 성공적으로 해결하면 고객들의 만족을 더욱 증가시킬 수 있는 기회를 갖게 된다. 서비스 실패로 인한 문제를 해결하려는 기업의 체계적인 노력을 서비스 회복이라고 한다. 이러한 서비스 회복 노력은 고객만족에 중대한 역할을 하게 된다. 어느 기업이든 고객과의 관계에 부정적인 영향을 미치는 일들이 일어나기 마련이다. 예를 들면 고객만족이나 서비스 품질을 중시한다는 구호들이 광고에서나 나타나는 장밋빛 허구가 아니라, 서비스 실패로 인해 회복하는 과정에서 비로소 진실하게 나타난다는 것이다.

효과적인 서비스 회복은 문제를 해결하기 위한 잘 고안된 절차와 화가 난 고객을 적절히 응대할 수 있는 기술이 필요하다. 일단 고객이 제기한 불평이 원만하게 만족스러울 정도로 잘 해결되면 그 고객이 해당 기업에 충성도를 나타낼 가능성은 매우 높아지게 된다. TARP 연구에 의하면 고객이 불만족하였으나 불평하지는 않았을 때는 9%에서 37%의 재이용률을 보이는 것으로 나타났다. 하지만 불평이 제기된 후 해당 불평이 고객이 만족할 정도로 원만히 해결될 경우에는 재이용률이 무려 54%로 급격히 상승하고, 여기에서 한걸음 더 나아가 문제점이 신속히 해결될 경우에는 82%까지 오르는 것으로 조사되었다.

이러한 조사 결과는 불평 관리가 단순히 비용을 허비하는 일이 아니라, 더 나아가 이익을 창출하는 기능을 하고 있음을 나타내준다. 그리고 불만족한 고객을 잘 관리하지 못해서 잃어버리게 되면 그 손실은 단순히 다음번 거래로 한정되는 것이 아니라 그 이상의 영향을 준다고 볼 수 있다. 즉, 고객으로부터의 장기적인 이익흐름이 원천적으로 차단되는 것이다. 이것은 부정적 구전이 확산되면서 기존고객과 잠재고객 모두 이탈될 가능성이 기하급수적으로 증가하기 때문이다. 하지만 아직도 많은 기업에 있어서 이러한 서비스 회복 관리를 장기적 수익창출을 보호하기 위해 투자해야 할 대상이라는 인식이 정착되지 못하고 있는 실정이다.

여기서 서비스 회복 패러독스(paradox)라는 개념을 이해할 필요가 있다. 서비스 회복 패러독스란 서비스 실패를 경험한 고객이 만족할 정도로 문제를 해결한 뒤에는 애당초 문제가 없었던 고객보다도 차후의 재이용률이 더욱 증가함을 뜻한다. 물론 서비스 실패가 두 번째 발생하게 된다면 이러한 서비스 회복 패러독스는 나타나지 않게 된다. 이것은 고객이 회사를 한번 용서해 줄지는 모르지만 그 이상은 허용하지 않는다는 의미일 것이다. 물론 이러한 서비스 회복 패러독스가 모든 상황에서 나타날 것이라고 기대하기는 무리일 수 있다.

표 11-4 서비스 회복 패러독스의 예외 사례

결혼식장에서 사진촬영 서비스에 문제가 생기는 경우에는 아무리 전문적인 서비스 회복 절차를 가동한다 할지라도 고객이 다시 즐거움을 되찾기는 쉽지 않기 때문이다. 물론 이와는 반대가 되는 사례도 있다. 호텔 예약 서비스에서 문제가 생길 경우 호텔 측은 한 단계 업그레이드된 객실을 제공함으로써 효과적으로 서비스 회복을 시도할 수 있을 것이다. 그리고 고객 역시 만족할 가능성이 높을 것이다. 물론 최선의 방책은 처음부터 잘하는 것이다. 그러나 일단 서비스가 잘 전달되지 못해서 실패하는 상황에 직면하게 되었다면, 서비스 회복이 잘 이행될 수 있도록 주의깊이 관리하는 데 만전을 다해야 한다. 하지만 유감스럽게도 40%에서 60%의 고객들은 여전히 서비스 회복과정에서 불만을 토로하는 것으로 조사되고 있다. 서비스 관리자는 이 측면에서 많은 노력을 기울일 과제를 가지고 있다.

2) 서비스 회복 요건

서비스는 이질성이 높고 인적 접촉이 많은 상품이므로 각각의 진실의 순간(MOT)마다 실패의 가능성이 얼마든지 내재되어 있다. 그런데 실패한 서비스라 하더라도 회복조치를 잘하면 오히려 고객들이 더욱 만족하고 결과적으로 단골고객이 될 수 있는 시발점으로 전환할 수 있다. 즉, 효과적인 서비스 회복은 고객-기업 간 관계를 위기에서 구하고 관계를 더욱 확고하게 만드는 계기가 될 수 있다. 따라서 위기를 기회로 만들 수 있다는 마음으로 창조적인 서비스 회복방법을 찾는 것이 중요하다.

다음은 효과적인 서비스 회복을 위한 실천 지침이다.

(1) 서비스 회복기회 추적

불평하는 고객은 아직 그 회사에 기대하는 것이 있기 때문에 불평하는 것이다. 오히려 침묵하는 고객이 기업에겐 더 큰 위험일 수 있다. 잠재적 실패 포인트를 발견하기 위해 불평을 모니터링하고, 고객의 소리를 잘 들어야 한다. 예를 들어 080서비스와 같은 직통전화나 트레일러 콜(trailer calls) 등을 통해 고객의 불만 토로를 유도하여 서비스 실패를 발견하려는 노력을 끊임없이 기울여야 한다.

▌표 11-5▌ 서비스 회복 기회 추적 사례

e-Satisfy.com의 연구 결과에 의하면 한 기업에서 고객센터에 수신자 부담 전화 서비스 실시 결과 불평 접수가 약 두 배로 증가한 것으로 나타났다. 이런 수신자 부담 전화 서비스 이외에도 소비자 건의함, 서비스 구입 시 제공하는 수취인 부담엽서, 고객 초청 간담회 등도 불만족 고객이 불평을 토로하도록 유도하는 것이며, 심지어는 화난 고객들이 그들의 불평을 터뜨릴 수 있는 비디오카메라가 설치된 부스도 이용되고 있다.

〈표 11-6〉은 고객이 불평하지 않는 원인과 이에 대해서 해당 고객의 불평을 유도할 수 있는 방법에 대해서 알려준다.

▌표 11-6▌ 고객이 불평을 토로하게 하는 방법

불평 토로 저해 요인	불평유도 방법
불편함 • 불평 절차에 대한 이해 부족 • 별도의 노력 ex) 신청서 작성, 서신 제출	불평 절차를 간소하고 편리하게 만들기 • 고객센터 직통 전화번호 광고 • 홍보 책자, 팩스, 전화번호부 구비
의심스러운 보상정도 • 실제로 회사에서 조치를 취할지 그 자체가 의심스러움	고객에게 불평처리가 신중하게 처리될 것이라고 확신을 주기 • 뉴스레터, 웹사이트 등으로 불평처리 현황 안내 및 홍보
불편한 심기 • 무례하게 대우받지 않을까 하는 두려움 • 되레 감정이 상할 것 같은 상황	즐겁게 고객을 응대하기 • 불평 접수를 익명화하기 • 고객의 불평접수에 감사함을 나타내기

(2) 문제가 발생한 일선 현장에서 처리

일선 현장에서 고객의 문제를 다루는 가장 큰 효익은 고객의 관점에서 효과적인 서비스 회복을 할 수 있기 때문이다. 고객들은 문제를 즉석에서 해결받기 원한다. 수많은 불만 전화를 건 후에야 겨우 문제가 해결되는 서비스 회복은 바람직하지 못하다. 문제를 해결하는 방법으로는 환불, 교환 등이 있으며, 때로는 문제의 서비스 상품보다 한 단계 더 업그레이드된 서비스로 보상해 주거나, 해당 고객에게 더욱 개별화된 맞춤서비스를 제공하는 방법도 있다.

(3) 권한위임

현장에서 문제가 해결되기 위해서는 일선 직원들이 서비스 실패 즉시 또는 고객의 불평 즉시 대처할 수 있는 권한과 융통성 및 재량권을 가지고 있어야 한다. 효과적인 서비스 회복은 고객의 문제를 잘 듣고, 해결책을 찾아 즉석에서 해결할 경우 이루어지는데, 이를 위해 때로는 규칙에서 벗어날 수도 있어야 하기 때문이다. 물론 서비스 회복 시 일선 직원의 재량권을 인정하되, 자의적인 판단만으로 처리해서는 안 되고, 체계적으로 수립된 절차를 따라야 할 것이다.

(4) 신속한 해결

즉각 해결되지 않으면 그 문제가 곧장 더 큰 문제로 변하기 쉽다. 호미로 막을 것을 가래로 막는 것은 현명하지 못한 일이다.

(5) 직원 훈련과 보상

효과적인 서비스 회복을 위해 직원에게 실제적·구체적인 훈련이 필요하다. 특히 효과적인 서비스 회복을 장려하기 위해서는 직원에게 인센티브를 제공하는 내부시스템이 필요하다.

(6) 경험으로부터의 학습

서비스 실패 지점과 회복기회를 추적함으로써 문제 유형을 발견하되, 근본적인 원인 분석을 통해 문제의 원천을 발견하고, 프로세스를 수정하여 문제 원천을 사전에 제거할 수 있으면 가장 이상적이다.

(7) 감정이입

서비스 실패로 난감해 있는 고객에게 감정이입을 통해서 접근하는 것은 매우 중요하다. 무엇보다도 고객의 문제를 실제적으로 시정하려고 하기 전에 고객을 잘 이해하고 있다는 표현을 나타내야 한다. 감정이입이란 "고객님이 어떻게 느끼시는지 잘 알고 있습니다. 진심으로 고객님을 걱정하고 있습니다. 그리고 고객님에게 무슨 일이 일어났는지도 잘 알고 있습니다."와 같은 표현을 사용하는 것이다. 진심어린 감정이입은 동정심과는 매우 다른 개념이다. 동정심은 타인과 고통을 함께 나누는 것이다. 하지만 감정이입은 고객이 경험하는 고통을 개인적으로 느끼는 것이 아니라 그 고객 개인에 대해서 관심을 갖는 것이다. "서비스가 실패하면, 먼저 고객을 상대하라. 그리고 문제를 해결하라."

(8) 고객은 항상 옳지 않다

연구 결과에 의하면 서비스 실패의 40%는 오직 고객 자신의 실수로 인한 것임이 밝혀졌다. 하지만 이러한 상황일지라도 서비스 회복을 담당한 직원의 목적은 고객에게 책임을 묻고 잘잘못을 가리는 것이 아니라, 무엇이 일어났는지를 분명하게 하고 어떻게 하면 문제를 해결할 수 있는지를 고객과 함께 고민하고 해결하는 것이다. 또한 다음번에는 다시 이러한 일이 일어나지 않도록 할 수 있는 모든 조치를 다 강구하는 것이다.

3) 서비스 회복 관리

(1) 서비스 회복과 공정성 관리

서비스 실패가 발생하면 고객들은 공정한 방식으로 문제가 해결되기를 간절히 바란다. 하지만 아쉽게도 많은 경우 고객들은 자신들이 의당 받아야할 공정한 문제해결을 적절히 받지 못하고 있는 것으로 나타났다. 다수의 연구들을 살펴보면 서비스 회복과정에서 고객들은 절차 공정성, 상호작용 공정성, 결과 공정성의 세 가지 차원의 공정성을 경험하게 된다고 알려주고 있다.

(2) 서비스 회복과 불평 관리

서비스 회복이라는 개념은 기업이 서비스 실패와 불평을 서비스 지향적인 방식으로 관리할 수 있도록 도움을 주기 위해서 소개된 용어이다. 서비스 및 상품 관련 실패를 다루는 전통적인 방식은 불평관리이다. 고객 불평은 기업에 의해서 매우 관리적인 방식으로 처리된다. 즉, 누가 문제를 일으켰는지에 상관없이 반드시 필요한 정도의 보상만 하면 되는 것이다. 따라서 근본적으로 서비스 지향적인 방식이 아니라고 할 수 있다.

서비스 회복은 서비스 지향적인 접근법으로 문제를 해결하고자 한다. 즉, 전통적인 불평관리에서는 내적 효율성(internal efficiency)을 강조한다. 문제해결에 소요되는 비용을 가능한 낮게 지출하려고 하고, 법적인 문제가 관련되지 않는 한 고객들에게 가급적 소극적으로 보상하려고 한다. 물론 이러한 방식은 고객에게 불만족을 가져다 줄 수밖에 없고 궁극적으로는 기업의 수익성을 감소시킬 것이다. 반면 서비스 회복의 경우에 있어서는 외적 효율성(external efficiency)을 추구한다. 즉, 양질의 고객 서비스를 주된 지침으로 삼는다. 따라서 서비스회복은 서비스 실패에도 불구하고 고객을 만족시키는 데 관심을 갖으며, 특히 장기적인 관계 품질을 개선하는 데 주력한다. 그 결과 고객의 충성도를 확보하고, 단기적인 비용 절감보다는 장기적인 이익 추구를 우선시한다.

학습정리

- 기업이 불만족 고객에게 불평을 토로할 기회를 많이 주는 것, 그 자체가 불만족 해소에 도움이 될 수 있다.
- 불평 고객을 응대하는 기본 원칙에는 피뢰침의 원칙, 책임 공감의 원칙, 감정통제의 원칙, 역시사시의 원칙이 있다.
- 고객은 서비스에 항상 만족하는 것이 아니다. 즉, 때로는 불만족하여 서비스에 실패하는 상황이 발생할 수도 있다. 서비스 실패에 대한 고객의 대표적인 반응은 불평이다.
- 서비스 회복요건에는 서비스 회복기회 추적, 문제가 발생한 일선 현장에서 처리, 권한위임, 신속한 해결, 직원 훈련과 보상, 경험으로부터의 학습, 감정이입 등이 있다.

학습평가

01 다음 중 불평고객 응대의 기본 원칙이 아닌 것은?
① 지피지기 원칙
② 피뢰침 원칙
③ 역지사지 원칙
④ 책임공감 원칙

02 서비스 회복 요건 중 수신자부담 고객센터, 소비자 건의함, 고객 초청 간담회 등은 무엇에 해당하는가?
① 문제 발생 일선 현장에서 처리
② 신속한 해결
③ 서비스 회복기회 추적
④ 직원 훈련과 보상

[정답 및 해설]
01 ①
해설: 불평고객 응대의 기본원칙은 피뢰침 원칙, 책임공감 원칙, 감정통제 원칙, 역지사지 원칙이다.
02 ③
해설: 수신자부담 고객센터, 소비자 건의함, 고객 초청 간담회 등은 잠재적 실패 포인트를 발견하기 위해 불평을 모니터링하고 고객의 소리를 듣기 위한 수단이다.

Chapter

12 서비스 인적자원관리

학습목표

- 서비스 기업에서 직원의 역할과 중요성에 관해 설명할 수 있으며, 서비스 직원에게 요구되는 서비스 역량과 서비스 성향에 관해 설명할 수 있다.
- 사내 교육 훈련의 분류기준과 종류에 관해 설명할 수 있고, 경계 관리자로서의 서비스 직원의 역할에 관해 이해할 수 있다.
- 성인학습에 대해 이해하고 훈련과 교육에 대해 차이점을 설명할 수 있다.
- 코칭과 멘토링에 대해 이해하고 설명할 수 있다.

1 서비스 직원의 역할과 사명

서비스 산업에서 마케팅은 그 기업조직 이념의 일부가 되어야 하며, 서비스를 담당하는 모든 직원에 의해 인지되고 실행되어야 한다. 제조업에서의 직원들은 고객과 직접 만나는 일이 없는 반면, 서비스 산업에서의 직원들은 고객을 직접 만나며 마케팅 기능의 거의 전부를 수행하고 있기 때문이다.

서비스 산업에서의 마케팅부문과 마케팅 기능은 제조업과는 달리, 직원이 직접 서비스 제품을 제공하고, 그 제공을 통해 직원은 제품 일부가 된다. 그러므로 서비스 산업에 있어서 모든 마케팅 활동은 마케팅부문 이외의 마케팅 기능에 있어서 직원들에 의해 대부분 실시된다.

서비스 직원과 고객의 접촉은 어느 시점에 '진실의 순간(Moment of Truth: MOT)'을 만들어낸다. 이 말은 서비스 매니지먼트 그룹의 리처드 노먼(Richard Norman)이 '투우장에서 투우사와 황소와 대치하는 순간'을 서비스 직원이 고객을 응대하며 인간적 에너지를 집중하는 결정적인 순간과 비교하여 표현하기 위해 사용한 용어로, 후에 스칸디나비아항공(Scandinavian Airlines: SAS)의 얀 칼슨(Jan Carlzon)에 의해 보급되었다. 즉, 주도면밀한 훈련과 준비를 했음에도 투우사의 하나의 잘못된 동작 또는 황소가 애기치 않았던 움직임이 재해를 입힐 수 있는 것과 마찬가지로, 직원이 고객을 응대하며 상호작용하는 순간이 바로 진실의 순간이며, 바로 이 순간 서비스 품질이 결정된다는 것이다. 이러한 이유로 서비스 기업에서는 잘 훈련된 고객지향적인 직원이 기업의 핵심자원일 수밖에 없으므로 기업은 실제 고객과의 접촉 이전에 고객지향적인 직원을 확보하고 교육해야 한다. 또한, 고객과 직원이 접촉하는 서비스 접점(service encounter)에서도 직원의 서비스 수행능력, 태도, 인간미 등이 고객의 만족과 신뢰 형성에 큰 영향을 미쳐 재구매, 재방문, 우호적 관계유지를 위한 결정적인 역할을 하므로 내부마케팅은 서비스 기업에서 매우 중요한 부분을 차지하고 있다.

1) 경계 관리자의 역할

서비스 최일선에서 고객과 직접 상호작용하는 직원들을 경계 관리자(boundary spanner)라고 하는데, 이들은 조직의 경계에서 활동하고, 외부고객과 환경 및 내부고객을 연결하며, 자사와 외부의 정보를 해석, 이해, 여과하여 자사나 외부관계자에게 제공하는 중요한 역할을 한다.

즉석음식점과 같은 외식업체나 소규모 숙박업, 통신회사, 소매업 등에서 종사하는 경계 관리자는 다소 낮은 임금에 큰 기술을 갖고 있지 않아도 되는 단순한 업무를 수행한다. 이들의 주요 업무는 음식 주문을 받거나, 전화 교환업무, 트럭 운전 그리고 배달 등이다. 또 다른 산업에서의 경계 관리자는 의사, 변호사, 회계사, 컨설턴트, 건축설계사, 교사 등 높은 임금의 고학력을 지닌 전문가이다.

기술이나 임금수준에 상관없이 경계 관리자의 위치는 스트레스를 많이 받는 직무이다. 이들의 업무는 각각의 업무가 요구하는 능력 및 기술숙련 등과 함께, 엄청난 수준의 감정적인 노동을 요구한다. 또한, 이들에게는 대인관계나 조직 갈등을 조정할 수 있는 관계관리 능력이 필요하며, 직무수행상 품질과 생산성 간의 차이를 줄일 수 있는 능력을 요구한다.

2) 품질과 생산성의 상쇄 관계

접점직원들은 효과성과 효율성 모두를 요구받는다. 즉, 고객에게는 만족스러운 서비스를 제공하고, 그러면서도 비용을 아낄 것을 요구받는 것이다. 예컨대, 건강관리조직(HMO)의 한 의사는 환자들에게 양질의 사려 깊은 그리고 개별적인 서비스를 제공하고, 동시에 정해진 시간 안에 일정 수의 환자를 치료해야 한다. 건축설계사는 양질의 설계도면을 만들어야 하며, 주어진 시간 내에 요청받은 설계도면을 완성해야 한다. 이러한 품질과 수량 사이 그리고 효과성과 효율성 사이의 필연적인 상쇄 관계는 현장에 있는 접점직원을 압박한다. 이러한 상쇄 관계는 제조업보다 서비스업에서 더 해결하기 어렵고, 고객만족과 생산성을 동시에 추구하는 목표는 서비스 직원이 고객의 욕구를 만족시키기 위해 고객화된 서비스를 제공하는 것을 요구받는 상황에서 특히 쟁점이 된다.

2 서비스 인적자원관리

1) 채용관리

기업은 서비스 직원을 채용하고 유지하기 위하여 마케팅적인 접근을 해야 한다. 기업은 고객의 욕구를 조사하는 것과 마찬가지로 직원의 욕구에 대해 파악해야 하며, 자사의 업무환경, 기업가치, 업무에서 필요로 하는 능력과 자질 등을 명확하게 해야 한다. 즉, 모든 직원의 욕구는 같지 않으므로, 기업은 최고의 직원을 채용하기 위해 직원의 욕구를 세분화하고 그 세분 시장을 유인하기 위한 마케팅 믹스를 전개해야 한다. 이때 직원을 위한 마케팅 믹스란 업무, 급여, 후생복지, 입지, 통근조건, 주차장, 근무시간, 승진기회와 같은 무형의 보수조건과 대우 등을 말한다. 또한, 기업은 지원자가 기업이 요구하는 자질을 갖추었는지, 기업문화와 가치에 적합한지, 업무에 적합한지 등을 고려해서 채용함으로써, 좋은 품질의 서비스를 제공할 수 있는 인적자원 전략을 구축할 수 있다.

(1) 우수인재 확보

우수인력을 확보하기 위해 기업은 그들이 원하는 인재상을 명확히 하고, 채용을 위해 타사와 경쟁한다. Berry와 Parasuraman은 "우수인력 시장 점유를 위해 경쟁하는 것"이라고 언급하면서, "기업이 고객을 위해 마케팅 활동을 동원하듯이 우수 직원을 확보하기 위한 활동도 전개해야 한다."라고 언급한 바 있다.

고객이 상품을 구입할 때 서로 다른 속성을 추구하는 것과 마찬가지로 직원도 각기 다른 이익을 추구한다. 어떤 직원은 유연한 근로시간에 매력을 느낄지도 모르고, 어떤 직원은 탁아시설에 매력을 느낄지도 모른다. 업무와 가사와의 유연한 근무시간, 직원이 자신의 이익패키지를 설계할 수 있는 이익프로그램, 특정 직원층을 유인하기 위한 시설, 현재와 미래의 직원들에게 소구할 수 있는 기업 이미지 등 기업이 인재를 확보하기 위한 노력은 다양하다.

(2) 서비스 역량과 성향

직원 이직률이 높다는 것은 서비스 산업에서의 공통적인 문제일 것이다. 그러나 높은 이직률을 가진 조직은 서비스 문화를 구축할 수 없다. 그러므로 기업은 지원자 중에서 우수하고 충성도 높은 인력을 파악하기 위한 면접과 선발에 세심한 주의를 기울일 필요가 있다.

기업이 친절하고 예의 바른 서비스를 직원에게 요구한다면, 먼저 친절하고 예의 바른 사람들을 고용하지 않으면 안 된다. 기업이 그 업무를 수행하는 데 필요한 전문적인 직무 기술을 직원에게 교육하고 제공하는 것은 가능하지만, 고객에게 친밀감을 느끼게 한다든가 세심한 주의를 기울이는 마음 등을 갖도록 하는 것은 교육 훈련으로도 불가능하기 때문이다. 또한, 기업의 조직문화와 분위기에 적응하고 다른 직원들과 팀워크(teamwork)를 이룰 수 있는 직원을 채용하는 등 서비스 역량과 서비스 성향 그리고 조직문화에 적응할 수 있는 성향을 갖춘 인재를 채용하는 것은 기업의 성과를 높이고 이직률을 낮추는 데 중요하다.

① 서비스 역량

서비스 역량(service competencies)은 직무를 수행하는 데 필요한 스킬 및 지식을 말한다. 많은 경우 잠재 직원들은 학위, 자격증 취득, 시험에 통과하는 것과 같은 특정 수준 및 자격취득으로 역량을 입증한다. 이처럼 자신의 분야에서 서비스 직무를 얻기 위한 통과의례가 의사, 비행기 조종사, 대학교수, 교사 그리고 여타 분야의 구직자에게 면접 전에 요구된다. 다른 경우에 서비스 역량은 관련된 학위 혹은 자격취득이 아니라 기본적인 지적능력이나 신체적 요구사항이 될 수 있다. 예를 들어, 식료품점의 계산원은 기본적인 계산 능력을 갖추고 있어야 하고 현금출납기를 다룰 줄 아는 정도의 능력 등이 요구된다

② 서비스 성향

서비스 성향(service inclination)이란, 서비스 업무수행에 대한 직원의 관심과 태도를 말한다. 서비스 품질의 다차원적 특성인 신뢰성, 응답성, 공감성 등을 고려하면 서비스 역량 이상을 서비스직에 요구해야 한다. 따라서 서비스 성향이란 조건이 추가되는 것이다.

서비스 성향은 사람마다 차이가 있어서 어떤 사람은 다른 사람에 비해 더욱 높은 서비스 성향을 가지고 있다. 즉, 배려(helpfulness), 사려 깊음(thoughtfulness), 사교성(sociability)과 같은 서비스 지향적 성격은 서비스 효과성과 상관관계를 갖는다. 그러므로 서비스 직원의 이상적인 채용은 서비스 역량과 서비스 성향이 모두 높은 직원을 고용하는 것이다. 이처럼 기업이 채용과정에서부터 서비스 성향을 어느 정도 갖춘 사람을 채용하면, 그 직원은 입사 후, 사내 교육 훈련과 서비스 업무 경험을 통해 서비스 성향을 더욱 높이게 된다.

많은 기업은 전통적인 채용 면접 외에도 자사 조직의 필요에 맞는 서비스 성향을 비롯한 여타 개인적 특징을 평가하기 위해 혁신적인 방법을 사용한다. 사우스웨스트 항공은 인정, 상식, 유머 감각, "할 수 있다"라는 긍정적인 태도, 내가 아니라 우리로 생각하는 공감의식 등을 갖춘 사람을 찾는다. 이 회사가 이러한 서비스 성향을 평가하는 한 가지 방법은 승무원 면접을 단체로 하여 서로 어떻게 상호작용하는지를 관찰하는 것이다. 또한, 조종사들도 일정 수준의 전문스

키를 넘어서면 팀워크를 평가하기 위해 집단으로 면접한다.

선발절차의 또 다른 방법은 모의 작업장에서 실제로 직무를 어떻게 수행할 것인지 시범을 보이게 하는 것이다. 모의 연습은 역할연기나 실제 그 직무에서 요구되는 최소한의 조건을 제시하고서 스킬과 역량을 보이게 하는 형태로 이루어질 수 있다. 모의 연습은 잠재 직원의 능력을 더욱 잘 평가할 방법일 뿐만 아니라 이들이 직무가 실제로 어떠한지를 사전에 알게 해주는 데도 도움이 된다. 자신이 체험한 것을 좋아하지 않는 사람은 자신이 기대하는 일이 아님을 깨닫고 채용되기 전에 지원을 취소할 수도 있다.

(3) 선호 받는 고용주

우수인력을 끌어오는 한 가지 방법은 특정 산업 및 지역에서 선호 받는 고용주로 알려지는 것이다. 필라델피아에 본부를 둔 로즌블러스 여행사(Rosenbluth International)는 미국에서 4번째로 큰 여행사이다. 이 회사의 사장인 할 로즌블러스(Hal Rosenbluth)는 다음과 같이 언급했다. “만약 우리의 직원을 최우선으로 하지 않는다면 고객이 최우선이 될 수 없다는 것을 우리는 믿는다. 만약 우리 직원이 최우선되지 않는다면, 그들은 고객에게 초점을 맞출 만큼 여유가 없어 다른 일에 걱정하고 있을 것이다.”

선호 받는 고용주가 되도록 하는 또 다른 전략은 다양한 훈련기회를 제공하고, 승진기회를 주며, 내부지원을 잘 해주고, 매력적인 인센티브를 도입하고, 직원이 자부심을 느끼는 좋은 서비스를 제공하는 것이다. SAS 사의 최고경영자인 굿나이트(Goodnight)는 통계 소프트웨어 산업에서 선호 받는 고용주 중의 하나이며, SAS에서 일하는 대부분 직원은 전문적인 기술을 갖추고 있고 보수도 많이 받는다. 이러한 산업과는 달리 호스피탈리티 산업(Hospitality industry)의 경우 비교적 보수가 적지만, 메리어트 인터네셔널(Marriott International)은 예외적이다. “선호 받는 고용주”라는 기업목표를 가지고 있기 때문이다. 경쟁이 치열한 서비스 산업에서 선호되는 고용주가 되기 위해 직원 스톡옵션(stock option), 작업장의 복지시설, 영어와 읽기 수업 등을 이용한다. SAS와 메리어트 인터내셔널(Marriott International)은 이러한 방법을 활용함으로써 2004년에 포춘지(fortune)의 일하고 싶은 100대 기업에 각각 8위와 84위에 올랐다.

2) 교육 훈련

교육 훈련이란 기업이 추구하는 목적을 달성하기 위하여 종사원이 직무를 효과적으로 수행할 수 있도록 지식과 기능을 변화시키는 조직적 활동이다, 이러한 훈련을 체계적이고 조직적으로 관리하는 것이 교육 훈련 관리이다.

일반적으로 직장 내에서 교육과 훈련을 구분해서 설명할 때, 교육(Education)은 체계적인 교육과정으로 지식(Knowledge)과 태도의 육성, 개념 및 이론교육을 말하고, 훈련(Training)은 기능과 기술(Skill)로 현재 수행하고 있는 업무에서 기술의 보완 및 향상에 목적을 두는 것을 말한다.

표 12-1 교육, 훈련, 개발의 비교

항목	교육	훈련	개발
용어	Education	Training	Development
초점	지식(Knowledge)	기술(Skill)	능력(Ability)
특징	직무 지식 배양	현재 업무기술 보완 및 향상	미래의 직무수행 능력 배양

인적자원은 기업의 가장 중요한 자원이며, 특히 서비스 기업의 경우 장기적인 성패는 인적자원의 능력 수준과 이들의 효과적인 활용에 달려 있다고 볼 수 있다. 서비스 산업의 특징은 다른 산업에 비해 원자재 의존도가 낮지만, 인적서비스의 제공이 핵심적인 상품이다. 따라서 서비스 산업에서 생산성과 경쟁력을 높이기 위해서는 전문성 있는 인적자원의 확보뿐 아니라 교육 훈련을 통한 인적자원의 개발이 필수적이다. 즉, 서비스 직원의 자질을 개발하고 직무에 대한 적응성을 높임으로써 보다 나은 직무와 능력을 갖출 수 있도록 조직적·체계적으로 유도하는 것이 교육이다. 그러므로 교육 훈련은 작업현장 또는 하위직원에서부터 감독자와 관리자 그리고 경영자에 이르기까지 기업 내의 모든 사람에게 필요하며, 일정 시기마다 계속 시행해야 한다.

상품트레이닝(Product Training)

체인 호텔에 숙박하고 있는 고객 A씨는 프런트 데스크 직원에게 '호텔 체인 본사는 어디에 있으며, 체인 본사는 몇 개의 호텔을 경영하고 있는지'에 대해 질문했지만 어떤 질문에도 대답을 듣지 못했다. 또한 '이 근처 추천할 만한 레스토랑이 있는지' 물었으나 이에 대한 대답도 듣지 못했다.

서비스업에 종사하는 직원 중 자신이 근무하는 호텔에 관한 내용이나 자사가 다루고 있는 상품, 고객이 선호할 만한 다른 상품에 대해 아무것도 알지 못하는 일이 너무 많다. 직원은 자사의 내력, 현재의 사업, 경영이념과 비전에 대해 반드시 숙지하고 있어야 하며, 자기가 근무하고 있는 회사와 자사가 판매하고 있는 상품 및 이벤트 등에 대해 열의를 가지고 알려고 노력해야 한다. 또한, 이들에 대한 지식과 정보뿐만 아니라 직원 스스로가 이들 상품에 대해 먼저 체험하고 경험하는 기회를 얻는 것도 중요한데, 이는 직원이 고객에게 상품을 판매할 때, 자신이 경험한 것을 토대로 확신하고 고객에게 추천하고 판매할 수 있게 되기 때문이다.

직원교육이 철저한 레스토랑의 경우, 직원들은 자신이 판매해야 할 상품에 대해 잘 알고 있다. 그들은 고객에게 주문받기 전에 이미 각각의 메뉴에 대해 시식(試食)해 보았기 때문에 고객의 기호에 따라 최적의 선택을 하도록 도와줄 수 있다. 또한, 어떻게 하면 메뉴에 올라있는 요리들을 적절하게 잘 추천할 것인지에 대해서도 훈련받고 있다. 이처럼 상품에 대한 교육 훈련(product training)은 직원교육 일부가 된다.

많은 서비스 기업들은 직원교육에 대해 매우 중요하게 생각하고 있다. 서비스 기업 중 직원교육 훈련을 가장 잘하는 기업 중 하나인 미국 월트디즈니(Walt Disney)의 경우, 모든 신입사원은 회사의 연혁, 창설자, 회사의 가치와 규범에 대해 학습하는 '트레디션(Tradition)'이라는 과정과 이후에 직원이 담당해야 할 업무 성격에 알맞은 특수연수교육 등을 받는다. 또한, 맥도날드는 자체 햄버거 대학을 운영하고 있으며, 이를 통해 전 세계의 맥도날드(McDonalds) 관리자를 교육하고 훈련하고 있다.

(1) 교육 훈련의 목적

교육 훈련의 목적은 경영자 측면에서 볼 때는 인재육성에 있고, 직원 측면에서 볼 때는 자기개발에 있다. 즉, 교육 훈련은 직원의 지식·기술·태도를 향상·발전시켜서 직원들로 하여금 그들의 직무에 만족을 갖게 하고 직무수행능력을 더욱 발전시켜 그들로 하여금 한층 더 중요한 직무를 수행할 수 있도록 하는 데 있다. 구체적인 교육 훈련 목적은 〈표 12-2〉와 같다.

▌표 12-2▐ 교육 훈련 목적

① 인재육성과 기술축적
교육 훈련은 지식과 기능을 전달함으로써 유능한 인재를 육성하고 그를 통하여 조직의 기술을 축적

② 커뮤니케이션과 조직협력
경영의 목표달성을 위해서는 경영의 목표를 잘 이해하고 그것을 실행시킬 수 있는 구성원의 커뮤니케이션 및 그에 따른 동기유발이 확립되어야 하며, 이를 위해 교육 훈련의 역할이 필요

③ 자기발전의 욕구충족과 동기유발
교육 훈련은 자기발전의 욕구를 충족시켜 줌. 인간은 누구에게나 자기발전에 대한 욕구를 지니고 있으며, 이를 충족시킬 수 있는 주요한 수단이 교육 훈련임. 지식개발을 통해서 직원들은 자아발전의 욕구를 충족하게 되고, 능력개발을 통해서 성취동기를 육성시킬 수 있음.

(2) 교육 훈련의 분류

교육 훈련은 훈련 대상과 장소에 따라 다음과 같이 분류할 수 있다.

▌표 12-3▐ 사내 교육 훈련 분류

분류기준	교육 훈련 종류
훈련 대상	① 신입자 교육 훈련(Orientation Training) ② 일반 직원교육 훈련(Employee Training) ③ 감독자 교육 훈련(Supervisory Training) ④ 중간관리자 교육 훈련(Middle Management Training) ⑤ 최고경영자 교육 훈련(Executive Development Program)
훈련 장소	① 직장 내 교육 훈련(OJT, On the Job Training) ② 직장 외 교육 훈련(Off JT, Off the Job Training)

① 신입자 교육 훈련(Orientation Training)

신입자 교육 훈련은 직업 시작 훈련이라고도 하며, 회사에 처음 들어온 신입 직원들에게 회사에 대한 기본적인 정보, 예를 들어 호텔에 대한 제반 사항, 호텔의 인사방침 및 고용조건, 호텔 직원을 위한 시설안내, 호텔의 제반 규칙, 부서감독자 및 직무에 대한 상세한 사항 등을 습득시킬 목적으로 입사 후 수습 기

간에 실시하는 훈련이다. 이러한 신입자 교육이 적절히 수행되면 입사 초기의 불안과 현실에 대한 충격을 완화할 수 있으며, 또한 신입직원에게 귀속의식과 애사심을 심어 줄 좋은 기회가 된다.

② 일반 직원 교육 훈련(Employee Training)

일반 직원 훈련은 이미 종사와 있는 감독·관리직을 제외한 일반 직원들을 위해 계획된 교육 훈련이다. 호텔에서는 일반 직원들이 최일선에서 가장 빈번하게 호텔의 고객과 대면하는 관계에 놓여 있으므로 직무에 관한 기술을 전수하는 기능훈련을 하는 것이 가장 중요한 과제가 된다.

③ 감독자 교육 훈련(Supervisory Training)

감독자는 현장에서 일반 직원들을 일상적으로 지도·감독하는 임무를 가지고 있다. 따라서 감독자는 한편에서는 생산관리와 인사관리를 연결하고, 다른 한편에서는 일반 직원과 경영자를 연결하는 중요한 위치에 있는 사람이다. 따라서 감독자 교육 훈련은 일반 직원 훈련과 같이 지식이나 기능을 부여하는 것이 아니라, 경영 관리상의 문제해결책을 사고·토의·정리·체계화하도록 하는 데 주안점을 두고, 감독자의 해당 업장에서 일어나는 모든 어려운 문제에 대하여 해결하는 능력을 연마하도록 한다.

④ 중간관리자 교육 훈련(Middle Management Training)

이는 경영층에 있어서 중간관리층, 즉 부장·차장·과장·팀장급에 대해 실시된다. 이들 관리자는 최고경영자와 하부 감독층의 중간에 위치하여 각 부문 활동을 계획·지휘·조정·통제 및 조언하는 역할을 담당한다. 이들 중간관리자는 경영자의 경영방침이 모든 직원에게 전달되어 직무성과에 반영되도록 하기 위한 중재자의 기능과 임무를 수행할 수 있도록 관리적 지식과 기능, 그리고 인간관계기술 등을 필요로 한다.

⑤ 최고경영자 교육 훈련(Executive Development Program)

최고경영자에 대한 교육 훈련은 기업의 최고책임자로서 유연한 사고 및 고도의 판단력과 의사결정 능력을 함양하고, 고도의 경영관리능력을 양성하며, 훌륭한 통솔력과 지도력을 쌓고, 나아가 기업의 대표자로서 폭넓은 식견과 행동력을 함양하는 데 있다.

⑥ OJT(On the Job Training): 직장 내 교육 훈련

OJT는 직장훈련 또는 직무상 훈련으로써 이 훈련의 담당자는 현장의 직속 상사를 주축으로 한다. 즉 OJT란 직장에서 구체적인 직무에 대하여 직속 상사가 부하에게 직접 개별지도를 하고 교육 훈련을 시키는 방식을 말한다. 이는 실무상의 교육 훈련으로써, 기회교육이며, 체험학습이다. 상사는 자기 부하직원에 대하여 일상의 모든 기회와 장소를 이용하여, 계획적으로 직무수행에 필요한 지식과 기능 및 태도에 대한 교육하여 부하의 능력개발 향상을 위해 노력해야 한다. 이 훈련방식은 호텔 등의 서비스직 직원에게 적당한 방법이다.

⑦ Off JT(Off the Job Training): 직장 외 교육 훈련

Off JT는 직장 외 훈련 또는 직무 외 훈련을 말한다. 이는 현장의 작업과는 직접적인 관련을 갖지 않는 보편적인 내용, 예를 들어 일반적인 작업에 대한 사고방식이나 작업의 개선 방식 및 인간관계 등의 중요성 등과 같은 것을 교육 훈련하는 데 적합하다. 이는 현장작업과 관계없이 예정된 계획에 따라 훈련할 수 있다는 장점이 있으나, 그 결과를 곧 현장에서 활용하기 어렵고 비용이 많이 든다는 단점이 있다.

표 12-4 크로스 트레이닝(cross training)

직원은 자신이 담당하고 있는 업무뿐만 아니라, 사내 타 부서가 어떻게 운영되는지 각 부서의 역할과 업무 내용에 대해서도 경험하고 알게 됨으로써, 고객서비스에 있어서 부서 간의 협력을 더욱 원활하게 끌어낼 수 있다.

호텔에서 실시하는 대부분의 신입사원 연수교육에서는 정기적으로 부서를 교대해 가면서 근무하도록 하고 있다. 이 과정을 거치면서 연수를 받은 직원들은 각 부서의 중요성을 인식하게 되고, 고객서비스를 제공하기 위해 어떻게 각각의 부서와 관계를 맺고 협력해야 하는지에 대해 알게 된다.

표 12-5 교육 훈련 방법

교육방법	내용
강의식 교육	가장 보편적으로 사용하는 교육방법으로 많은 사람을 대상으로 지식과 정보를 제공할 수 있음. 일방적 교육이 되기 쉬움.
온라인 교육	피교육자들을 한곳에 집합시켜 교육하기 어려운 상황에서는 온라인 교육이 효율적이다. 모바일이나 PC를 활용한 교육이다.
회의식 교육	일정한 장소에 모여서 진행되며, 주제에 대해 각자의 견해, 경험, 지식 등을 발표하고 토론하는 방법이다.
시청각 교육	학습효과를 높이기 위해 시청각 자료(비디오, DVD, 슬라이드, 오디오, 도표 등)를 활용하여 교육하는 방법이다.
직무 순환 교육	담당 직무를 전환함으로써 직무 전반을 이해하고 경험을 풍부하게 만드는 훈련
사례 연구	실제사례를 선정하여 훈련 참가자들에게 소개하고 토론하는 방법
역할연기 (롤 플레잉)	실제 현장과 같은 상황을 가정하여 연출해 봄으로써 서비스 현장의 실무 지식을 획득할 수 있고, 고객 상황에 대한 공감 및 이해력이 향상된다.
비즈니스 게임 (모의 경영)	경영실태를 재현한 모의 회사를 운영해 보며 연습하는 방법이다. 주제에 대한 경영상 의사결정을 훈련하는 방법이다.
브레인스토밍	소수의 교육생이 집단 회의를 열어 자유롭게 아이디어를 창출하는 방법이다.
감수성 훈련	대인관계 속에서 정신적인 갈등이나 대립을 해결하면서 자기 통찰, 감수성의 개발이 촉진되고 상황에 적합한 태도 및 행동을 취하게 되는 것을 목적으로 한다. 경영자의 능력개발을 위한 방법으로 많이 활용한다.

3) 인력개발

(1) 전문기술 및 상호작용 능력 훈련

고객에게 좋은 품질의 서비스를 제공하기 위해서 직원은 필요한 전문기술 및 지식과 상호작용할 수 있는 능력을 지속해서 훈련받아야 한다. 따라서 최근에는 직무에 필요한 전문기술 및 지식 외에도 정보기술 사용 교육이 추가되고 있다. 또한, 서비스 기업의 직원들은 고객에게 공손하고, 잘 보살피고, 빨리 응대하고, 배려하는 서비스를 제공하기 위한 상호작용 기술의 교육도 필요하다.

성공한 기업은 직원교육에 투자를 많이 하고, 이러한 교육이 기업의 사업 목표 및 전략과 일치함을 분명히 한다. 예컨대, "하늘에서 최상의 보살핌(the best care in the air)"이라는 자부심이 있는 미드웨스트 익스프레스(Midwest Express) 항공의 모든 직원은 기업이 추구하는 가치와 고객서비스에 초점을 둔 2일간의 오리엔테이션 프로그램에 참여한다. 리츠칼튼(Ritz Carlton) 호텔의 모든 직원은 집중적인 초기훈련을 체험하고, 그들의 지갑에는 포켓 크기의 얇은 조각 모양의 신조 카드(credo card)를 지니고 다니도록 한다. 신조 카드에는 서비스의 3단계, 리츠칼튼의 잘 알려진 모토(moto)인 "우리는 신사 숙녀 여러분을 모시는 신사 숙녀입니다." 그리고 신조 그 자체에 대한 구체적인 내용을 담고 있다. 게다가 모든 호텔의 직원은 리츠칼튼의 '황금 표준: 20개 기본원칙'을 하나를 리뷰하기 위해서 매일 간략한 스텝 미팅에 참여하여 지속해서 초기의 교육을 보충한다.

(2) 권한위임

권한위임(empowerment)은 기업이 고객들의 요구에 빨리 응대하고 잘 충족시키기 위해 직원들에게 권한의 일부를 부여해 주는 것을 말한다. 즉, 고객을 직접 응대하는 접점 직원들에게 권한, 수단, 목표, 기술 등을 부여해 주는 것을 의미한다. 권한위임의 핵심은 직원들에게 고객에 대한 의사결정의 권한을 주는 것이지만, 그것만으로는 충분하지 않다. 직원들에게 의사결정을 할 수 있는 지식과 수단을 비롯하여 적절한 의사결정을 할 수 있도록 인센티브를 제공해야 한다. 단순히 직원들에게 "이제부터 당신이 고객을 만족시킬 어떠한 행동을 해도 괜찮은 권한을 주겠소."라고 말한다고 해서 성공적인 권한위임이 되는 것은 아니다. 그 이유는 첫째, 직원들은 이 말을 믿으려 하지 않으며, 둘째 적절한 교육과 지도를 받지 않는다면 실제로 어떻게 해야 할지를 모르기 때문이다.

접점직원에게 권한을 위임하는 것의 긍정적인 편익은 직무와 관련된 스트레스를 줄이고, 직무 만족을 높이며, 높은 적응성과 고객에 대해 더 좋은 결과를 가져온다는 것들이 포함된다. 그러나 이러한 성공은 쉽게 찾아오지 않는다. 실제로, 많은 조직이 성공적인 권한위임 전략을 적절하게 이용하지 못하고 있으며, 또한 모든 조직에서 권한위임이 항상 문제의 해답이 되는 것이 아니기 때문이다.

(3) 팀워크 촉진

고객지향적 서비스 마인드가 부족한 직원은 가끔 자신의 책임을 다른 부서나 직원에게 전가하면서 고객에게 불쾌감을 주기도 한다. 즉, 직원이 고객으로부터 자신의 업무가 아닌 요구나 문의를 받았을 때, 이를 해당 부서로 돌림으로써 자신의 업무를 마쳤다고 판단하는 경우이다. 이것이 바로 팀워크가 부족한 조직의 전형적인 사례이다.

서비스 문화가 잘 구축되어있고, 팀워크가 잘 이루어진 조직의 직원들은 설령 자신의 업무가 아니더라도 고객이 무엇을 원하는지 알아차리고 고객에게 서비스할 것이며, 동료 직원들 간의 업무를 커버해 준다. 그러나 팀워크가 부족한 조직은 고객에게 불쾌한 환경을 조성한다. 예를 들어 A라는 호텔의 프런트 데스크 직원이 추가 수건을 객실로 보내 달라는 고객의 전화를 받고 몹시 당황해하며, "여기는 하우스 키핑이 아니고 프런트 데스크입니다. 추가 수건을 원하신다면 하우스 키핑부서로 전화해서 요청해 보십시오."라고 말하고 전화를 끊어버린 상황을 생각해 보자. 프런트 데스크 직원은 고객에게 자신의 업무가 아님을 인지시켰으며, 해당 부서를 가르쳐줌으로써 자신의 업무를 다했다고 생각할 수 있으나, 고객은 매우 불쾌한 상황에 부닥치게 된다. 타 부서 동료들과 협력하여 일할 수 있는 직원이 고객과의 관계도 바람직하게 만들 수 있으며, 서비스성과를 높일 수 있다.

이처럼 많은 서비스는 그 특성상 직원이 팀을 이루어 일할 때, 고객만족이 높아진다. 또한, 서비스 업무는 많은 요구와 어려움이 따르는데, 팀을 이루어 일하면 이런 스트레스를 줄일 수 있다. 동료들과 협력하여 서로를 도와주고 위로하면서 업무를 성취해 나간다면, 직원들은 서비스 피로를 줄이고 좋은 서비스를 고객에게 종사할 수 있는 능력을 키우게 될 것이다.

조직 내에서 직원들 간의 팀워크를 촉진하는 방법은 각 직원이 최종고객에게 좋은 서비스를 제공하는 데 자신이 어떤 역할을 하는지 알고 또 누구를 지원해야 하는지 알게 하는 것이다. 추가로 팀의 목표와 보상 또한 팀워크를 촉진한다. 기업이 업적과 성과에 대하여 개인에게 전부 보상하는 그것보다 개인이 속한 팀에 대해 보상할 때, 팀의 노력과 팀 정신을 고취할 수 있다.

▌표 12-6▐ 문제의 소유권(Ownership of Problem)

고객이 말을 건넨 최초의 직원이 고객의 요구에 응대해야 한다는 의미이다. 리츠칼튼(Ritz Carlton) 호텔의 경우, 고객으로부터 요구나 불평을 들은 최초의 직원이 그 문제를 해결해야 하는 '문제의 소유권'을 갖도록 하고 있다. 직원은 자신의 업무가 아닐지라도 고객의 요구사항에 대해 자신이 책임지고, 해결되는 것을 확인해야 하며, 고객에게 제공된 것이 만족스러웠는지도 직접 확인해야 한다.

4) 지원시스템

(1) 내부서비스 품질의 측정

내부서비스가 협조적으로 이루어지게 하는 한 가지 방법은 내부서비스를 측정하고 보상하는 것이다. 우선 사내 모든 구성원은 내부고객이 있음을 인정하고, 이 고객이 지각하는 각 구성원에 대한 내부서비스품질을 측정하게 되면, 내부서비스품질을 중시하는 회사 문화를 만들어 낼 수 있다. 즉 내부고객 서비스 감사는 양질의 내부서비스를 창조하는 데 사용될 수 있다. 내부조직은 감사를 통해 그들의 고객을 확인하고, 고객의 욕구를 파악하고, 내부조직이 얼마나 잘 하고 있는지를 측정하고, 개선책을 만든다. 이러한 프로세스는 외부고객을 상대로 한 시장조사와 유사하다.

반면 내부서비스품질에 집중하고 이를 측정할 때 발생하는 위험 중 하나는 직원들이 외부고객에 대응하는 것을 잊고 내부고객의 욕구충족에 열중할 수 있다는 것이다. 그러므로 내부서비스품질 측정에서 내부적으로 무엇이 전달되고 고객에게 최종 서비스가 어떻게 제공되는지, 이들 간의 연결고리를 이해하는 것이 중요하다.

(2) 지원기술 및 장비의 제공

직원에게 적합한 장비가 없고 있더라도 제대로 작동되지 않으면, 양질의 서비스를 제공하려는 직원의 의지가 쉽게 꺾일 수 있다. 서비스 직원이 직무를 효율적이고 능률적으로 처리하기 위해서는 적합한 장비와 기술이 필요하다.

작업장의 설계 자체가 '적합한 장비와 정보기술'구축에 포함될 수 있다. 스칸디나비아 항공(SAS)은 팀워크와 개방적 의사소통이 원활하도록 본사 사무실을 설계했다. 사무실에 빈 공간을 많이 만들어 서로 만날 기회를 주고, 또한 사무실의 내부 창문을 제거하여 빈번한 상호작용이 이루어지도록 하고 있다. 이처럼 작업장의 공간이 내부서비스 지향성을 촉진하고 있다.

(3) 서비스 지향적인 내부프로세스의 개발

접점직원이 좋은 서비스를 제공하도록 잘 도와주기 위해서는 조직의 내부프로세스가 고객 가치와 고객만족을 염두에 두고 설계되어야 한다. 다시 말해서 내부절차가 좋은 서비스성과를 지원해야 한다. 많은 회사에서 내부프로세스는 관료주의적 규칙, 전통, 원가 효율성, 내부직원 욕구 때문에 결정된다. 그러므로 서비스 지향적이고 고객지향적인 내부프로세스가 되기 위해서는 시스템의 전반적인 재설계가 필요하다. 이러한 전반적인 시스템과 프로세스의 재설계를 '프로세스 리엔지니어링(process re-engineering)'이라고 한다. 리엔지니어링을 통한 서비스 지향적 내부프로세스의 개발이 그럴듯하게 들릴지도 모르지만, 전통을 고수하려는 조직에서는 실제로 시행하기에 가장 어려운 전략 중의 하나일지도 모른다. 내부프로세스를 재집중하고, 새롭고 보조적인 기술을 소개함으로써 전통적인 운영 지향적인 기업으로부터 고객을 기반으로 한 기업으로 변화할 수 있다.

5) 우수인력의 유지

(1) 비전 수립 시 직원 참여

직원들이 조직에 관심을 가지고 몰입하도록 하기 위해서는 그들이 조직의 비전을 이해하고 공감케 해야 한다. 서비스 접점직원들도 그들의 일이 회사의 비전과 목표에 부합하는지 이해할 필요가 있다. 보통은 월급이나 여타 복지혜택으로 동기유발 되지만 우수한 직원은 회사의 비전이 없다고 생각하면 다른 기회를 찾아 떠나려 한다. 회사의 비전이 직원들에게 비밀로 되어있다면 우수한 직원을 동기부여 시킬 수 없으므로 CEO를 비롯한 임원진은 직원들에게 회사의 비전이 무엇인지 알려줘야 한다.

사우스웨스트항공(south west airline)의 허브 켈러허(Herb Kelleher), 스타벅스(Starbucks)의 하워드 슐츠(Howard Schulz), 페덱스(FEDEX)의 프레드릭 스미스(Fred Smith), 메리어트 인터내셔널(Marriott)의 빌 매리엇(Bill Marriott)과 같은 CEO들은 비전을 명확하게 직원들에게 전하는 것으로 유명하다. 미국의 유명한 운송회사인 옐로우 로드웨이(yellow roadway)의 CEO, 빌 졸라스(Bill Zollar)는 회사의 비전 수립에 직원을 참여시킨 좋은 예가 되는데, 그것은 회사의 상황을 호전시키는 데 성공한 결정적인 요소가 되었다.

CRM 소프트웨어 애플리케이션 산업의 리더인 시벨 시스템(Siebel System)의 톰 지벨(Tom Siebel) 또한 좋은 예이다. 그는 말과 행동을 통해 기업의 미션은 어떠한 상황에서도 "고객 최우선(Customer First)"임을 명확하게 전달한다. 또 고객이 기술보다 먼저고 규율이 영감보다 먼저라고 생각하면서 행동을 통해 이러한 메시지를 전달하고 있다. 예컨대, 수많은 의사결정 순간에 결정규칙은 항상 "고객이 최우선"이라는 것이다. 실제로 그는 현재 고객의 욕구를 충족시키지 못하거나 잠재고객을 만족시킬 준비가 100% 되어있지 않다고 생각되면 잠재적으로 수익성 있는 사업일지라도 몇 차례 접었다. 이러한 행동은 직원들에게 강한 메시지를 주었고 회사의 비전을 강화했다. 비전과 방향이 명백하고 이것이 직원의 동기로 연결될 때 직원들은 피할 수 없는 힘든 상황을 극복하고 비전을 향한 길을 따라 기업과 함께 남아있게 될 것이다.

(2) 직원을 고객으로 대우

만약에 서비스 직원이 회사에서 소중한 존재로 존중받고, 그들의 욕구가 중요하게 여겨진다면 직원들은 조직에 오래 머물려고 할 것이다. 예컨대, 톰 지벨(Tom Siebel)은 모든 직원과 고객들에게 이익을 주는 기업문화를 만드는 것이 CEO의 주요한 직무임을 다음과 같은 말로 강조한다. "만약 회사를 설립하고 높은 고객만족을 실현하는 제품과 서비스를 만들고 인적자원을 잘 활용하고 관리하면, 시장가치와 수익률 성장과 같은 시장성과는 자연히 좋아지기 마련이다."

많은 회사에서 직원 또한 고객이란 사고를 받아들여 그들에게 맞는 마케팅 전략을 수립하기도 한다. 회사가 직원에게 제공하는 제품은 바로 직무와 그에 따른 편익, 그리고 직장생활의 질이다. 직원의 직무와 직장생활의 욕구가 충족되었는지를 알기 위해서는 직원의 만족과 욕구를 측정하기 위해 정기적으로 내부마케팅 조사해야 한다. 예컨대, 아메리칸익스프레스(American Express)의 여행서비스사업부서인 TCG(Travelers Check Group)는 "일하기 가장 좋은 직장"이란 목표를 가지고 직원들을 고객과 같이 대한다.

TCG는 내부마케팅 조사에 근거하여 직원들에게 혜택을 줄 수 있는 "확장된 직원 보조프로그램"이라는 복지정책을 시행한다. 보육 시설, 출산 지원, 장애인 지원, 가족휴가, 가족 병가, 월급지급기기의 유연성, 안식년, 탄력근무제 등이다. 아메리칸익스프레스를 비롯한 많은 회사가 직원과 그들의 가족복지를 위해 많이 노력할수록 직원 만족, 생산성 향상, 이직률 하락이라는 결과를 가져온다는 것을 발견했다. 그리고 직원들은 이러한 노력에 감사했다. 내부마케팅 조사에 덧붙여, 회사는 직원 관리에 마케팅 전략을 적용할 수 있다. 예를 들어, 복지혜택의 선택 또는 경력개발 단계의 선택에서 보면 직원집단에 세분 시장이 존재함을 알 수 있다. 즉, 모든 직원이 동일하지 않고 그들의 욕구가 시간에 따라 변하기 때문에 특정 세분 시장의 욕구에 맞는 정책을 수립해야 하며, 이를 통해 직원 애호도가 높아질 것이다. 직원을 대상으로 한 광고나 커뮤니케이션 프로그램도 조직에 대한 몰입도를 높이고 가치를 느끼게 할 수 있다.

(3) 우수 직원에 대한 평가와 보상

만약 회사가 양질의 서비스를 제공하는 우수 직원이 회사에 남기를 원한다면 그들에게 보상을 주고 승진시켜야 한다. 마땅히 이러해야 하지만 현실적으로 회사의 보상체계가 서비스의 우수한 수행과 관련되어 있지 않은 경우가 대부분이다. 자칫하면 양질의 서비스에 나쁜 영향을 미칠 수 있는 요소인 생산성, 양, 매출액에 따라 보상체계가 결정될 수도 있다. 양질의 서비스를 제공하려 노력하는 직원조차도 그들의 노력이 인정받지 못하고 이에 대한 보상이 제대로 이루어지지 않는다면 어느 시점에선가 좌절하게 되고 다른 곳을 찾아 떠나려 할 것이다.

보상체계는 조직의 비전 및 진정으로 중요한 성과와 연결되어야 할 필요가 있다. 예컨대, 고객만족과 유지가 중요한 성과라면 이러한 성과를 높일 수 있는 직원 행동이 인정받고 보상되어야 한다. 지벨 시스템(Siebel System)의 판매원, 서비스제공자, 엔지니어, 제품마케터 등 모든 직원은 이 회사의 고객만족 점수에 근거하여 인센티브를 받는다. 판매원을 위한 인센티브 보상의 대부분은 회사가 고객만족의 수준을 파악하고, 구체적으로 판매 계약이 체결된 후 4분기가 지나야 지급된다.

모든 서비스 접점에서 고객만족을 목표로 하는 기업은 직원의 성과를 판단하는 기준을 조정할 필요가 있다. 즉, 생산성에 관련된 데이터와 실질적인 수치(hard numbers)에 중점을 두는 것으로부터 다른 평가수단으로 옮겨야 할 것이다. 하지만 고객성과를 보상시스템과 연결하는 것도 논쟁의 여지가 있다. 기존의 보상시스템은 대체로 잘 정립되어 있고, 직원들도 이러한 시스템에서 어떻게 일을 해야 하는지를 잘 숙지하고 있다. 새로운 시스템을 만드는 것은 귀찮고 여전히 과거 시스템에 익숙한 매니저들과 새로운 시스템에서 성공하기 위해 무엇이 필요한지를 확신하지 못하는 직원 모두에게 변화는 어려운 도전이다. 그 결과 많은 조직에서 아직도 보상과 인센티브 시스템을 고객만족과 애호도에 연결하지 못하고 있다.

보상의 전통적인 접근방법에는 높은 봉급, 승진, 금일봉 등이 있다. 하지만 현재 서비스 산업은 고객초점과 고객만족을 반영한 새로운 시스템과 구조의 개발을 통해 더욱 다양한 보상으로 눈을 돌리고 있다. 예를 들어, 어떤 조직에서는 서비스 제공을 가장 잘했다고 생각하는 동료 직원에게 "동료상"을 주도록 하여 서로 격려하도록 용기를 북돋우고 있다. 또한, 고객만족 개선목표치나 고객유지목표를 달성했을 때, 특별히 조직과 팀에게 축하선물을 주는 방법도 있다. 이처럼 서비스조직에서는 조직을 고객초점과 고객만족으로 옮겨가게 하려고 주요 성과뿐만 아니라 작은 부분도 세밀하게 주의를 기울이는 "작은 승리" 역시 소중하게 평가해야 한다.

3 성인학습의 이해

1) 성인학습과 성인 학습자

성인학습은 성인이 자신의 생애 전반에 걸쳐 자기 삶의 경험을 지식, 기술, 태도, 가치, 정서 등과 함께 행동 변화로 전환해 나가는 과정이자 활동이다, 성인학습은 학습자인 성인이 자신의 요구와 흥미에 따라 주도적으로 실행하는 학습활동을 말한다.

성인 학습자는 자신의 잠재력을 개발하여 자아 실현하기 위해 학습하거나, 여러 가지 직무를 수행하고 문제를 해결하기 위해 학습한다. 성인 학습자는 삶을 통해 축적한 풍부한 경험을 통해 정체성을 확립하고, 학습 환경이나 학습 형태에 대한 뚜렷한 선호를 가지게 되어 능동적으로 지식을 습득한다. 성인 학습자는 독립적인 자아 개념을 가지고 학습활동의 계획이나 실천에 자기 주도적인 경향을 보인다.

성인 학습자의 교육참여 동기를 3가지로 살펴볼 수 있다.

- **목적 지향적 학습자**: 다른 목적을 달성하기 위하여 교육을 수단으로 이용하는 학습자
- **활동 지향적 학습자**: 학습활동 자체와 사회적 교제를 위하여 교육에 참여하는 학습자
- **학습 지향적 학습자**: 지식을 탐구하고자 교육에 참여하는 학습자

2) 안드라고지

안드라고지(Andragogy)는 성인학습과 관련된 이론이다. 즉, 성인학습을 일반적인 학습과는 다른 관점에서 이해하여 성인으로서의 특성 및 동기나 목적 등에 따라 학습 방법이 달라져야 한다는 이론이다. 안드라고지 '성인들의 학습활동을 돕는 기예와 과학'이라는 의미로, 성인(Andros)과 이끈다(Agogus)의 합성어이다.

성인 학습자는 기본적으로 아동이나 청소년과는 다른 발달 단계에 있으므로 그 차이를 교육 활동에 반영해야 한다. 성인 교육은 상호존중과 신뢰, 협동, 상호계획화 등 상호작용에 의한 학습이 더욱 강조된다. 성인 학습자는 일정한 사회적 역할과 지위, 풍부한 경험과 다양한 학습 욕구를 지니고 있으므로 새로운 이론과 실행 체계를 갖추어 교육해야 한다.

페다고지(Pedagogy)는 학령기 교육을 말하는데, 아동을 가르치는 과학과 기술이라고 정의할 수 있다. 안드라고지가 자기 주도적, 문제 중심적, 과업 중심적, 생활 중심적 성격을 지녔지만, 페다고지는 의존적 성격의 타인주도 학습, 교과 중심적 교육, 외재적 동기에 의해 학습이 동기화되는 특성이 있다.

3) 전환학습과 개조주의 학습

전환학습(Transformative Learning)은 자아 성찰을 통해 특정 인식이나 관행을 무비판적이고 습관적으로 받아들였던 것들에 대해 근본적인 변화를 시도하는 과정을 학습의 과정으로 이해한다. 즉, 경험이 지닌 의미를 새롭게 해석하고 미래의 행동 지침을 새롭게 만들어 가는 과정이다.

개조주의 학습은 비판적 사고를 통해 개인의 삶과 행동에 변화가 생김으로써 이것이 사회적 차원에서 새로운 전환으로 이러지는 것을 주목하는 이론이다. 개조주의 학습은 익숙한 관습에서 탈피하여 새로운 문제 해결 방법을 익히고 이러한 지식을 사회적 관계망으로 확장해 타인과 공유하는 학습을 강조하는 이론이다.

4) 경험학습이론

경험학습이론(Experiential Learning Theory)이란 학습자의 과거 경험이 학습 패턴이나 방법에 영향을 미치는 것에 주목하는 이론이다. 콜브(Kola, 1984)의 경험학습 4단계 모델은 사람들이 구체적인 경험을 하고 그러한 경험을 다양한 관점에서 성찰한다. 이러한 성찰에 기초하여 학습한 경험을 수정하거나 재규정한 후 토론을 통해 간접적이거나 실제적인 문제에 직접 적용함으로써 검증한다. 경험학습 단계(사이클)은 경험을 이해하고 변형시키는 과정으로 4단계로 살펴볼 수 있다.

- 1단계: 구체적 경험
- 2단계: 관찰과 성찰
- 3단계: 추상적 개념화와 일반화
- 4단계: 실험과 검증

4 코칭과 멘토링

코칭은 인재 개발 기법의 하나로, 코치와 코칭을 받는 사람이 파트너를 이루어 스스로 목표를 설정하고 효과적으로 달성하며, 성장할 수 있도록 지원하는 과정이다. 피코치가 안에 있는 모든 역량을 활용하여 문제를 해결하고 이러한 활동을 통해 미래에도 지속해서 학습할 수 있도록 하는 성장 과정이다. 성과를 내기 위하여 개인의 잠재력을 최대한 발휘할 수 있도록 하고, 그 방법은 학습자를 가르치는 것이 아닌 '학습자 스스로 배울 수 있도록 돕는 것'이다. 서비스 코칭은 고객 접점직원의 행동을 변화시켜 업무수행 능력을 행상시키고 자기 주도적으로 생각하고 움직인 인재로 양성하는 데 매우 효과적인 방법이다.

코치(Coach)는 헝가리의 도시 콕스에 있는 '말이 있는 마차'에서 유래한 단어로, 이 용어는 유럽으로 퍼져 코치(Kocsi), 코트리지(Kotdzi)로 불렸는데, 영국에서는 코치(Coach)라고 하였다. 이처럼 코칭(Coaching)은 마차(Coach)로부터 유래했고, 훈련(Training)은 기차(Train)에서 유래한 단어다. 코칭과 트레이닝을 비교하자면, 말이 끄는 마차는 손님이 있는 것으로 직접 찾아가 원하는 목적지를 향해 가는 방법으로 개인 지향 서비스 형태에 가깝다, 반면, 기차는 손님이 직접 승차장으로 찾아가 정류장의 다른 사람들과 함께 정해진 목적지를 향해 가는 집단 지향 서비스이다.

코칭(Coaching)은 마차(Coach)로부터 유래했고,
트레이닝(훈련,Training)은 기차(Train)에서 유래한 단어다.

▌그림 12-1▌ 코칭과 트레이닝

코치의 기본 철학은 피코치자의 잠재력을 믿고 신뢰함으로써 스스로 문제를 해결할 수 있도록 돕는 데 있다. 코칭은 코치가 답을 내주는 것이 아니라 피코치가 스스로 답을 낼 수 있도록 코치가 옆에서 도움을 줄 뿐이다. 피코치자는 자신에게 닥친 문제에 대해 객관적인 시선으로 바라볼 수 있게 하는 파트너가 필요하다. 즉, 스스로 문제를 해결할 수 있도록 질문하고 피드백을 줄 수 있는 파트너의 도움이 필요하다.

1) 코치의 역할

코치는 피코치자가 목표에 도달할 수 있도록 5가지 역할을 한다.

- 전문가(Specialist): 코치는 피코치자에게서 끌어내야 하는 역량이 무엇인지 알고 있어야 한다.
- 조언자(Advisor): 피코치자가 해결방법을 제시하기 어려워할 때 옆에서 생각을 끌어내는 방법을 조언해 줄 수 있다.
- 안내자(Guider): 목표를 향해 도달할 수 있는 다양한 방법을 숙지하여 피코치자가 선택한 길에 따라 안내해 줄 수 있다.
- 동반자(Partner): 목표 지점까지 도달하는 데 단순히 조언이나 안내만 하거나 지켜보는 것이 아니라 피코치와 함께 나아간다.

- **평가자(Assessor)**: 코치가 피코치자의 생각을 평가한다는 의미가 아니라 피코치자가 어떤 상황인지, 어떤 수준인지 평가하여 그에 적합한 방법으로 코치한다.

2) 코칭 단계

- 1단계: 목표설정하기
- 2단계: 현재 진행 과정 평가하기
- 3단계: 다음단계 계획하기
- 4단계: 변화 행동 지원하기

3) 멘토링

'멘토'는 『오디세이』에 나오는 이타카의 왕 오디세우스의 친구인 '멘토르(Mentor)'에서 유래되었다. 오디세우스는 트로이 전쟁의 영웅이자, 트로이 목마를 기획한 장본인이다. 그의 모험을 다룬 소설 『오디세이』에 따르면, 오디세우스는 트로이 전쟁을 떠나기 전 친구 '멘토르'를 불러 자기 아들인 텔레마코스의 스승이 되어 달라고 부탁했다고 한다.

'멘토르'는 소설 『텔레마크의 모험』에도 등장한다. 소설 『텔레마크의 모험』은 1699년 프랑스의 사상가 페늘롱이 자신이 교육을 맡고 있던 왕손 부르고뉴 공을 위해 쓴 작품이다. 소설 『오디세이』의 후일담 형식을 취하고 있으며, 텔레마코스가 20년이 넘도록 돌아오지 않는 아버지를 찾아 나서게 되는 이야기이다. 텔레마코스가 아버지를 찾는 과정에서 오디세우스의 수호신인 아테나는 '멘토르'의 모습으로 등장한다. '멘토르'의 모습을 한 아테나는 텔레마코스에게 여러 가지 조언을 해주었다고 한다. 그리고 이 이야기를 통해 '멘토르'는 지금의 '멘토'의 의미로 쓰이게 된 것이다.

트로이 전쟁(왼쪽 그림)과 오디세우스와 멘토르(오른쪽 그림).
오디세우스는 트로이 전쟁을 떠나기 전, 친구 '멘토르'를 불러 자기 아들인 텔레마코스의 스승이 되어 달라고 부탁했다고 한다.

▌그림 12-2▐ 트로이전쟁과 오디세우스

'멘토'는 우리 주변에서도 쉽게 찾을 수 있다. 학교에서는 멘토링 프로그램을 통해 선배와 후배 사이 대화의 장소를 마련해 주기도 하고, 회사에서는 취업 준비생을 대상으로 멘토링 프로그램을 열기도 한다. 멘토링 관련 용어 3가지를 살펴보면 다음과 같다.

- **멘토링(Mentoring)**: 경험 많은 사람들이 경험이나 스킬이 상대적으로 부족한 사람과 의도적으로 짝지어, 합의된 목표에 따라 특정 역량을 키우고 개발한다.
- **멘토(Mento)**: 그리스 신화에서 유래된 것으로, 지혜와 신망으로 한 사람의 인생을 이끌어 주는 지도자 또는 조력자 역할을 하는 사람을 의미한다.
- **멘티(Menti)**: 멘토로부터 도움과 상담을 받는 사람을 의미한다.

4) 멘토링 실행방법

멘토링 실행방법은 2가지로 나누어 살펴볼 수 있는데, 경력개발을 위한 멘토링과 심리 사회적 안정을 위한 기능으로 나눌 수 있다.

(1) 경력개발을 위한 멘토링

경력개발을 위한 멘토링은 5가지 방법으로 실행할 수 있다.

- **후원하기:** 멘티가 조직 내에서 바람직한 역할을 수행할 수 있도록 적극적으로 후원한다. 멘토 역시 후원자의 역할을 인정받고 자부심을 느끼게 된다.
- **노출 및 소개하기:** 조직 내에서 멘티에게 영향력을 행사할 수 있는 사람을 소개하고 접촉할 기회를 제공한다. 멘티는 더 높은 수준으로의 발전에 대해 자극받고 추가 학습의 기회를 얻는다.
- **지도하기:** 멘토는 선배 경험자로서 멘티가 업무를 성공적으로 수행하고 인정받을 수 있도록 여러 지식과 기술을 전해주고 이를 피드백해 주는 지도자의 임무를 수행한다.
- **보호하기:** 멘티가 부정적인 영향을 받지 않도록 보호한다.
- **도전적인 업무 부여:** 멘티에게 도전적인 업무를 부여하여 멘티의 능력을 향상하고 성취감을 느낄 수 있도록 한다.

(2) 심리 사회적 안정을 위한 기능

- **수용 및 지지하기:** 멘티의 실수를 이해하고 해결 방안을 제시하여 자아의식을 높여준다. 멘티가 인격체로서 존중받고 안정감을 느낄 수 있도록 지원하는 수용 및 확인의 기능을 수행한다.
- **상담하기:** 멘티의 고민과 갈등을 들어주고 멘토의 경험을 바탕으로 해결 방안을 제시해 주는 기능을 한다.
- **우정 형성하기:** 멘토와 멘티가 조직을 떠나 서로를 이해하고 호의적인 관계를 유지하면서 업무적인 스트레스를 해소한다. 이를 통해 궁극적으로 멘티의 과업 수행능력을 향상할 수 있다.

학습정리

- 고객 접점에서 서비스하는 직원을 채용하고 교육하는 방법은 그 조직의 가치관, 문화, 역사, 그리고 비전에 따라 상의하다.
- 서비스 종사원은 상품 트레이닝, 문제의 소유권, 크로스 트레이닝과 같은 교육이 필요하다.
- 성인학습은 안드라고지라고 하며, 아동학습인 페다고지와는 차이가 있다. 성인학습은 자기 주도적 학습, 생활 중심적 학습, 문제 중심적 학습, 과업 중심적 학습이 될 수 있도록 해야 한다.
- 자기 주도적 학습은 학습자 스스로가 자신의 학습 욕구를 진단하여 목표를 정하고, 목표를 달성하는 데 필요한 인적·물적 자원을 선택하며 학습성과를 평가한다.
- 코칭은 코치가 답을 내주는 것이 아니라 피코치 스스로 답을 낼 수 있도록 코치가 옆에서 도움을 주고 돕는 것이다.
- 멘토링은 신입사원 교육이나 인재육성의 목적으로 활용하고 있으며, 기업 내 멘토링 제도는 현장학습과 훈련을 통한 인재육성 활동으로 정의할 수 있다.

학습평가

01 성인 교육자로서 갖추어야 할 특징이 아닌 것은?

① 전문성: 지식과 준비의 힘.
② 명확성: 내용과 언어 조직의 힘
③ 감정이입: 이해와 동정의 힘
④ 문화적 획일성: 일관된 문화와 분위기 유지

02 서비스를 제공하는 인적 서비스 자원을 육성하기 위한 코칭으로 기본적 코칭 스킬 순서가 바르게 나열된 것은?

① 경청→관찰→질문→확인→제공
② 질문→확인→제공→관찰→경청
③ 확인→질문→경청→관찰→제공
④ 질문→경청→직관→자기관리→확인

[정답 및 해설]
01 ④
해설: 문화의 획일성이 아닌 문화적 감수성울 갖추어야 한다. 문화적 감수성은 존중과 사회적 책임의 힘이다.
02 ④
해설: 코치가 서비스제공자를 개발하고 육성하기 위해서 기본적으로 코칭하는 스킬은 '질문→경청→직관→자기관리→확인'의 순서이다.

Chapter

13 서비스 유통관리

학습목표

- 유통 및 서비스 유통의 개념을 명확하게 이해한다..
- 서비스 유통의 필요성을 수요 및 공급 측면에서 설명할 수 있다.
- 서비스 유통 프로세스 전략 결정 단계에 대해 이해한다.
- 서비스 유통채널 및 프랜차이즈시스템에 관해 설명할 수 있다.

1 서비스 유통

유통(流通, distribution)은 마케팅 활동의 일환이다. 자사의 제품이나 서비스를 어떤 유통경로를 통해 표적 시장이나 고객에게 제공할 것인가를 결정하고, 새로운 시장기회와 고객 가치를 창출하는 일련의 활동이다. 또한, 유통은 생산과 소비를 잇는 경제활동이다. 공급업체로부터 최종 소비자로 이어지는 하나의 유통시스템은 제조업체가 생산한 제품이나 서비스가 흘러가는 경로일 뿐만 아니라 새로운 가치와 소비를 창출하는 토대가 된다.

1) 유통개념

일반적으로 유통은 상품과 서비스가 여러 경로를 거쳐 소비자에게 전달되는 과정을 말하는데, 여기에는 분배(distribution)와 순환(circulation)의 의미가 포함된다.

한자의 의미를 살펴볼 때, 유통은 흐를 유(流)와 통한다(通)는 단어의 합성어인데, 이는 '막힘없이 흘러서 통한다.' 또는 '거침없이 흘러 세상(世上)에 널리 통용(通用)된다.'라는 의미이다. 이를 비즈니스 영역에 적용해보면, 유통은 '상품 따위가 생산자에서 소비자, 수요자에 도달하기까지 여러 단계에서 교환되고 분배되는 활동'이라고 볼 수 있다. 즉, 유통은 생산과 소비를 이어주는 중간 기능으로 생산품이 사회적 이동에 관계되는 모든 경제활동을 말한다.

유통 활동을 통해 소비자의 만족을 증대시키고, 효율적인 관리 활동을 통해 유통 비용을 절감시키도록 조절하고 통제하는 기능을 '유통관리'라고 하며, 제품이나 서비스가 생산자로부터 소비자에게 이르기까지 거치는 단계를 '유통경로'라고 한다.

기업의 유통 활동은 상품이나 서비스가 생산자나 서비스 제공자로부터 최종 고객에게 이르는 과정에 개입되는 다양한 조직들 사이의 거래 관계를 설계하고 운영하며, 그것을 통해 협상, 주문, 촉진, 물적 흐름(수송, 보관), 금융, 대금 결제 등과 같은 유통(혹은 마케팅) 기능의 흐름을 촉진시키는 활동을 의미한다.

표 13-1 유통 관련 개념

용어	의미
유통	상품과 서비스가 여러 사람(혹은 경로)을 거쳐 소비자에게 전달되는 과정
유통관리	유통 활동을 통해 소비자의 만족을 증대시키고, 효율적인 관리 활동을 통해 유통 비용을 절감시키도록 조절하고 통제하는 기능
유통경로	제품이나 서비스가 생산자로부터 소비자에게 이르기까지 거치는 단계

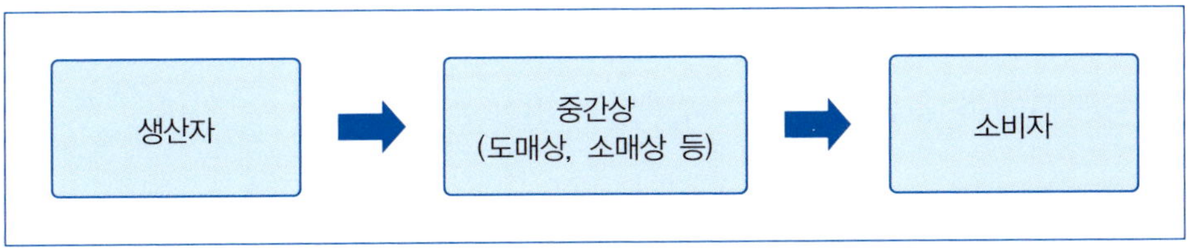

그림 13-1 유통의 흐름

2) 유통의 필요성

유통의 필요성은 수요자인 소비자와 공급자 관점에서 살펴볼 필요가 있다. 먼저, 수요측면에서는 '소비자를 위한 가치 창출'을 위해 필요하다. 공급 측면에서는 '교환시스템의 효율성 제고'를 위해 필요한 과정이라고 볼 수 있다. 이를 보다 구체적으로 살펴볼 때, 수요측면에서 유통은 다음 3가지 차원에서 필요하다.

- **소비자(고객)의 욕구 분석:** 생산자가 파악하기 어려운 고객의 욕구를 파악하고 기대수준을 분석할 수 있다.
- **생산자-소비자 양측에 정보 제공:** 중간상은 생산자와 소비자가 필요로 하는 정보를 양측에 제공해 주어 정보탐색에 따른 비용과 시간을 절감해 줄 수 있다.
- **분류기능을 통해 생산자-소비자 갭을 줄여줌:** 생산자(기업)와 소비자(고객) 간의 원하는 상품 구색에 차이가 존재할 때, 중간상은 분류기능을 수행함으로써 기업과 고객 간의 욕구 차이를 줄여줄 수 있다.

표 13-2 유통의 분류기능

분류 단계	기능
등급 (Sorting Out)	• 상품을 구분하는 단계 • 상품의 차이(좋고 나쁨 등)를 여러 단계로 구분하여 각각의 이질적인 상품을 동질적인 상품집단으로 구분하여 분류
수합 (Accumulation)	• 수합은 거두어서 합친다는 의미 • 다양한 공급원(생산자)으로부터 제공되는 상품들을 한데 모아 대규모로 공급할 수 있도록 거두어들임
할당(분배) (Allocation)	• 할당은 일정한 기준으로 나눈다는 의미 • 수합 된 동질적임 상품들을 구매자(소비자)가 원하는 소규모 단위로 나눔
구색화 (Assorting)	• 구색화는 여러 가지 물건(상품)을 골고루 갖춘다는 의미 • 상호 연관성이 있는 상품들로 일정한 구색을 갖추어 함께 취급

공급 측면에서 유통은 2가지 측면에서 필요성을 살펴볼 수 있다.

- **비용 절감:** 시장에서의 반복적인 거래 및 교환시스템을 보다 효율적으로 운영하여 반복 화에 따른 비용 절감 효과를 기대할 수 있다.
- 중간상은 다수의 공급자와 다수의 소비자 간의 교환을 연결해 줌으로써 거래 수를 감소시킨다.

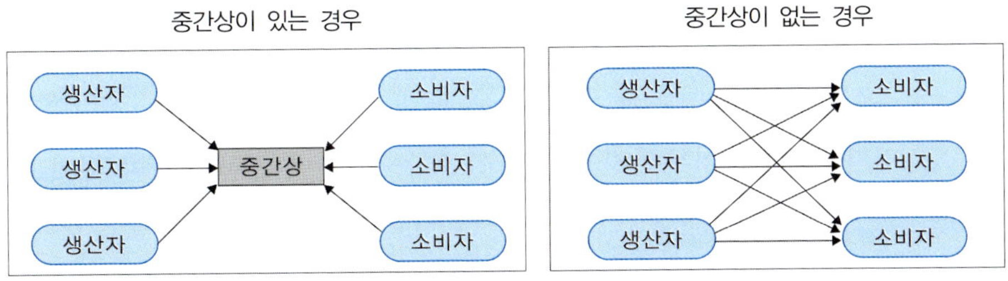

* 중간상은 다수의 생산자와 다수의 소비자 간의 교환을 연결해줌으로써, 거래 수를 감소시켜 효율적인 교환 활동이 일어나도록 한다.

그림 13-2 유통의 필요성

3) 유통경로의 효용

유통경로의 효용은 4가지 차원에서 살펴볼 수 있다.

- **시간 효용:** 유통은 제품과 서비스에 대한 생산과 소비 간의 시간 차이를 극복하여 최단 시간에 소비자가 구매(이용)할 수 있도록 해주는데, 이를 '시간 효용(Time Utility)'이라고 한다.
- **장소 효용:** 유통은 지역적으로 분산되어 생산되는 제품을 소비자가 구매하기 편리한 장소로 전달해주는데 이를 '장소 효용(Place Utility)'이라고 한다.
- **소유 효용:** 유통은 생산자로부터 소비자에게 제품과 서비스가 거래되어 그 소유권이 이전되는 과정에서 발생하는 효용이므로 이를 '소유 효용(Possession Utility)'이라고 한다.
- **형태 효용:** 대량으로 생산되는 제품(상품)의 수량을 소비자의 요구에 맞게 적절한 수량으로 분할 또는 분배함으로써 창출되는 효용은 '형태 효용(Form Utility)이라고 한다.

표 13-3 유통경로의 4가지 효용

효용	내용
시간 효용	생산과 소비 간의 시간 차이를 극복하여 최단 시간에 소비자가 구매(이용)할 수 있도록 함
장소 효용	지역적으로 분산되어 생산되는 제품을 소비자가 구매하기 편리한 장소로 전달
소유 효용	유통은 소유권이 이전되는 과정에서 발생하는 효용
형태 효용	대량으로 생산되는 제품에 대해 소비자의 요구에 맞게 적절한 수량으로 분할 또는 분배

4) 서비스 유통

서비스는 유형의 상품과 비교해 볼 때 형체가 없는 무형성(intangibility), 생산·구매·소비가 동시에 이루어지는 동시성 또는 비분리성(inseparability), 서비스의 표준화와 규격화가 어려운 이질성(heterogeneity), 보관과 저장이 불가능한 소멸성(perishability)이라는 특성이 있다. 이러한 서비스의 독특한 특성을 유통 측면에서 살펴볼 때 '무형성', '비분리성'이라는 특성으로 인해 간접적인 유통보다는 직접적인 경로가 더 일반적이다. 다만 특별한 한 해 생산자와 소비자 사이에 하나의 중간상이 개입하는 형태가 있을 수도 있지만, 대부분 서비스는 생산과 동시에 소비되며, 생산자와 상품이 분리되기 어렵다. 또, 서비스는 형태가 없는 무형의 상품이므로 물리적으로 보관하거나 운송하는 것은 불가능하다. 그러나 서비스 역시 하나의 상품이므로 소비자들이 소비할 수 있도록 가장 가깝고 편리한 인접지에 상품을 도달시켜야 한다는 점에서 일반적인 유통개념을 적용할 수 있다. 유형적인 제품과 무형적인 서비스를 유통의 측면에서 비교해보면 〈표 13-4〉와 같이 정리해 볼 수 있다.

표 13-4 유통에서 제품과 서비스 비교

구분	제품	서비스
형태	유형적인 형태가 있다.	무형적이며 형태가 없다.
유통과정	보관, 분류, 배송 과정이 복잡하다.	단순하다.
생산비용	초기생산비용이 낮다. 반복생산비용이 많이 든다.	초기생산비용이 높다. 반복생산비용이 낮다.
배달 경로	우송(郵送)방식	전송(傳送)방식
모방(불법복제)	상대적으로 낮다.	매우 높다.
내구성	사용시간에 따라 저하되거나 소멸	영구적이다.
변형성	변형이 어렵고 고정되어 있다.	변형성이 높다. 상품을 분리 또는 합성하거나 지속적인 수정이 가능하다.

2 유통경로 설계

생산된 제품이 소비자에게 효율적으로 전달되고, 소비자들도 최단 시간에 가장 편리한 방법으로 제품을 구매하도록 효율적인 유통경로 전략이 필요하다. 이를 위해서는 먼저 유통의 범위를 결정하는 단계가 선행되어야 한다. 즉, [그림 13-3]과 같이 개방적인 유통전략을 가져갈 것인지, 아니면 선택적인 유통전략이나 전속적인 유통전략으로 경로를 결정할 것인지 제품의 특성 등을 고려하여 가장 효과적인 유통범위를 결정하는 1단계 전략이 필요하다. 2단계에서는 제품의 특성과 수요·공급특성, 비용구조 등을 고려하여 유통경로의 길이를 결정하고, 3단계에서는 통제수준 등을 결정한다.

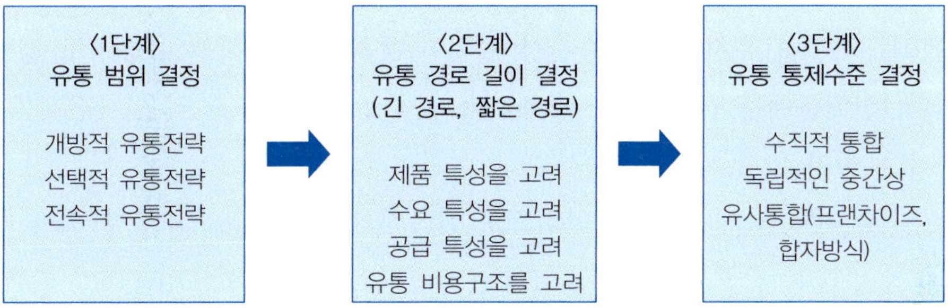

그림 13-3 유통경로 설계 3단계 전략

유통경로 결정은 다른 마케팅 활동에 직접적인 영향을 미친다. 일단 유통경로가 결정되면 제품, 가격, 촉진 등 마케팅 믹스(Marketing Mix, 4'P)의 다른 요소에 직접적인 영향을 주게 되기 때문이다. 마케팅 믹스 중 가격, 제품, 촉진, 디자인은 생산자인 기업의 의지에 따라 변경할 수 있으나 유통경로는 한번 결정되면 변경하는데 많은 시간과 비용이 들기 때문에 유연하게 대응하기 어렵다. 또한, 중간상과의 거래는 일반적으로 장기 계약으로 이루어지므로 한번 결정되면 단시일에 바꾸기 어렵고, 유통 비용은 제품을 구성하는 원가에 상당한 비중으로 포함되므로 유통경로를 신중하게 합리적으로 결정하고 관리해야 한다. 유통경로를 결정하기 위한 3단계 전략을 살펴보면 다음과 같다.

1) 1단계: 유통범위 결정

생산자는 자사 제품의 특성에 따라 유통범위를 결정하는데, 〈표 13-5〉에서 살펴보듯이 편의품(convenience goods)은 일반적으로 개방적인 유통경로(intensive distribution)를 갖는다. 즉 자사의 제품을 누구나가 취급할 수 있도록 개방하여 취급 점포 수를 늘려서 시장 노출도를 높이는 유통경로 정책을 취한다. 편의품은 소비자가 제품에 대하여 완전한 지식이 있으므로 최소한의 노력으로 적합한 제품을 구매하려는 행동의 특성을 보이는 제품으로 식품, 기호품, 일상용품 등이 있다.

선매품(shopping goods)은 일반적으로 선택적 유통경로(selective selling distribution)를 갖는데, 소비자가 상당한 구매 노력을 기울이는 제품일 경우, 자사의 명성을 높여줄 수 있는 중간상을 선택하고 판매 노력을 강화함으로써 시장 노출도를 적절히 유지하면서 중간상에 대한 통제도 강화하는 유통경로 정책을 취한다. 선매품에는 편의품보다 구매단가가 높고 구매횟수가 적은 가전제품, 의류, 가구 등이 있다.

전문품(specialty goods)은 일반적으로 전속적 유통경로(exclusive distribution)

▌표 13-5▐ 제품 특성에 따른 유통범위

유통범위		
개방적	선택적	전속적
• 취급을 희망하는 소매점은 누구나 자사의 제품을 취급할 수 있도록 함 • 소비자가 제품에 대하여 완전한 지식이 있으므로 최소한의 노력으로 적합한 제품을 구매하려는 행동의 특성을 보이는 제품 • 식품·기호품·일상용품 등 최소한의 노력으로 구매 결정 • 편의품(convenience goods)	• 개방적 유통경로와 전속적 유통경로의 중간적 형태 • 일정 지역 내에서 일정 수준 이상의 입지, 경영, 이미지 등을 갖춘 소매점을 선발하여 이들에게 자사의 제품을 취급하도록 함 • 편의품보다 구매단가가 높고 구매횟수가 적은 가전제품, 의류, 가구 등 • 선매품(shopping goods)	• 일정한 상권 내, 제한된 수의 소매점에서 자사의 제품을 취급하도록 함 • 상표나 제품의 특징이 뚜렷하여 구매자가 상표 또는 점포의 신용과 명성에 따라 구매하는 제품 • 비교적 가격이 비싸고 특정한 상표만을 수용하려는 상표집착의 구매 행동 특성을 나타내는 제품 • 자동차·피아노 등의 전문품과 독점성이 강한 디자이너가 만든 명품의류, 귀금속 등 • 전문품(specialty goods)

을 갖는데, 이는 판매지역별로 하나 혹은 극소수의 중간상인에게 자사의 제품을 유통할 권리를 부여하거나 특정 소매점을 선택하여 자사의 제품을 취급할 수 있도록 한다. 전문품은 상표나 제품의 특징이 뚜렷하여 구매자가 상표 또는 점포의 신용과 명성에 따라 구매하는 제품으로 자동차·피아노 등의 전문품과 독점성이 강한 디자이너가 만든 명품의류, 귀금속 등이 있다.

2) 2단계: 유통경로의 길이 결정

유통경로를 결정하기 위해서는 시장(수요), 제품, 중간상, 생산자(공급) 등 4가지 요인들을 고려해서 유통의 길이를 결정한다.

(1) 시장 요인

시장 요인은 수요 또는 구매 요인으로 볼 수 있는데, 이는 시장의 형태, 잠재고객의 수, 시장의 지리적 집중도, 주문의 크기를 말한다. 만약 시장의 범위가 좁아 구매자 수가 적고, 구매 단위가 크며, 구매자가 집중되어 있다면 직접 유통을 통한 짧은 경로가 유리할 것이다. 그러나 구매빈도가 높고 규칙적이며, 구매 단위가 작은 경우에는 긴 경로를 택하는 것이 나을 것이다.

개별 소비자들의 수가 증가할수록 시장 규모는 커진다. 집중도가 낮은 시장은 직접적인 마케팅 경로를 설계할 가능성이 적고, 중간상이 사용될 가능성이 커진다. 시장 집중도가 높아지면 특정 시장에서 경쟁이 제한되거나 독과점화하는 현상이 발생할 가능성이 커지므로 중간상이 배제될 가능성도 커진다.

(2) 제품 요인

제품 요인이란, 제품의 단가, 부패 가능성, 제품의 기술적 특징 등을 말한다. 만약 제품이 기술적 복잡성이 높은 전문품이고, 생산자의 서비스 요건이 충족되는 경우에는 직접 유통의 경우가 효과적이다. 또한, 제품의 부패성이 높고, 유행성이 강하고, 표준화되지 않거나 제품 단가가 비싸며 평균 수주 규모가 큰 경우에는 짧은 경로가 효과적이다.

(3) 중간상 요인

중간상 요인이란, 중간상에 의해 제공되는 서비스, 중간상의 이용 가능성, 생산자와 중간상의 정책 등을 말한다. 만약 바람직한 유형의 도·소매상이 없는 경우에는 생산자는 직접 유통을 해야 할 것이다. 그러나 중간상이 있다고 해도 이용 가능성이 희박할 때는 직접 유통을 하거나 새로운 유통 형태를 개발하게 된다.

(4) 기업 요인

기업요인이란, 생산자, 공급 측면의 요인으로, 기업의 규모와 자본력, 기업이 생산하는 제품의 특성 등에 따라 경로의 길이가 달라지는 것을 말한다. 즉, 기업의 규모와 자본력이 크고, 제품 계열이 넓고, 기업이 적극적으로 신제품을 개발하려는 경우, 경영자의 경험이 풍부한 경우에도 직접 유통의 경향이 높아진다.

표 13-6 4가지 고려요소에 따른 유통경로의 길이

유통경로의 길이		
고려할 요소	긴 경로	짧은 경로
제품	• 표준화된 경량품 • 부패하지 않는 제품 • 편의품	• 비표준화된 중량품 • 부패하는 제품 • 전문품
시장(수요)	• 구매 단위가 작다. • 구매빈도가 높고 규칙적	• 구매 단위가 크다. • 구매빈도가 낮고 규칙적이지 않음
기업(공급)	• 생산자 수가 많음 • 진입과 탈퇴가 자유로움 • 지역적으로 분산 생산	• 생산자 수가 적다 • 진입과 탈퇴가 제한적 • 지역적으로 집중 생산
중간상 (유통 비용)	• 장기적으로 안정적	• 장기적으로 안정적이지 않으므로 최적화 추구

3) 3단계: 통제수준 결정

유통경로에 대한 통제수준이 높을수록 유통경로에 대한 수직적 통합의 강도는 높아지며, 통제수준이 최저가 될 때는 독립적인 중간상을 이용하게 된다. 또한, 양자 사이에는 프랜차이즈 계약 또는 합자의 방식으로 이루어지는 유사통합이 있다.

표 13-7 통제수준과 유통경로

통제수준		
높음	중간	낮음
유통경로에 대한 생산자(기업)의 수직적 통합의 정도가 강화됨	프랜차이즈 계약, 합자 방식으로 이루어지는 유사통합	통제수준이 낮을수록 독립적인 중간상을 이용하게 됨

3 서비스 유통경로 조직

전통적 유통경로는 생산자 또는 서비스제공자가 소비자(고객)에게 직접 전달하는 형태이다. 생산자의 목적은 자사의 제품이 최종고객에게로 원활히 흐르도록 하는 데 있다. 기업이 마케팅 기능 중 하나인 유통전략을 어떻게 효율적, 효과적으로 수행하느냐에 따라 구매자인 고객 가치가 달라지기 때문이다. 그러므로 기업은 다양한 형태의 유통경로를 모색하고, 지속해서 마케팅 시스템을 개선하고 있는데, 수직적 통합, 수평적 통합 등이 그 예이다.

1) 수직적 마케팅 시스템(Vertical Marketing System: VMS)

수직적 마케팅 시스템은 제품이 제조업자에서부터 소비자에게로 흐르는 과정에서 유통단계를 수직적 체계를 갖추어 전문적으로 관리하고 집중적으로 계획한 유통망을 의미한다. 즉, '제조업자 → 도매상 → 소매상 → 소비자'로 이어지는 수직적 연계 시스템을 설계하고 관리하는 과정을 말하며, 기업의 유통 활동을 수행하는 조직들의 총체를 말한다.

수직적 통합은 생산자와 도매상, 소매상이 수직적으로 통합된 시스템을 말하며, 운영상의 경제성과 시장에 대한 최대한의 영향력을 획득하기 위해 전문적으로 관리되고 본부에 의해 설계된 네트워크 형태의 경로조직이다. 이는 무질서하게 흩어진 도소매상들을 연계하여 관계를 형성시키고, 경로 내의 유통기관에 대한 통제력을 강화하여 시장 영향력을 발휘할 수 있도록 하기 위함인데, 생산자는 이를 통해 유통의 경제성을 달성하게 된다.

수직적인 마케팅 시스템(Vertical Marketing System: VMS)은 관리형 VMS, 계약형 VMS, 기업적 VMS 등 3가지 형태로 나누어 살펴볼 수 있다.

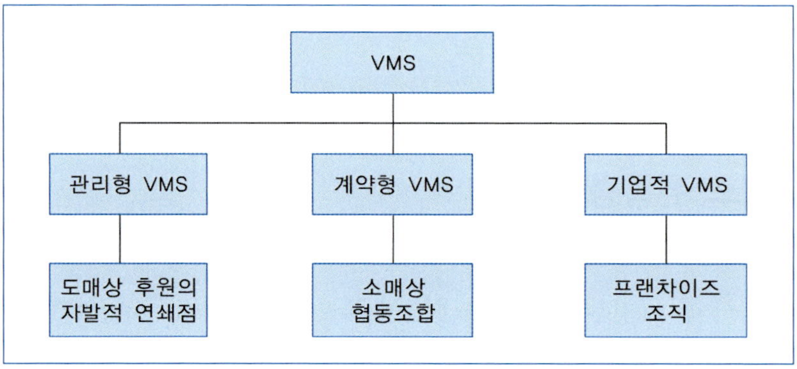

▌그림 13-4▐ 수직적 마케팅 시스템(VMS)

(1) 관리형 VMS

수직적 마케팅 시스템 중에서 경로 구성원들의 활동에 대한 통제의 정도가 가장 낮고, 자율성은 최대한 보장되는 통합시스템이다. 경로 구성원들의 마케팅 활동이 소유권이나 계약에 의하지 않으면서 구성원의 규모, 파워 또는 경영지원으로 조정되는 경로 유형이다. 백화점, 대형 마트 등이 여기에 해당된다.

(2) 계약형 VMS

경로 구성원들이 각자가 수행해야 할 마케팅 기능들을 계약으로 합의함으로써 공식적 경로 관계를 형성하는 경로조직이다. 즉, 경로 구성원 간의 계약에 의한 통합방식을 말하며, 도매상이 후원하는 체인(도매상 후원 자발적 연쇄점), 소매상협동조합, 프랜차이즈 조직 등이 여기에 해당된다.

① 도매상 후원 자발적 연쇄점

도매상을 중심으로 독립적인 소매상들이 수직 통합된 경로조직이다. 연쇄점 회원으로 가입한 소매상들은 공동구매와 공동촉진 등에 의해 규모의 경제를 통해 이득(효과)을 얻을 수 있으므로 대규모 회사형 연쇄점과 가격경쟁이 가능하다.

② 소매상 협동조합(Retailer Cooperatives)

중소 소매상들이 도매기능을 가진 공동소유의 조직체를 결성하여 이를 공동으로 운영하는 경로조직이다.

③ 프랜차이즈시스템(Franchise System)

가맹본부가 계약으로 가맹점에 일정 기간 특정 지역 내에서 자신들의 상표, 상호, 사업운영방식 등을 사용하여 제품이나 서비스를 판매할 수 있는 권한을 허가해 주고, 가맹점은 이에 대한 대가로 초기 가입비와 매출액의 일정 비율로 로열티 등을 지급하는 경로조직이다. 프렌차이즈 시스템의 유형은 제조업자-소매상, 제조업자-도매상, 도매상-소매상, 서비스 회사-소매상 프랜차이즈 등 4가지 유형으로 살펴볼 수 있다.

(3) 기업형 VMS

경로 구성원 모두가 한 조직에 의해 소유되고 관리되는 방식으로 한 경로 구성원이 다른 경로 구성원들을 법적으로 소유, 관리하는 경로 유형이다. 자동차 대리점이 여기에 해당한다.

▌표 13-8▐ VMS 형태별 특징

<table>
<tr><th colspan="3">VMS</th></tr>
<tr><th>관리형 VMS</th><th>계약형 VMS</th><th>기업적 VMS</th></tr>
<tr><td>• 경로 구성원 간의 통합수준이 가장 낮지만, 자율성은 최대한 보장
• 경로 구성원의 마케팅 활동이 소유권이나 계약에 의하지 않으면서 구성원의 규모와 파워에 의해 조정되는 유형
• 사례) 백화점, 대형마트</td><td>• 경로 구성원 간의 계약을 통한 통합방식
• 사례) 도매상이 후원하는 체인, 소매상협동조합, 프랜차이즈 조직 등</td><td>• 경로 구성원 모두가 한 조직에 의해 소유되고 관리되는 방식
• 사례) 자동차대리점</td></tr>
</table>

2) 수평적 통합(Horizontal Integration)

새로운 마케팅 기회를 창출하기 위해 유사한 경로 단계에 있는 두 개 이상의 개별적인 자원과 프로그램을 결합하는 것을 수평적 통합(horizontal integration)이라고 한다. 이는 유사한 경로 단계에 있는 두 개 이상의 기업이 대등한 입장에서 자원과 프로그램을 결합하고, 일종의 연맹을 구성함으로써 공생과 공영의 시너지를 추구하는 수평적 유통경로인데 공생 마케팅과 결합 마케팅이 여기에 해당한다. 반면, 생산자와 중간상 간의 통합의 형태인 전방통합과 후방통합은 대등한 입장에서의 연맹관계인 수평적 통합과는 차이가 있다.

▌표 13-9▐ 수평적 통합

<table>
<tr><th colspan="2">도매상-소매상 통합</th><th colspan="2">수평적 통합</th></tr>
<tr><th>전방통합
(forward integration)</th><th>후방통합
(backward integration)</th><th>심바이오틱 마케팅
(symbiotic marketing)</th><th>협업 마케팅
(collaboration Marketing)</th></tr>
<tr><td>• 제조회사가 도·소매업체를 소유하거나, 도매상이 소매업체를 소유하는 형태</td><td>• 도·소매상이 제조업자를 소유하거나, 제조업체가 부품공급업체를 소유하는 형태</td><td>• 공생 마케팅
• 동종업체 간의 유통과 마케팅의 결합방식
• 같은 경로에 있는 둘 이상의 기업들이 함께 협력하는 방식</td><td>• 결합 마케팅, 제휴마케팅
• 타겟 수요층이 겹치는 제품끼리 함께 진행하는 마케팅</td></tr>
</table>

이러한 수평적 마케팅 시스템은 각 기업이 단독으로 효과적인 마케팅 활동을 수행하는데 필요한 자본, 노하우, 마케팅 자원 등을 보유하고 있지 않을 때 수평적 통합을 통해 시너지 효과를 얻을 수 있게 한다.

(1) 심바이오틱 마케팅(symbiotic marketing)

'심바이오틱(symbiotic)'이란 '공생'이라는 뜻으로, 공생 마케팅이라고도 부른다. 둘 이상의 기업들이 생산과 판매를 분담하거나 여러 자원을 결합하여 마케팅문제를 해결하는 마케팅 전략으로, 자사와 타사의 장점만을 결합하여 공동으로 생산, 판매, 마케팅 활동을 전개하는 방식을 말한다. 즉, 두 개 이상의 기업들이 생산, 판매, 마케팅 기능 등을 분담함으로써 서로 공생하는 길을 모색하는 활동으로, 자사의 취약한 부분을 보완하고, 타사의 강점을 활용함으로써 기업의 효율성을 높이고 비용을 절감하기 위함이다.

예를 들면 생산설비의 신규투자가 부담스러운 업체는 타사의 생산설비를 빌려 제품을 생산하고, 판매망이 취약한 회사는 판매망이 잘 갖춰져 있는 회사의 유통망을 빌려 판매하는 방법을 통해 자사와 타사의 장점만을 결합하여 시너지 효과를 얻는 식이다. 그밖에 OEM(주문자 상표 부착 생산 방식)을 실시하거나, 공동으로 신제품을 연구·개발하거나, 공동으로 광고 또는 판촉 행사를 진행하기도 한다.

심바이오틱 마케팅은 급변하는 시장환경에 대처하기 위한 동종업체 또는 이종업체 간의 전략적 제휴로서, 이를 통해 각 기업은 개별적으로 생산과 판매, 마케팅 활동을 전개하는 것보다 비용과 효율 면에서 큰 효과를 얻을 수 있다.

(2) 협업 마케팅(Collaboration Marketing)

타깃 수요층이 겹치는 제품끼리 함께 진행하는 마케팅으로, 결합 마케팅, 제휴마케팅이라고도 한다.

소비자의 초기 이목을 집중시킬 수 있을 뿐만 아니라 비용 대비 효과를 극대화할 수 있다는 장점이 있다. 장기 불황이 지속하면서 주목받고 있는 마케팅이다. 제휴마케팅, 짝짓기 마케팅이라고도 한다. 협업 마케팅에 가장 적극적인 곳은 식품 업계다. 팔도 비빔면과 동원F&B가 공동으로 내놓은 참빔면이 대표적이다. 참빔면은 참치와 비빔면을 혼합한 것이다.

식품 업계의 협업 마케팅은 겨냥하는 타깃에 따라 제휴사가 달라진다. 화장품 업체와 협업을 하는 식품의 주 타깃은 젊은 여성이고 어린이를 대상으로 한 식품은 주로 만화 캐릭터 업체와 협업을 한다. 새 식품을 출시하면서 어린이들에게 친근한 인기 만화 캐릭터를 활용하는 식이다. 젊은 층을 겨냥해 게임 업체와 협력 하는 예도 있다.

협업 마케팅은 빠른 속도로 진화하고 있다. 2013년에는 브랜드와 브랜드를 섞는 방식도 등장했다. 브랜드 간 협업 마케팅을 선도하고 있는 곳은 외식 업계로, 이들은 자신의 매장을 제휴사의 홍보 채널로 제공하면서 자동차, IT, 출판 업계와의 협업 마케팅을 적극적으로 추진하고 있다. 커피빈이 현대자동차와 함께 손을 잡고 매장에 자동차를 전시한 것이나 카페드롭탑이 삼성전자와 제휴를 맺고 갤럭시노트 10.1을 장착한 스마트 테이블 '터치 탁'을 매장에 설치한 것, 할리스커피가 교보문고와 협약을 맺고 합정역 인근에 오픈한 북카페 테마 매장 등이 이에 해당한다.

할리스커피의 북카페 테마 매장은 매장 내에 인문, 사회, 소설 등 다양한 장르의 책 500여 권을 비치하고 e북 전용 단말기를 테이블에 설치했는데, 향후 콜라보레이션 매장의 장점을 살려 저자와의 대화, 저자 사인회 등도 진행할 계획이다. 음식 메뉴에 아이돌 그룹을 접목한 경우도 있다. 망고식스가 아이돌 그룹 '제국의 아이들' 이름을 따 내놓은 메뉴가 그렇다.

할리스 커피의 협업마케팅 사례

커피 프랜차이즈 할리스가 뷰티 라인 제품을 처음으로 출시하고 화장품 시장 진출을 타진한다. 할리스는 한정판 립스틱 '할리스 레드벨벳 립'을 출시했다.

할리스의 레드벨벳 립스틱

이 제품은 화장품 제조업자개발생산(ODM) 업체인 코스맥스가 제조했다. 가격은 2만 5000원, 정식 출시일은 21일로 할리스 전국 매장에서 구매할 수 있다. 레드벨벳 립스틱을 사면 '미니 벨벳 코듀로이 백'을 함께 증정한다. 할리스는 브랜드 콘셉트를 변경하면서 기존 사명을 지난해 '할리스커피'에서 '할리스'로 변경하기도 했다. 커피뿐만 아니라 한 끼 식사, 굿즈 품목을 대폭 확대 판매하는 라이프스타일 공간으로 진화하겠다는 의지가 반영된 결과다.

라이프스타일 공간으로

실제로 할리스는 할리스 카페식(食) 메뉴 및 굿즈를 확대하고 밀레니얼 세대를 겨냥한 특화매장을 확대하는 등 변신을 거듭해왔다. 오션뷰 매장, 테라스 매장, 한옥 매장 등 지역과 상권 고유 특성에 발맞춘 지역 특화매장도 선보인 것은 물론, 결제 시스템에 코인을 도입하면서 디지털 트랜스포메이션(DT)에도 적극적으로 나섰다.

커피 고객과 뷰티고객

할리스가 그동안 MZ세대를 주요 타깃층으로 삼아 해리포터 굿즈, 조명 등의 프로모션 이벤트를 펼쳐온 만큼 소비자층이 겹치는 뷰티 사업에까지 발을 담글 것이라는 전망이 우세하다. 실제 젝시믹스, 에이블리 등 20·30세대가 즐겨 찾는 애슬레저·패션 플랫폼 업체들은 잇달아 뷰티 관련 카테고리를 론칭하며 화장품 사업에 진출한 바 있다.

출처: 이투데이(2022.01.11.) 발췌요약.

표 13-10 할리스의 협업 마케팅과 비즈니스 변화

	기존	변화
사명	할리스커피	할리스
비즈니스	카페-식음료 사업	• space 비즈니스 • New Life-Style을 즐기기 위한 공간 비즈니스
상품	커피, 음료	커피, 뷰티, 식사, 굿즈 등
매장	동일한 매장	• 특화매장 • 오션뷰 매장, 테라스 매장, 한옥 매장, 북카페 매장, 반려동물 매장

(3) 공유경제(sharing economy)

공유경제는 한 번 생산된 제품을 여럿이 공유해 쓰는 협업 소비를 기본으로 한 경제를 의미한다. 즉, '나누어 쓰기'라는 의미로 자동차, 빈방, 책 등 활용도가 떨어지는 물건이나 부동산을 다른 사람들과 함께 공유함으로써 자원 활용을 극대화하는 경제활동이다. 소유자로서는 효율을 높이고, 구매자는 싼값에 이용할 수 있게 하는 소비형태인 셈이다.

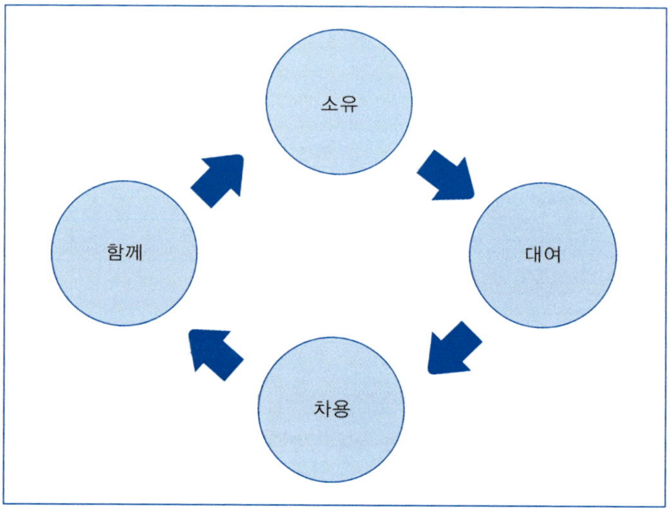

▌그림 13-5▌ 공유경제 개념도

2008년 미국발 경제 위기의 충격 이후 새롭게 탄생한 개념으로 하버드 법대 로렌스 레식(Lawrence Lessig) 교수가 처음 만들어냈다. 대량생산과 대량소비가 특징인 20세기 자본주의 경제에 대비해 생겨난 개념이다. 미국 시사 주간지 타임은 2011년 '세상을 바꿀 수 있는 10가지 아이디어' 중 하나로 공유경제를 꼽았다. 대량생산과 대량소비가 특징인 20세기 자본주의 경제에 대비해 생겨났다. 즉, 물품은 물론, 생산설비나 서비스 등을 개인이 소유할 필요 없이 필요한 만큼 빌려 쓰고, 자신이 필요 없는 경우 다른 사람에게 빌려주는 공유소비의 의미를 담고 있다. 최근에는 경기침체와 환경오염에 대한 대안을 모색하는 사회운동으로 확대돼 쓰이고 있다.

공유경제 사례

공유주방 운영, 법에 영업 근거 생겨

이달 30일부터 공유주방 제도가 본격 시행되며 사업자가 정식으로 공유주방 운영업을 할 수 있게 된다. 앞서 지난해 12월 식품위생법 개정안이 국회 본회의를 통과하며, 공유주방 사업모델의 법적 근거가 마련된 데 따른 것이다. 공유주방은 식품을 가공·조리하는 데 필요한 시설이나 기계·기구 등을 여러 영업자가 함께 사용하는 장소다.

당시 국회는 2019년 6월 고속도로휴게소를 시작으로 '공유주방' 시범사업을 진행한 결과(규제 실증 특례 시범사업을 통해 총 4개 브랜드 19곳에서 공유주방 시범사업 운영, 올해 6월 기준 21개 업체서 운영)를 토대로 식품위생법을 개정했다. 이에 공유주방은 개념을 비롯해 공유주방 운영업 신설, 공유주방 영업자의 위생관리책임자 지정 및 책임보험 가입 의무화 등 관리규정이 마련됐다.

시간구분과 동시사용방식

식품의약품안전처에 따르면 공유주방은 운영방식은 크게 '시간 구분형'과 '동시사용형' 방식으로 나뉜다. 시간 구분형은 2개 사업자가 하나의 주방을 주간(08~20시)과 야간(20시~24시)으로 구분해 사용하며, 동시사용형은 같은 시간대에 여러 사업자가 하나의 주방을 사용하는 방식이다. 공유주방은 시범사업을 거치며 영업 범위도 넓혀왔다. 커피 등을 판매하는 '휴게음식점(카페)'에서 '즉석판매제조·가공업(푸드트럭·배달 전문 음식점)'까지 확대됐다.

공유주방 효과

공유주방은 창업자의 비용 절감 효과를 기대할 수 있다. 식약처는 공유주방 시범사업장을 통한 신규 창업으로 인해 조리시설 등에 필요한 초기 투자비용 약 126억 원을 절감하는 효과가 있는 것으로 봤다. 여기에 이번 공유주방 제도 시행으로 위생적으로 관리되는 공유주방을 이용한 창업이 가능해지며, 업계의 창업비용 절감과 일자리 창출이 가능할 것이라는 전망이 나온다.

출처: 이코노미스트(2021.12.27.). 발췌요약.

4 서비스 유통관리

서비스가 전달되는 시간과 장소에 대한 의사결정은 고객의 니즈, 기대, 경영자의 활동, 서비스운영에 대한 이해도에 따라 달라진다. 고객은 편리성과 선호도가 주요 고려요인이고, 기업은 비용, 생산성, 노동 인력의 접근성이 주요 고려요인이 된다.

1) 서비스 전달방식에 따른 유통장소

서비스 유통시간과 장소는 전달방식에 따라 단일 지점과 복수 지점으로 구분할 수 있는데 이는 〈표 13-11〉과 같이 고객이 기업으로 방문하는 경우, 기업이 고객에게 방문하는 경우, 그리고 원격으로 비대면 서비스하는 경우로 구분해서 서비스 유통 장소를 살펴볼 수 있다.

▌표 13-11▐ 서비스 전달방식에 따른 유통장소

서비스 전달방식	고려요인	서비스 유통장소	
		단일 지점	복수 지점
고객 → 기업	장소적 접근성 시간적 접근성	전문 레스토랑, 호텔, 뷰티샵	버스 정류장, 패스트푸드, 프랜차이즈 편의점
기업 → 고객	비용문제 예약제 운용 수익 창출 기회	인테리어, 주택 수리, 이동 세차	우편배달, 은행지점망
원격(비대면) 서비스	비용 및 수익 창출 기회	신용카드회사	통신회사

• **고객 → 기업**

서비스 전달방식이 고객이 기업에 방문하는 경우라면, 고객이 방문하기 편리한 입지를 선정하는 것이 중요하며, 운영시간도 고객이 편리하게 방문할 수 있는 시간으로 설정하는 것이 필요하다.

• **기업 → 고객**

서비스 전달방식이 기업이 고객을 방문하는 경우라면, 먼저 서비스 직원 파견에 따른 비용 및 추가비용 등을 고려해야 한다. 또한, 서비스 방문을 위한 이동거리 최적화 계획을 수립하고 예약제로 운영하는 것이 바람직하다. 방문 서비스는 추가 수익을 창출할 기회이므로 고객관계관리를 통해 추가 수익을 발생할 수 있도록 한다.

• 원격 서비스

시간 및 장소의 제약이 없고 비용 절감 효과를 기대할 수 있으나, 고객과 직접 대면하는 경우보다 추가 수익 발생 기회가 상대적으로 적을 수 있으므로, 온라인 고객들과 장기적인 관계를 맺어갈 수 있도록 다양한 전략을 모색할 필요가 있다.

2) 고객접촉 빈도에 따른 장소

고객과 접촉하는 시간이 빈번한 서비스와 고객 접촉도가 낮은 서비스의 경우, 시간과 장소관리는 다르게 계획해야 한다. 고객 접촉도가 높은 서비스의 경우, 시간과 장소를 고객 관점에서 전달될 수 있도록 계획하고, 접촉빈도가 낮은 서비스의 경우, 생산자의 시간에 맞추어 계획한다.

표 13-12 고객 접촉빈도에 따른 고려 사항

고려 사항	고 접촉	저 접촉
장소 및 설비	고객에게 가까운 장소 고객기대 충족	원자재 공급 용이 및 직원의 편리성 기업의 효율성 충족
전달 및 과정	고객만족을 위한 전달 설계 서비스 스케이프 등 물리적 증거 고려	서비스의 기능적 속성을 중심으로 설계
일정 및 생산	고객 일정 고려 재고 불가능	고객이 원하는 작업 완료일에 맞춤 주문 적체와 생산 표준화 가능
직원	직원은 인간관계 및 상호작용 능력 필요	기능 인력 필요
시간 및 수요	고객에게 맞춘 유연한 시간 단기적, 시간 기준으로 수요 예측	작업 일정에 맞춘 시간으로 준수해야 함 장기적, 생산량 기준으로 수요 예측

5 서비스 유통채널

채널(channel)은 '경로'를 의미한다. 즉, 서비스가 제공자로부터 고객에게 전달되는 경로를 말하는데, 전통적인 서비스 유통채널은 직접 경로 형태인 다이렉트 채널과 같은 직접 유통의 경우가 많다.

1) 다이렉트 채널

직접 유통(Direct channel)은 기업이 모든 비용을 부담하는 방식이다. 기업이 고객과 직접 접촉해 고객만족을 이끌어 가야 하기에 어려움이 수반된다. 반면, 기업이 서비스 생산 및 판매 현장을 완전히 통제할 수 있어 일관된 서비스 품질을 유지할 수 있고, 중간상이 없어서 조직 간 경로 갈등문제 발생하지 않는다는 장점이 있다.

2) 간접유통

간접유통은 중간상을 이용한 서비스 유통경로를 말한다. 중간상을 이용한 유통방식은 크게 3가지로 나누어 볼 수 있는데, '프랜차이즈(Franchise)' 방식, '에이전트(Agent)' 방식, '전자채널' 방식이 있다.

간접유통의 가장 대표적인 형태는 프랜차이즈시스템이라고 할 수 있다. 프랜차이즈시스템은 프랜차이즈 본부와 가맹점 간의 계약을 통해 가맹점이 제품과 서비스 등을 판매할 수 있는 권한을 부여받고 이에 상응하는 로열티를 지급하는 방식이다.

간접유통의 다른 형태인 에이전트(대리인, agent) 방식은, 대리인이 기업이나 고객 중 어느 한쪽을 대신해 기업과 고객 간의 거래를 활성화하는 역할을 하는 것이다. 전자채널을 이용하는 방식도 간접유통의 한 형태이다. TV, 인터넷, SNS 등 다양한 전자매체를 이용하여 서비스를 제공하는 유통경로를 말한다.

서비스 산업에서 가장 대표적인 간접유통 형태는 프랜차이즈(Franchise)시스템이다. 그러므로 이 시스템에 대해 더욱 면밀하게 살펴볼 필요가 있는데, 시스템의 특성과 형태, 지원 활동과 의무를 본부와 가맹점 관점에서 나누어 분석해 보기로 한다.

표 13-13 서비스 유통채널

서비스 유통채널		
직접 유통	간접유통	새로운 방식
• 직영 채널, 중간상을 거치지 않는 직접 경로	• 프랜차이즈 • 에이전트와 브로커 • 전자채널	• 탈중개화(脫仲介化) • 옴니채널

(1) 프랜차이즈

중간상을 이용한 간접 서비스 유통경로 중의 대표적인 시스템이 프랜차이즈 시스템이다. 프랜차이즈는 프랜차이즈 본부(Franchisor)가 계약으로 가맹점(Franchisee)에 일정 기간 특정 지역 내에서 자신들의 상호, 상표, 사업운영 방식 등을 사용하여 제품이나 서비스를 판매할 수 있는 권한을 허가해 주고, 가맹점은 이에 대한 대가로 초기 가입비와 매출액의 일정 비율에 대해 로열티를 지급하는 형태의 경로조직이다.

① 프랜차이즈 어원 및 의미

원래 프랜차이즈라는 말은 보통명사로 자유·면제·특권과 같은 의미이고, 타동사로 '특권을 부여한다.'와 같은 의미를 지니고 있다. 이는 프랑스어 'franchise'의 옛 용법에서 영어의 어원과 유래를 찾을 수 있는데, '통제 또는 예속으로부터의 자유'를 의미하였다. 예를 들어, 국왕이 도시 등에 자주권을 부여하는 서면을 'Charte de Franchise'라 하였다든가, 농노를 자유스러운 신분으로 풀어줄 때 내주는 서면을 'Letter de Franchise'라 불렀다. 이것이 그 후 바뀌어 특별한 사람들이나 단체에 부여되는 '특권'이라는 의미를 지니게 되었는데, 중세시대 '선박통행 특권'이라는 단어에도 사용되고, 특정 행위를 할 수 있도록 '길드에 의해 부여된 특권'으로 사용되었다. 이처럼 프랜차이즈라는 용어는 제도상의 권리를 표현하는 것으로 사용되었으며, 개인 사이에서도 사용되었다. 유통산업도 이런 흐름 속에서 프랜차이즈 개념을 받아들인 것으로, 이는 어느 날 갑자기 확립된 의미로 존재하는 것이 아니고 각각의 시대와 사회에서 그 나름의 필요성과 기능에 따라서 설명할 수 있는 용어인 것이다.

프랜차이즈시스템의 발생지인 미국의 국제프랜차이즈협회(International Franchise Association) 정의에 따라 유통산업에서 프랜차이즈의 의미는 다음과 같다.

표 13-14 프랜차이즈 정의

- **프랜차이즈에 대한 미국 IFA의 정의**

프랜차이즈 사업이란 프랜차이저와 프랜차이지 간의 계약 관계다.
프랜차이저는 노하우와 훈련 등의 업무에 관하여 계속해서 이익을 제공하거나 이를 유지할 의무를 지닌다. 프랜차이지는 프랜차이저의 소유 또는 관리(감독, 통제)하에 있는 공동의 'trade name format' 및 순서에 따라 영업을 하며, 프랜차이지의 사업에 대하여 자신의 자본을 실질적으로 출자하는 자를 말한다.
프랜차이즈는 프랜차이저의 일련의 지식, 이미지, 성공, 제조 및 마케팅 기법을 프랜차이지에게 제공하고 대가를 지급하는 것을 말한다.

- **한국 프랜차이즈협회(KFA)에서 채택한 프랜차이즈 정의**

프랜차이징이란 프랜차이저가 프랜차이즈를 사는 사람에게 프랜차이즈 회사의 이름·상호·영업방법 등을 제공하여 상품과 서비스를 시장에 판매하거나 기타 영업을 할 수 있는 권리를 부여하며, 영업에 관하여 일정한 통제·지원을 하고 이러한 포괄적 관계에 따라 일정한 대가를 수수하는 계속적 채권 관계를 의미한다.

출처: 김진섭·김혜영(2002). 프랜차이즈시스템의 이해.

위 정의를 분석해 볼 때, 5가지 핵심적인 내용으로 프랜차이즈의 구조를 파악할 수 있다.

표 13-15 프랜차이즈 구조

프랜차이즈의 핵심 내용 5가지
• 계약 관계: 프랜차이저와 프랜차이지 간의 계약 관계임. • 지원과 지도: 프랜차이저는 프랜차이지에 대하여 노하우 등을 제공하면서 대상이 되는 사업을 위해 지도·지원을 한다는 점 • 통제: 프랜차이지는 프랜차이저의 통제를 받는다는 점 • 대가 지불: 프랜차이지는 프랜차이저에게 일정한 대가를 지급해야 한다는 점 • 독립된 사업: 양 당사자는 독립된 사업자이고, 프랜차이지의 사업은 자기자본을 투자하여 전개한다는 점 등이다.

② 프랜차이즈 시스템

프랜차이즈 시스템은 가맹점(프랜차이지)에게 프랜차이즈 본부가 상품, 서비스, 제조, 마케팅 등에 대한 노하우를 전수하게 되므로, 사업에 경험이 없는 가맹점주도 사업 초기 위험을 최소화할 수 있다. 또한 기업(프랜차이즈 본부)은 빠른 기간 내에 지점을 확대할 수 있고, 높은 투자비용을 들이지 않고 복수의 지점들을 통해 일관된 서비스를 전달할 수 있으므로 효과적이다. 프랜차이즈 본부의 지원 활동과 가맹점의 의무를 요약하면 〈표 13-16〉과 같다.

그러나 기업의 환경, 상품의 특성 등에 따라 계약조건은 다를 수 있으며, 구체적인 본부의 지원 활동과 가맹점의 의무 또한 다를 수 있으므로 대략적인 참고만 필요하다.

▌표 13-16▐ 지원과 의무

사업본부(Franchsier)	가맹점(Franchsee)
• 상품, 서비스의 판매권과 상표제공권의 제공 • 상품 생산에 필요한 재료와 자재 제공 • 점포, 점 내 배치, 개점업무, 표준 경영기술, 판매 촉진 기술, 종업원 훈련 등 지도 • 감독자에 의한 정기적인 점검 및 원조 • 정기적인 강습회에 의한 경영정보나 기타 정보교환 • 신속한 상품구매 체제의 이용 • 가맹점과 연대 광고 및 지점 광고 지원 • 개설 자금 및 운영 자금의 융자	• 가맹금 납부 • 신청 증거금 납부 • 로열티 지급 • 광고비 부담 • 전속적 취급 이행 • 매장환경 • 희망판매가격 준수 • 회계내용 보고의무 • 본부로부터의 개선명령 수용

프랜차이즈시스템에서 사업본부(프랜차이저)와 가맹점(프랜차이지)의 각각의 입장에서 장단점을 살펴볼 수 있다.

사업본부(프랜차이저)는 가입비와 로열티 수입으로 안정적인 판매망을 확보할 수 있고, 가맹점 확보와 서비스와 이미지의 일관성을 유지할 수 있어 브랜드 인지도 확보에 유리하다는 장점이 있다. 반면, 가맹점에 대해 지속적인 투자와 지원을 해야 하고, 가맹점과의 갈등이나 분쟁을 감수해야 하는 등 가맹점 수가 급격히 증가할 경우 본부가 효과적으로 가맹점을 감독하는 데 어려움이 따를 수 있다.

가맹점은 사업경험을 배울 수 있고, 이미 증명된 사업으로 초기사업 위험을 최소화할 수 있다는 장점이 있다. 반면, 사업운영에 대한 융통성과 통제권이 작고, 원료 구매 시 기회비용이 발생한다거나 높은 수수료에 대한 부담 등이 단점으로 작용할 수 있다.

▌표 13-17▐ 프랜차이즈 시스템의 장단점

	장점	단점
사업본부 Franchiser	• 가입비, 로열티 수입 • 상품과 서비스의 안정적인 판매망 확보 • 가맹점 점포의 서비스와 스타일을 통일시켜 고객에게 일관된 이미지 형성 • 확대된 유통망을 통한 수익, 시장점유율, 브랜드 인지도 확보 • 지역별 시장에 대한 소비자 지식 습득	• 가맹점에 대한 지원 및 지도 등을 위해 지속적인 투자 필요 • 가맹점과의 갈등 및 분쟁 감수 • 가맹점의 수가 급격히 증가할 경우 본부가 효과적으로 통제하기 어려움 • 가맹점이 본부에 수동적으로 의존하는 경우, 프랜차이즈 전체 조직의 경쟁력이 낮아질 수 있다. • 가맹점으로부터 부실채권이 발생할 수 있다. • 일부 가맹점의 실패가 프랜차이즈 전체에 부정적인 영향을 미칠 수 있다.
가맹점 Franchisee	• 사업방법을 배울 수 있다 • 광범위한 지역에서의 브랜드 명성을 획득 • 증명된 사업으로 초기 사업위험 최소화 • 소자본으로 사업 가능 • 전국적인 광고로 광고비 절감 • 자재와 도구의 대량구매로 비용 절감, 규모의 경제 실현	• 프랜차이즈 본부에 대한 의존 • 수입과 이익에 대한 기대 달성이 미흡 • 시장의 잠식 가능성 • 운영에 대한 융통성과 통제권 부족 • 원료 구매 시 기회비용 발생 가능 • 높은 수수료에 대한 부담

③ 프랜차이즈 종류

- **상표명 프랜차이징(Trade-name Franchising), 상품공급 프랜차이징(product distribution franchising)**

상표명 프랜차이징은 주로 상품 판매에 사용되는 것으로 가맹점이 본부의 상품을 본부가 등록한 상표명으로 판매하는 형태다. GM이나 포드 등의 자동차 업체, 코카콜라, 주유소 등이 있다.

- **비즈니스 포맷 프랜차이징(Business Format Franchising)**

가장 일반적으로 사용되는 프랜차이징으로 본부가 상품 및 서비스, 등록, 상표, 운영방식, 지속적인 경영지도 등 사업에 필요한 모든 요소를 가맹점에게 제공하는 형태이다. 본부는 이에 대한 대가로 가입금과 보증금 등을 받는다. 롯데

코카콜라의 프랜차이즈 사례

코카콜라의 프랜차이즈 보틀링 시스템

보틀링 시스템

코카-콜라사는 프랜차이즈 보틀링 시스템을 통한 생산으로 적은 비용을 들이고도 급성장했다. 즉, 새로운 시장 덕분에 생산비를 외재화하고 지속적인 성장을 위한 홍보 자금을 확보할 수 있었다. 코카콜라는 음료 시럽과 원액, 프랜차이즈 권한, 기술과 판촉 서비스, 홍보 자료를 보틀링 업체에 제공해 이익을 거두었으며, 핵심이 되는 제작과 마케팅의 세부 사항에 대한 통제권을 유지할 수 있었다. 이러한 방식은 프랜차이즈 제작 방식으로, 코카-콜라사는 보틀링 업체를 소유하지 않고도 프랜차이지(가맹좀)에 대한 통제권을 행사했다.

현지화 전략

코카콜라는 본사의 사업 전략, 기술 경험, 마케팅 노하우 등과 함께 현지화 전략도 성공적이었다. 즉, 현지 근로자를 고용하고 현지 제품과 서비스를 구매하는 등 현지 산업에 뿌리내리는 전략이었다.

출처: 어맨다 시아폰(2021), 브랜드의 비밀, '세계를 사로잡은 코카콜라 글로벌 전략' 발췌요약.

리아, 파리바게트, BBQ 등이 있다.

- 컨버전 프랜차이징(Conversion Franchising)

컨버전(전환) 프랜차이징은 독립적으로 운영되던 점포를 프랜차이즈시스템에 끌어들여 형성된 형태다. 독립점포는 프랜차이즈 본부가 가지고 있는 명성이나 고객 확보 능력, 강력한 구매력, 고도의 운영기술에 의한 비용 절감 등의 장점을 끌어다 쓰길 원하며, 본부로서는 이들 독립점포를 자신의 프랜차이즈시스템에 끌어들임으로써 단기간에 성장할 기회를 얻게 된다.

컨버전 프랜차이징은 1970년대 말부터 시작된 세 번째 타입의 프랜차이징 형태이다. 컨버전프랜차이징의 기본 원리는 기존의 독립적으로 운영되는 점포에 같은 브랜드 이름으로 함께 사업을 하는 것이 개별적으로 경쟁하는 것보다 더욱 효과적이라는 내용이다. 이처럼 컨버전 프랜차이징은 어떤 세분된 시장에서 특별한 마켓 리더가 없을 때 성공적으로 실행될 수 있는 프랜차이징의 방법이다. 컨버전 프랜차이징은 가맹점들에 하나의 같은 브랜드로 전환한 대가로 커다란 마케팅의 기회를 주고, 어느 정도의 개선된 운영시스템을 제공한다.

컨버전 프랜차이징이 가지고 있는 단점이 있다면, 이미 독립적으로 운영되고 있는 기존의 점포들이 명확한 비전이 제시되지 않는 이상 선뜻 같은 간판과 같은 이미지로 바꾸지는 않는다는 것이다. 그러므로 이미 독립적으로 운영되고 있는 기존의 점포들에 명확하게 비전을 제시할 수 있어야 하며, 프랜차이저를 위한 것이 아니라, 가맹점 모두를 위한 것이라는 커다란 비전을 보여 줄 수 있어야 한다.

2) 에이전트와 브로커

에이전트(Agent, 대리인)는 기업이나 고객 중 어느 한쪽을 대신해 기업과 고객 간의 거래를 활성화하는 역할을 한다.

판매에이전트(Selling Agent)는 생산자의 상품과 서비스에 대해 판매를 대행할 수 있는 법적 권한을 갖는다. 일반적으로 이들은 하나의 서비스 공급자만을 대행하는 것은 아니다. 다양한 서비스 공급자의 상품을 취급하기 때문에 선택의 폭이 넓다. 보험이나 금융 상품의 판매를 대행하는 자산관리사 등이 여기에 해당한다.

구매에이전트(Purchasing Agent)는 소비자를 대신하여 상품과 서비스를 평가하고 구매하여 필요한 소비자에게 제공한다. 골동품 수집 및 판매가 등이 여기에 해당한다.

브로커(Broker, 중개인)는 구매자와 판매자 간의 협상을 돕고 이들 간의 거래관계를 맺어주는 임무를 수행하는 중간상이다. 브로커는 거래가 성사되면 고용자로부터 수수료를 받기 때문에 자금조달과 같은 거래에 대한 위험은 부담하지 않으며, 거래 성사 이후엔 대리자 역할은 종료된다. 부동산 중개인, 보험 중개인, 증권 중개인, 결혼 정보회사 등이 여기에 해당한다.

▌표 13-18▌ 에이전트와 브로커

구분	에이전트(Agent)	브로커(Broker)
의미	대리인	중개인
종류	• 판매에이전트(Selling Agent): 보험이나 금융 상품의 판매를 대행하는 자산관리사 • 구매에이전트(Purchasing Agent): 골동품 수집 및 판매가	• 부동산 중개인 • 보험 중개인 • 증권 중개인 • 결혼 정보회사

3) 전자채널(전자상거래)

전자채널은 TV, 인터넷, SNS 등 다양한 전자매체를 이용하여 서비스를 제공하는 유통경로를 말하며, 고객과의 직접적인 접촉이 아니라 전자매체를 통해 이루어지는 전자상거래를 말한다. 최근에는 기업과 고객 모두 중간상을 배제하고자 하는 탈중간상인화(disintermediation)현상이 나타나고 있다.

전자상거래는 인터넷이 보편화하기 이전에도 기업 간 문서를 전자방식으로 교환하거나, PC 통신의 홈쇼핑 · 홈뱅킹 등 다양한 형태로 존재해 왔으나, 인터넷이 대중화되면서 인터넷상에서의 거래와 관련지어 생각하게 되었다.

협의의 전자상거래란 인터넷상에 홈페이지로 개설된 상점을 통해 실시간으로 상품을 거래하는 것을 의미한다. 거래되는 상품은 유형 상품뿐만 아니라 원격교육과 같은 서비스도 포함되며, 뉴스 · 오디오 · 소프트웨어와 같은 디지털 상품도 포함된다. 광의의 전자상거래는 소비자와의 거래뿐만 아니라 거래와 관련된 공급자, 금융기관, 정부 기관, 운송기관 등과 같이 거래에 관련되는 모든 기관과의 관련 행위를 포함한다. 전자상거래 시장이란 생산자(producers) · 중개인(intermediaries) · 소비자(consumers)가 디지털 통신망을 이용하여 상호 거래하는 시장으로 실물시장(physical market)과 대비되는 가상시장(virtual market)을 의미한다.

전자상거래로 이루어지는 경제활동을 디지털 경제(digital economy)라 하는데, 실물경제와 디지털 경제가 경제활동의 양대 축을 이루고 있다. 전자상거래는 정보통신기술과 정보시스템 개발기술의 발전으로 나타났으며, 이는 인간의 경제생활은 물론 의식구조와 사회구조의 변동을 초래하고 있다.

표 13-19 전자상거래와 전통상거래 비교

구분	• 전자상거래	• 전통상거래
유통채널	• 기업-고객 • 고객이 기업과 직거래함으로써 선택의 폭을 넓혀줌	• 기업-도매상-소매상-고객
거래대상 지역	• 글로벌마켓 • 시공간의 제약을 벗어나 접근성을 높임	• 로컬마켓
거래시간	• 24시간	• 제한된 영업시간
고객 수요파악	• 온라인으로 수시 획득 • 정보 재입력 필요 없음	• 영업사원이 정보획득 • 정보 재입력 필요
마케팅 활동	• 1:1 마케팅 • 고객 맞춤화 가능 • 고객수요를 신속하게 파악하여 즉각 대응 • 신속한 피드백	• 고객수요 분석 및 대응시간 지연
판매거점	• 사이버 공간	• 물리적인 판매공간 필요

위와 같은 전자상거래의 효과를 3가지 관점에서 살펴보면 다음과 같다.

- **디지털 의사소통 효과:** 기업과 소비자가 전자적으로 연결됨으로써 의사소통되는 정보의 양이 많아지고 정보교환 속도는 빨라진다.
- **디지털 중개 효과:** 전자적 상호작용 시스템의 발전에 따라 거래 상대를 찾는 과정을 전자적으로 해결할 수 있다.
- **디지털 통합효과:** 전자거래 시스템의 활용이 커짐에 따라 전후방 유통기관이 기능적으로 통합된다.

전자상거래는 서비스가 제공되는 지역이 확장되면서 서비스 가격경쟁이 심화하고, 전자거래에 익숙하지 않은 고객에게는 서비스 일관성이 저하될 수 있으며, 대금 결제 및 정보보안의 문제가 발생할 수 있다. 또한, 고객과 비대면으로 접촉함으로 인해 직접적인 상호작용이 떨어진다는 단점이 있다. 그러므로 오프라인 경로와 온라인 경로에 대해 역할과 기능을 분석하여 부족한 점을 보완하거나, 거래환경에 따라 적합한 유통경로를 선택하여 차별화 전략 및 온·오프라인 통합전략 등을 세운다.

최근에는 고객들이 온라인에서 상품을 검색한 후 매장에 방문해서 구매하거나, 반대로 오프라인 매장에서 상품을 구경한 후 온라인으로 구매하는 형태가 증가하고 있다. 이러한 고객 행동은 하나의 유통채널만으로는 고객에게 접근하기 어렵고, 전통적인 채널과 디지털 채널 사이의 시너지 창출이 중요한 이슈이자 과제가 되었다는 의미이다.

전자상거래와 같은 디지털 시장의 발전은 유통시장에서 '중개 소멸', '옴니채널'이라는 새로운 현상을 만들어 내며 빠른 변화와 진화를 거듭하고 있다.

(1) 중개 소멸

중개 소멸, 탈중개화(脫仲介化, Disintermediation)는 가치사슬의 중개 단계를 담당하는 조직이나 비즈니스 프로세스 단계를 제거하는 것을 말한다. 판매자는 소비자에게 상품을 직접 판매하거나 중개상의 숫자를 감소시켜 가격을 더 낮출 수 있고 동시에 더 높은 이익을 얻을 수 있다. 디지털 시장은 유통업자와 같은 중개인을 거치지 않고 판매자가 직접 소비자에게 상품을 제공할 기회가 많다. 디지털 시장이 발달할수록 중개 소멸이 더 많이 나타나는데, 최근에는 기업과 고객 모두 중간상을 배제하려는 경향이 나타나므로, 전방의 중간 유통채널이 유통경로에서 사라지게 되는 탈중개 현상이 나타난다.

이처럼 디지털 채널의 등장은 기존의 대리점, 소매점, 영업사원들에게 위협요소로 작용할 수가 있어서, 갈등이 유발된다. 유통채널 간 갈등 발생 시, 다음의 의사결정 원칙에 따라 갈등을 관리한다.

표 13-20 갈등 시 의사결정 원칙

유통채널 간 갈등
• 채널 갈등의 대처는 수익성을 기준으로 의사 결정한다. • 채널별 수익과 비용 분석 결과를 토대로 육성의 우선순위를 결정한다. • 일반적으로 비용 측면에서 전자채널이 유리하나, 수익 측면에서는 기존 채널이 높을 수가 있다. 그러므로 비용과 수익성을 모두 고려한다. • 수익을 초과하는 비용이 발생한다면 디마케팅(de-marketing) 전략도 신중히 고려할 필요가 있다.

서비스 유통경로의 갈등은 서비스제공자와 중간상, 중간상 간의 차이, 역할과

권리 경쟁, 경로 수행 방법 차이, 권한과 통제 사이의 조율, 역할 상의 혼란 등 다양한 이유에서 발생할 수 있다. 그러므로 성공적인 유통경로를 설계하기 위해서는 다음 사항을 유념할 필요가 있다.

- 공동의 목표를 가진 고객 지향성
- 효과적·효율적인 커뮤니케이션
- 공동 목표달성을 위한 경로 구성원 간의 협조
- 명확한 통제 시스템과 보상제도

(2) 옴니채널

옴니(OMNI)채널은 '모든 것', '모든 방식'을 의미하는 접두사 옴니(OMNI)와 유통경로를 의미하는 채널(Channel)의 합성어로, 온·오프라인 매장을 결합하여 소비자가 언제 어디서든 구매할 수 있도록 한 쇼핑체계를 말한다. 즉, 소비자가 온라인, 오프라인, 모바일 등 다양한 경로를 넘나들면서 상품을 검색, 구매할 수 있는 서비스를 말한다. 과거에는 온라인 소비자와 오프라인 소비자의 경계가 분명하였으나 최근에는 이 경계가 무너져 쇼루밍, 역쇼루밍, 모루밍 등의 소비자 행동 패턴이 나타나고 있다.

쇼루밍(show rooming)은 매장에서 제품을 살펴본 뒤 실제 구매는 온라인 등 다른 유통경로로 하는 것을 말하며, 역 쇼루밍은 온라인 매장에서 제품을 살펴본 후 실제 구매는 오프라인으로 하는 것을 말한다. 모루밍(morooming)족은 오프라인 매장에서 제품을 살펴본 후 모바일로 구매하는 것을 말한다. 이처럼 소비패턴이 다양하게 변화하면서 옴니채널 운영이 주목받고 있다.

옴니채널은 유통채널의 특성을 모아 어떤 채널에서든지 같은 매장을 이용한다는 느낌을 주도록 조성되고 있다. 예를 들어, 애플리케이션(앱)을 내려받은 고객이 매장으로 들어오면 고주파 음역의 파장으로 앱이 자동 실행되어 스마트폰으로 전단지, 영수증, 할인 쿠폰 등을 전송받을 수 있도록 위치기반 서비스를 제공한다. 또한, 윈도에 NFC(Near Field Communication) 칩을 부착, 스마트폰을 대면 해당 홈페이지도 자동 연동되는 서비스 등을 제공하는 것도 여기에 해당한다.

학습정리

- 서비스 유통은 수요측면에서는 소비자를 위한 가치 창출, 탐색 과정 촉진이라는 점에서 필요하고, 공급 측면에서는 반복적인 거래 가능, 교환과정에서의 효율성 제고라는 점에서 필요성이 있다.
- 다이렉트 채널이란 서비스제공자로부터 고객에게 바로 전달되는 직접 경로의 형태로, 서비스가 중간상을 거치지 않고 직접 고객 접촉점을 소유, 관리한다. 주로 소규모 독립 서비스제공자의 경우에 많이 나타난다.
- 프랜차이즈는 본부가 계약 때문에 가맹점에 일정 기간 특정 지역 내에서 자신들의 상표, 상호, 상업 운영방식 등을 사용하여 제품이나 서비스를 판매할 수 있는 권한을 허가해 주고, 가맹점은 이에 대한 대가로 초기 가입비와 매출액의 ° 일정 비율에 대해 로열티를 지급하는 형태의 경로조직을 말한다.
- 유통 채널 간 갈등 발생 시, 대처는 수익성을 기준으로 의사 결정한다, 채널별 수익과 비용 분석 결과를 토대로 육성의 우선순위를 결정한다.
- 최근 기업은 지속 가능한 성장을 위한 유통경로 전략으로 멀티 마케팅 전략을 시행하는데, 여기에는 복수 점포전략, 복수 서비스 전략, 복수 시장전략, 복수점포 및 복수 서비스 전략, 복수점포 및 복수 시장전략 등이 있다.

학습평가

01 성공적인 유통경로 전략이 아닌 것은?

① 공동의 목표를 가진 고객 지향성
② 효과적이고 효율적인 커뮤니케이션
③ 공동 목표달성을 위한 경로 구성원 간의 협조
④ 독자 노선으로 유통채널의 단일화, 단순화

02 디지털 채널(전자상거래)이 발전함에 따라 나타난 현상과 관계없는 것은?

① 탈중개화　　② 옴니채널, 멀티채널
③ 에이전트, 브로커　　④ 쇼루밍, 역 쇼루밍, 모루밍족

[정답 및 해설]

01 ④

해설: 성공적인 유통경로 전략은 효과적이고 효율적인 유통채널을 선택하고, 공동목표 달성을 위해 경로 내의 구성원 간의 협조와 협력이 필요하다. 독자 노선으로 유통채널을 단일화하는 것이 반드시 성공적인 전략이라고 할 수 없다.

02 ③

해설: 에이전트(대리점)와 브로커(중개상)는 디지털 채널의 발전과 상관없이 원래 존재하였다.

Chapter

14 CS측정 및 평가관리

학습목표

- CS 측정이 무엇인지 이해하고 측정방법에는 무엇이 있는지 설명할 수 있다.
- CS 평가시스템에 대해 이해하고 적절히 활용할 수 있다.
- 대표적인 서비스 품질지수에는 무엇이 있는지 설명할 수 있다.

1 CS 측정

고객만족도는 고객이 어느 상품을 구입했을 때 구입한 상품과 서비스에 어느 정도 만족하고 있는가를 중요시하는 마케팅 수법의 하나이다. 상품에 대한 고객의 만족도, 또는 소비자만족도라고도 한다. 상품의 품질과 성능만이 아니라 종사원의 서비스, 애프터서비스 등도 포함된다. 종합적인 의미로는 상품의 공급부터 고객이 기대한 만족도, 실제로 느낀 만족이 어느 정도 높은가 하는 것이다. 고객만족도가 높다면 고객에 의한 동일 상품의 구매율도 높아지기 때문에 많은 기업에서는 고객만족도 조사를 실시하고 있다. 카르도(Cardo)는 고객만족도는 고객의 기대수준과 기업 성과의 함수라고 정의하고 마케팅 영역에서 고객만족을 처음 주장하였다.

고객만족도의 평가는 크게 4가지 관점에서 이루어진다.

- 인지적 상태의 관점으로 구매자가 치른 대가의 보상에 대한 소비자의 판단을 평가한다.
- 고객의 평가로 보는 관점으로 고객의 욕구 및 요구를 충족시키는 정도에 대한 평가이다. 고객의 사전기대와 제품의 실제성과 또는 소비경험에서 판단되는 일치 및 불일치 정도를 평가한다.

- 정서적 반응으로 보는 관점으로 고객의 기대 및 기대 불일치와 같은 고객의 다양한 인지적 처리과정 후 형성되는 정서적 반응으로 본 관점이다.
- 만족에 대한 고객의 판단으로 보는 관점은 고객의 인지적 판단과 정서적 반응이 결합되어 고객의 소비에 대한 충족상태에 따라 판단한다.

고객만족도 측정방법은 여러 가지가 있는데, ① 고객 불평 및 제안 시스템 이용, ② 설문조사 방법(예: NCSI, KCSI, ACSI), ③ 유령고객이용(예: 미스터리 샤퍼), ④ 이탈고객 조사가 대표적이다. 이러한 고객만족도를 측정하는 데에는 〈표 14-1〉과 같은 3가지 원칙을 바탕으로 한다.

표 14-1 고객만족도 측정의 3원칙

계속성의 원칙	고객만족도를 과거, 현재, 미래와 비교
정량성의 원칙	항목별 정량적 비교가 가능하도록 조사
정확성의 원칙	정확한 조사와 정확한 해석 실시

(1) 고객만족지수(CSI)

현재 생산·판매되고 있는 제품 및 서비스 품질에 대해 직접 사용해보고 직접 평가한 만족 수준의 정도를 모델링에 근거하여 측정하여 계량화한 지표이다. 고객만족지수의 측정 목적은 ① 고객만족도의 수준 파악하고, ② 시계열의 변동의 원인을 관리하며, ③ 수익성, ④ 제품 및 서비스 품질을 개선, ⑤ 기업 내부의 프로세스 개선 도모에 있다.

고객만족지수가 필요한 이유는 ① 경쟁관련 품질 성과 연구, ② 고객충성도 분석, ③ 고객기대가 충족되지 않은 영역평가, ④ 가격 인상의 허용 폭 결정, ⑤ 경쟁사의 CS 강·약점 분석에 있다.

고객만족지수는 다음과 같은 총 7단계의 추진절차에 의해 진행된다.

- 1단계: 사전준비단계
- 2단계: CS추진기구의 편성
- 3단계: 고객조사

- 4단계: CS실천전략 수립
- 5단계: 목표설정 및 CS추진과제 실천안 설계
- 6단계: CS향상 활동
- 7단계: 성과분석 및 차기전략 수립

(2) 순수추천 고객지수(NPS)

NPS는 충성도가 높은 고객을 얼마나 보유하고 있는지를 나타내는 지표로 기업의 미래성장 가능성을 예측할 수 있다. 프레드릭(Frederick F. Reichheld)은 기존의 고객만족 점수는 진정한 고객의 충성도를 대변하기 어렵고 실제 고객의 반복 구매 행동이나 추천 행동과 강한 연관성을 보이는 지표는 추천 의향이기 때문에 고객 충성도(royalty) 측정 방법으로 추천 지수를 제안했다. NPS는 기존 고객만족도 조사의 질문들이 다소 모호한 부분이 있으며, 거래 중단 고객 중 60~80%가 고객만족도에는 '만족 한다'고 답변하기 때문에 조사의 결과가 좋아도 기업성장률에는 기여하지 못한다는 측면에서 그 필요성이 있다고 할 수 있다.

NPS는 조사 수행 방법이 쉽고 간단하지만 고객의 소리를 정확히 들을 수 있어 기업이 이를 적용·활용하기가 용이하다는 장점이 있다. 또한 실행 결과 고객의 초기 반응을 파악할 수 있고 문제가 발생할 경우 신속하게 개선할 수 있다. NPS 조사는 필연적으로 인터뷰를 통해 고객과의 직접 접촉을 수반하게 된다. 수집된 점수와 정보는 고객의 추천 구매율, 반복 구매율, 고객 유지율 등과 밀접하게 연결되어 있는데, 〈표 14-2〉와 같은 공식에 의해 그 점수가 산출된다.

표 14-2 NPS 산출 공식

$$NPS = \frac{(\text{적극적 추천고객수} - \text{비추천고객수})}{(\text{응답자 비율})}$$

2 CS 평가관리

CS를 조직문화로 정착 시키고 조직원의 실천을 유도하고자 하는 기업이나 기존 평가시스템에 고객관점의 평가요소를 반영하고자 하는 기업, CS에 대한 원인·과정·결과지표 등을 체계적으로 추적하여 서비스 개선에 활용하고자하는 기업이라면 고객만족도 평가 시스템을 구축해야한다.

CS평가시스템(CSES)은 내부 경영활동의 과정과 결과를 고객관점에서 평가하는 것으로 기업 내부 활동까지 평가하는 시스템으로 고객이 만족한 정도 측정과 평소의 업무 속에서 고객만족을 위해 노력한 내부 활동에 대해서도 평가를 한다는 점에서 균형 잡힌 평가방식이라고 인정되고 있다. 평가 시스템을 통해서 CS를 조직 문화로 정착시키고 조직원의 실천을 유도할 수 있으며, 매출 성과와 효율성 위주의 기존 평가 시스템에 고객 관점의 평가요소를 반영함으로써 고객만족에 대한 원인과 과정, 결과 지표 등을 체계적으로 추적하여 서비스 개선에 활용 할 수 있다.

CS평가시스템 컨설팅은 고객 요구의 정의에서부터 실행까지의 총 5단계별 프로세스를 지닌다.

- **1단계:** 우선 고객의 요구를 정의한다. 이때 적은 인원의 사람을 대상으로 고객의 의견을 심층적으로 파악하는 정성 조사와 전체 모집단을 대표할 수 있는 표본을 추출하여 구조화된 질문지로 양적 자료를 수집하는 정량 조사가 이루어진다. 정성 조사와 정량 조사를 통해 대상이 되는 고객을 정의하고 고객의 요구를 파악하여 고객 요구 품질을 추출하는 단계이다.
- **2단계:** 고객조사로 설문지를 개발하여 고객의 기대와 만족도 파악하는 단계이다. 외부고객조사(CSI)와 내부부서만족도(ICSI)조사를 시행한다.
- **3단계:** CS평가지표를 개발하는 단계이다. 주요 고객 요구와 핵심 관리 요소를 도출하고 대표성 및 전략적 중요성을 고려하여 평가 지표를 도출한다.
- **4단계:** CS평가 실행 체계를 구축하는 단계이다. 이 단계에서는 CS평가 실행 체계를 사내공유하고 평가운용체계 마련한다.

- 5단계: CS평가시스템 실행단계이다. 평가 시스템을 실행하고 샐행에 대한 성과를 분석하여 목표를 설정하고 보상을 시행한다.

평가시스템의 구축은 ① 고객지향적 기업문화, ② 자발적인 CS활동 참여(구성원들 동기부여), ③ 객관적이고 공정한 평가(다자원적 평가)라는 효과를 가져 올 수 있다. 또한, 이러한 프로세스를 통해서 CS경영 성공을 위한 방향 설정과 의사결정 기준을 제시할 수 있다.

3 서비스 품질지수

1) 한국서비스품질지수(KS-SQI)

KS-SQI(Korean Standard-Service Quality Index)는 국민행복을 위한 고품질 서비스 요구의 증가에 부응하고 급속한 세계화에 따른 선진 서비스 접촉 기회가 증하는 대함에 따라 한국 실정에 맞는 서비스 품질 측정방안의 도입이 절실히 요구되고 있는 상황에서 2000년 개발되었다. 한국표준협회가 주관하는 KS-SQI는 서비스 산업의 품질평가를 위해 개발된 국내 첫 서비스 품질평가지수이다. 참고로 NCSI와 KCSI는 일반적인 고객만족 모형으로서 서비스 부문만을 위한 고유한 품질평가모형은 아니었다. 서비스 기업과 서비스 상품은 제조기업 또는 제품과 다른 고유한 특징이 있기 때문에 일반적인 고객만족지수로는 정확한 서비스 품질의 평가를 하기에 역부족이었다. 따라서 KS-SQI는 서비스의 고유한 특성을 반영한 다차원적인 모형으로서 일반적인 서비스 업종에 범용적으로 사용될 수 있다.

KS-SQI는 한국 내 구매 가능한 모든 서비스의 품질에 관한 국가 및 전 산업의 통일된 지표이자, 동종산업은 물론 관련 이종산업 벤치마킹 자료로 활용이 가능하며 서비스 품질의 선행지표와 결과지표 간의 인과관계 프로세스를 반영하는 계량모델을 적용하여 기업 서비스 품질의 진단 및 개선 전략 수립을 위해 활용이 가능한 포괄적 모형이다. KS-SQI는 서비스 품질에 있어서 성과품질과 과정품질을 균형적으로 고려하였다. 특히, KS-SQI는 서비스 품질을 그 서비스의 성과에 의해서 측정하는 SERVPERF를 반영하였다. 이러한 방법은 측정의 편리성과 현실적 적용의 용이성 등으로 실무에서 각광받고 있다.

2) 한국산업의 고객만족도(KCSI)

한국능률협회컨설팅의 주관하에 실시되고 있는 KCSI(Korean Customer Satisfaction Index) 조사는 1992년 이래 매년 실시하여 언론에 공표되고 있다. 본 조사는 한국산업의 주요 제품 및 서비스에 대한 고객의 만족도 수준을 측정하여 각 산업 및 기업의 현재 위치를 확인하고 고객의 불만요인을 추출하며 향후 관련 산업 및 기업의 경쟁력 향상과 고객만족 경영전략 수립을 위한 기초자료를 제공하는 데 의의가 있다. 선정방법 및 결과 공표에 대해서는 매년 고객만족도 조사를 통해 해당시장에서 가장 높은 만족도를 보인 상품이나 서비스를 선정하고 선정된 결과는 언론을 통해 매년 공표됨과 아울러 이의 인증 및 사례발표를 위한 포럼을 개최하고 있다.

3) 국가고객만족도지수(NCSI)

미국고객만족지수(American Customer Satisfaction Index: ACSI)는 기업, 산업 및 국가 경제 성과를 평가하기 위해서 고객만족이라는 체감 서비스를 측정하는 평가 시스템으로서 1989년에 개발된 스웨덴 고객만족지표(SCSB)를 바탕으로 1994년에 개발되었다. 최초 개발 당시 34개 산업 200개 기업을 대상으로 결과를 발표하였으며, 이후 ACSI를 바탕으로 1996년에 노르웨이 고객만족지표

(NCSB)가 소개되었으며, 노르웨이 12개 산업 42개 기업에 대한 조사 결과가 발표되었다.

특히, ACSI는 뉴질랜드, 타이완, 오스트리아를 비롯하여 전 세계에 도입되었으며 한국에서는 생산성본부에 의해서 국가고객만족도지수 NCSI(National Customer Satisfaction Index)라는 명칭으로 채택되기에 이르렀다.

4) 서울시 서비스지수(SSI)

SSI(Seoul Service Index)는 서울시의 고품질 경영시정 구현을 목적으로 개발된 서울시 행정서비스의 품질평가지표이다. 이를 활용하여 행정서비스 분야별로 서비스 품질을 평가하고 그 결과를 반영하여 더 나은 서비스를 제공하는 데 활용하는 것을 목표로 한다.

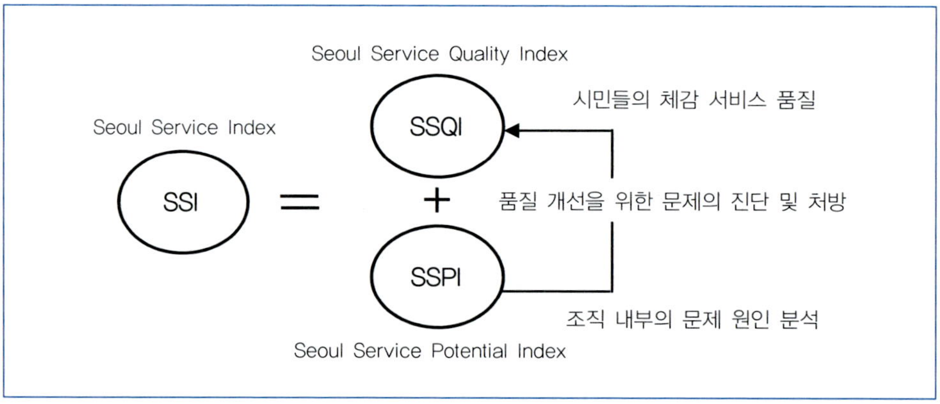

▌그림 14-1 ▌▌ SSI 구성지표

출처: 이유재 외(2004).

고품질 경영시정 구현의 궁극적인 지향점은 서울시 성과의 향상으로 이어진다. 이러한 성과는 시의 관점에서는 시민의 시정에 대한 지지의 확보라고 할 수 있으며, 시민의 관점에서는 시민행복의 증대로 이해할 수 있다. 민간기업의 품질경영 마인드를 시 행정에 접목시킴으로써 이른바 '경영시정'을 구현할 수 있게 된다. 그리고 원인과 결과를 동시에 펴가함으로써 시민들이 체감하는 서비스 품질이라는 결과와 조직 내부의 잠재력 차원에서 무슨 원인이 있는지를 탐지해 냄으로써 보다 적극적인 의미에서 서비스 품질을 관리할 수 있게 된다.

이를 통해서 시 행정에 대한 진단과 처방을 심도 있게 수행할 수 있게 되며 그 결과 서비스 품질 개선노력의 효과성 및 효율성이 증대될 것으로 예상된다. 또한, 피드백을 통한 변화가 시민들이 체감하는 품질지표로서 재평가됨으로써 지표에 대한 신뢰성 및 평가제도에 대한 시민들의 신뢰성을 확보하는 데 기여할 수 있을 것이다.

5) 공공기관 고객만족도지수(PCSI)

규제완화 등으로 인한 경쟁체제 확산, IT의 발달, 국민의식 및 욕구 수준의 상승 등으로 국민들의 기대수준을 충족시키기 위해서는 정부와 공공기관은 더 이상 변화하지 않으면 안 되게 되었다. 이에 정부는 2004년 공기업 및 정부산하 기관관리기본법을 제정하고 고객만족도 조사를 전격 도입 실시하여 정부의 고객인 국민을 최우선하는 정책 의지를 천명함과 동시에 국민을 대상으로 한 고객만족도 조사를 경영평가에 반영하게 하였다.

PCSI 모델의 기본 구조는 [그림 14-2]와 같으며, 기존의 PCSI 1.0 모델의 고객만족도 평균 지수가 지속적으로 상승하고 절대점수가 매우 높은 수준을 유지하여 체감지수와 차이가 있다는 문제점이 발견되었다. 이에 시대환경의 변화에 따른 모델 개편의 필요로 지난 2015년 전반적 고객만족 외에 서비스품질, 서비스 비교평가, 사회적 책임지수에 가중치를 부여하여 만족도를 산출하는 PCSI 2.0 모델을 도입하였다.

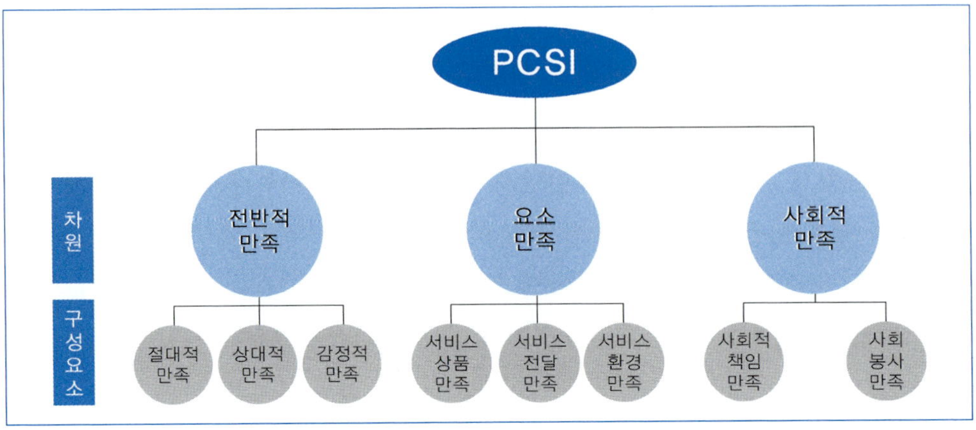

그림 14-2 PCSI 모델의 기본 구조

출처: 이유재 외(2004).

기존의 고객만족도 조사는 주로 민간 기업에 초점을 맞추었다. 그러나 정부기관 역시 정부차원의 혁신활동에 동참하고 민간기업과의 관계를 지속적으로 개선하며 소비자를 보호하고 다양한 서비스를 제공하는 등 끊임없는 혁신을 통해 존경받는 기업으로 성장해야하는 상황이므로 민간기업과 마찬가지로 고객만족도 조사가 필수적인 상황이다. 이러한 배경에서 PCSI(Public Sector Customer Satisfaction Index)는 공기업 및 정부산하기관 평가에 사용될 수 있도록 개발된 것으로 공공부문의 특성을 선행요인, 만족개념, 성과변수에 모두 반영한 새로운 모형이다.

학습정리

- CS 평가는 인지적 상태의 관점, 고객평가로 보는 관점, 정서적 반응으로 보는 관점, 만족에 대한 고객의 판단의 관점의 네 가지 측면에서 이루어진다.
- CS 측정은 계속성의 원칙, 정량성의 원칙, 정확성의 원칙의 3원칙을 바탕으로 한다.
- 평가시스템의 구축은 고객지향적 기업문화, 자발적인 CS활동 참여, 객관적이고 공정한 평가라는 효과를 가져 올 수 있다.
- 서비스 품질지수에는 KS-SQI, KCSI, NCSI, SSI, PCSI 등이 있다.

학습평가

01 다음 중 고객만족도 측정의 원칙이 아닌 것은?

① 계속성의 원칙
② 축적성의 원칙
③ 정확성의 원칙
④ 정량성의 원칙

02 다음 중 국내 첫 서비스 품질평가 지수는 무엇인가?

① KS-SQI
② KCSI
③ NCSI
④ PCSI

[정답 및 해설]

01 ②

해설: 고객만족도 측정은 계속성, 정량성, 정확성의 3가지 원칙을 바탕으로 한다.

02 ①

해설: KS-SQI(한국서비스 품질지수)는 서비스 산업의 품질을 평가하기 위해서 개발된 국내 첫 서비스 품질평가 지수이다.

PART

SM실무 03

Chapter

15 고객커뮤니케이션

학습목표

- 커뮤니케이션에 대해 올바르게 이해하고, 효과적으로 커뮤니케이션할 수 있다.
- 감성커뮤니케이션을 이해하고, 이를 서비스 과정에 활용할 수 있다.
- 설득을 위한 커뮤니케이션을 이해하고 설명할 수 있다.

1 커뮤니케이션

1) 커뮤니케이션의 이해

커뮤니케이션의 일반적인 정의는 개인이나 집단이 언어 혹은 비언어적 수단을 활용하여 타인에게 영향력을 행사하고 정보를 교류하며, 감정과 정서를 주고받는 것이다. 이것은 상징을 통하여 의미(정보)를 전달하는 현상이라고 정의할 수 있으며, 폭넓은 관점에서 말하는 사람과 듣는 사람의 정보나 의사, 감정의 교류와 더불어 말하는 사람이 듣는 사람에게 영향을 미치는 과정까지 포함된다. 즉, 커뮤니케이션은 둘 또는 그 이상의 사람들 사이에서 정보의 공유·논의·논쟁·소통과 같은 형태로 발생하는 일련의 과정과 그 과정을 통해 나타나는 행동으로 효과적인 커뮤니케이션이 되기 위해서는 정보를 수용하는 사람의 피드백이나 응답 등이 있어야 하고, 이를 통해 정보를 전달하고자 하는 사람이 원래 의도했던 정보의 의미가 제대로 이해될 수 있다.

이러한 커뮤니케이션 방법은 언어적인 방법(verbal communication)과 비언어적인 방법(non-verbal communication)의 크게 두 가지 차원에서 살펴볼 수 있다. 비언어적 커뮤니케이션은 다시 눈의 움직임, 자세 그리고 제스처와 같은 신체언어 커뮤니케이션, 사람의 목소리 톤, 음색, 음 단절과 같은 요인으로 구성되는 의사언어 커뮤니케이션, 시각적으로 느껴지는 물리적인 매력 정도인 신체 외향 커뮤니케이션, 그리고 커뮤니케이션을 하는 당사자들의 적절한 거리와 같은 그들이 속한 공간과 관련된 공간언어 커뮤니케이션으로 구분된다.

2) 고객 상담과 커뮤니케이션

고객 상담은 고객과 서비스 종사원과의 의사소통으로 대면 또는 비대면 수단을 통해 커뮤니케이션을 전개하는 활동이다. 1대1 상호작용의 고객 상담 커뮤니케이션은 대화예절이 수반되며 응대의 전문성이 요구된다. 고객이 필요로 하는 제품과 서비스에 관련된 필수정보, 추가적인 정보, 애로사항, 문제나 불만사항의 해결에 대한 상담과 조언을 한다는 자세로 신뢰성과 전문성이 필요하다. 상황에 따른 적절한 언어적, 비언어적 커뮤니케이션 방법에 따라 서비스 접점의 직원이 고객을 존중해 주고 있다는 느낌을 줄 수 있으며 이러한 접점 직원의 태도는 고객만족과 고객감동으로 이어진다. 불만을 제기하는 고객에게 불만을 제대로 충족시키지 못했을 경우와 불만처리를 통해 고객이 만족을 얻었을 때의 영향을 비교해보면, 적절한 불만처리를 통해 만족한 고객의 재 거래율이 높다. 그러므로 고객 상담은 서비스 접점에서 매우 중요한 역할을 하는 요소이다.

고객 커뮤니케이션은 송신자가 자신이 지니고 있는 감정, 정보, 사상, 등을 언어적 표현이나 비언어적 표현을 사용하여 수신자에게 전달하고 이에 대하여 수신자는 특정 반응이나 행동을 보여주는 일련의 과정이다. 일반적인 커뮤니케이션의 의미는 둘 이상의 사람이 상호 간 이해를 도모하기 위해 메시지, 생각, 감정 등을 공유하는 것으로 환경이나 상황에 따라 다양하게 나타날 수 있다. 상대방의 상황을 충분히 이해하지 못하거나 또는 자기를 중심으로 메시지 내용을 구성할 경우에는 커뮤니케이션이 자기중심적 해석이나 이해로 내용을 왜곡하고 변질 시킬 수 있기 때문에 상대방의 입장에서 커뮤니케이션을 하는 것이 필요하다. 커뮤니케이션은 송신자가 의사소통의 필요성을 느낄 때부터 시작되며, 크게 [그림 15-1]과 같이 송신자(전달자)와 수신자 메시지, 피드백 4가지 요소로 나누어진다.

- **수신자:** 메시지가 수신자에게 전해지면 수신자는 메시지를 통해 송신자가 무엇을 표현하려고 했는지 이해할 수 있어야 한다.
- **메시지:** 수신자는 송신자의 마음을 읽을 수가 없기 때문에 송신자의 의도를 수신자가 이해할 수 있는 말을 통해 메시지로 바꾸어야 한다.
- **피드백:** 수신자가 송신자로부터 받은 메시지 내용에 대한 자기 해석을 하여 다시 송신자에게 전달한다.

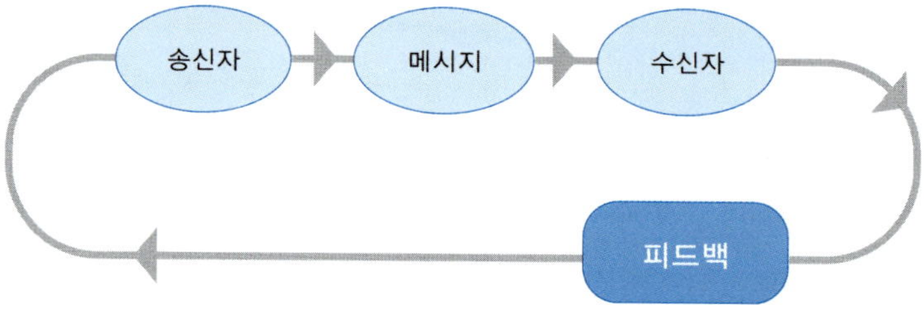

- **수신자:** 메시지가 수신자에게 전해지면 수신자는 메시지를 통해 송신자가 무엇을 표현하려고 했는지 이해할 수 있어야 한다.
- **메시지:** 수신자는 송신자의 마음을 읽을 수가 없기 때문에 송신자의 의도를 수신자가 이해할 수 있는 말을 통해 메시지로 바꾸어야 한다.
- **피드백:** 수신자가 송신자로부터 받은 메시지 내용에 대한 자기 해석을 하여 다시 송신자에게 전달한다.

▌그림 15-1▌ 커뮤니케이션 과정

대화에 있어서 말을 잘하는 것보다 더 우선되어야 하는 것은 상대방의 말을 정확하게 듣는 것이다. 이는 사람의 말을 듣고 이해하고 반응하는 것, 즉 경청을 의미한다. 효과적인 커뮤니케이션을 위한 경청은 먼저 듣고 생각하고 말하는 순서로 진행되어야 한다.

(1) 공감적 경청

공감적 경청이란 고객의 상황을 이해하려는 의도를 가지고 경청하는 것이다. 고객이 무엇을 말하려고 하는지 파악한 후에는 그 상황에 맞는 적절한 반응을 해야 한다. 상황에 맞는 적절한 호응어를 사용할 수 있으며 이때 중요한 것은 말하는 상황에 맞는 진심 어린 음성연출이다.

(2) 질문하기

질문은 상대방으로 하여금 말하고자 하는 중요한 부분을 다시 한 번 상기시키게 하며 효과적인 질문을 통해 정보 수집을 가능하게 하며 대화의 초점이 흐려졌을 때 주위를 환기시키는 역할을 한다. 또한 질문은 귀를 기울이게 하며 상대방과 좀 더 친근한 관계가 될 수 있도록 도와준다.

질문의 종류에는 크게 개방형 질문, 선택형 질문, 확인형 질문이 있다.

- **개방형 질문**: 고객이 자유롭게 의견이나 정보를 말할 수 있도록 묻는 질문으로 확대형 질문이라고도 한다. 고객이 적극적으로 이야기하게 함으로써 고객의 니즈를 파악할 수 있다.
- **선택형 질문**: 고객에게 "네" 또는 "아니요"로 대답할 수 있는 단순한 사실질문하거나 몇 개 중 하나를 선택하게 하는 질문이다. 고객의 니즈에 초점을 맞출 수 있고 화제를 정리하고 정돈된 대화를 할 수 있다.
- **확인형 질문**: 고객의 입을 통해 확인받는 질문으로 고객의 답변에 초점을 맞추어 고객의 니즈를 정확하게 파악할 수 있으며 처리해야할 사항을 확인 받을 수 있다.

2 효과적인 커뮤니케이션 기법

화법에는 여러 가지가 있지만 실제 고객을 응대할 때 가장 많이 사용되면서 가장 필요한 화법은 쿠션화법, 신뢰화법, 레이어드 화법, 아론슨 화법, 나 전달법 등이 있다.

① 쿠션화법

쿠션화법은 부정적이고 직설적이며 단호한 표현을 하기보다는 사과나 양해표현을 통해서 미안한 마음을 먼저 전하여 부드럽고 긍정적인 표현이 될 수 있도록 사전에 쿠션 역할을 할 수 있는 말을 전하는 화법이다.

"죄송하지만", "괜찮으시다면", "양해해 주신다면", "실례합니다만" 등의 표현이 있다.

② 신뢰화법

신뢰화법은 "~일 것 같은데요."와 같은 추측성이나 책임회피의 표현이 아닌 상대방에게 신뢰감을 줄 수 있는 말을 전하는 화법이다. 신뢰감을 주기 위해서는 기본적으로 정확한 업무 지식을 갖추고 있어야 하며 문장을 얼버무리지 않고 어미를 정확하게 발음하는 습관을 가져야 한다. 또한, '요죠체'를 많이 사용하게 되면 전문적인 느낌보다는 유아적인 느낌을 전달하여 신뢰감을 떨어뜨릴 수 있으므로 "~입니다. ~입니까?" 같은 '다까체'와 '요조체'를 적절한 비율로 사용하는 것이 좋다.

③ 레이어드 화법

레이어드 화법이란 의뢰나 질문형식으로 바꾸어 말하는 화법이다. 명령이나 지시조의 말을 들으면 거부감이 들기 쉽다. 이때 의뢰형이나 질문형식으로 바꿔 말하면 훨씬 더 부드러운 커뮤니케이션이 될 수 있다.

"좀 해주시겠습니까?", "부탁드려도 될까요?", "이쪽 자리 괜찮으십니까?" 등의 표현이다.

④ 아론슨 화법

아론슨 화법은 미국의 심리학자 아론슨(Aronson)의 연구에서 유래된 것으로 어떤 대화를 나눌 때 부정(-)과 긍정(+)을 혼합해야 하는 경우라면 부정적인 내용을 먼저 말하고 끝날 때 긍정적 언어나 내용으로 마감하라는 것이다. 사람들은 비난을 듣다가 나중에 칭찬을 받게 되었을 경우 계속 칭찬을 들어온 것보다 더 큰 호감을 느낀다. 예를 들면 "날씨는 흐렸지만(-) 기온은 적절하다(+)", "가격은 좀 비싸지만(-) 품질은 최고다(+)"와 같은 표현이다.

⑤ 나 전달법

주어가 일인칭인 '나'가 되어 나의입장에서 내가 관찰하고 생각하고 느끼고 바라는 것을 표현하는 화법이다. 다른 사람을 평가하고 해석하는 것이 아니라 자신이 느끼는 감정과 경험을 표현하는 것으로 '상대방으로 인해 나의 감정이나 느낌이 어떻다'와 같이 내가 주체가 되어서 이야기하는 방법이다. 예를 들어 "당신이 늦어서 영화를 못 봤잖아요."를 나 전달법으로 바꾼다면 "당신이 늦어서 영화를 못 보게 되니 속상하고 아쉬워요."로 표현하는 것이다.

표 15-1 다양한 서비스화법 활용 사례

서비스화법	사례
쿠션화법	"죄송하지만", "괜찮으시다면", "양해해주신다면", "실례합니다만"
신뢰화법	어미가 "~입니다." 로 끝나는 다까체의 화법
레이어드화법	"좀 해주시겠습니까?", "부탁드려도 될까요?", "되겠습니까?"
아론슨화법	"날씨는 흐렸지만(−) 기온은 적절하다(+)" "가격은 좀 비싸지만(−) 품질은 최고다(+)"
나 전달법	"당신이 늦어서 영화를 못 봤잖아요." (X) → "당신이 늦어서 영화를 못 보게 되니 속상하고 아쉬워요." (O)

3 감성커뮤니케이션

현대사회에서는 커뮤니케이션의 문제가 많이 발생하고 있다. 이에 커뮤니케이션을 논리적(論理的) 판단의 상호작용이 아닌 감성을 자극하는 분위기와 느낌을 주고받는 감성커뮤니케이션이 주목받고 있다. 감성커뮤니케이션이란 인간에 대한 이미지나 느낌과 같이 인체의 감각기관에 의해 감지된 외부의 자극에 대하여 인체가 느끼는 복합감정을 표출하는 것을 말한다. 그리고 개인, 집단, 조직 등 사회적 주체들 사이에 어떤 의미가 담긴 메시지나 정보를 상호교환하여 공유하는 사회적 과정으로 이해될 수 있다. 또한, 쌍방의 과정으로 전달자와 피전달자 사이의 사실이나 생각, 감정 등을 전달함으로써 상대방에게 생각과 행동 또는 태도에 영향을 주어 스스로 행동에 변화를 일으킨다. 이러한 과정을 기반으로 하는 감성커뮤니케이션은 정보의 정확한 전달과 효율적 교류로 서비스의 품질과 효율성을 향상시킬 수 있다.

4 설득과 커뮤니케이션

설득은 말과 행동으로써 상대방으로부터 내가 원하는 성과를 얻어내는 아주 적극적이고 전략적인 의사소통 행위로서 넓게 보자면 거의 모든 커뮤니케이션을 통칭한다고도 할 수 있다. 이에 설득에 강한 사람들을 보면 항상 인간관계의 중심에 서 있다. 이들의 비밀은 과연 무엇일까? 실은 아주 간단하다. 상대의 마음의 습관을 읽는 것, 거기에 설득의 기술이 있다. 상대를 설득하는 데 있어 가장 어려운 것은 일단 상대의 마음의 문을 여는 것이다. 이는 낯선 사람을 설득할 때 더욱 그러하다. 이때 사람들은 자신과 비슷한 성향과 부류의 사람을 무의식 중에 내 편으로 인식하는 경향이 있다는 점을 활용해야 한다. 상대에 대한 정보를 최대한 알아내어, 그가 우리를 내 편으로 느낄 수 있도록 활용하는 것이다. '당신', '나', 이런 단어보다 '우리'라는 말을 적극적으로 사용하여 상대와 나를 동질화시키는 것도 좋은 방법이다.

한편, 설득 의도를 숨기는 것도 설득력을 높여준다. 듣는 사람으로서는 상대방이 나를 설득하려는 것이 아니라고 생각할 경우, 메시지에 대한 신뢰는 증가하고 의심은 감소하게 되기 때문이다. 하지만 상대방의 마음을 움직였다고 해서 설득이 성공한 것은 아니다. 가장 중요한 것은 상대방이 실행을 하느냐, 그렇지 않느냐에 달려 있으며, 이를 위해서는 상대방이 실행을 할 수 있도록 구체적인 정보를 제공해 줄 필요가 있다.

또한 일반적으로 사람들은 실행에 옮긴 이후에도 자신들의 선택이 옳은 것이었는지 계속 의심하는 경향이 있으며, 진정한 설득의 달인들은 설득 이후에도 그 선택이 옳았다는 생각을 계속 갖도록 일종의 애프터 서비스를 제공해야 한다. 이를 통하여 한 번 설득되었던 그 상대방이 이후 다시 쉽게 설득되도록 미리 효과적으로 투자하는 것이다.

학습정리

- 커뮤니케이션의 일반적인 정의는 개인이나 집단이 언어 혹은 비언어적 수단을 활용하여 타인에게 영향력을 행사하고 정보를 교류하며, 감정과 정서를 주고받는 것이다.
- 비언어적 커뮤니케이션은 다시 눈의 움직임, 자세 그리고 제스쳐와 같은 신체언어 커뮤니케이션, 사람의 목소리 톤, 음색, 음 단절과 같은 요인으로 구성되는 의사언어 커뮤니케이션, 시각적으로 느껴지는 물리적인 매력 정도인 신체외향 커뮤니케이션, 그리고 커뮤니케이션을 하는 당사자들의 적절한 거리와 같은 그들이 속한 공간과 관련된 공간언어 커뮤니케이션으로 구분된다.
- 고객 상담은 고객과 서비스 종사원과의 의사소통으로 대면 또는 비대면 수단을 통해 커뮤니케이션을 전개하는 활동이다. 1 대 1 상호작용의 고객 상담 커뮤니케이션은 대화예절이 수반되며 응대의 전문성이 요구된다.
- 화법에는 여러 가지가 있지만 실제 고객을 응대할 때 가장 많이 사용되면서 가장 필요한 화법은 쿠션화법, 신뢰화법, 레이어드 화법, 아론슨 화법, 나 전달법 등이 있다.
- 감성커뮤니케이션이란 인간에 대한 이미지나 느낌과 같이 인체의 감각기관에 의해 감지된 외부의 자극에 대하여 인체가 느끼는 복합감정을 표출하는 것을 말한다.
- 설득은 말과 행동으로써 상대방으로부터 내가 원하는 성과를 얻어내는 아주 적극적이고 전략적인 의사소통 행위로서 넓게 보자면 거의 모든 커뮤니케이션을 통칭한다고도 할 수 있다.

학습평가

01 다음 중 어미가'~입니다'로 끝나는 다까체 화법은 어떤 화법에 속하는가?

① 쿠션화법 ② 아론슨화법
③ 레이어드화법 ④ 신뢰화법

02 다음 중 커뮤니케이션에 대한 설명으로 바르지 않은 것은?

① 눈의 움직임, 자세, 제스처와 같은 것들도 일종의 신체언어라고 할 수 있다.
② 호감형 화법에는 쿠션화법, 신뢰화법, 레이어드화법 등이 있다.
③ 대화에 있어서는 무엇보다도 말을 잘하는 것이 우선되어야 한다.
④ 커뮤니케이션의 과정은 송신자가 메시지를 수신자에게 전달하고 송신자와 수신자 사이의 피드백을 통해 이루어진다.

[정답 및 해설]
01 ④
02 ③
해설: 대화에 있어서는 말을 잘하는 것보다 더 우선되어야 하는 것은 상대방의 말을 정확하게 듣는 것이다.

Chapter

16 콜센터운영관리

학습목표

- 콜센터 업무와 조직의 특성, 콜 마케터의 역할을 이해하고 설명할 수 있다.
- 스크립트의 필요성과 목적을 이해하고 작성할 수 있다.
- 전화응대의 원칙과 스킬을 숙지하여 실무에서 활용할 수 있다.

1 콜센터의 개념

1) 콜센터의 개념과 중요성

콜센터(Call Center)는 전화를 포함하여 여러 다양한 매체를 통해 기업과 고객 간의 커뮤니케이션적인 접촉이 이루어지는 곳이다. 데이터베이스(Data Base: DB) 마케팅기법과 CRM경영기법을 전략적으로 활용하여 고객과 전화 통화를 조직적으로 컴퓨터 자동화하여 처리하는 중추적 역할을 한다. 기업의 최접점에서 고객을 응대하는 수단으로서의 콜센터는 전화와 인터넷 및 통신 기술이 발전하면서 전화, e-mail, SMS, 팩스, 영업사원 등의 다양한 채널을 통해 기업과 편리하게 접촉하게 되었다.

고객은 콜센터를 통해 자신의 요구와 욕구, 불만사항을 처리하고 제품설명 및 판매의뢰까지 접수 처리를 하는 등의 서비스를 이용하고 관련 문제를 해결하면서 신속하고 정확하며 친절한 응대에 따라 기업의 이미지와 신뢰도를 평가하게 되었고 이에 따라 콜센터는 기업의 고객관계 관리를 위한 핵심 채널로 자리 잡게 되었다. 따라서 콜센터는 고객과 상담원을 연결매개로 하되 텔레마케팅기능과 커뮤니케이션이 결합되어 다양한 고객 접점 채널과 체계화된 시스템 고객응대 업무 프로세스를 접목하여 전문적인 상담을 해주는 고객접촉 지향적인 조직

집합체라고 할 수 있다.

고객과 가장 가깝게 위치하고 있으며, 상담사의 역할에 따라 기업 전체의 매출 증대에 큰 영향을 주는 콜센터는 고객관계관리(CRM)에서 아주 중요한 역할을 담당한다. 지속적인 고객과의 관계 유지와 고객의 욕구를 충족시키는 서비스는 기업 전체의 이미지와 신뢰도에 영향을 미치게 되므로 고객에 대한 중요한 서비스는 바로 콜센터에서 시작된다고 볼 수 있다. 과거에는 일반 기업에서 콜센터가 차지하는 부분이 작았다. 대다수 일반 기업의 콜센터는 전화를 접촉 수단으로 하여 단순히 고객의 문의를 처리하는 매우 수동적인 일을 수행하고 있었다. 콜센터를 운영하는 기업 입장에서도 콜센터가 이익을 창출하는 곳이라는 인식을 갖지 못하고, 그저 업무처리를 도와주는 부서 정도로 간주하고 있었다. 그러나 최근에는 콜센터에 대한 인식이 크게 바뀌어 콜센터의 비중과 규모가 더욱 커지고 있다. 콜센터는 기업과 기업, 기업과 고객과의 업무보조 수단에서 그 활용을 통해 이익을 창출해 내는 세일즈 수단으로서의 변화하였다. 단순히 고객의 문의에 응대하는 수단에서 고객의 의견을 조사하고 이것을 기업 마케팅 활동에 활용하는 텔레마케팅의 수단으로 변화한 것이다. 결과적으로 고객을 위해 어쩔 수 없이 기업이 비용을 지불하며 운영하는 부서라는 인식에서 고객관계관리를 통한 마케팅 활동으로 기업의 이익을 창출하는 필수적인 부서로 인식이 변한 것이다.

이에 따라 콜센터는 다음의 다양한 역할을 수행하게 되었다.

- 신규고객 확보
- 고객 이탈 방지를 통한 기존고객 활성화
- 고객정보 획득 및 시장조사 기능(고객의 요구파악, 신상품 광고효과)
- 고객 중심의 고객감동 실천의 장(이미지 제고의 활동)
- 전화, 우편, 이메일 등 다양한 매체 중심의 마케팅 전개 수단

2) 콜센터 발전단계

콜센터의 중요성이 점점 증가함에 따라 콜센터는 다음과 같은 발전단계를 이

루어 왔다.

표 16-1 콜센터의 발전단계

전화 센터	▶	CTI 콜센터	▶	통합고객센터	▶	CRM센터
전화		CTI		다채널		다채널+마케팅
• 전화를 통한 직접 전화 응대		• 컴퓨터와 전화시스템을 통합한 CTI(Computer Telephony Integration) 기능 도입 • ARS 활용하여 자동처리율 증가 • 콜을 자동분배하는 콜라우팅(Call Routing)		• 전화뿐 아니라, 멀티채널을 통한 고객 응대 • e-mail, 메신저, 팩스, SMS 등의 멀티채널		• 크로스 셀링(Cross-selling) - 업셀링(Up-selling), 신규 세일즈 유도 등을 이용한 적극적 고객 캠페인 • 고객 수익성 향상

3) 콜센터 유형

콜센터의 유형은 업무성격, 조직구성원, 장비구성, 규모, 통합성 유무, 고객지향정도에 따라 달라지며 그 운영 형태도 달라질 수 있다.

표 16-2 콜센터의 유형

구분	유형
(1) 업무성격에 따른 분류	인바운드형 콜센터, 아웃바운드형 콜센터, 혼합형 콜센터
(2) 조직구성원에 따른 분류	직할 콜센터, 아웃소싱 콜센터, 제휴형 콜센터
(3) 장비구성에 따른 분류	CTI시스템 콜센터, UN-PBX 콜센터, 웹 콜센터, 수동 콜센터
(4) 규모에 따른 분류	대형 콜센터, 중형 콜센터, 소형 센터, 소호용 콜센터
(5) 통합성 유무에 따른 분류	통합형 콜센터, 분산형 콜센터, 버추얼 콜센터
(6) 고객지향 정도에 따른 분류	서비스 지향형 콜센터, 수익성과 지향형 콜센터, CRM형 콜센터

(1) 업무성격에 따른 분류

• **인바운드형 콜센터:** 일명 주문접수 고객응대형 콜센터라고 한다. 주문접수 처

리, 고객문의상담, 고객 컴플레인 및 애프터서비스, 긴급 상황 처리 등 주로 소비자, 고객, 일반인들로부터 전화를 받는다. 인바운드형 콜센터는 고객주도형이다.

- **아웃바운드형 콜센터**: 일명 판매촉진형, 목적지향형 콜센터라고 한다. 제품이나 서비스를 판매하기 위한 목적으로 고객설득이나 가입을 유도하는 판매촉진, 회원기압, 전화설문조사 등 기업이나 개인이 어떤 뚜렷한 목적을 가지고 전화를 거는 업무 중심의 콜센터이다. 아웃바운드형 콜센터는 기업주도형이다.
- **혼합형 콜센터**: 인바운드와 아웃바운드 업무를 혼합적으로 처리할 수 있는 콜센터를 말한다. 특히 IVR(Interactive Voice Response) 등 인바운드/아웃바운드 자동 콜 분배 호환처리가 가능해짐에 따라 혼합 상황 처리가 용이해졌다.

(2) 조직구성원에 따른 분류

- **직할 콜센터**: 일명 직영 콜센터로서 기업 내부의 조직원들이 직접 운영하는 것이다. 고객정보보호, 지속적인 업무 진행, 수익성이나 원가보다는 고객관리의 질 등을 지속적으로 향상시키기 위해 직접 운영하는 경우가 많다.
- **아웃소싱형 콜센터**: 콜센터 운영에 따른 리스크 등의 어려움과 위험을 방지하고 효율성, 생산성, 전문성을 고려하여 콜센터 시설, 시스템, 인력 등을 철저하게 외부 전문 콜센터 운영업체에게서 조달하는 방식의 콜센터를 말한다.
- **제휴형 콜센터**: 콜센터 운영의 장점과 전문성을 지닌 업체가 제휴하여 시스템, 인력, 업무 노하우를 결합 또는 공유하여 운영하는 콜센터를 말한다.

(3) 장비구성에 따른 분류

- **CTI시스템 콜센터**: 전화장치처리시스템과 컴퓨터처리시스템이 연동되어 음성처리와 데이터처리를 하고 자동적인 콜 처리 및 콜 분배가 가능하다. 또한 콜 데이터를 분석하여 관리 할 수 있는 시스템의 전문성이 고려된 콜센터이다.
- **UN-PBX 콜센터**: 대부분의 CTI 중심의 콜센터는 PBX(Private Branch ex-

change)를 장착하고 있으나 UN-PBX의 경우에는 굳이 많은 비용을 투입하여 CTI 장비를 구입하지 않더라도 50석 정도 이하의 콜센터에서는 콜 분배나 콜 처리의 자동화를 취할 수 있는 이점이 있다.

- **웹 콜센터:** 인터넷, 컴퓨터 장치를 통해 고객 상담을 할 수 있는 콜센터이다. 종전의 순수한 전화 중심의 콜센터에 비해 다양한 고객 커뮤니케이션 접촉 채널을 활용하여 고객 상담이 이루어진다. 특히 VoIP(Voice over IP) 방식의 콜센터는 기존의 회선 교환수의 개념에서 벗어나 음성을 데이터로 전환하여 마치 전자우편과 동일한 사용방식이라고 할 수 있는 패킷교환통신시스템으로 네트워크 전송이 가능한 콜센터이다.
- **수동 콜센터:** 컴퓨터 장치나 콜 처리 자동장치가 거의 없이 수동적인 방법으로 콜 업무를 처리하는 콜센터를 말한다.

(4) 규모에 따른 분류

- **대형 콜센터:** 일반적으로 동시 수용규모가 200석 이상이 되는 콜센터를 말한다. 대부분 CTI 장비를 장착하여 콜 분배, 콜 처리, 콜 확장이 용이하다.
- **중형 콜센터:** 일반적으로 동시 수용규모가 50~200석이 되는 콜센터를 말한다. CTI 장비나 UN-PBX를 설치하여 해당 업무를 알맞도록 조정할 수 있다.
- **소형 센터:** 일반적으로 동시 수용규모가 10~50석이 되는 콜센터를 말한다. 단일 업무 처리를 중심으로 운영한다.
- **소호용 콜센터:** 일반적으로 동시 수용규모가 10석 이하가 되는 콜센터를 말한다. 소호용 콜센터는 재택근무가 보편화되면서 활성화되고 있으며 특히 지역적인 마케팅을 전개하는 토대를 마련할 수 있다.

(5) 통합성 유무에 따른 분류

- **통합형 콜센터:** 전국적인 영업망 또는 서비스망, 고객상담 영역이 필요하지만 콜센터를 한 곳에 집중적으로 구축하여 전국적인 콜 또는 전체적인 콜 처리를 한곳에 집중하고 통합하여 운영하는 방식을 말한다.

- **분산형 콜센터:** 각 영업이나 서비스 거점별로의 콜센터를 설치 운영하는 방식을 말한다. 분산형 콜센터는 마케팅 목표의 지역거점별, 영업특성별, 조직구성의 개별성 등을 고려하여 접근할 수 있다.
- **버추얼 콜센터:** 이것은 콜센터의 가용자원을 보다 효율적으로 활용하기 위해서 분산형 콜센터 구축을 지양하고 전 지역을 통합하여 처리할 수 있는 콜라우팅 기술시스템 환경을 중심으로 센터간의 콜 부하를 분산시키는 방식의 콜센터를 말한다.

(6) 고객지향 정도에 따른 분류

- **서비스 지향형 콜센터:** 제품이나 서비스를 판매한 후 고객 상담이나 불만사항 처리 문의상담이나 정보제공 안내 등 서비스 제공 중심으로 업무를 처리하는 콜센터를 말한다. 대부분의 인바운드형 콜센터가 이 유형에 속한다. 특히 콜센터가 인터넷 환경을 수용하면서 다차원적 고객접촉을 지원하고 실시간 커뮤니케이션이 가능한 e-service 솔루션을 활용하는 사례가 확대되고 있어 콜센터의 서비스 지향은 끊임없는 개선 활동이 요구되고 있다.
- **수익 및 성과 지향형 콜센터:** 어떠한 수익을 실현하거나 성과달성을 위해 전문적이 텔레마케팅 인력을 활용하여 제품 및 서비스를 판매하거나 기입을 유도하는 콜센터를 말한다. 대부분의 아웃바운드형 콜센터가 이 유형에 속한다. 특히 이는 무점포마케팅의 일환으로 강력한 조직목표 승부에 강한 조직구성 적극적이고 역동적인 프로모션으로 고객을 설득시키는 강점이 있는 제품과 서비스력 원가관리와 위기관리가 동시에 수반되는 수익성과 노하우를 겸비하고 있어야 한다.
- **CRM형 콜센터:** 고객 서비스 지향 콜센터이든 수익 및 성과 지향 콜센터이든 간에 고객관계관리에 중점을 두며 자체 제품이나 서비스 고정조객 관리 및 CRM 분석을 통해 고객관리의 지을 개선하기 위해 운영하는 콜센터를 말한다.

2 콜센터의 운영

1) 인바운드 콜센터

인바운드(In-bound)란 고객이나 잠재고객으로부터 전화를 수신하는 형태의 전화업무를 말한다. 광고, 알림서비스, 사후 서비스의 약속과 같은 활동 결과로 외부로부터 걸려오는 전화를 받고 소비자의 불만이나 의견, 문의 접수에서부터 주문, 신청, 예약 등을 체계적으로 처리하기 위한 마케팅 및 커뮤니케이션 활동이다. 일반적으로 카탈로그, DM, 이메일을 특정 고객에게 보내거나 대중매체 또는 제품의 포장을 통해 전화번호를 적극적으로 홍보하고 전화걸기를 촉구하는 문안이나 인센티브를 제시하여 활성화시킨다.

고객이 능동적으로 특정 목적을 가지고 전화를 걸어왔기 때문에 인바운드 콜센터는 무엇보다도 고객 상담 서비스 관리가 요구된다. 고객이 능동적으로 전화를 한다는 것은 필요한 정보가 있거나 해당 기업의 서비스 이용 시 불편한 점이나 문제점이 있다는 것이다. 따라서 정교한 콜 처리 프로세스를 통해 고객의 요구를 해결할 수 있어야 한다. 어떠한 업무를 어떻게 처리할 것인지 사전에 철저히 기획하고 준비를 하는 것이 필요하며 인바운드 업무를 수행하는 상담사의 상담교육 및 훈련을 통해 전문가로서의 자질을 갖출 수 있도록 해야 한다. 인바운드 콜센터는 다음과 같은 특징을 가진다.

- **고객접근의 용이성**: 고객에게 다양한 안내와 고지를 통해서 쉽게 검색할 수 있고 접촉할 수 있도록 채널의 다양성을 제공해야 한다.
- **사전예측성**: 정확한 콜 예측을 통해 콜의 과부하나 포화상태가 없이 원활하게 이루어질 수 있도록 사전에 충분한 예측과 대비가 요구된다.
- **업무의 정확성**: 반복 질문과 정확한 응대를 위해 FAQ와 QA를 활용하며 업무 프로세스에 맞는 효율적이고 체계적인 상담을 위해 스크립트와 문답집 등을 활용한다.
- **서비스성**: 상담사는 상담 과정에서 고객과 상담자간의 진지함, 고객 문제에

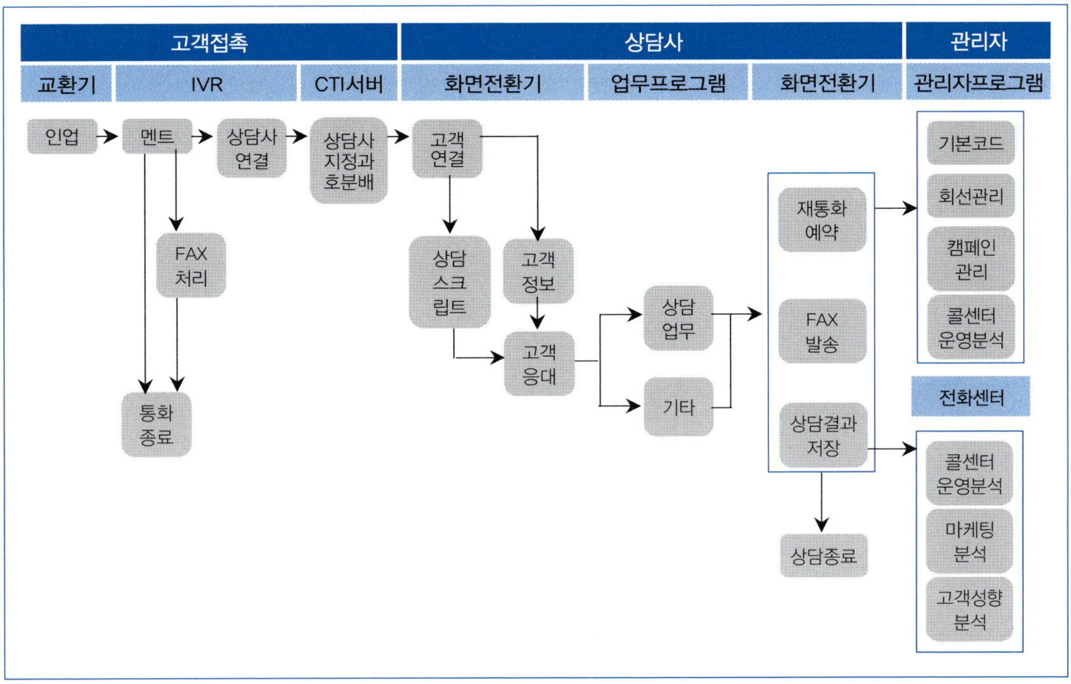

❚그림 16-1❚ 콜센터 인바운드 업무 흐름도

출처: 정성일 외(2009).

대한 집중 및 공감대를 형성해야 한다. 고객 접점에서 상담사의 인식, 태도, 커뮤니케이션, 행동 등에서 품격 있는 서비스가 연출되어야 하며 이를 위해 지속적인 고객응대 교육이 이루어져야 한다.

- **프로세스성**: 명확한 상담지침과 원칙, 콜처리 및 분배시스템의 자동화, 콜데이터 처리와 정밀도 분석, 사후 관리 등 정밀한 프로세스가 빈틈없이 이루어져야 한다.

2) 아웃바운드 콜센터

아웃바운드(Out-bound) 콜센터는 서비스지향인 인바운드 콜센터와는 달리 전화를 거는 주체인 개인이나 기업 및 조직이 고객에게 접촉하고자 하는 목적을 뚜렷하게 가진 상태에서 제품 또는 서비스, 정보 제공 등을 전화나 기타 커뮤니케이션 채널을 통해 전달하는 곳이다.

아웃바운드 콜센터는 보다 더 성과 지향적이고 수익 지향적이기 때문에 시스템 설계, 텔레마케팅 캠페인 전용 툴 등 소프트웨어 장착, 전문 인력(매니저, 슈퍼바이저, 텔레마케터, 웹 콜 마케터)의 투입과 활용, 관리와 분석 및 업그레이드가 동시에 가능한 매니지먼트 기법이 조화롭게 이루어져야 한다.

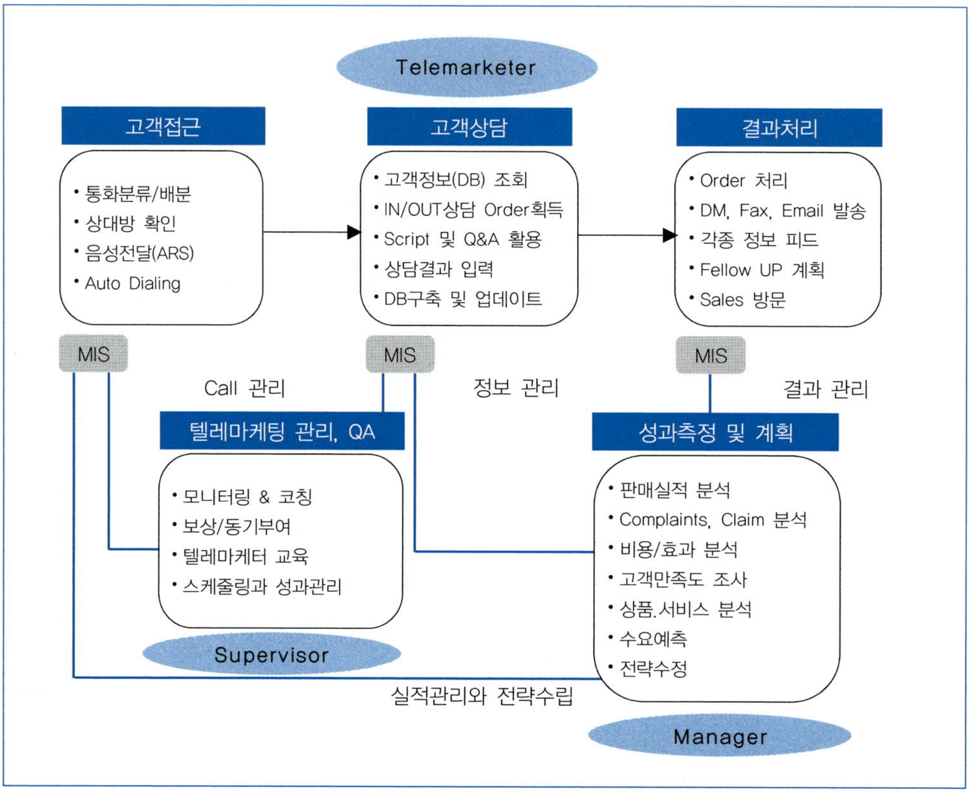

▌그림 16-2▌ 콜센터 아웃바운드 업무 흐름도

출처: 정성일 외(2009).

아웃바운드 텔레마케팅은 개별고객과의 커뮤니케이션이다. 기존고객에 대한 표준화된 구조의 데이터가 구축되어 있어야 하며 잠재고객들에 대한 정확하고 최신 정보가 준비되어야 한다. 또한, 고객 개개인의 특성에 맞는 커뮤니케이션을 할 수 있어야 하므로 전문지식과 커뮤니케이션 스킬 및 적극적인 사고를 갖춘 전문 상담사를 양성하고 확보해야 한다. 아웃바운드 콜센터의 특징은 다음과 같다.

- **양질의 고객데이터 보유:** 목표달성을 위한 고객 개개인의 속성과 거래 속성을 정확하게 판단하고 활용할 수 있는 데이터가 필요하다.
- **성과 지향성:** 텔레마케터 개인별 1일 목표부여와 조별 또는 팀별 목표부여와 성과달성을 통해 지속적으로 수익실현이 이루어져야 한다.
- **적극적 커뮤니케이션과 고객설득 능력:** 아웃바운드 텔레마케팅의 성공을 위해서는 고객을 설득하기 위한 공격적인 커뮤니케이션과 상담 중 발생하는 고객의 반론을 극복하기 위한 상담 능력이 필요하다.
- **사후 관리:** 고객과 전화나 다른 접촉채널로 접촉한 이후 또는 판매 이후에 반품, 매출취소, 불만제기 등으로 생산성이나 효율성이 반감되는 경우가 발생될 수 있는 소지가 많으므로 이에 대한 사후관리와 빈틈없는 서비스가 요구된다.
- **CRM, 데이터베이스마케팅 기법 및 솔루션의 전략적 활용:** 고객설득과 고객획득, 반복사용 및 추천지지 유도 등으로 고객생애가치나 로열티를 극대화할 수 있는 CRM과 데이터베이스마케팅 경영기법을 전략적으로 활용할 수 있도록 한다.

표 16-3 인바운드와 아웃바운드 콜센터의 서비스 영역 비교

인바운드 콜센터	아웃바운드 콜센터
주문·접수 처리	잠재, 가망고객 획득
예약, 예매	신규고객 및 방문고객 유치
제품 및 서비스에 대한 문의·상담	서비스이용 계좌 확보
자료, DM, 카탈로그 송부 요청	계약갱신, 배달 통지
전용전화 서비스	방문 및 구입 예약 확인, 이벤트 초대
긴급구조(화재, 범죄, 위험 등) 요청	전화를 활용한 고객리스트 정비
개개인적인 상담	DM 및 Letter 수신 확인
부가서비스·특수서비스 정보 이용전화	전화를 활용한 직접판매, 판매촉진
행정업무 처리 요청	반복구매 촉진, 애용에 대한 감사의 전화
업무 확인 요청	대금회수
비즈니스 대행 요청	현장판매 지원
	타 광고매체 지원
	고객관리, 휴면고객 활성화
	고객 서비스의 질적 개선
	선거후보자 지지 요청(선거마케팅)
	모니터링(고객 상담요원 전화응대 태도체크)
	시장조사·상품조사·소비자조사

3) 성과관리

성과관리란 기대하는 성과수준과 경영활동을 통해 달성한 실적을 체계적으로 관리함으로써 조직이 기대하는 목표를 달성하는 것을 목적으로 하는 경영관리 체계이다. 성과관리는 단순히 성과평가만을 의미하는 것이 아니라 명확한 지표와 목표를 가지고 성과를 개선하기 위한 지속적인 과정을 의미한다.

즉, 조직의 비전과 전략을 중심으로 구체적인 목표를 설정하여 그 달성 정도를 객관적 지표로 측정, 평가하는 결과중심의 관리방식으로 KPI(Key Performance Indicators)를 활용하여 조직이 전략적으로 집중해야 하는 부분의 성과를 관리함으로써 전략적 목표를 달성할 수 있도록 하는 제도라고 할 수 있다. 특히, 콜센터는 고객과 커뮤니케이션을 담당하는 중요한 역할을 하며 고객정보를 활용하고 이를 통해 수많은 다른 정보를 얻는 곳이기 때문에 철저하게 관리를 해야 한다.

(1) 성과관리 필요성

최근의 콜센터는 기업이나 조직의 매출 또는 이익에 상당 부분을 차지하고 있으며 직간접적으로 연결되어 있다. 콜센터의 역할이 증가할수록 콜센터의 성과관리는 아주 중요한 부분이며 이를 체계적이고 효율적으로 관리하는 것은 당연하다. 콜센터는 성과관리 필요성은 다음과 같다.

- 콜센터의 현재 전략이나 목표를 어느 정도 달성했는지 진행사항을 점검할 수 있고 다음에 전개되어야 할 단계나 방향을 설정할 수 있기 때문에 중요하다.
- 콜센터 운영 중 발생되는 여러 가지 상황과 문제점들을 개선 및 보완하고 확인된 결과에 따라 지속적으로 개선 및 보완을 통해 더욱 효율적으로 조직을 운영할 수 있다.
- 조직구성원들을 평가하고 동기부여를 하기 위해 필요하다. 팀과 개인의 평가에 따라 보상함으로써 조직 구성원들에게 동기부여를 제공하며 건전한 경쟁을 유발하고 이를 통해 정해진 전략이나 목표를 효과적으로 달성할 수 있다.
- 성과관리를 통해 효율적이고 전략적인 의사 결정이 가능하다. 콜센터는 다

양한 정보와 데이터, 지식은 커뮤니케이션을 통해 효율적으로 분배되고 조직의 전략적 의사결정에 중요한 역할을 한다.

(2) 성과관리 절차

콜센터 성과관리 프로세스는 ① 성과관리 전략수립 → ② 측정지표의 선정 → ③ 측정과 분석 → ④ 프로세스의 개선 → ⑤ 보고와 커뮤니케이션의 과정을 거친다.

- **성과관리 전략 수립:** 성과관리 전략수립은 콜센터 운영의 목적과 목표 수준을 정의하고, 무엇을 측정할 것인지 핵심 성과지표를 선정하며, 성과지표의 측정, 분석, 보고 프로세스의 설계를 하는 것이다.
- **측정지표의 선정:** 측정지표의 선정은 콜센터 운영전략을 포함하여 지표가 갖는 특성을 신뢰성과 객관성, 측정의 용이성, 통제 가능성, 의미 중복성 등을 고려하여야 한다.
- **측정과 분석:** 성과측정은 다양한 성과지표 중에서 어떤 지표를 관리할 것인지 결정해야 하고, 어떤 시스템의 데이터를 기준으로 할 것인지 결정해야 하며 다양한 분석도구를 활용하여 분석할 수 있다.
- **프로세스 개선:** 측정과 분석을 통해 해당 문제점이 발견되면, 이에 대한 문제점을 개선하기 위하여 원인파악을 실시하고, 그 원인의 발생과 관련된 내부 프로세스를 점검하여 개선해야 할 것이다.
- **보고와 커뮤니케이션:** 성과관리 절차의 마지막은 분석된 결과를 관련 부서와 담당자, 상급자 등의 이해관계자별로 보고와 커뮤니케이션하는 것이다.

(3) 성과관리 지표의 종류

성과의 측정지표는 고객만족도를 나타내는 외부측정지표와 지표의 특성에 따라 서비스지표, 품질지표, 효율성 지표, 수익성지표, 기타관리지표의 내부측정지표로 구분할 수 있다.

① 서비스 지표

- **응대율:** 상담사 연결 신청 통화대비 연결된 통화비율
- **포기율:** 대기 중 고객이 끊어버린 통화 비율
- **불통율:** 콜센터 교환기까지 도달되지 못한 콜의 비율
- **서비스 수준:** x초 내 응답되는 통화 비중이 y%식으로 정의
- **평균 응답속도:** 최초 콜을 응대하는 시간의 평균
- **평균 대기시간:** 상담신청부터 상담사 연결될 때까지 걸리는 시간의 평균

② 품질 지표

- **첫 통화 해결률:** 통화전환 및 재전화 없이 한 번의 접촉으로 완결된 통화비율
- **통화 전환율:** 다른 상담사나 타 부서로 전환되는 통화의 비율
- **에러율:** 정보입력 100건당 오류입력건수
- **Q&A 평가점수:** 통화 품질 관리자에 의해 평가된 점수

③ 효율성 지표

- **업무 집중률:** 통화처리시간(통화처리시간+업무대기시간)
- **스케줄 준수율:** 상담사가 근무시간 내에 미리 주어진 스케줄을 얼마나 잘 지켰는지 측정하는 지표
- **평균통화처리시간:** 한 콜을 처리하기 위한 시간(평균통화시간+평균후처리시간)
- **평균통화시간:** 콜 당 상담사와의 평균 통화시간
- **평균후처리시간:** 상담 후 콜 관련 상담 내용을 정리하는 데 걸리는 시간
- **통화대기시간:** 고객과의 상담 중 일시적으로 고객을 대기시키는 시간
- **시간당 콜 수:** 상담사 1인당 1시간에 처리하는 평균 콜 수
- **통화 성공 수:** 시간당 고객과 직접 통화 성공 건수
- **접촉시도 통화 수:** 시간당 고객과 접촉시도 통화 수

④ 기타 관리 지표

- **상담사 이직률:** 재직인원 대비 일정 기간 동안 이직한 상담사의 비율
- **상담사 만족도:** 상담사가 그들의 업무에 얼마나 만족하고 있는지를 측정
- **전환율:** 콜을 통해 목적한 결과를 달성하는 비율

- **콜당 비용:** 콜센터에서 한 콜을 처리하기 위해 투입되는 비용

3 스크립트 작성체계

스크립트(Script)란 상담사가 고객에게 제품 및 서비스에 대한 내용을 설명하여 상담을 원활하게 진행하기 위해 사전에 작성해둔 전화응대 대본이다. 스크립트는 고객과의 실제 대화를 가정하여 작성하는 것이기 때문에 고객과 대화하는 듯한 문체로 기술하고 고객과 원활한 의사소통이 가능하도록 작성하여야 한다. 또한, 고객의 정보요구와 문의에 대해 고객에게 완벽하고 정확한 정보를 제공할 수 있도록 작성하여야 하며 전체 대화의 흐름이나 전화를 건 목적을 명확하게 파악하도록 작성한다. 효과적인 커뮤니케이션을 이루기 위해서는 스크립트를 활용하여 목적 지향적인 메시지를 짧은 시간에 이해하기 쉽게 핵심을 전달하는 것이 중요하며 상담의 효율성과 능률 상향을 위해 지속적인 변경이 필요하다.

스크립트를 작성하는 목적은 다음과 같다.

- **일관성:** 목적 및 방향을 제시해 주므로 상담 내용에 일관성을 가질 수 있다.
- **시간절약:** 제한된 시간 내에 고객 상담 또는 서비스 업무를 효과적으로 수행할 수 있다.
- **생산성 향상:** 제한된 시간 내에 고객 상담 또는 서비스 업무를 효과적으로 수행하므로 일관된 고객응대가 가능하며 생산성을 향상시킬 수 있다.
- **상담 능력 향상:** 전문적인 상담사의 경험과 지식을 바탕으로 스크립트가 작성되며 체계적이고 계획적인 상담 능력으로 고객을 응대할 때에 자신감을 심어주고 고객의 질문에 더 쉽고 용이하게 응대하며 설득할 수 있는 능력을 향상시켜준다.
- **서비스 표준화:** 스크립트를 통해 통화의 순서와 내용을 표준화함으로써 고객으로 하여금 정보를 제공하고 있음을 확인시킬 수 있고 고객에게 신뢰감 있는 서비스 제공이 가능하다.

1) 스크립트의 작성절차

스크립트 작성 절차는 업무구분, 개요작성, 초안 작업, 스크립트 검증, 스크립트 완료의 단계를 거치게 된다.

- 1단계: 업무 구분. 상담사가 해당 구분된 업무별 또는 고객별로 응대가 가능할 수 있도록 스크립트의 작성을 업무별 또는 고객별로 구분하는 것이다.
- 2단계: 개요 작성. 구분된 업무별로 주요 업무 내용에 대해 개요를 작성하고 필수적인 내용을 중심으로 문안을 작성하는 것이다.
- 3단계: 초안 작업. 각 업무별로 응대 가능한 기본 스크립트를 작성하고 기본 스크립트를 바탕으로 응대의 편리성과 효율성을 고려하여 상세 스크립트를 작성한다.
- 4단계: 스크립트 검증. 역할 연기를 통해 스크립트를 분석하고 평가하여 문제점이 발견한다.
- 5단계: 스크립트 완성. 검증을 통해 스크립트를 완성한다.

2) 인바운드 스크립트 구성

인바운드 스크립트는 먼저 인사 및 자기소개를 한 후 고객의 성명, 주소, 전화번호 등 고객 당사자임을 알 수 있는 정보를 확인한다. 고객이 어떤 이유로 전화를 했는지 문의 내용을 파악한 후에는 내용에 맞게 정보전달, 접수처리, 문제해결, 대안제시 등 고객의 목적에 맞게 응대한다. 모든 응대가 끝난 후에는 고객의 상담내용과 처리내용을 재확인 한 후, 통화를 마무리한다. 통화를 마무리 할 때에는 추가 문의 여부를 확인하고 없을 경우 끝인사와 함께 통화를 종료한다.

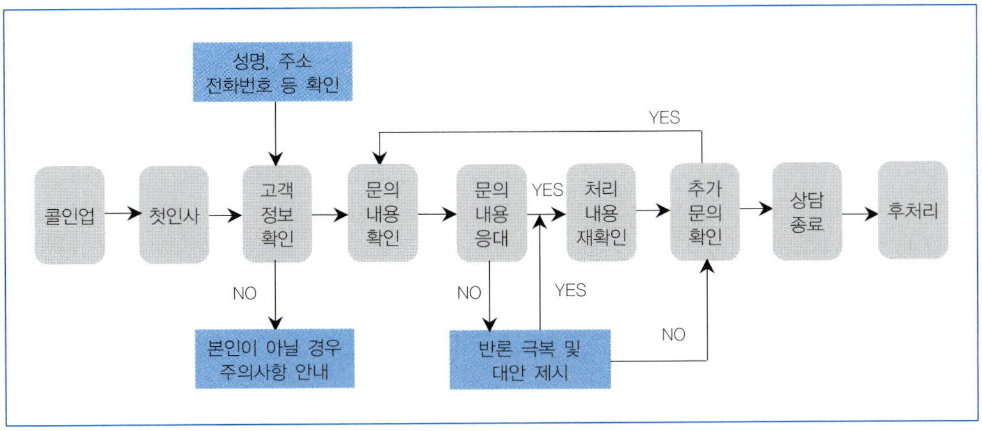

▌그림 16-3▐ 인바운드 기본 콜 프로세스

3) 아웃바운드 스크립트 구성

아웃바운드의 경우도 역시 고객이 전화를 받으면 도입부 먼저 인사 및 자기소개를 한다. 해당 고객이 맞는지 본인 확인을 한 다음 전화를 건 목적을 간단하게 이야기하고 통화가 가능한 지에 대해 확인한다. 고객이 통화를 거부 할 경우에는 추후 통화 가능한 일정을 잡고 통화를 마무리한다. 만약 고객이 통화가 가능한 상황이라면 전화 건 목적을 상세히 설명한 후, 구매 또는 동의 여부를 확인한다. 통화를 마무리 할 때에는 끝인사와 함께 통화를 종료한다.

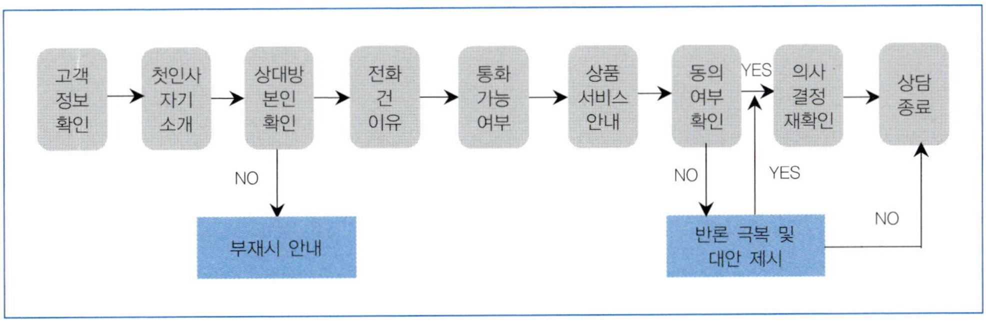

▌그림 16-4▐ 아웃바운드 기본 콜 프로세스

4 통화품질 관리

1) 통화품질 개념

통화품질(Call Quality Assurance: CQA)이란 기업과 고객 간에 이루어지는 통화에서 느껴지는 서비스 품질의 정도를 말한다.

콜센터는 단순히 고객만족을 위한 서비스 업무 외에도 연체관리 미납금 회수 상품 가입 고객유지 활동 등 다양한 업무를 수행하고 있다. 콜센터에서 수행하는 이러한 여러 가지 업무들이 제대로 효과를 발휘하려면 무엇보다 체계화되고 표준화된 서비스 기준이 마련되어야 한다. 어느 조직이나 일련의 업무에 대한 표준화된 프로세스가 있고 정확하게 업무처리가 진행되고 있는지 확인하는 내부 활동이 있듯이 콜센터에서도 이와 같은 고객의 만족을 이끌어내는 통화품질 관리 활동이 있다.

고객 지향적이고 성과 지향적인 통화품질 관리를 위해서 대부분 모니터링과 평과 코칭의 형태로 업무가 전개되며 업무상황이나 상담사의 유형에 따라 다양한 방식으로 모니터링 및 코칭 업무가 진행된다.

2) 통화품질 목적

콜센터 운영에서 중요한 목적 중의 하나는 고객과의 통화에 대한 품질이라고 할 수 있다. 그것은 고객이 만족수준을 결정하는 직접적인 근거가 되기 때문이다. 통화품질의 목적은 다음과 같다.

- 고객만족을 주는 통화 품질 유지
- 업무성과를 높이기 위해 객관적인 평가 및 코칭을 통해 상담원 각자의 우수한 통화품질 개발
- 상담 전 과정에 있어서 정확한 정보 전달과 표준화된 업무처리

3) 콜센터 모니터링

콜센터의 모니터링 프로세스는 일반적인 경영활동의 프로세스와 마찬가지로 ① plan → ② do → ③ see → ④ feedback의 네 단계의 순으로 진행된다.

① Plan: 모니터링 계획단계

모니터링 계획단계는 모니터링을 실시하기에 앞서 모니터링을 수행하기 위한 전반적인 계획을 수립하는 과정으로 전사적인 차원의 기업목표와 콜센터 목표에 따른 콜센터의 적정 통화품질 목표를 수립하고 필요한 모니터링 방법과 모니터링 시기, 구체적인 평가 항목에 따른 평가표와 평가지침을 준비하는 단계이다.

② Do: 모니터링 실시단계

모니터링을 수립하고 나면 수립된 모니터링 계획에 따라 모니터링을 실시하는 단계로 녹취된 통화에 대해 표본을 추출하여 실시하거나, 실시간 감청 또는 사전에 계획된 고객을 가장한 미스터리 통화(mystery call) 등을 실시하여 진행한다.

③ See: 모니터링 평가단계

수립된 계획에 따라 모니터링이 실시되면 모니터링 결과에 대한 평가와 모니터링 과정상의 문제점에 대해 분석한다. 센터 관점, 팀 관점, 개인 관점의 평가 목적에 따라 각 측정지표별로 평가하며 평가의 결과를 통해 개인에게 코칭을 해줄 수 있는 효과적인 근거 자료로 활용될 수 있다.

④ Feedback: 모니터링 피드백 단계

마지막 단계는 모니터링 평가가 이루어진 후 모니터링 각 대상에 대한 평가결과를 통보하고, 공유하는 단계이다. 필요한 경우 코칭 계획을 수립하여 코칭을 실시하게 되고, 평가할 때 발생되었던 문제와 수정 및 보완해야 할 사항에 대해 논하며 사후계획 등을 수립하여 최종 결과보고를 하게 된다.

4) 모니터링 유형

통화 품질을 향상시키기 위한 방법으로 모니터링이 진행되는데 모니터링 진행 주체와 진행 방법에 따라 다양한 방법이 사용된다.

- **고객만족도 조사**: 고객만족도(customer satisfaction index) 조사는 고객이 느끼는 만족도에 대한 평가로 콜센터 자체적으로 이용고객에 대해 아웃바운드(해피콜) 또는 설문지를 통해 실시하기도 하며, 객관적인 판단이 필요한 경우 외부 전문기관에 의뢰하여 실시하기도 한다.
- **미스터리 통화 모니터링**: 미스터리 통화 모니터링(monitoring by mystery calling)은 콜센터 자체 상담품질관리자 또는 상담품질관리 전문 외부기관에서 고객을 가장하여 상담사와 통화하는 방법으로 더욱 객관적으로 평가가 이루어질 수 있으며 업무지식 향상과 상담스킬 향상에 도움이 된다.
- **원격 모니터링**: 원격 모니터링(remote/silent monitoring)은 실시간 모니터링의 한 방법으로 수퍼바이저 또는 Q&A담당자가 해당 상담원의 콜을 떨어진 거리에서 수시로 들을 수 있으며 감청의 형태로 이루어진다.
- **실시간 모니터링**: 실시간 모니터링(side by side monitoring)은 평가자가 상담사의 자리에서 Y잭 등을 사용하여 고객이 하는 말과 상담사가 하는 말을 같이 들으며 모니터링 하는 방식이다.
- **녹취 모니터링**: 녹취 모니터링(call recording/call taping)은 녹취 프로그램을 이용하여 통화를 녹음한 후, 임의적으로 몇 개의 콜을 대상으로 평가하는 방식이며 콜센터에서 가장 흔하게 사용되는 모니터링 방법이다.
- **동료 모니터링**: 동료 모니터링(peer monitoring)은 동료 상담사가 다른 상담사의 통화를 모니터링하는 방법으로 동료 간의 통화품질에 대한 공감대 형성과 친밀감 및 팀워크를 도모할 수 있으며, 모니터링에 대한 반감을 줄일 수 있다.
- **자가 모니터링**: 자가 모니터링(self monitoring)은 상담사가 직접 자신의 콜을 모니터링 하는 방법으로 평가까지 직접 함으로써 QA 담당자와 생기는 평가의 갭을 줄일 수 있는 방식이다.

5) 코칭

코치(coach)의 어원은 헝가리의 도시 코치(kocs)에서 개발된 네 마리의 말이 끄는 마차인 '코치(kocsi)'에서 비롯된 것으로 현재의 위치에서 목적지까지 운반한다는 의미에서 코칭의 의미와 부합한다. 코칭(coaching)은 개인의 목표를 성취할 수 있도록 자신감과 의욕을 고취시키고, 실력과 잠재력을 최대한 발휘하여 스스로 생각하고 움직일 수 있는 주도적인 인재로 성장하도록 돕는 것을 의미한다. 코칭은 다른 사람들을 지도하는 측면보다 이끌어 주고 영향을 미치는 데 중점을 두며 질문과 논의, 경청과 지원을 통해 상황의 발전과 좋은 결과를 이끌어 내는 것이다. 코칭의 필요성은 다음과 같다.

- 조직구성원 간 코칭을 통해 직원들의 능력을 개발하고 발전시킬 수 있다.
- 유연하고 상호 존중하는 조직문화를 통해 자유로운 의견개진 및 업무의 창조성을 향상시킬 수 있다.
- 콜센터에서 발생하는 다양한 문제들을 해결하는 방법이 될 수 있다
- 중요한 의사결정뿐 아니라 조직 내의 갈등을 극복하고 성과를 창출할 수 있다.

표 16-4 코칭의 종류

종류		내용
그룹코칭	그룹코칭	• 1대 다수의 형태로 이루어지는 코칭 • 상담사 사이의 유대감 및 시너지 효과 발휘 가능
개별코칭	프로세스코칭	• 사전에 정해지니 프로세스나 절차를 통해 코칭 실시 • 체계적이고 일정한 형식을 갖추고 진행
	스팟 코칭	• 짧은 시간에 수시로 이루어지는 코칭 • 상담사나 QAA가 느끼는 심적 부담감이 덜함
	피드백	• 업무 중에 진행되는 짧으면서도 구체적인 코칭 • 상담사의 질문이나 의견 등에 대한 코칭
	미니 코칭	• 1개 정도의 문제 요인에 대한 간단한 코칭 기술 • 잘못된 사항이나 지적사항을 칭찬과 함께 전달
	풀 코칭	• 미니 코칭보다 좀 더 세부적인 코칭 • 상담사 유형별 능력향상 및 개선 목적으로 이루어짐

출처: 박종태(2007). 재구성.

코칭은 직원들로 하여금 원활한 커뮤니케이션을 통해서 업무를 효율적으로 수행하게 하고 업무에 대한 직원들의 의욕을 고취시켜 업무 생산성을 향상시키는 방식이라고 할 수 있다. 코칭을 효율적으로 진행하고 코칭의 성과를 높이기 위해서는 체계적인 코칭 스킬이 필요하다.

① 공감적 경청

경청은 사람의 마음을 여는 역할을 하므로 편안한 분위기에서 코칭이 이루어질 수 있도록 해야 한다. 공감적 경청은 코칭 대상자인 상대방의 관점에서 사물을 보는 것으로 상대방의 말을 제대로 이해하고 있다는 것을 보여주며 코칭의 시작이라고 할 수 있다. 코칭 하는 사람과 코칭 대상자 사이에 이해가 바탕이 되어야지만 코칭의 목적을 효과적으로 달성하여 코칭대상자의 발전 및 개선을 가져올 수 있다.

② 질문기법

질문은 자신의 문제에 대해서 생각하게 하고 이를 통해 해결 방법을 본인 스스로 찾게 해줌으로써 문제 해결 능력을 향상시켜 주는 코칭 스킬 중의 하나이다. 질문을 통해 코칭 대상자의 장단점을 파악하고 문제점을 확인할 수 있으며 개선을 통해 궁극적으로 업무 성과를 최대한 끌어올 수 있다.

③ 피드백 기법

피드백(feed back)은 질문, 경청, 관찰을 통해 코칭 대상자의 태도는 물론 행동에 대해 평가를 하거나 판단을 함으로써 대상자들이 질적, 양적으로 성장하는데 도움을 주는 기술이다. 피드백 진행시에는 상황이나 문제에 대해 구체적이고 명확한 확실한 단어를 사용해야 하며 잘못된 점과 해결해야 하는 것에 대해서만 이야기하는 것이 아니라 잘한 점에 대해서는 반드시 칭찬하고 격려해 주어야 한다. 이런 피드백을 통해 상담사 스스로 문제점을 파악하고 해결책을 찾을 수 있도록 도와줄 수 있다.

▌표 16-5▌ 코칭에서 활용되는 질문의 종류

질문기법	내용
열린 질문	• 일반적으로 코칭에서 가장 많이 사용되는 질문의 유형 • 5W1H에 입각한 다양한 질문을 통해 답변 유도
미래지향적 질문	• 미래의 시간이나 시기에 대한 질문 • 상담사의 잠재능력 및 가능성에 초점을 맞춤
긍정적 질문	• 긍정적인 의미의 단어나 표현을 사용하는 질문 • 새로운 가능성과 대한을 모색하는데 효과적임

출처: 박종태(2007). 재구성

5 전화응대 실무

1) 전화응대의 중요성

전화는 정보화 시대에 아주 중요한 의사교환 수단이므로 전화응대 방법을 잘 알고 향상시키는 것은 곧 업무능력 향상과 직결된다. 또한, 나와 기업의 이미지를 판단하게 하는 중요한 요소이며 고객과의 얼굴 없는 만남으로 고객 접점의 최 일선에서 서비스의 수준을 결정하는 역할은 한다. 거의 대부분의 고객은 기업과 전화를 통하여 처음 접촉하게 된다. 고객이 회사를 한 번도 방문하지 않았지만 직원의 전화응대가 성의 있고 친절하면 그 회사에 대한 긍정적인 이미지와 신뢰를 가지게 된다. 반대로 고객이 불친절한 전화응대 서비스를 경험했다면 그 회사의 제품이나 서비스를 이용하지 않아도 부정적인 이미지를 느끼게 되고 우리의 고객을 놓치게 되는 실수를 할 수가 있다. 한 번의 전화응대가 고객에게는 엄청난 감동이 될 수도 있고 그렇지 않을 수도 있다는 것이다.

정보화 시대에서 일상생활은 물론 업무 처리에 있어서도 전화는 그 활용도가 매우 높다. 현대의 기업들은 면대면 접촉으로만 업무를 진행하기 어려우며 일일이 방문해서 업무처리를 하는 대신 신속하고 간편한 수단인 전화를 사용한다. 또한, 외부고객뿐 아니라 내부고객과 커뮤니케이션을 하거나 매일의 일상 업무를 수행하기 위해 전화를 주로 사용한다. 전화응대 서비스는 면대면 서비스와는 달리 비대면에서 음성으로만 커뮤니케이션이 이루어지기 때문에 전화의 모든 특성을 이해하고 효과적으로 그것을 활용할 수 있어야 한다.

그래서 최근 기업에서는 직원들의 전화응대를 모니터링하여 인사고과에 반영하거나 현재 상황과 개선점을 확인하여 전화응대 교육을 지속적, 주기적으로 실시함으로써 전화응대 서비스를 개선하고 향상시키기 위해 노력하고 있다. 서비스 접점에 있는 종사원들은 위와 같은 사항을 염두에 두고 전화의 올바른 사용방법을 익혀 고객을 응대함으로써 효과적인 고객 서비스를 제공할 수 있어야 한다.

전화응대는 상대방을 직접 볼 수 없고 단지 음성에만 의존하여 커뮤니케이션이 이루어지기 때문에 오해가 발생할 수 있는 여지가 많으며 의도가 제대로 전달되지 않는 경우가 발생될 수 있으므로 주의해야 한다. 또한, 상대방의 얼굴을 직접 보지 않으므로 기본적으로 지켜야하는 사항을 소홀히 할 수 있으므로 상황에 따른 적절한 에티켓과 매너가 필요하다.

표 16-5 서비스인의 전화응대 시 마음가짐

1. 전화응대 시 회사의 주인이나 대표자라는 자세로 임한다.
2. 한 사람의 불친절한 응대가 회사 전체의 이미지를 손상시킨다는 것을 유념한다.
3. 전화응대는 음성만으로 친절을 표현해야 하므로 더욱 세심한 주의를 기울인다.
4. 나와 기업의 첫 이미지, 고객과의 얼굴 없는 만남으로서 중요한 고객응대 업무라는 사실을 기억한다.

2) 전화응대 특성

고객은 직접 응대하는 면대면 서비스와 얼굴을 보지 않는 전화응대와 같은 비대면 서비스사이에는 서비스를 평가하는 요인에서 큰 차이를 보인다. 면대면 응대 시에는 표정, 아이콘택트, 옷차림, 태도, 제스처 등 눈으로 보여 지는 시각적인 요소가 서비스를 평가하는 가장 중요한 요소가 된다. 반면에 비대면 응대인 전화응대는 상대방의 얼굴을 볼 수 없으므로 시각적인 요소는 전혀 고려 대상이 아니며 음성, 톤, 말의 빠르기, 어조, 사용하는 단어 등 청각적인 요소가 제일 많은 비중을 차지하게 된다. 그중에서도 사용하는 단어나 말의 내용보다도 그 말을 어떻게 전달하는지가 서비스를 평가하는 중요한 요소이다. 그래서 음성의 중요성은 생각 이상으로 크다고 할 수 있다.

표 16-6 직접응대와 전화응대의 차이점

직접응대	전화응대
• 면대면 응대 • 대면 커뮤니케이션 • 시각적 요소가 중요 • 언어적 요소보다 비언어적 요소로 판단하기 쉬움	• 비대면 서비스 • 전화 커뮤니케이션 • 청각적 요소가 중요 • 언어적 요소로 판단하며 비언어적 요소는 판단하기가 어려움

전화응대는 전화라는 도구를 통해서 커뮤니케이션이 이루어지므로 다음과 같은 특징을 가지고 있다.

- 기업과 고객의 첫 번째 접점이다.
- 목소리로 커뮤니케이션이 이루어진다.
- 음성으로 모든 것이 전달된다.
- 상대방의 표정, 태도, 주변 환경을 알기 어렵다.
- 전화통화로 모든 것이 결정되며 기업의 이미지를 결정한다.
- 예고 없이 이루어지는 고객응대이다.
- 멀리 떨어져 있는 곳에서의 1:1 대화이다.
- 제한된 시간 내에서 응대이다.

3) 전화응대의 기본 3요소

전화응대는 상대방의 얼굴을 보지 않고 이루어지는 특징으로 인해 고객응대의 제일선이며 다른 업무와 서비스에도 영향을 미친다. 그래서 전화응대 시에는 신속하게 고객의 니즈를 파악해야 하며 정확하게 문제를 해결하여 고객의 욕구를 충족시킬 수 있어야 한다. 또한, 친절한 서비스를 제공하기 위한 수단이 제한되어 있으므로 더 고객을 생각하고 배려하는 응대가 이루어져야 한다.

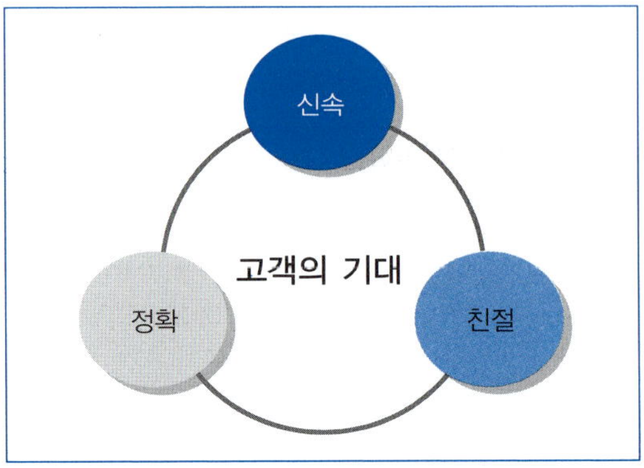

▌그림 16-5▌ 전화응대 3원칙

(1) 신속

고객은 같은 시간이라도 전화응대 시에 더 길게 느끼는 경향이 있다. 따라서 고객의 시간을 존중하고 소중히 아끼고 있다는 마음을 전달하는 노력이 필요하다. 고객의 질문에 신속하게 답변하기 위해서는 고객 니즈를 정확히 파악해야 하며 제일 우선되어야 하는 것은 경청이다.

신속한 전화응대 방법은 다음과 같다.

1. 전화벨소리가 3번 울리기 전에 전화를 받는다.
2. 경청을 통해 고객의 니즈를 정확하고 신속하게 파악한다.
3. 고객의 질문에 대한 내용을 간결하게 정리하여 전달한다.
4. 불필요한 말은 반복하지 않는다.
5. 시간이 지체되는 경우에는 상대방의 입장을 배려하며 응대한다.
6. 고객 문의사항을 확인 후 내용을 안내하는 경우에는 예정 시간을 미리 알린다.
7. 전화를 걸기 전에는 용건을 육하원칙에 맞추어 말하는 순서와 요점을 정리한다.

(2) 정확

상대방에게 정확하게 정보를 전달하기 위해서는 상황에 맞는 음성연출과 사용하는 말의 내용과 단어를 적절하게 선택해야 한다.

정확한 내용을 효율적으로 전달하기 위한 전화응대를 위한 방법은 다음과 같다.

1. 명확한 발음과 상황에 맞는 속도로 고객이 정확하게 내용을 알아듣도록 설명한다.
2. 성명, 품명, 수량, 일시, 장소 등은 천천히 발음한다.
3. 상대방이 이해하지 못하는 전문용어나 틀리기 쉬운 단어는 사용하지 않는다.
4. 업무에 대한 정확한 전문지식을 갖춘다.
5. 고객의 니즈를 파악하며 질문에 맞는 정확한 답변을 한다.
6. 내용의 요점이 상대에게 정확하게 전달되었는지 확인하고 복창한다.
7. 통화하면서 중요한 내용은 메모하는 습관을 기른다.
8. 메모를 해야 하는 경우, 중요한 내용은 재차 확인하며 담당자에게 반드시 전달한다.

(3) 친절

고객을 응대할 때는 친절하게 응대해야 한다. 특히, 전화응대는 서비스 수준을 평가하는 요소가 한정되어 있고 오해의 소지가 많기 때문에 더 신경써야한다.

친절한 전화응대의 방법은 다음과 같다.

1. 전화를 받은 후에는 고객을 맞이하는 인사를 먼저 한다.
2. 상대방을 존중하면서 경청한다.
3. 상대방의 이야기에 공감하며 상황에 맞는 적절한 맞장구를 사용한다.
4. 중간에 말을 가로챈다든지 혼자서 일방적으로 말하지 않는다.
5. 호칭이나 직함에 주의하고 단어선택에 신경 쓴다.
6. 음성에만 의존하기 때문에 성의 있고 상냥한 음성을 전달할 수 있도록 노력한다.
7. 음성뿐 아니라 고객이 요구 충족을 위해 애쓰는 태도도 전달되어야 한다.
8. 필요 이상으로 소리를 크게 내거나 웃지 않는다.
9. 상대방이 감정적인 상태일 때 동요하지 않고 차분하게 응대한다.

10. 눈앞에 고객이 있다는 마음으로 응대한다.

4) 효과적인 전화응대 구성요소

효과적인 전화응대를 위해서는 음성, 억양, 발음, 속도, 띄어 읽기, 경청의 여섯 가지 구성요소가 있다.

(1) 음성

목소리는 얼굴을 보지 않고 서비스를 전달 방법인 전화응대에서 가장 큰 비중을 차지하는 서비스를 평가하는 수단이다. 그래서 목소리만으로도 성의 있고 친절한 느낌을 전달할 수 있어야 한다. 예를 들어, 첫인사를 할 때에는 고객을 반기는 밝은 목소리로 친절함을 전달하고 질문에 대한 답변을 할 때에는 자신감 있고 전문성이 느껴지는 목소리로 신뢰감을 전달할 수 있어야 한다. 또한, 고객의 상황에 맞는 목소리를 연출하여 고객의 마음을 헤아리고 배려할 수 있어야 한다.

(2) 억양

아무리 좋은 음성을 가지고 있다고 하더라도 높낮이가 없는 음성은 고객에게 성의 없고 사무적인 느낌을 전달하게 된다. 중요하고 강조해서 말해야 하는 내용이나 단어에 톤을 높게 하여 말하다가 낮게 말하고, 목소리를 크게 했다가 작게 말하면서 목소리에 포인트를 주게 되면 상대방을 집중시켜서 내용을 더 잘 전달 할 수 있다. 또한, 단어나 문장의 어미를 길게 끌었다가 짧게 끊으면서 말한다면 말에 리듬감과 생동감이 생기고 문장의 느낌을 더 잘 전달하여 상황에 맞는 고객응대가 가능하다.

(3) 발음

전화응대 시에는 명확한 발음이 중요하다. 부정확한 발음은 고객에게 혼란을 주며 잘못된 내용을 전달하여 문제가 발생될 수 있다. 또한, 부정확한 발음으로 재차 고객 질문이 발생할 수 있으며 이는 고객 응대 시간을 지연시키므로 고객을 배려하는 전화응대가 될 수 없으므로 명확한 발음으로 내용을 전달하려는 노력이 필요하다.

(4) 속도

전화응대는 한정된 시간 내에 대화가 이루어지므로 신속하게 고객응대를 해야 한다. 너무 빠른 속도로 말하게 되면 고객이 알아듣지 못하거나 빨리 전화를 끊으려는 느낌을 전달하여 무성의하게 느껴질 수 있으며 느린 속도는 고객에게 답답함을 전달할 수 있다. 그러므로 고객이 말하는 속도와 상황 및 요구하는 바에 따라 속도를 맞추는 것이 중요하다.

(5) 띄어 읽기

전화응대 시 상대방이 알아듣기 쉽도록 말하는 방법 중의 하나가 바로 띄어 읽기다. 전화상의 대화 시 적절한 타이밍에서 잠깐 쉰 후 말함으로써 말하는 사람에게 더 집중시킬 수 있으며 내용을 잘 전달 할 수 있다. 말하는 도중 어느 부분에서 사이를 두느냐에 따라 문장의 의미와 전체내용이 달라지므로 강조하고 싶은 내용 앞에서 쉬었다가 말하거나 상대방이 답변할 수 있는 간격을 두는 것이 필요하다.

(6) 경청

경청이란 상대방의 이야기를 잘 들어주는 것이다. 하지만 가만히 듣기만 한다고 '내말을 잘 듣고 있구나.'라고 느끼지 않는다. 특히, 전화응대는 음성으로만 이루어지기 때문에 상대방의 이야기를 들은 후에 적절한 맞장구를 통해 잘 듣고 있다는 표현을 해야 한다. 잘 듣고 있다는 것뿐만 아니라 동의, 계속 말해달라는 표현 등이 이를 통해 이루어진다.

5) 전화 응대법

(1) 바람직한 전화응대

전화응대 전에는 기본적으로 준비해야 하는 것이 있다. 신속한 응대를 위해서는 주변정리 정돈과 메모장 및 필기구를 오른쪽에 두는 것은 기본이다. 전화벨이 울리면 즉시 받고 대화는 간결하고 쉽게 하며 정확하게 내용을 확인해야 한다. 또한, 전화를 받는 즉시 자신의 신분을 밝히고 상황에 맞는 음성연출과 명료한 발음으로 응대하여야 한다. 고객의 심리상태와 상황을 잘 파악하여 긍정적으로 응대해야 하며 반드시 경어를 사용하고 인사법이나 말씨, 단어 선택에 유의하여 성의 있는 응대법을 익히는 데 노력을 기울여야 한다.

(2) 전화 받는 요령

전화벨이 울리면 곧바로 받는 것이 좋다. 3번 이상 울리지 않게 받으며 부득이하게 3번 이상 울린 후에 받았을 때는 늦게 받아 죄송하다는 양해표현을 잊지 않는다. 전화를 받을 때에는 첫인사말과 함께 회사명과 소속, 성명을 밝히며 상대방에게 적극적인 응대를 할 의사가 있다는 태도를 보이는 것이 중요하다.

상대방의 용건을 들을 때에는 중요한 내용은 메모하며 들으며 정확한 답변을 위해 노력하며 한 번의 전화로 업무가 처리되도록 한다. 만약 궁금한 내용이나 질문이 생길 경우에는 상대방의 이야기가 끝난 후에 질문하여 정확하게 내용을 파악한다. 통화를 마무리 할 때에는 확인 사항이 없는지 추가 내용 문의를 통해 끝까지 적극적인 응대를 위해 노력하며 상황에 맞는 인사말로 종료한다. 전화응대가 종료되면 상대방이 전화를 끊은 후에 수화기를 내려놓는다.

▌표 16-7▌ 전화 받기 프로세스

1) 전화 받기	• 전화벨이 3회 이상 울리기 전에 받는다. 3회 이상 울렸을 경우에는 양해표현을 한다. "늦게 받아 죄송합니다." • 수화기를 받음과 동시에 메모를 준비가 되어 있어야 한다. • 인사말과 소속부서 성명을 명확히 밝힌다. • 첫인사말은 상대방이 알아들을 수 있도록 정확한 발음과 적절한 속도로 이야기한다. • 상대방을 확인하고 정중하게 인사를 나눈다.
2) 용건 듣기	• 들을 때는 응답을 하면서 끝까지 차분하고 정확하게 경청한다. • 요점을 명료하게 메모, 정리, 복창하여 내용을 재확인한다. "전하실 내용이 ~에 관한 것 맞습니까?" • 의문점 및 용건 해결에 필요한 질문을 한다. • 잘 모르는 내용일 경우에는 양해를 구한 다음 담당자를 바꿔 주거나 확인해서 연락드릴 것을 약속한다. "죄송하지만, 잠시만 기다려주시겠습니까? 담당자를 연결해드리겠습니다.", "죄송하지만, 문의하신 내용 확인 후에 연락드려도 괜찮으십니까?" • 찾는 사람이 없을 때는 용건을 메모한다.
3) 메모하기	• 메모를 할 때에는 상대방의 신분이나 성명을 확인하고 전달 내용을 정확하게 확인한다. • 메모 준비가 안 되어 있다면, "죄송합니다만, 메모 좀 하겠습니다. 잠시만 기다려주십시오."라고 양해를 구한 후에 메모 준비가 되면 "네 말씀하십시오."라고 요청한 후 메모한다. • 메모가 끝나면 용건을 바르게 적었는지 확인한다. "메모한 내용 확인해 보겠습니다. ~이 맞습니까?"
4) 끝 인사	• 상황에 따른 적절한 끝인사를 한 후 상대방이 끊은 뒤 조용히 수화기를 내려 놓는다. "(전화 주셔서)감사합니다. 안녕히 계십시오." • 상대방이 끊기 전에 내가 먼저 끊어버리면 상대에게 무례한 느낌을 줄 수 있으며 마지막 전할 말을 못 듣는 경우가 있다.

(3) 전화 거는 요령

전화를 걸기 전에는 신속하고 정확하게 내용을 전달할 수 있도록 먼저 계획을 수립한다. 상대방과 연결이 되면 소속과 이름을 밝히고 상대방을 확인한 후 용건을 분명하게 전달한다. 만약 통화 도중에 전화가 끊어질 경우에는 즉시 다시 걸고 "통화중에 전화가 끊어져서 죄송합니다."로 정중하게 사과한다. 용건이 끝난 후에는 끝인사를 하고 상대방이 전화를 먼저 끊으면 수화기를 내려놓는다.

전화걸기 유의사항을 정리하면 다음과 같다.

1. 고객의 시간. 장소, 상황을 고려한다.
2. 통화할 용건과 순서를 메모한다.

3. 통화 시에 필요할 만한 자료는 미리 빠짐없이 준비해 둔다.
4. 상대방의 번호, 소속, 직함, 성명 등을 다시 확인한다.
5. 음성을 가다듬고 자세를 바르게 한다.
6. 전화가 잘 못 걸렸을 때에도 말없이 끊지 않고 전화번호를 확인하여 다시 잘못 거는 일이 없도록 한다.

▌표 16-8▐ 전화 걸기 프로세스

1) 첫 인사	• 인사말과 함께 자신의 소속 및 이름을 먼저 말한 후 상대방을 확인한다. • 상대방이 누구인지 확인이 안 된다면 지명인을 부탁한다. "안녕하십니까? 00회사 00부서의 김철수입니다. 000팀장님 맞으시죠?", "안녕하십니까? 00회사 00부서의 김철수입니다. 00팀의000씨 계시면 바꿔 주시겠습니까? • 상대와 연결되면 간단한 인사를 하고 통화가 가능한 상황인지 확인을 한다.
2) 용건 말하기	• 예의바르고 조리 있게 자신의 용건을 이야기하고 상대방이 응답할 수 있는 시간을 준다. • 용건을 전달할 때는 전화를 건 목적, 이유, 설명 순으로 이야기하며 간단명료하게 말한다. • 일방적인 통화가 되지 않도록 하며 상대방이 이해하며 듣고 있는지 반응을 확인한다. • 날짜, 시간, 장소, 연락처 등 주요 내용은 반드시 재확인한다.
3) 메모 남기기	• 메모를 남길 경우에는 양해를 구한다. "번거로우시겠지만 메모 좀 전해 주시겠습니까?" • 메모를 남긴 후에는 감사의 표현을 한다. "전달 부탁드립니다.", "전해 주셔서 감사합니다." • 메모를 남긴 후에는 메시지를 받아 적는 상대편 이름을 확인한다.
4) 끝 인사	• 통화에 대한 감사인사를 한다. • 다음 통화를 기약하고 상황에 맞는 적절한 끝인사를 한다. "감사합니다. 안녕히 계십시오." • 끊을 때는 원칙적으로 건 쪽에서 먼저 끊는다. • 다만 상대방이 윗사람일 경우는 나중에 조용히 끊는다. • 수화기를 내려놓을 때는 조용히 내려놓는다.

(4) 상황별 전화응대 방법

일상생활에서 쉽게 사용하는 전화이지만 생각보다 올바른 전화응대를 하기가 쉽지 않다. 전화를 많이 받는 익숙한 사람이라고 하더라도 항상 상황이 다르며 응대하는 사람이 다르기 때문이다. 신속하고 정확하고 친절한 전화응대를 위해서는 노력이 필요하며 이 노력은 그냥 갖추어지는 것이 아니다. 다양한 상황에서 어떤 표현을 사용하고 어떻게 전화응대를 해야 하는지 알아볼 필요가 있다.

① 전화연결 하는 경우

고객은 누구나 한 번의 전화로 업무가 끝나기를 바라며 이리저리 전화를 연결하여 통화시간 및 대기시간이 길어지는 것을 원치 않는다. 고객이 원치 않는다면 굳이 전화를 다른 곳으로 연결하여 고객의 시간을 뺏는 것은 좋지 않으므로 고객의 시간을 존중하고 상황을 배려하는 마음이 필요하다. 고객이 요청할 때나 담당자로부터 정확한 내용을 확인해야 할 때 전화를 연결한다. 전화를 연결할 때는 전화 받을 사람이 누구인지 알려주고 혹시나 연결이 안 될 때를 대비하여 직통번호도 알려준다. 내선전화로 연결을 했을 때 통화 중이면 상대방에게 메모를 전해 이쪽에서 전화를 걸지 아니면 전화를 다시 하는 쪽이 편한지 물어본다.

- "네 ○○부서 ○○과장님 연결해 드리겠습니다. 혹시 연결 중 끊어지면 ○○○-○○○○번으로 전화해 주십시오."

② 담당자가 통화중일 때

전화연결 시 해당 담당자가 통화중일 경우에는 고객의 상황을 먼저 배려하여 응대한다. 업무 중의 통화는 길지 않기 때문에 기다릴 수 있는 상황인지 물어보거나 즉시 연결이 안 되는 상황을 상대방에게 알려준 후 다시 전화하거나 전화를 드린다고 안내한다.

- "지금 담당자가 통화중인데 괜찮으시면 잠시만 기다려 주시겠습니까?"
- "죄송합니다만, 담당자 통화가 길어질 것 같습니다. 메모 남겨주시면 곧 전화 드리도록 하겠습니다."

③ 담당자가 부재중일 때

담당자가 부재중 일 경우에는 부재사유와 일정을 알려주고 용건을 정중하게 묻는다. 통화 가능시간을 알리고 메시지를 받아서 이쪽에서 전화를 걸도록 한다.

- "지금 ○○씨가 부재중으로 2시쯤 들어올 예정인데 메모 남겨주시면 전해드

리겠습니다."

- "잠시 자리를 비우셨습니다만, 메모 남겨 드릴까요?"

④ 전화가 잘못 걸려 왔을 때

잘못 걸려온 전화라도 상대방이 무안하지 않도록 정중하게 응대한다.

- "전화를 잘못 거신 것 같습니다 여기는 ○○○입니다."
- "실례지만, 몇 번으로 전화하셨습니까? 여기는 ○○○입니다."

⑤ 불만 전화가 왔을 때

상대방이 화가 나 있어도 같이 흥분하거나 맞서는 것은 금물이다. 일단은 상대방이 화를 내는 이유를 충분히 들어주고 상대방의 상황과 감정에 맞는 공감표현과 양해표현을 사용하며 상대방의 감정을 가라앉히도록 노력한다. 먼저 해결할 수 있는 방안을 찾아보되, 상사를 바꾸어야 한다면 상황을 알아본 후 다시 전화를 하겠다고 유도한다.

⑥ 전화가 잘 들리지 않을 때

전화가 잘 들리지 않는다고 소리를 크게 내거나 먼저 끊지 않도록 주의한다. 상대방의 탓이 아닌 전화기의 문제로 상황을 돌린 후, 먼저 끊어야 하는 상황이라면 정중하게 양해를 구하고 전화를 끊는다.

- "죄송하지만 한 번 더 말씀해주시겠습니까?"
- "전화 연결 상태가 좋지 않은 것 같은데 다시 걸어주시겠습니까?"

표 16-9 전화 걸기 프로세스

전화응대상황	응대화법
늦게 받은 경우	"늦게 받아 죄송합니다."
문의내용을 모르는 경우	"죄송하지만, 잠시만 기다려주시겠습니까? 담당자를 연결해드리겠습니다." "죄송하지만, 문의하신 내용을 확인 후에 다시 연락드려도 괜찮겠습니까?"
담당자 전화 연결 시	"네 ○○부서 박과장님 연결해드리겠습니다. 혹시 연결 중 끊어지면 ○○○-○○○○번으로 전화해 주십시오."
담당자가 통화중일 경우	"지금 담당자가 통화중인데 괜찮으시면 잠시만 기다려 주시겠습니까?" "죄송합니다만, 담당자 통화가 길어질 것 같습니다. 메모 남겨주시면 곧 전화 드리도록 하겠습니다."
담당자가 부재중일 경우	"지금 ○○씨가 부재중으로 2시쯤 들어올 예정인데 메모 남겨주시면 전해드리겠습니다." "잠시 자리를 비우셨습니다만, 메모 남겨 드릴까요?"
메모를 적는 경우	"죄송합니다만, 메모 좀 하겠습니다. 잠시만 기다려주십시오." "메모한 내용 확인해보겠습니다. ~이 맞습니까?"
메모를 남기는 경우	"번거로우시겠지만 메모 좀 전해주시겠습니까?" "전해주셔서 감사합니다."
전화가 잘 들리지 않을 경우	"죄송하지만 한 번 더 말씀해주시겠습니까?" "전화 연결 상태가 좋지 않은 것 같은데 다시 걸어주시겠습니까?"
전화가 잘못 걸려온 경우	"전화를 잘못 거신 것 같습니다 여기는 ○○○입니다." "실례지만, 몇 번으로 전화하셨습니까? 여기는 ○○○입니다."

학습정리

- 콜센터는 기업과 고객 간에 전화를 포함한 다양한 매체를 통한 커뮤니케이션적인 접촉이 이루어지는 곳이다.
- 콜센터 운영은 인바운드와 아웃바운드로 나뉘어서 운영되며 인바운드는 고객이나 잠재고객으로부터 전화를 수신하는 형태의 전화업무이며 아웃바운드는 기업이나 조직이 뚜렷한 목적을 가지고 전화를 하는 적극적인 형태의 전화업무이다.
- 성과관리는 조직이 기대하는 목표를 달성하는 것을 목적으로 하는 경영관리체계로 서비스지표, 품질지표, 효율성지표 등 다양한 측정지표를 활용하여 관리한다.
- 스크립트는 상담사가 상담 시 제품 및 서비스에 대한 내용을 원활하게 진행하기 위한 대화대본으로 업무 형태 및 고객유형에 따라 다르게 작성되어야 한다.
- 통화품질관리는 기업과 고객 간에 이루어지는 통화에서 느껴지는 서비스 품질의 정도를 말하며 결과에 대해 코칭을 통해 품질을 향상시킬 수 있다.
- 전화응대는 상대방의 얼굴을 보지 않고 이루어지는 비대면 응대이며 신속, 정확, 친절한 응대를 해야 한다.

학습평가

01 다음 중콜센터의 발전과정을 순서대로 바르게 연결한 것은?

① 전화 센터 〉 CTI 콜센터 〉 통합고객센터 〉 CRM센터
② 전화 센터 〉 CTI 콜센터 〉 CRM센터 〉통합고객센터
③ CTI 콜센터 〉 전화 센터 〉 통합고객센터 〉 CRM센터
④ CTI 콜센터 〉 전화 센터 〉 CRM센터 〉통합고객센터

02 다음 중 아웃바운드 콜센터의 특징이 아닌 것은?

① 성과 지향성
② 적극적 커뮤니케이션 필요성
③ 양질의 고객데이터 보유의 필요성
④ 고객접근 용이성

[정답 및 해설]

01 ①

해설: 콜센터의 중요성의 증대에 따라, 전화 센터 〉 CTI 콜센터 〉 통합고객센터 〉 CRM센터 순으로 발전하였다.

02 ④

해설: 고객접근의 용이성은 인바운드 콜센터의 특징이다.

Chapter

17 고객응대 및 글로벌 매너

학습목표

- 고객 유형별 특징을 알고 그에 맞는 서비스 화법으로 응대할 수 있다.
- 고객 불만 처리 원칙을 이해하고, 이를 활용하여 고객 불만을 처리할 수 있다.
- 비즈니스 상황에서 올바른 명함교환과 악수를 할 수 있다.
- 올바른 접객 자세와 정확한 지시 동작으로 고객을 안내할 수 있다.

1 고객응대

1) 고객 유형별 응대법

우리는 가정에서, 학교에서, 직장에서 다른 사람들과 끊임없이 교류하며 살아가고 있다. 나와 비슷한 성향이나 다른 성향의 사람들로 인해 스트레스를 받을 때가 있으며 어려움을 겪기도 한다. 이때 행동적 특성과 성격적 특성파악을 통해 소통을 한다면 나와 상대방에 대해서 알고 나와 다른 점을 이해하여 좀 더 효과적이고 능동적으로 고객을 응대 할 수 있다.

이에 본서에서는 다양한 행동 및 성격 유형분석 중 DISC 행동유형 분석과 MBTI 성격유형 분석을 소개하고자 한다.

(1) DISC 행동유형 분석

DISC 행동유형 분석이란 1928년 미국 콜롬비아대학 심리학교수인 마스턴(William Marston) 박사가 독자적인 행동유형모델을 만든 것으로 사람들은 태어나서부터 성장하면서 자기 나름의 동기요인에 의해 선택적으로 어떤 일정한 행동을 취하게 되는데 그것은 하나의 경향성을 이루게 되며 자연스럽게 그런 행동을 하게 된다. 인간이 환경을 어떻게 인식하고 행동하느냐에 따라서 각 유형의 앞 글자를 따서 DISC 행동유형으로 부르고 있다. 4가지 행동 형태는 주도형, 사교형, 안정형, 신중형 행동으로 다음과 같다.

- **주도형(Dominance)**: 간략하고 핵심만 이야기한다. HOW(절차 방법)이 아닌 WHAT(결론)에 관심을 두고 이야기한다. 결과를 성취하고 문제를 해결하고 책임을 질 부분에 대해서 이야기한다. 사실과 아이디어에 관심을 집중한다. 최종결과나 목표에 대해서 이야기 한다.
- **사교형(Influence)**: 호의적이고 친근한 환경을 만든다. 자신의 생각, 느낌에 대해 이야기할 기회를 제공한다. 자극적이고 사교적인 활동을 위한 시간을 제공한다. 공감과 칭찬 표현을 통해 교류하며 참여할 수 있도록 한다.
- **안정형(Steadiness)**: 진실되고 개인적인 편안한 환경을 만든다. 개인적으로 진심어린 관심을 가지며 목표를 끌어내는데 인내심을 가지고 기다려준다. 명확하게 목표, 역할, 절차, 전체계획에 대해서 말한다. 사후지원을 해준다.
- **신중형(Conscientiousness)**: 대화하기 전에 충분히 준비할 시간을 준다. 아이디어에 대한 찬성과 반대의견을 직접 제공한다. 정확한 데이터를 가지고 이야기 한다. 체계적이고 포괄적인 방법으로 내용을 제시한다. 동의하지 않는다면 구체적으로 이야기 하고 참을성 있게 지속적으로 설득하는 식으로 이야기한다.

(2) MBTI 성격유형 분석

MBTI(Myers-Briggs Type Indicator)는 융(Jung)의 심리이론을 근거로 하여 브릭스(Briggs)와 그의 딸 메이어(Myers)가 개발한 성격유형 검사도구이다. MBTI의 목적은 개인 스스로 선호하는 경향을 찾고 이러한 선호경향들이 하나하나 또는 여러 개가 합쳐져서 인간의 행동에 어떠한 영향을 미치는가를 파악하여 일상생활에 유용하게 활용할 수 있도록 하기 위한 것이다. MBTI는 4가지의 양극적 선호경향으로 구성되어 있다. 선호경향이란 융의 심리유형론에서 교육이나 환경의 영향을 받기 이전에 인간에게 잠재되어 있는 선천적 심리경향을 말하며, 개인의 기질과 성향에 따라 4가지 양극 지표에 따라 둘 중 하나의 범주에 속하게 된다.

4가지 양극지표는 [그림 17-1]과 같이 내향성(I), 외향성(E), 감각형(S), 직관형(N), 사고형(T), 감정형(F), 판단형(J), 인식형(P)로 나뉘며, 〈표 17-1〉과 같이 16가지 유형으로 구분된다.

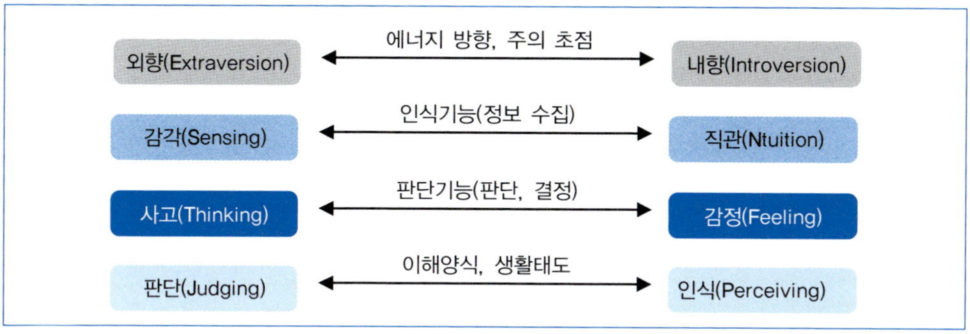

▌그림 17-1▐ MBTI 선호지표

▌표 17-1▐ MBTI의 16가지 성격유형

ISTJ 내향적 감각형 세상의 소금형	ISFJ 내향적 감각형 임금 뒤편의 권력형	INFJ 내향적 직관형 예언자형	INTJ 내향적 직관형 과학자형
시작한 일은 끝까지 해내는 사람	성실하고 온화하며 협조를 잘하는 사람	사람과 관련된 뛰어난 통찰력을 갖고 있는 사람	전체적인 부분을 조합하여 비전을 제시하는 사람
ISTP 내향적 사고형 백과사전형	ISFP 내향적 감정형 성인군자형	INFP 내향적 감정형 잔다르크형	INPT 내향적 사고형 아이디어뱅크형
논리적이고 뛰어난 상황적응력을 가지고 있는 사람	따뜻한 감성을 가지고 있는 겸손한 사람	이상적인 세상을 만들어 가는 사람	비평적인 관점을 가지고 있는 뛰어난 전략가
ESTP 외향적 감각형 수완 좋은 활동가형	ESFP 외향적 감각형 사교적인 유형	ENFP 외향적 직관형 스파크형	ENTP 외향적 직관형 발명가형
친구, 운동, 음식 등 다양한 활동을 선호하는 사람	분위기를 고조시키는 우호적인 사람	열정적으로 새로운 관계를 만드는 사람	풍부한 상상력을 갖고 새로운 것에 도전하는 사람
ESTJ 외향적 사고형 사업가형	ESFJ 외향적 감정형 친선도모형	ENFJ 외향적 감정형 언변능숙형	ENTJ 외향적 사고형 지도자형
사무적, 실용적, 현실적으로 일을 많이 하는 사람	친절과 현실감을 바탕으로 타인에게 봉사하는 사람	타인의 성장을 도모하고 협동하는 사람	비전을 가지고 사람들을 이끄는 사람

출처: 한국심리검사연구소(KPTI).

2) 고객 불만 응대

불만족 고객의 존재는 단순히 그 고객을 잃어버리는 것 이상으로 나쁜 결과를 초래한다. 반면에 고객의 불만을 잘 처리하면 고객이 만족하거나 전문기관 등의 평가에서 좋은 결과를 얻게 되고 기업에 대한 신뢰성과 이미지가 개선된다. 효과적으로 고객 불만을 처리 했을 경우에는 불만족한 고객이 전혀 불만을 제기하지 않는 고객보다 재구매할 확률이 높아진다. 또한, 고객 불만을 잘 처리하면 그렇지 않았을 때 발생되는 법적 처리 비용, 폭력 등으로 인한 시설, 기불 등의 손실을 막을 수 있으므로 장기적으로 이윤을 높일 수 있는 방법이 된다.

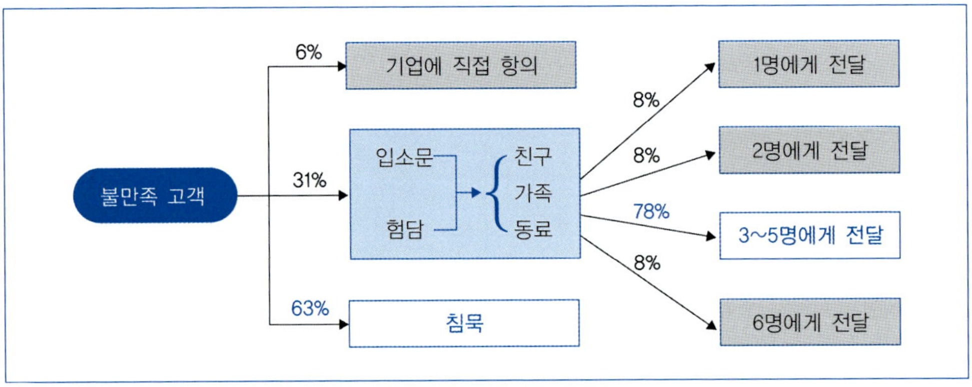

그림 17-2 불만족 고객의 구전효과

기업들은 불만으로부터 서비스를 회복하기 위해 불만고객의 의견을 수렴하고 고객 불만 유형 분석을 통해 기업의 마케팅 및 경영활동에 중요한 정보로 활용하기도 한다. 직원 교육을 통해 사전, 사후 고객 불만을 관리하고 있으며 문제 발생 시 고객의 기대 이상의 해결의지를 표현하며 접점 직원에게 서비스 권한을 위임하여 즉각적이고 효율적인 불만처리를 위해 노력하고 있다.

표 17-2 컴플레인과 클레임

CLAIM	COMPLAIN
클레임(claim)은 상대방의 잘못된 행위에 대해 고객이 제기할 수 있는 시정요구이며 객관적인 평가로 고객의 문제제기에 대해 해결책 제시 및 보상을 해야 하는 경우를 뜻한다. 클레임 처리가 되지 않을 경우에는 고객에게 물질적, 정신적 보상 크게는 법적으로 뭔가 보상으로 해결해야 한다.	컴플레인(complain)은 고객의 주관적인 평가로 상대방의 서비스에 대한 불만사항 불평하는 것을 의미한다. 고객의 감정이 개입된 것으로 즉시의 행동 또는 자체 내부의 조치에 의해 해결될 수 있다.

(1) 불만 발생원인

고객의 불만 원인은 크게 회사문제, 직원에 대한 문제, 고객 자신의 문제로 분류할 수 있다. 회사의 문제로는 수준 이하의 서비스, 제품의 결함과 같은 상품 자체의 문제와 이용불편, 프로세스 및 시스템의 오류 등의 업무프로세스의 문제가 그것이다. 직원에 대한 문제는 불친절한 서비스 업무 지식부족, 업무처리 미숙 및 지연, 응대 미숙, 설명 불충분과 고객 감정에 대한 배려 부족 등 의사소통 능력부족이다. 마지막으로 고객의 문제로는 지나친 고객의 기대, 고객의 오해, 서비스나 제품에 대한 정보부족, 고객의 부주의로 나타났다. 이중, 고객 불만이 발생하게 되는 가장 큰 원인은 직원들의 고객응대 과정에서 비롯되는 것이다.

이러한 결과는 최초의 고객의 불만이 회사 문제로 시작되었으나 처리과정에서 직원의 불친절한 응대로 인해 회사에 대한 불만보다 직원에 대한 불만이 더 쌓이게 되는 것이 원인으로 작용한다.

표 17-3 불만족 발생원인 4가지

상품	업무 프로세스	인적자원	고객자신
• 상품의 하자 • 높은 가격 • 품질 저하 • 구색 미비	• 시스템 오류 • 약속 미 이행 • 서비스 지연 • 이용불편 • A/S 미비	• 불친절한 서비스 • 지식부족 • 설명 불충분 • 책임회피 • 고객감정 배려부족 • 의사소통 능력부족	• 지나친 기대 • 오해 • 서비스 정보 부족 • 고객 부주의

(2) 불만고객의 감정단계 이해

불만고객을 응대하기 위해서는 불만고객의 감정과 심리가 어떻게 변화하는지를 이해하고 감정의 변화에 따라 그에 맞는 응대 및 대처를 해야 한다. 고객의 분노 감정은 매우 감정적이기 때문에 고객 불만 욕구의 단계를 제대로 알고 있어야 고객의 감정을 더 상하지 않게 하고 직원의 감정 또한 다치지 않으며 문제를 신속하고 효율적으로 마무리할 수 있다. 불만고객은 ① 분노, ② 타협, ③ 부정, ④ 수용의 4단계 과정을 거치게 된다.

- **분노**: 불만을 가진 고객들은 자신의 불만을 표출함으로써 자신이 화가 나 있다는 사실을 먼저 알린다.
- **타협**: 분노로 자신의 감정을 표현한 후에는 고객 자신이 불만을 가지게 된 이유에 대해 이야기하며 현실적인 문제에 대한 항의 및 보상을 요구 한다.
- **부정**: 타협을 거쳐 문제가 해결된다면 좋겠지만 불만 고객은 자신의 의도대로 문제가 해결되지 않으면 만족하지 않는 경우가 많다. 이렇게 타협의 과정에서 만족하지 못한 고객은 전체적인 부정의 단계로 들어가게 된다. 이 단계에서 고객은 다시 화를 내지만 이때의 화는 타협방법이 없다는 사실에 대한 화라고 할 수 있다.
- **수용**: 전체적인 부정으로까지 확대되었던 고객의 감정은 고객 불만을 해결하기 위한 시간과 그 시간에 이루어졌던 태도와 노력을 통해서 수용의 단계로 접어든다.

(3) 불만고객 응대 기본원칙

불만고객을 처리하기 위해서는 고객을 이해하고 그에 맞게 행동할 수 있어야 한다. 불만고객 응대 기본 법칙은 5가지로 피뢰침의 원칙, 책임 공감의 원칙, 감정통제의 원칙, 언어통제의 원칙, 역지사지의 원칙이 있다.

- **피뢰침원칙**: 고객은 개인적인 감정으로 화를 내는 것이 아니라 기업의 복잡한 규정과 시스템에 대해 항의하는 것이다. 고객이 화를 내고 불만을 표현한다고 해서 자신에게 화를 내는 것이라고 생각한다면 감정적이 동요를 일으킬

수밖에 없으며 효율적으로 불만고객 응대를 할 수 없다. 고객 접점에서 일하는 직원이기 때문에 다양한 고객들을 불만을 흡수하고 그것으로 흘려보내 자신은 상처 입지 않고 조직은 고객의 불만을 정확하게 파악할 수 있도록 해야 한다.

- **책임공감원칙:** 고객이 나에게 불만일 표출하지 않는다고 해서 고객의 불만족에 대해 전혀 책임이 없다는 것은 아니다. 조직구성원의 일원으로서 내가 한 행동의 결과이든 다른 사람의 일 처리 결과이든 고객 불만족에 대한 책임은 같이 져야한다. 고객의 불만에 대해 다른 직원의 책임으로 전가하거나 무관심한 태도로 일관한다면 고객의 불만은 더 커질 수 있으므로 적극적이고 공감하는 마음으로 불만고객을 응대해야 한다.
- **감정통제원칙:** 고객과 소통하고 업무에 대해 의사결정과 집행하는 일을 하는 직원들은 자신의 감정을 관리할 수 있어야 한다. 감정 관리를 통해 고객에게 끌려가는 것이 아니라 문제해결의 주도권을 잡고 현명하게 불만고객응대를 잘할 수 있다.
- **언어절제원칙:** 불만고객의 응대는 고객의 이야기를 잘 들어주는 것에서부터 시작한다. 고객의 이야기를 들어주는 것만으로도 고객들은 그들의 화난 감정이 다소 해소가 되며 좋은 감정을 가지게 된다. 또한, 상황에 맞는 절제된 언어 사용을 통해 더 효과적으로 불만고객을 응대할 수 있다.
- **역지사지원칙:** 고객을 이해하기 위해서는 고객의 입장에서 바라보아야 한다. 고객은 회사의 규정이나 업무처리 절차에 대해 알지 못하므로 화를 내거나 억지를 부릴 수 있다. 그러므로 고객의 입장에서 충분히 이해할 수 있도록 상황을 설명 및 해결하려고 노력해야 한다.

(4) 불만고객 응대 프로세스와 방법

불만고객을 응대할 때에는 최초응대가 매우 중요하다. 처음부터 불만사항을 제대로 접수하여 처리하면 큰 문제없이 해결되기도 하나 초기의 대응이 적절하지 못하다면 고개의 화를 더 돋우게 될 것이다. 그러므로 고객의 불만 사유가 정당할 때 우리의 잘못을 솔직히 시인하고 고객의 입장에서 성의있는 태도를 보여야 한다. 만약 고객에게 문제가 있는 경우에는 오해로 인해 불만 사항이 발생한 경우이므로 세심한 주의를 기울여 오해를 풀어주고자 하는 태도가 필요하다. 오해의 원인이 무엇인지 고객입장에서 불만의 요소를 생각해보고 그에 맞는 응대방법을 실행하는 것이 중요하다.

① 불만고객 응대 프로세스 9단계

- **1단계–사과**: 먼저 사과 말을 한다.
- **2단계–경청**: 어떤 점이 불만인지 적극적으로 경청해야 한다. 그래야 상대방의 의도와 감정 상태를 파악할 수 있다.
- **3단계–공감**: 고객 불만사항을 공감해서 고객의 감정을 누그러지게 하는 것이 중요하다.
- **4단계–원인분석**: 문제점이 무엇인지 명확히 파악해야 한다.
- **5단계–해결책 제시**: 불만사항에 대한 해결점을 찾아야 한다.
- **6단계–고객의견 청취**: 해결점에 대한 고객의 생각과 의견을 청취한다.
- **7단계–대안제시**: 불만해결이 안되었다면 다시 대안을 제시한다.
- **8단계–거듭 사과**: 다시 한 번 사과한다.
- **9단계–감사표시**: 이해해주심에 감사표현을 한다.

② 불만고객 응대방법

불만고객을 응대하는 대표적인 방법에는 HEAT기법과 MPT기법이 있다.

- H(Hear them out): 고객이 불만사항을 다 이야기할 수 있게 끝까지 들어준다.
- E(Empathize): 고객의 이야기를 듣고 고객의 입장과 분노에 깊이 공감해 준다.
- A(Apologize): 정중하게 사과한다.
- T(Take responsibility): 문제의 원인을 정확히 확인하여 문제 해결책을 검토하며 문제해결방안이 마련되면 친절하고 신속하게 불만을 처리한다.

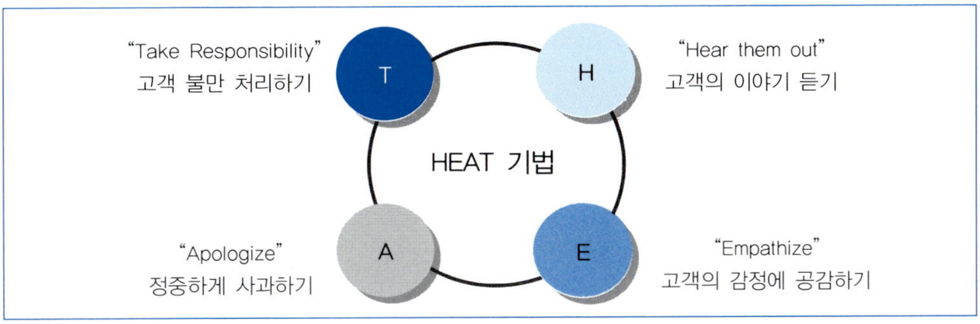

그림 17-3 HEAT 기법

- M(Man): 응대하는 사람을 바꾼다. 불만 고객은 자신의 문제를 해결해 줄 수 있는 사람과 대화하기를 원하므로 최초 담당자가 계속 응대하기 보다는 담당 직원에서 책임자로 바꿔 응대하거나 하급자에서 상급자로 바꿔 응대하여 고객의 문제를 존중하고 심각성을 조직이 인지하고 있다는 것을 간접적으로 제시할 수 있다.
- P(Place): 장소를 옮긴다. 고객이 처음 불만을 제기하는 경우에 오픈된 공간일 경우가 많으며 이때는 다른 고객에게까지 피해를 줄 수 있기 때문에 조용하고 밀폐된 공간으로 자리를 안내한다. 밀폐된 공간에서 우리라는 느낌을 주어 친밀감을 증대시켜 줄 수도 있으며 편안한 자리에서 여유를 가질 수 있게 하여 고객의 감정을 가라앉힐 수 있다.
- T(Time): 감정을 가라앉힐 시간을 준다. 불만 고객의 화와 분노로 인해 흥분된 상태에서 이야기하는 것보다는 시간을 두고 고객이 진정할 때까지 기다린 후에 응대하는 것이 좋다. 중간보고를 통해 문제가 해결되고 있음을 알려 준다던지 따뜻한 차를 준비하여 고객이 화를 가라앉힐 수 있는 시간을 갖게 하는 것도 좋은 방법이다.

그림 17-4 MPT 기법

2 비즈니스 응대

1) 매너와 에티켓의 개념 및 중요성

매너(manner)는 사람마다 가지고 있는 독특한 습관이나 행동방식이다. 매너의 어원은 마누아리우스(Manuarius)라는 라틴어에서 유래되었으며 사람의 행동이나 습관을 뜻하는 마누스(manus)와 방법, 방식(way)의 의미를 지닌 아리우스(arius)의 합성어이다. 상대에 대한 일종의 경의의 표현이자 배려 혹은 상대를 인식한 행동으로 서비스의 기본이며 마음을 담은 행동으로 표현되는 것이 매너이다.

에티켓(etiquette)은 지켜야 하는 규칙, 규범이라고 할 수 있다. 에티켓은 원래 프랑스어로써 우리의 예의범절과 유사한 말이다. 옛날 프랑스 베르사유 궁전에 들어가는 사람에게 출입증의 형태로 나누어준 표(ticket)에 궁전 내에서 유의할 사항이나 예의범절이 쓰여 있었기 때문에 현재 에티켓이란 말의 어원이 된 것이다.

또 다른 설에 의하면, 에티켓은 프랑스어의 'estiquier', 즉 나무 말뚝에 붙인 출입금지라는 용어에서 생겨났다고도 한다. 화장실이 없는 베르사유 궁전 파티에 참석한 사람들이 용변을 보기 위해 정원에 들어가는 사건이 자주 발생하자 당시 정원사가 정원 주변에 출입금지라는 말뚝을 박아 출입을 막았는데 이때 쓴 말이 프랑스어로 에티켓이었다고 한다.

오늘날 매너와 에티켓은 서로 구분 없이 사용되고 있으며, 동양과 서양을 막론하고 보편적으로 적용되는 예의범절로 누구나 지켜야 할 보편적 상식으로 자리 잡았다. 기본적으로 상대방을 배려하고 존중하는데 근거를 두고 있다. 에티켓은 반드시 지켜야만 하는 규범으로 지키지 않으면 안 되는 불문율을 의미하고 매너는 얼마나 세련되고 품위 있는 방식으로 행동하는가이다. 국제화 시대에 맞는 매너와 에티켓을 익혀야 사람들을 좋은 관계를 맺고 유지할 수 있으며 비즈니스도 성공할 수 있다. 비즈니스에 있어서도 성공은 70%의 매너에 의해 좌우된다고 한다. 상황에 맞는 세련된 매너는 더불어 살아가는 우리의 삶을 더 풍요롭게 만들어 줄 것이다.

이때 필요한 것은 서로 다른 문화를 이해하는 것이다. 국제간의 교류가 다양해지는 현대에서 다른 나라와의 문화차이에서 오는 오해와 편견을 없애기 위해서는 다른 나라의 문화적 차이를 인식하고 그들의 문화, 행동, 언어의 표현을 이해해야 한다. 즉, 그 나라 특유의 문화성과 사회성에 대한 이해와 존중이 선행되어야 한다. 자국에서는 이해하기 힘든 일로 간주되지만 다른 나라와 그 나라 국민에 대한 존중이 진정한 글로벌 시대를 살아가는 중요한 요소이다. 서로 다른 문화, 전통, 관습이 다른 현대의 방식으로 표출되는 이문화 에티켓과 매너의 습득은 필요하며 다양한 세계문화와 예절들이 다양한 장소와 경우, 때에 따라서 적절히 표현된다면 서로가 공감할 수 있는 요소들을 공유함으로 진정한 국제인, 세계인이 될 수 있다.

2) 명함 에티켓

명함은 루이 14세 때 생겼다고 전해지며 루이 15세 때는 현재와 같은 동판 인쇄의 명함을 사교에 사용했다고 한다. 중국에서는 옛날부터 친구 집을 찾아간 경우 친구가 부재 시에는 자기 이름을 쓴 것을 놓고 오는 습관이 전해진 것이다. 현대는 비즈니스에서 상대방에게 자신을 기억시키는 것이 매우 중요하다. 명함은 처음 보는 사람에게 자신을 소개하는 도구로 활용되며 자신의 신분을 알리는 중요한 역할을 한다. 일반적으로 명함에는 본인의 이름과 직함, 직장의 주소와 전화번호, 핸드폰 번호, 이메일, 팩스번호까지 모두 기입되어 있다.

(1) 명함 건네는 방법

명함은 자신을 소개하는 도구로써 그 사람의 인상을 좌우하므로 명함지갑에 넣어서 가지고 다니는 것이 좋다. 명함을 지갑이나 주머니에 넣어서 다니지 않도록 하며 명함이 부족하지 않도록 충분히 가지고 다닌다. 처음 사람을 만났을 때는 명함을 먼저 내미는 것보다는 간단히 인사나 악수를 한 후에 명함을 교환하는 것이 순서이다. 명함은 윗사람이 아랫사람에게 먼저 건네는 것이 예의지만 용건이 있는 사람이 먼저 건네거나 아랫사람이 자신을 소개한다는 의미에서 먼저 건네기도 한다. 명함을 건넬 때는 명함지갑에 준비되어 있는 깨끗한 자신의 명함을 상대방의 가슴 높이 정도로 공손하게 전달한다. 이때 상대방이 명함의 글씨를 바로 볼 수 있도록 전달하며 자신의 이름이나 소속이 가리지 않도록 명함의 가장자리를 잡고 전달하도록 한다. 명함을 내밀면서 "저는 000입니다." 또는 "저는 000회사 000팀 000입니다."로 자신의 이름 및 소속과 이름을 이야기하면서 건넬 수 있도록 한다.

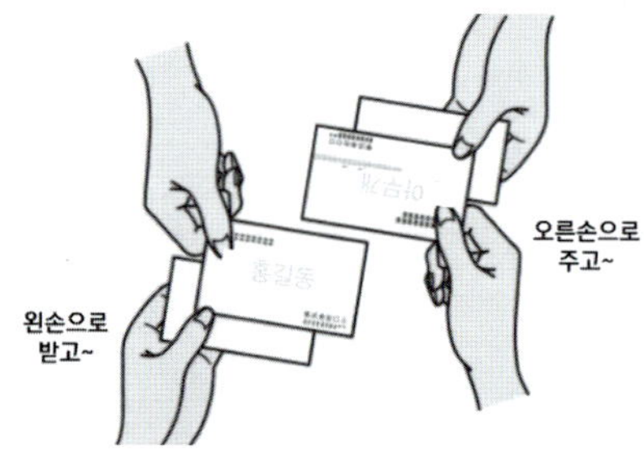

- 고객보다 먼저 명함을 꺼낸다.
- 고객이 2인 이상일 경우에는 윗사람부터 주도록 한다.
- 양손으로 명함의 가장자리를 잡고 고객이 바로 볼 수 있도록 건넨다.
- 소속과 이름을 정확히 밝히면서 건넨다.
- 가볍게 목례를 하며 상대방의 가슴과 허리선 사이에서 건넨다.
- 명함을 여기저기서 찾지 않고 바로 건넬 수 있도록 미리 준비한다.
- 받은 명함은 허리 높이 이상으로 유지하며 관심 있게 살펴본다.
- 명함 내용 중 모르는 한자나 궁금한 사항이 있을 경우 질문을 한다.
- 동시에 주고받을 때에는 오른손으로 주고 왼손으로 받는다.

그림 17-5 명함 교환 시 주의사항

(2) 명함을 받는 방법

상대방에게 명함을 받았을 때는 명함을 관심 있게 살펴본다. 어려운 한자가 있다면 "죄송하지만, 존함을 어떻게 읽습니까?"로 질문을 하여 추후 상대방의 이름을 부를 때 실수하지 않도록 하는 것이 좋다. 또한, 소속회사나 직책에 대한 질문을 통해 간단하고 가벼운 대화를 유도하는 것도 좋다. 명함은 가벼운 대화를 통해 업무를 시작하기 전 분위기를 부드럽게 할 수 있는 하나의 방법이 되기도 한다. 만약 명함을 주고받는 장소가 테이블이 있는 곳이라면 앉아서 대화를 나누는 동안에는 테이블 위에 놓고 이야기를 나눔으로써 상대방을 정확히 지칭하는데 도움이 된다. 명함을 교환할 때는 일어서서 주고받는 것이 원칙이다. 만약 명함이 없다면 미리 준비하지 못하여 예의를 지키지 못했음을 사과하고 필요에 따라 상대방의 이름과 연락처를 적은 메모를 건네준다. 명함을 받은 후 접거나 명함으로 손장난을 해서는 안 되며 명함지갑이 아닌 주머니에 넣는 등의 성의 없게 다루는 것은 예의에 어긋난다.

(3) 명함관리법

명함을 받은 후 관리할 때는 명함 뒷면이나 여백에 만난 날짜와 장소, 이유, 상대방에 대한 정보 등을 메모해 두는 것이 좋다. 다음에 그 사람을 다시 만날 때는 이름과 하는 일을 기억하고 있다면 자신에 대해 좋은 이미지를 전달할 수 있기 때문이다. 단, 메모는 명함을 받은 후 상대방이 보는 곳에서 하는 것은 결례이다.

명함을 보관할 때는 보통 직장과 개인으로 분류하지만 만나는 직장 및 회사별, 업종별, 모임별로도 정리하여 보관하며 관리할 명함이 많지 않다면 '가나다' 순서로 정리하는 것도 한 방법이며, 명함 관리 파일이나 앱(app)을 활용하여 정리하는 것이 좋다.

3) 악수 에티켓

악수의 유래는 중세시대 손에 무기가 없으며 따라서 공격할 의사가 없음을 확인시키기 위한 수단으로 사용되었으며 로마인들에게 손은 신뢰의 상징으로 따라서 악수하는 행위는 상대방을 신뢰한다는 표시였다. 오늘날에도 악수는 우호와 화합의 상징으로 서로 만나 반가운 마음의 표현이며 손을 잡음으로써 일체감을 느끼고, 잡은 손을 흔들면서 마음의 문을 연다는 의미를 가지고 있다. 악수는 가장 일반적인 인사법으로 세계적으로 사용되고 있다. 악수는 가장 일반적인 인사로 원칙적으로 윗사람이 아랫사람에게 먼저 손을 내밀어 악수를 청한다. 악수를 할 때에도 일어서서 하는 것이 원칙이며 악수를 누가 먼저 청하는지에 대해서도 순서가 있다.

악수를 청사는 기본 순서는 다음과 같다.

- 여성이 남성에게 악수를 먼저 청한다.
- 연장자가 연소자에게 악수를 먼저 청한다.
- 기혼자가 미혼자에게 악수를 먼저 청한다.
- 선배가 후배에게 악수를 먼저 청한다.
- 지위가 높은 사람이 지위가 낮은 사람에게 악수를 먼저 청한다.

악수를 청하는 순서에는 예외도 있다. 국가원수, 왕족, 성직자 등은 예외이며, 남녀 간에도 상하 지위에 따라 높은 지위의 남자가 낮은 지위의 여자에게 악수를 청할 수 있다.

(1) 악수의 5대 원칙

- **미소**: 악수는 처음 만난 사람과의 인사이므로 악수를 할 때에는 자연스럽고 부드러운 미소를 통해 밝고 긍정적인 이미지를 전달한다.
- **눈 맞춤**: 인사를 할 때 상대방의 눈을 보지 않는 것은 실례이다. 악수도 인사이므로 상대방의 눈을 응시하고 이를 통해 신뢰감을 전달할 수 있도록 해야 한다.
- **적당한 거리**: 악수를 할 때는 손을 팔꿈치 높이만큼 올려서 팔꿈치가 자연스럽게 굽혀지는 정도의 거리에 서서 손을 내미는 것이 좋다. 너무 멀면 팔을 쭉 뻗게 되어 어색하며 너무 가까우면 상대방에게 부담을 줄 수 있으므로 적당한 거리를 유지하도록 한다.
- **리듬**: 악수를 할 때 지나치게 많이 흔들거나 손을 잡은 채로 가만히 있는 것은 상대방을 불쾌하게 만들 수 있다. 두세 번 정도 흔들고 약 2초 정도 상대방의 손을 잡고 있다가 놓는다.
- **적당한 힘**: 악수를 할 때는 적당히 힘을 주면서 상대방의 손을 잡는다. 상대방의 손이 으스러질 정도로 세게 잡는 유형을 Bone Crush라고 하는데 '당신을

꽉 누르고야 말겠다.'는 뜻으로 상대방에게 불쾌감을 전달할 수 있다. Finger Pinch 형은 손가락만 세게 쥐면서 하는 악수로 이 또한 상대방에게 불쾌감을 전달할 수 있다. Dead Fish형은 힘없이 손을 잡는 것으로 성의 없고 무관심한 느낌을 전달할 수 있으므로 적당한 힘을 주어 손을 잡도록 한다.

4) 고객 안내

고객이 방문하면 즉시 일어서서 고객과 시선을 맞추면서 가볍게 인사한 다음 두세 걸음 앞으로 다가가 미소를 지으며 "어서 오십시오."로 맞이 인사를 한다. 맞이 인사는 각 회사마다 정해져 있는 경우가 많으며 상황에 맞게 사용할 수 있다. 고객을 응대하는 직원이 정해져 있지 않은 경우라면 먼저 고객을 본 직원이 나서서 고객이 불필요한 시간을 보내 않도록 한다. 맞이 인사를 한 후에는 고객이 방문한 용건에 대해서 확인한다. "실례지만 어떤 일로 오셨습니까?"로 정중하게 물으며 고객이 용건을 말하면 고객이 말한 내용을 한 번 더 확인한 후에 담당자에게 연락하거나 고객용건이 처리되도록 도움을 준다. 고객용무를 처리할 때에는 신속하고 정확하게 처리하여 고객이 오래 기다리는 일이 없도록 한다. 업무가 모두 처리가 되었다는 것을 고객에게 알려준 후, 고객이 만족하는지 확인을 한다. 고객이 떠날 때는 정중하게 배웅인사를 하며 끝까지 친절하고 배려있게 응대한다.

(1) 목적지가 있는 고객 안내

목적지가 있는 고객을 안내할 때는 미소를 띤 채 적절한 인사말을 하며 고객에게 목적지를 여쭤본다. 목적지를 확인하면 고객의 대각선 방향으로 2~3보정도 앞에 서서 걷는다. 고객이 잘 따라오고 있는지 뒤돌아보며 거리가 멀어지지 않게 고객 보폭에 맞춘다. 모퉁이를 돌거나 방향을 바꾸어야 하는 경우에는 돌아보며 가야할 방향을 손으로 가리키는 것이 좋다. 이때 손가락은 벌어지지 않도록 모아서 안내하며 "이쪽입니다."의 응대로 고객을 안내한다.

고객 안내 시에는 다음과 같은 사항에 주의한다.

- 나란히 걸을 때는 연장자가 오른쪽에 서도록 한다.
- 연장자나 상급자가 중앙에 서게 한다.
- 상급자를 수행할 때는 수행하는 사람이 조금 앞서서 걷는다.

(2) 엘리베이터에서의 고객안내

고객과 함께 엘리베이터를 탈 때에는 고객보다 나중에 타고 내릴 때는 먼저 내려 고객에게 미리 방향을 안내해 준다. 만약 방향을 잘 알고 있는 윗사람이나 여성과 함께 엘리베이터를 이용할 경우에는 윗사람 또는 여성이 먼저 타고 내려야 하며 엘리베이터를 탄 후에는 고객이 버튼을 누르게 하지 않도록 한다.

- 엘리베이터 이용 시 다음과 같은 사항에 주의한다.
- 엘리베이터 안에서 휴대폰을 사용하거나 큰소리로 이야기하지 않는다.
- 버튼 앞에 서있을 경우 사람들이 타는 도중 문이 닫히지 않도록 열림/닫힘 버튼을 조정한다.
- 엘리베이터 안쪽에 타서 해당 층을 누르지 못했을 경우 굳이 사람들 사이를 통과해 버튼을 직접 누르지 말고 “0층 부탁드립니다.”로 정중하게 부탁한다.

(3) 계단에서의 고객안내

계단을 오를 때에는 고객이 앞에 서고 안내자는 뒤에 따라가며 계단을 내려올 때에는 안내자가 앞에서고 고객은 뒤에서 따라오게 한다. 만약 고객이 여성일 경우에는 계단을 올라갈 때는 남성이 먼저 올라가고 내려올 때 남성이 뒤에 서도록 한다. 다만, 계단의 경사가 급하거나 위험해 보일 때에는 남성이 앞장선다.

(4) 고객 상석

응접실에서의 상석은 출입문에서 가장 먼 자리이며 창문이 있는 경우에는 경치나 전망을 볼 수 있는 자리가 상석이 되기도 한다. 테이블 상석의 순서는 [그림 17-6]과 같다.

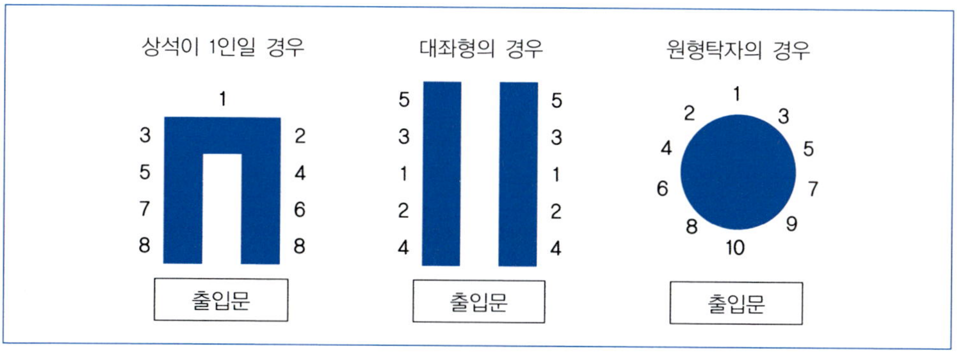

▌그림 17-6▌ 테이블 상석 위치

자동차의 상석은 운전기사가 있을 때와 없을 때로 나뉜다. 운전기사가 있을 경우에는 운전기사의 대각선 뒷좌석이 최상석이며 운전기사 바로 뒷좌석이 상석, 그 다음이 조수석이다. 그리고 뒷좌석의 가운데 자리가 말석이다. 운전기사가 없는 경우라면 운전석 바로 옆 좌석이 상석이 된다. 상석의 순서는 다음의 [그림 17-7]과 같다.

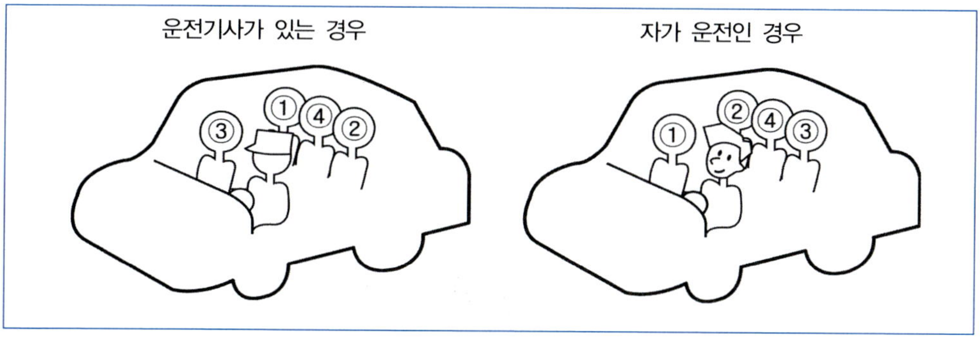

▌그림 17-7▌ 자동차 상석 위치

5) 접객자세와 지시동작

(1) 선 자세

고객을 응대할 때에는 보통 서있는 자세로 응대하게 된다. 남성은 발뒤꿈치를 붙이고 발의 앞부분을 약 30도 정도로 벌린 간격을 유지한다. 두 다리는 힘을 주고 서서 두 무릎을 붙이며 머리, 등, 허리가 일직선이 되도록 한다. 어깨는 너무 힘주어 올라가거나 축 쳐져서 힘없이 보이지 않게 하며 손은 왼손이 위로 올라가게 잡아 공손한 자세를 취한다. 눈은 부드러운 시선으로 정면을 바라보며 입은 자연스럽게 다문다. 여성은 발을 모아 붙이는 것이 기본이나 높은 굽을 신고 있어서 중심을 잡기 힘든 경우라면 발뒤꿈치는 붙이고 발의 앞부분을 약 15도 정도의 간격을 유지한다. 두 무릎은 붙이며 어깨가 굽어지거나 비틀어지지 않게 곧은 자세로 선다. 손은 오른손이 위로 올라가게 잡는다. 부드러운 시선으로 정면을 바라보며 입은 자연스럽게 다문다.

공수란 의식행사나 어른들 앞에서 공손한 자세를 취하는 손의 모습으로 두 손을 맞잡는 것이다. 이는 공손한 자세를 나타내며 모든 행동의 시작을 의미한다. 공수법은 남자와 여자가 다르고 평상시와 흉사시가 다르며 성별과 의식행사에 맞는 공수를 하지 않으면 오히려 공수를 하지 않는 것만 못하다. 공수의 기본 동작은 두 손의 손가락을 가지런히 붙여서 편 다음 엄지손가락을 엇갈려 깍지를 끼고 두 손은 배꼽 아래 부분에 모은다. 공수자세는 어른에게 공손한 인상을 전달할 수 있도록 해야 하고, 공손한 자세를 취하는 사람에게도 편안한 자세가 되어야 한다. 평상시에 남자의 공수는 왼손을 위로하고 여자는 오른손을 위로 하여 두 손을 가지런히 모아서 포갠다. 흉사 시에는 남녀 모두 평상시와 반대로 한다.

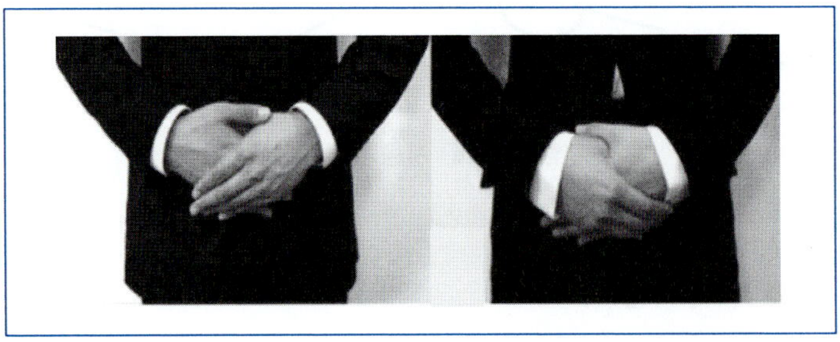

▌그림 17-8▌ 남성과 여성의 올바른 공수자세

(2) 방향 안내 자세

방향을 안내할 때는 말로만 안내하기보다는 직접 방향을 가리키는 것이 더 효율적이다. 보통 손과 팔을 사용하여 안내를 하는데 이때 손가락을 이용해서 안내하는 것은 예의에 어긋나는 행동이므로 주의한다.

방향을 가리킬 때는 손바닥을 펴고 손가락은 붙인 상태에서 손바닥은 위를 바라보는 것에서 약간 비스듬하게 45도 정도로 기울인다. 나머지 다른 한손은 아랫배 쪽에 두어 공손한 자세를 만든다. 팔꿈치는 적절하게 구부린 상태를 유지하며 멀리 있는 곳이나 대상을 가리킬 때는 쭉 펴서 팔 길이로 거리를 나타낼 수 있다.

방향을 안내할 때는 시선처리가 중요한데 방향을 제시하기 전에 질문한 사람의 얼굴을 바라보고 방향을 제시할 때는 그 방향으로 시선을 돌린 후 방향제시를 한 후에는 다시 상대방의 얼굴을 바라본다. 일방적으로 설명하거나 안내하는 것이 아니라 상대방이 안내를 확실하게 이해했는지 확인해야 한다.

3 이미지와 이미지메이킹

1) 이미지와 이미지메이킹의 개념 및 중요성

(1) 이미지와 이미지메이킹의 개념

이미지(Image)는 마음속에 그려지는 상, 심상, 표상, 영상 등을 뜻하며 개인에 대한 이미지는 그 사람에 대한 독특하고 고유하며 특유한 느낌이다. 이미지의 어원은 리틴어의 imago(이마고: imitari 흉내내다 + ago 흉내 낸 것) 닮은 모습, 모방에서 유래된 것으로 사람들의 마음속에 떠오르는 상을 의미한다. 즉, 이미지란 어떤 사물 또는 사람에게서 받는 인상, 남의 눈에 비친 나의 모습 등을 의미한다고 할 수 있으며 우리 나름의 사고, 취향에 따라 편집되어 만들어진 그 사람에 대한 생각의 덩어리, 특유한 감정 고유한 느낌이다. 실체가 아니고 상상되는 것이며 다른 사람에 대해 스스로 만들어 내는 인상이다. 이는 어떠한 대상에 관한 경험에서 생기는 것으로 개인의 지각을 통해서 의미화되고 연상에 의해 형성되고 각인된다.

이미지메이킹(Image Making)은 개인이 추구하는 목표를 이루기 위해 자기 이미지를 통합적으로 관리하는 행위이자 자기 향상을 위한 개인의 노력을 통칭한다. 개인의 이미지를 분석, 진단하여 직업과 개성에 맞는 가장 바람직한 이미지를 만들어 내어 비즈니스 경쟁력을 향상시키며, 상황에 따른 대인관계 능력 및 신분과 역할에 어울리는 자기표현 기법을 체득하여 성공적인 자기실현과 삶의 질을 높이기 위한 자기 변화 과정이라고 할 수 있다. 그러기 위해 스스로 바람직한 상을 정해놓고 그 이미지를 현실화하기 위한 개인의 의도적인 노력을 통해 추구하는 목표를 이루기 위해 자기 이미지를 통합적으로 관리해야 한다.

(2) 이미지 관리의 중요성

현대를 살아가는 우리는 나의 선택과는 상관없이 이미지를 전달하고 타인의 이미지를 평가하면서 인간관계를 넓혀 나가고 있다. 과거에는 정치인이나 유명 연예인들처럼 대중에게 영향을 주고 설득을 시켜야 하는 사람들이 자신의 이미지를 가꾸기 위해 이미지메이킹을 했다면 지금은 개인이나 기업도 타인이나 소비자에게 인정받기 위해 자신의 고유한 이미지를 만들어 가는 것은 필수가 되었다.

이처럼 이미지 시대에 살고 있는 우리는 자신의 삶을 성공적으로 이끌기 위해 자신의 이미지 관리에 좀 더 신경을 써야한다. 우리의 중요한 이미지를 다른 사람의 주관적 사고에만 맡겨둔 채 수동적이고 무기력하게 형성되도록 해서는 안 된다. 그래서 이미지메이킹이 필요하며 자신에 대한 이미지를 긍정적으로 생각하고 관리했을 때 더 효과적으로 표현해 낼 수 있다.

어떤 사람을 처음 만날 때 그 사람의 첫인상은 아마도 일차적으로 보이는 외형적 이미지이며 그중에서도 제일 영향을 주는 것은 그 사람의 표정이다. 무표정한 얼굴이나 찡그린 표정은 친근감이나 신뢰감을 줄 수 없으며 사람들을 긴장하고 불편하게 만든다. 언제나 입가에 자연스러운 미소를 지닌 사람은 타인을 편안하게 하면서 신뢰감을 줄 수 있다. 따라서 우리는 좋은 인간관계 형성을 위해서 좋은 표정으로 호감이 가는 느낌을 전달하도록 노력해야 한다. 또한, 겉으로 보여 지는 이미지는 개인의 내면에서 우러나오기 때문에 내적 이미지도 중요하며 내적 이미지와 외적 이미지가 조화를 이루었을 때 더욱 더 영향력 있는 이미지를 만들 수 있다. 이미지는 크게 3가지로 분류할 수 있다.

- **내적 이미지:** 인간의 심리적, 정신적, 정서적인 특성 등이 고유하고 독특하게 형성되어 있는 상태로 심성 생각, 습관, 욕구, 감정 등의 유기적인 결합체를 의미한다. 마음가짐, 가치관, 지식 정도, 교양 등이 내적 이미지에 속한다.
- **외적 이미지:** 외적 이미지란 인간의 외부로 나타나는 종합적인 이미지로서 내적 이미지가 외모, 언행, 자세, 표정 등의 꾸밈행동을 통해 외부로 표현되는 현상이다. 화장, 헤어스타일, 복장, 말투, 행동 등이 외적인 이미지에 속한다.
- **사회적 이미지:** 사회적 이미지란 특정한 사회 속에서만 성립되고 또한 그 사회의 내부에서는 사회구성원 모두 의심 없이 수용하고 있는 이미지이다.

2) 성공적인 이미지메이킹 전략

진정한 의미의 이미지메이킹은 내적인 이미지와 외적인 이미지가 조화를 이룰 때이다. 따라서 자신의 외적인 이미지메이킹과 내면 이미지의 강화를 통해 상대방에게 자신의 이미지를 어떻게 표현할 것인가가 중요하다. 이미지메이킹의 첫 단계는 자기 자신을 정확하게 아는 것에서부터 출발한다. 현재 자신의 장점과 단점은 무엇인지를 파악함으로써 장점은 더 극대화시키고 단점은 개선하여 효과적인 이미지를 창출할 수 있다.

- **시선:** 그 사람의 됨됨이와 진실됨을 알 수 있으며 대화 내내 상대의 눈을 친근한 눈빛으로 부드럽게 바라보는 것이 좋다.
- **말씨 이미지:** 말씨는 그 사람의 생각이 표현되는 것이며 모든 행동의 기본이 된다. 타인에게 경어를 사용함으로써 상대를 존경하고 배려한다는 의미이며 이는 자신의 인품을 표현하는 수단이다. 또한, 부드러운 목소리와 적당한

톤은 상대방의 기분을 좋게 하고 신뢰감을 주므로 자신의 의사를 효과적으로 전달할 수 있다.

- **표정이미지:** 상대방에게 호감을 주는 자연스럽고 부드러운 미소와 아름다운 표정을 보여줘야 한다. 이는 마인트 컨트롤과 자신의 모습을 거울에 비춰보는 것으로 확인할 수 있으며 훈련을 통해 개선해 나갈 수 있다.
- **용모이미지:** 때와 장소에 어울리는 헤어스타일, 체형에 맞는 복장, 과하지 않은 메이크업, 적절한 액세서리 등을 활용해서 호감을 연출한다.
- **태도 이미지:** 단정한 자세와 자연스러운 정중한 태도는 상대의 마음을 편하게 하며 몸에 체화된 세련된 매너로 좋은 이미지를 줄 수 있다.

(1) 인상 형성요인

첫인상은 처음 만나는 사람에게서 보여 지는 정보를 순간적으로 감지하고 정리하여 개인의 인지구조에 의해 각인시키고 보관된 자료이다. 따라서 첫인상은 개인에 대한 주관적인 정보이자 인간관계의 출발점이라고 할 수 있다.

우리가 흔히 상대방에 대한 첫인상이나 각자 가지고 있는 고유의 이미지로 그 사람에 대해서 평가를 한다. 첫인상은 상대방으로부터 받는 인상은 처음 30초 동안에 90%가 결정된다고 한다. 그만큼 첫인상이 대인관계에서 중요하다는 것이며 그 짧은 시간 안에 형성된 인상이나 이미지는 나중에 쉽게 바꾸기가 어렵다는데서 첫인상 관리는 중요하다.

① 초두효과

초두효과(Primacy Effect)는 초기 정보가 후기 정보보다 훨씬 더 강하게 작용하기 때문에 첫인상이 쉽게 바뀌지 않는 현상이다. 초두효과는 후에 제시되는 정보나 특성에 대해 주의를 덜 기울이기 때문에 상대에게 초기의 정보를 긍정적으로 전달하도록 해야 한다.

② 맥락효과

맥락효과(Context Effect)는 처음 제시된 정보가 나중에 들어오는 정보에 영향을 미치게 되어 전반적인 맥락을 제공하는 현상이다. 똑같은 정보라도 첫인상에 따라 완전히 다르게 해석된다. 첫인상에 대해 처음 인지한 정보가 나중에 들어오는 정보에 대한 근거를 제공하기 때문이다.

③ 부정성 효과

부정성 효과(Negativity Effect)는 어떤 사람에 대한 첫인상이 매우 좋았는데 그 사람에 대한 나쁜 말을 들으면 그 사람에 대한 긍정적인 인상이 나쁜 인상으로 바뀐다는 것이다. 어떤 정보에 대해서 긍정적인 내용과 동시에 부정적인 내용의 정보를 접하게 되었을 때 부정적인 정보가 더욱 강력하게 작용하는 효과이다.

④ 후광효과

후광효과(Hallo Effect)는 어떤 사람에 대하여 판단할 때 그 사람의 긍정적 또는 부정적 특성을 논리적 관계가 성립하지 않음에도 일반화시켜 판단하는 경향이나 현상을 말한다. 그렇기 때문에 매너가 훌륭하고 매력적인 사람이 그렇지 않은 사람에 비해 대인관계, 지적능력, 적극성, 성실성 등의 거의 모든 면에서 유리한 평가를 받는다는 것이다.

(2) 표정연출

얼굴은 그 사람을 가장 잘 나타내는 곳이며 마음속의 감정이나 정서 따위의 심리 상태가 표현되는 곳이다. 표정은 상대방에게 호감을 주기도 하고 반대로 불쾌감을 주기도 한다. 따라서 대인관계를 할 때는 항상 미소를 잃지 말아야 한다. 표정은 다른 사람에게 자신의 이미지를 전달하는 중요한 요소이며, 나의 이미지는 나 자신이 아닌 남이 나를 바라보는 시각에 의해 결정되므로 밝은 표정으로 호감 가는 이미지를 형성할 수 있도록 해야 한다. 고객 응대를 하는 비즈니스 현장에서도 얼굴표정은 상대방에게 호감을 전달할 수 있는 대단히 중요한 요소이다. 항상 긍정적인 마음가짐과 함께 늘 아름다운 미소를 지니도록 노력해야 하며 평소에도 따뜻하고 부드러운 미소로 고객을 대하는 습관을 들여야 한다. 대인관계를 형성하고 서비스를 함에 있어서 누구를 만나든지 좋은 인상을 줄 수 있도록 노력해야 한다.

① 얼굴표정

상대방과의 의사소통을 할 때 우리는 입을 통해 나오는 언어만이 아니라 표정과 동작, 보디랭귀지 등의 비언어적 요소가 중요하게 작용한다. 미국의 심리학자 메라비언(Albert Mehrabian)은 커뮤니케이션에서 얼굴표정으로 전달되는 정보량은 시각적인 요소가 55%, 청각적인 요소가 38%, 기타 언어적인 요소가 7%로 형성된다는 메라비언의 법칙(The law of Mehrabian)을 주장하였다. 여기서 시각적인 요소는 표정이나 시선, 자세, 태도, 옷차림 등이 해당하며 청각적인 요소는 목소리, 톤, 속도, 발음 등이 해당된다. 그리고 언어적인 요소로 말의 내용이나 사용하는 단어, 전문지식 등이 해당된다. 즉, 특정한 메시지를 전달할 때 얼굴표정과 같은 비언어적인 요소를 적절하게 사용해야만 내용의 왜곡 없이 의미를 올바르게 전달할 수 있다.

② 눈의 표정

상대방의 눈을 바라보며 부드러운 시선, 떨림이 없는 시선을 보고 우리는 그 사람이 정직하고 믿을 만하다고 느낀다. 그러나 눈을 너무 자주 깜박거리거나 상대방을 아래위로 훑어보고 곁눈질을 하며 옆을 힐끗힐끗 보면 그 사람은 좋은 인상을 상대방에게 전달하지 못한다. 그렇다고 줄곧 상대방을 뚫어져라 바라봐서도 안 된다. 정면으로 10초 이상 바라보면 상대방은 압박감을 느끼게 되므로 대화 중 가끔씩 시선을 다른 곳으로 돌리는 배려가 필요가 있다.

③ 입의 표정

밝은 인상의 기본은 역시 웃는 얼굴이다. 웃는 얼굴표정은 입의 표정에 의해서 결정지어진다. 입은 자연스럽게 다물고 미소를 짓는 것이 좋다. 너무 힘을 주어 꾹 다물어 눈사람의 입같이 일직선이 되는 것은 좋지 않다.

④ 자연스러운 미소를 위한 얼굴 근육 운동법

사람의 얼굴에는 80여 개의 근육이 있고 이 근육을 사용하여 많은 다양한 표정들을 만들 수 있다. 어떤 표정이 자신의 표정인가를 살펴보고 본인의 표정관리를 해야 한다. 미소는 눈과 입 모양의 움직임만으로 이루어지는 것이 아니라 얼굴의 전체적인 근육을 자연스럽게 움직여야 상대방이 편안함을 느끼는 미소를 연출할 수가 있다. 이러한 얼굴 표정도 일정한 훈련을 통해 자연스러운 연출이 가능하다.

▌그림 17-9▐ 미소훈련법

(3) 인사매너

인사는 인간관계가 시작되는 신호이자 상대방에 대한 친절과 존경심의 표현 및 스스로의 이미지를 높이는 기준이 되기 때문에 매우 중요하다. 즉, 인사는 사람이 마땅히 해야 할 일이며 사람을 존중하는 일이라는 의미이다. 인사에서 무엇보다 중요한 것은 상대방을 존중하는 마음과 상대방에 대한 우호적인 감정의 표현이다. 인사는 마음가짐의 외적 표현이며 고객에 대한 환영과 존경의 표시이며 인간관계를 만드는 첫걸음이다. 인사는 상대방을 존경하고 인정하며 반가운 마음을 나타내는 방법이다.

고객뿐만 아니라 동료, 가족, 친구 간에 하루 종일 주고받는 인사만 해도 수십 번은 될 것이다. 인사는 순간적인 것이므로 타이밍을 놓치지 않고 과감히 실행해야 하며 '상대방이 받아줄까?', '나를 알아볼까?' 등을 따지지 않고 먼저 하는 적극성이 필요하다. 인사란 '당신을 보았습니다.'라는 사인으로 상사, 부하, 선배, 후배 구별 없이 먼저 본 쪽이 먼저 인사를 하는 것이 자연스럽다.

경우에 따라서 인사하는 방법이 다르고 인사말도 때와 장소에 따라 다르다. 그러므로 때와 장소와 상황에 맞는 알맞은 인사 자세와 인사말을 익혀야 하며 진정한 마음을 담은 인사를 생활화할 때 자신의 긍정적인 이미지는 더욱 높아질 것이다.

① 인사 방법

일반적으로 보행 시, 인사를 나누어야 할 대상과 서로 다른 방향으로 진행하고 있다면 30보 걸음 이내에서 인사를 준비하고 인사를 나눌 대상과 갑자기 마주치게 되거나 측면으로 만나게 되는 경우에는 상대를 확인하는 즉시 인사를 나누도록 한다. 상대방의 인사에 응답을 하는 것보다는 내가 먼저 반갑게 인사를 건네는 것을 생활화하여야 한다.

인사하는 방법은 다음과 같다.

- **자세 만들기:** 자세를 바르게 하고 상대를 향해 선다. 발꿈치를 붙이고 자세를 곧게 편다. 어깨에 힘을 빼고 등이 굽지 않도록 한다. 주먹을 가볍게 쥐고 바지 재봉 선에 손을 대고 여자는 두 손을 자연스럽게 앞으로 모은다.
- **시선맞춤:** 상대의 눈을 보며 인사말을 한다.
- **상체 굽히기:** 등 목 허리가 일직선이 되게 하여 허리를 굽힌다는 기분으로 상체를 숙인다. 배와 턱을 끌어당기고 엉덩이는 힘을 주어 뒤로 빠지지 않도록 한다.
- **잠시 멈추기:** 상체를 숙인 후 잠시 멈추며 시선은 1.5m 떨어져 있는 상대방의 발끝을 향한다.

- **상체 올리기**: 상체를 올릴 때는 숙일 때 보다 천천히 든다.
- **시선 맞춤**: 상체를 숙였다가 올린 후에도 똑바로 서서 다시 상대방의 눈을 본다.

② 인사의 종류

인사의 종류에는 목례, 보통례, 정중례 이 3가지가 있다.

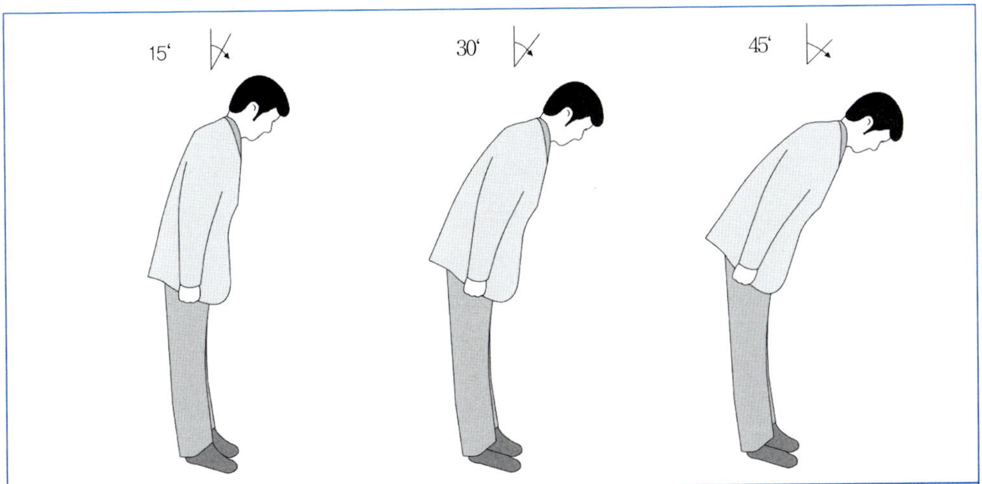

목례	보통례	정중례
• 친절함을 표현할 때 • 모든 대화, 동작에 함께 • 자주 마주칠 때 • 협소한 장소에서 • 상품을 주고받을 때	• 일반적인 인사 • 고객을 맞이할 때 • 고객을 배웅할 때	• 감사, 사과를 표할 때 • 첫 만남에서 정중한 인사

그림 17-10 인사의 3가지 종류

- **목례(15도 인사)**: 일명 눈인사라고도 하며 길이나 실내, 복도 등에서 같은 사람과 자주 마주칠 때 하는 인사법이다. 앉아 있거나 서 있을 때 또는 걸어갈 때 바로 그 자세에서 상체를 굽히지 않고 눈으로 예를 표하며 가볍게 머리만 숙이면서 부드러운 표정을 짓는다. 엘리베이터, 좁은 복도, 화장실 등 불편한 장소에서 누군가와 마주쳐 정중하게 인사하기 곤란한 경우 목례를 한다.
- **보통례(30도 인사)**: 일상생활에서 가장 많이 하는 일반적인 인사법이 바로 보통례이다. 상체를 30도 정도 숙여 그 자세를 2~3초 정도 유지한 후 고개를

든다. 인사를 할 때에는 2~5m가량 앞에서 해야 하며 너무 바싹 다가서는 것은 가는 길을 방해하는 경우도 있어 바람직하지 않다.

- **정중례(45도 인사)**: 정중례는 상견례 장소나 아주 큰 어른을 만났을 때 등 엄숙한 장소에서 많이 사용되는 인사이다. 또한 손님과 첫 대면이나 감사, 사과, 맞이, 배웅 등을 할 때 정중례를 한다. 두 손을 앞 또는 몸 쪽에 가지런히 모으고 상체를 45도 정도 굽혀서 인사를 하며 최고의 예를 표현한다.

학습정리

- 고객 불만은 고객의 주관적인 불만표현인 컴플레인과 객관적인 잘못에 대한 표현인 클레임으로 나눌 수 있으며 고객의 감정을 이해하고 그에 맞는 해결방법을 통해 효과적으로 응대할 수 있다.
- 비즈니스 응대 상황에서 올바른 명함수수와 악수는 인사만큼이나 중요하며 고객 접객 시에는 상황에 맞는 바른 자세와 행동으로 고객응대를 진행해야 한다.

학습평가

01 불만 고객 응대 프로세스에서 첫 번째 단계는 무엇인가?

① 사과
② 공감
③ 경청
④ 원인분석

02 의뢰나 질문형식으로 바꾸어 말하는 화법을 무엇이라고 하는가?

① 아론슨화법
② 쿠션화법
③ 레이어드화법
④ 신뢰화법

[정답 및 해설]

01 ①

해설: 불만고객 응대 프로세스는 사과에서부터 출발한다. 사과-경청-공감-원인분석-해결책 제시-고객의견 청취-대안제시-거듭 사과-감사표시

02 ③

해설: "좀 해주시겠습니까?", "부탁드려도 될까요?" 등의 의뢰나 질문형식으로 바꾸어 말하는 화법을 레이어드화법이라고 한다.

Chapter

18 MICE 실무

학습목표

- MICE의 개념과 중요성을 이해하고 설명할 수 있다.
- 회의의 기능과 원칙을 이해하고 회의 개최 업무를 진행할 수 있다.
- 의전의 개념과 중요성을 파악하고 이를 실무에 적용할 수 있다.
- 프레젠테이션의 중요성을 이해하고 실제 업무에 활용할 수 있다.

1 MICE의 이해

1) MICE의 개념

MICE는 기존의 컨벤션(국제회의)의 개념에서 산업 범위를 확대하여 기업회의(Meeting), 포상관광(Incentive Tour), 국제회의(Convention), 전시·이벤트(Exhibition & Event)를 유치하여 서비스를 제공하는 과정과 관련 시설을 통칭하는 용어이다. 즉, 국제회의와 이벤트 등을 모두 포함하면서 각각의 행사가 복합적으로 발생하고 있음을 나타내는 개념이라 할 수 있다. MICE 산업은 넓은 의미에서 비즈니스 관광으로 간주되기도 한다. MICE 산업은 많은 사람들의 이동이 요구되기에 MICE 산업 자체의 산업뿐 아니라 숙박과 교통, 식음료, 통신 및 관광 등 다양한 산업이 연관되어 발생한다. 또한, MICE는 싱가포르, 홍콩, 일본과 우리나라 등 동남아시아권에서 주로 사용되는 용어로 미주지역에서는 Events, 유럽지역에서는 Conference라는 용어로 활용되기도 한다.

(1) 기업회의(Meeting)

일반적으로 제한된 인원을 가지고 진행되는 기업회의를 의미하며, 보통 10인 이상의 참가자가 참여하여 4시간 이상 진행된다. 참가자 중 외국인이 10인 이상 참가하는 경우, 국제적 기업회의라 한다. 기업회의의 목적은 교육, 정보교환, 토론 등으로 다양하다. 회의의 개념은 학자들에 따라 다양한데, 회의의 주체와 규모, 운영방식에 따라 구분할 수 있다(〈표 18-3〉참고).

(2) 포상관광(Incentive Tour)

조직이 구성원의 성과에 대한 보상 및 동기부여를 위해 비용의 전체 혹은 일부를 조직이 부담하는 포상의 성격을 지닌 관광으로 상업용 숙박시설에서 1박 이상 체류하는 것을 의미한다. 기업이 직원 및 사업관계자들을 대상으로 실시하기 때문에 회의 프로그램이 함께 구성되기도 하지만 휴양과 관광 및 오락적 부분을 중심으로 진행된다. 이러한 포상관광은 비수기를 타개할 수 있는 좋은 기회가 될 수 있다. 다시 말해 한 번에 대규모의 관광객이 이동한다는 점에서 수익이 보장되는 상품이 될 수 있다. 유치 경쟁력을 갖추기 위해서는 해당 기업의 특성에 맞는 차별화된 관광 프로그램을 개발하기 위해 관련 업계의 최신 환경 및 트렌드 변화에 민감해야 하고 소비자에 대한 이해가 최우선되어야 한다.

(3) 국제회의(Convention)

컨벤션은 라틴어 cum과 venire의 합성어이다. cum은 영어로 together, venire은 to come으로 '함께 와서 모이고 참석하다.'라는 의미를 지닌다. 특정한 목적달성을 위해 사회단체나 정당 간의 회의, 사업 혹은 무역회의, 정부나 정치인가 회의로 일반적으로 3개국 이상에서 공인 단체 대표가 참가하는 정기적 혹은 비정기적인 회의이다. 특정 목적을 달성하기 위하여 일정한 장소에 모여 직간접적인 정보 교환과 인적교류를 하는 행사의 총체로서 부대 행사로서의 이벤트, 전시회를 포함하는 회의이다. 컨벤션 산업은 회의장 시설을 포함한 관광, 레저, 숙박, 식음료, 교통 등 제반시설을 활용하는 서비스 산업이다.

서비스 산업이라는 관점에서 컨벤션 산업은 인적 의존도가 높은데, 특히 회의 기획과 조직능력, 협상능력, 재무관리, 마케팅, 홍보, 커뮤니케이션 및 외국어 능력과 급변하는 환경에 신속하게 대처할 수 있는 전문적 능력을 갖춘 인재를 필요로 한다. 이에 컨벤션 전문가들이 활동하는 분야는 컨벤션주최자의 업무를 대행하는 컨벤션전문기획업체(Professional Convention Organizer: PCO)에서부터 개최지를 홍보, 마케팅하는 컨벤션뷰로(Convention Visitors Bureau: CVB)와 같은 마케팅 기구, 여행사, 컨벤션상품개발기구 등 다양한 분야가 포함된다.

이러한 컨벤션 산업은 고부가가치를 창출하는 신종 관광산업으로 지식 기반 관광산업으로서 각광을 받고 있다. 활발한 지역별, 국가별 교류와 협력으로 국제적인 연대와 협력 활동이 크게 늘어나게 되어 컨벤션 산업의 수요가 증가하고 있고, 국민소득 증대와 지역경제의 활성화, 내수경기의 확대 및 개최지역의 이미 고양에 기여한다.

(4) 전시 · 이벤트(Exhibition & Event)

전시 · 이벤트는 마케팅 활동의 하나로 제품 생산자 및 판매업자들이 제품을 홍보하거나 판매하기 위하여 정해진 장소에서 제품을 전시, 홍보, 거래하는 등의 활동을 의미한다. 전시회는 특정 상품이나 서비스를 제한된 장소에서 공급자로서 참가하는 참가업체와 수요자로 참가하는 참관객(바이어) 상호 간의 목적을 달성하기 위해 작용하는 일련의 경제적 활동이다. 컨벤션과 전시는 시장에서 목표 대상과 진행 목적이 유사하기 때문에 서로 시너지 효과를 기대할 수 있어 병행하여 개최되기도 한다. 전시회는 기업이 다른 기업 혹은 도 · 소매업자를 대상으로 세일즈 및 마케팅 활동을 펼치는 무역전시회(trade show), 전시회에 참가한 기업이 일반 소비자인 대중들을 주요 관람객으로 상대하는 일반전시회(public show/consumer show), 무역 전시회와 일반 전시회의 두 가지 기능이 혼합된 무역 · 일반전시회(combined or mixed show)로 분류할 수 있다.

2) MICE 산업의 중요성과 특징

MICE 산업은 일반 관광산업과 다르게 대규모 그룹을 대상으로 하기 때문에 고부가 가치 산업으로 평가된다. 또한, 호텔, 쇼핑, 이벤트 등 관광 및 다양한 산업과 상호의존성이 강하고 매우 밀접하게 연계된 구조로 고소비, 고양질의 관광객을 대량 유치할 수 있는 유망산업이다. 더욱이 지식 집약적 산업으로 인식되어 미래형 고부가 가치 산업으로, 국가 및 도시 브랜드 이미지제고에 기여하는 대표적 국가 홍보산업이다.

이러한 중요성을 지닌 MICE 산업은 다음의 4가지 특징을 지닌다.

① 공공성

MICE 산업은 앞서 설명한 것과 같이 대규모 그룹을 대상으로 하기 때문에 개최에 있어 정부와 지역사회의 적극적인 참여가 필요하다. 컨벤션센터의 경우 이를 건립하는 데 막대한 비용이 필요하며, 건립 이후에도 꾸준한 지원이 요구된다. 또한, MICE 산업을 활성화시킬 수 있는 교통이나 통신 등 다양한 시설과 법적인 지원이 필요하다.

② 지역성

지역의 고유한 관광, 문화, 자연 자원 등의 특성을 바탕으로 지역의 다른 산업들과의 연계를 통해 이루어진다. 다시 말해, 지역의 고유한 특성을 바탕으로 독특한 문화적 이미지와 브랜드를 창출한다. 이러한 이유에서 지방정부가 MICE 산업을 지역 홍보수단으로 활용하는 경우가 많다.

③ 경제성

경제적으로는 상당히 높은 파급효과를 가져온다. 1차적 경제적 파급효과로는 관련 시설의 건설과 투자, 생산 및 고용 유발 등의 효과를 가져 오고, 2차적으로는 일반 관광객보다 긴 체제 일수와 높은 평균 소비액을 가진 참가자들이 지역에 머무르면서 숙박, 유흥과 식도락, 관광레저 등을 이용하며 이를 통해 고용 및 소득 증대 효과를 불러일으킨다. 이는 지역의 세수 증대 등의 지역 경제 활성화를 도모하는 데에도 크게 기여한다.

④ 관광 연계성

MICE 산업 참가자들이 행사 중이나 이후 관심 있는 관광 프로그램에 참가하게 되는데, 관광 연계성이란 일반 관광객에 비하여 경제력이 높은 참가자들이 관광하면서 관광 관련 산업의 수익 창출과 활성화를 일으킨다는 것을 의미한다.

2 회의운영기획 · 실무

1) 회의의 개념

(1) 회의의 정의

회의는 두 사람 이상이 모여 공통된 관심사에 대해 의논하고 결정하는 일종의 회합을 말한다. 즉, 특정 목적을 달성하기 위하여 일정한 장소에 모여 직 · 간접적인 정보교환과 인적 교류를 하는 행사의 총체이다. 좁은 의미에서 회의는 일정한 형식과 규칙을 준수하면서 개별 의제를 다수결의 원칙하에 능률적으로 결정해나가는 진행절차를 말하거나, 이러한 종류의 모임을 계속적으로 가지는 기관을 가리키기도 한다. 회의는 모든 구성원의 참여를 요건으로 하며 의견과 정보교환을 통해 최선의 시책을 강구하는 것으로 인간이 집단생활을 시작하면서부터 발생하였다.

특히 집단의 노동에 있어서 통일 행동이 요구된 이후 회의의 형식이 마련되게 되었다. 경영학에서는 조직을 형성하는 기관 중에서 다수에 의하여 구성되어 회의형식에 따라 의사소통 및 의사를 결정하는 것을 회의체라고 한다. 협의적 의미에서 조직상 명확하게 기능 · 책임 · 권한이 부여되어 영속적으로 운영되는 국무의회와 이사회 등과 같은 의사 결정기관을 가리키나, 광의적 의미에서는 필요에 따라 비공식으로 개최되며 특정의 책임 · 권한이 명시되어 있는 연락 회의, 예비 교섭 등과 같은 비공식적 의사소통 기관까지도 포함된다.

(2) 회의의 목적

회의의 목적은 사전에 결정된 목표를 달성하기 위하여 활동을 수행하고 업무 진행을 점검하는 데에 있다. 구체적으로는 공통의 주제 또는 관심사항에 대해 학습하고 참가자들을 교육하기 위해 개최하기도 하고, 특정 지식이나 정보를 전달하기 위해 진행하기도 한다. 또한 상호 의견 교환을 통해 문제해결이나 문제의 개선 방안 모색, 프로그램이나 운영방향 등의 홍보, 신규 프로그램에 대한 평가 및 의견 종합, 공통의 관심과 이익을 추구하기 위한 회원 간 유대감 증진 및 새로운 아이디어나 개념을 개발, 새로운 아이디어나 계획에 대한 지지를 얻기 위해 진행된다. 따라서 회의가 성립되기 위해서는 다음의 5가지의 조건이 필요하다.

- 목적과 동의가 있어야 한다.
- 여러 사람이 한 장소에 모여야 한다.
- 지식이나 경험, 의견 교환이 적극적으로 이루어져야 한다.
- 회의 목적을 달성하려고 노력해야 한다.
- 필요한 회의인가에 대해 재고해야 한다.

(3) 회의의 기능

① 문제 해결의 기능

조직 내외의 해결해야 하는 사안에 대하여 참가자들이 자신들의 전문적 지식, 기술 등을 바탕으로 토론을 하여 의사결정을 하는 것을 말한다. 이러한 회의는 참가자들을 의사결정에 참여시킴으로써 참여 의식을 고취시킬 수 있을 뿐 아니라, 추후 업무 진행에서도 지속적인 협조를 얻을 수 있다.

② 자문의 기능

자문 기능을 지니는 회의는 전문적인 지식이 요구될 경우 관련 전문가들로부터 조언을 얻는 방식이다. 이때 자문은 조직 내·외로부터 모두 구할 수 있다.

③ 의사소통의 기능

기업 각 층이나 다른 부서에서 일하고 있는 다양한 사람들이 자신의 입장을 피력하고 타인의 의견을 들음으로써 서로 간의 의사를 확인하고 조정하는 기능을 말한다.

④ 교육 훈련의 기능

회의는 다른 사람의 경험을 상대방에게 효과적으로 전달하고 설득하는 과정을 통해 유·무형의 교육효과를 가지게 된다.

(4) 회의의 원칙

① 회의 공개의 원칙

회의는 원칙적으로 공개해야 한다. 회의를 방해하지 않는 범위 내에서 누구나 회의를 방청할 수 있다. 회의를 공개하는 것은 방청의 자유를 인정하고 회의 모습이나 기록을 여러 사람들이 알 수 있게 하려는 의도를 지닌다. 하지만 정당한 사유가 있을 경우에는 비공개로 진행하기도 한다.

② 정족수의 원칙

외의에서 의안을 심의하고 의결하기 위해서 일정 수 이상의 참석자가 필요하다. 예를 들어 재적 의원의 과반수가 참석해야 한다거나 출석 의원의 2/3 이상 등의 일정 수의 참석자 수가 필요한 것이다. 이를 정족수의 원칙이라고 하는데, 정족수에는 회의를 개최하는 데에 필요한 인원수인 의사 정족수와 안건을 결정하는 데에 필요한 인원수인 의결 정족수가 있다.

표 18-1 정족수의 원칙

의사 정족수	회의를 개최하는 데 필요한 인원수를 의사 정족수라 한다. 회의를 시작해서 끝날 때까지 일정 수 이상의 회원이 참가해야 하는데, 우리나라 국회의 의사 정족수는 재적 의원의 1/4 이상이며, 영국의 상원은 3인 이상으로 하는 등 회의마다 그 수는 다를 수 있다.
의결 정족수	회의에 상정된 안건을 결정하는 데 필요한 인원수를 의미한다. 우리나라 국회에서는 다른 규정이 없으며, 재적 의원의 과반수 출석과 출석 의원의 과반수 찬성으로 의결된다.

③ 발언자유의 원칙

회의에서 발언은 누구에게도 간섭받지 않고 스스로 생각하고 판단해서 자유롭게 표현할 수 있다는 원칙을 말한다. 다만, 구성원의 발언은 보장되어야 하지만 회의 진행에 방해가 되는 발언을 해서는 안 된다.

④ 폭력배제의 원칙

회의에서는 어떠한 형태의 폭력도 금지한다는 원칙이다. 회의는 폭력으로부터 보호되어야 한다. 폭력은 민주주의의 적으로 어떠한 경우에도 폭력을 행사하는 것을 금하며, 폭력이 발생하는 경우에는 의장의 권한으로 적절한 조취를 취하게 된다.

⑤ 참석자 평등의 원칙

회의에 참석하는 참가자는 모두 평등하다는 원칙이다. 즉, 남녀노소(男女老少), 빈부귀천(貧富貴賤)을 가리지 않고 구성원 간 차별 없이 동등한 기회가 있음을 말한다.

⑥ 다수결의 원칙

다수결의 원칙은 집단의 의사를 다수의견에 의하여 결정하는 원칙으로, 회의에서 다수결의 원칙이라 함은 하나의 의안이 의결되기 위해서는 다수결에 의해 결정되어야 한다는 것을 의미한다. 가장 이상적인 의사결정 방식은 전원 일치이지만, 현실적으로 불가능하기 때문에 다수결의 원칙이 적용된다. 하지만 다수결의 원칙에서는 충분한 대화와 토론, 소수의견을 존중하려는 자세가 요구된다.

표 18-2 다수결의 방식

구분	내용	예시
단순다수결	단순다수에 따르는 방식	A, B, C중 하나를 선택해야하는 투표 결과, A 47표, B 32표, C 21표인 경우, A로 결정
절대다수결	과반수의 결정에 따르는 방식	전체 100명 중 67명이 찬성, 33명이 반대한 경우, 67명이 찬성했으므로 안건 통과
제한다수결	특정 다수의 결정에 따르는 방식	특정 비율(2/3, 3/4 등)의 기준을 정하여 해당 기준이 넘었을 때 안건을 통과시키는 경우

⑦ 소수 의견존중의 원칙

민주주의 사회에서는 소수의 의견도 존중하고 받아들여야 한다는 원칙이다. 소수의 의견을 존중해야하는 이유는 다수의 생각이 반드시 옳은 것이 아닐 수도 있고, 다양한 사람들의 생각을 존중하는 자세가 민주주의의 기본정신이기 때문이다.

⑧ 일사부재의(一事不再議)의 원칙

동일한 의제를 반복하여 상정할 수 있게 된다면, 회의진행에 방해가 되고 회의의 질서를 유지할 수 없게 된다. 그러므로 회의에서 한번 부결(否決)된 안건은 같은 회의 중에 다시 상정하지 않는다는 원칙을 준수하게 되는데, 이를 일사부재의의 원칙이라 한다.

⑨ 1인제의 원칙(1동의의 원칙)

회의에서는 언제나 한 가지의 의제만을 상정시켜야 한다는 원칙이다. 즉, 어떠한 의제라도 의장이 일단 상정을 선언한 다음에는 토의와 표결로써 결정하기 전까지 다른 의제를 상정시킬 수 없음을 의미한다. 둘 이상의 안건이 서로 관계가 있어 동시에 상정시키는 경우에라도 표결할 때에는 하나씩 안건을 분리하여 표결해야한다.

⑩ 회기불계속의 원칙

회기불계속의 원칙이란 어느 회기 중에 완결되지 아니한 의안, 동의는 그 회기가 끝남과 동시에 소멸하며, 차회의 회기로 이월되지 아니한다는 원칙을 말한다. 국회 및 지방의회 등은 그 회기 중에만 활동능력을 가진다는 점에서 이러한 회의체는 각 회기마다 별개의 존재이며, 전회와 후회 사이에는 의사의 연속이 없다는 데서 유래한 것이다. 그러나 국회의원의 임기 중 수회의 회기가 존재하게 되면 여러 불합리한 점이 있기 때문에, 헌법은 국회에서의 회기불계속의 원칙을 부인하는 명문의 규정을 두고 있다.

2) 회의의 종류

회의의 종류는 분류 기준에 따라 다양하게 분류할 수 있다. 대체로 주체에 따른 분류와 형태에 따른 분류가 이루어지는데, 형태에 따른 분류는 다시 규모에 따른 분류와 운영방식에 따른 분류로 구분할 수 있다.

표 18-3 회의의 분류

구분	내용
주체에 따른 분류	① 기업회의 ② 협회회의 ③ 비영리기관 회의 ④ 정부주관 회의 ⑤ 시민회의
규모에 따른 분류	① meeting: 포괄적인 개념으로 사용되지만 주로 소규모 회의를 지칭한다. ② convention: 정보전달을 주목적으로 하는 정기 집회에 많이 사용되는 용어로 전시회를 수반하는 경우가 많다. ③ congress: 컨벤션과 유사한 개념으로 유럽에서 주로 사용되는 용어로 보통 국제적으로 열리는 실무 공식회의를 지칭한다. 대규모로 다양한 프로그램을 동반한다. ④ conference: 미국 등 북미지역에서 주로 사용하는 용어로, 두 명 이상의 사람들이 모여 특정 주제를 구체적으로 다루는 회의이다. 컨벤션 및 콩그레스와 비교하여 상대적으로 규모가 작다.
운영 방식에 따른 분류	① lecture: 연사가 청중에게 정보제공 및 교육을 목적으로 프레젠테이션을 하는 것으로 대규모 및 공식적인 회의에서 많이 운영된다. ② symposium: 제시된 안건에 관해 전문가들이 다수의 청중들 앞에서 벌이는 공개 토론회이다. ③ forum: 일반적으로 패널리스트나 연사의 주도하에 이루어지는 토론회로서 보통 2인 이상의 연사가 서로 상반되는 경해를 가지고 청중에게 연설을 하게 되며 사회자는 쌍방의 견해를 요약해 주고 토론을 이끌어 가는 역할을 한다. 토론에 청중의 참여가 자유롭다는 특징이 있다. ④ seminar: 교육 및 연구 목적을 가진 소규모 회의로 한 사람의 주도하에 정해진 주제에 대한 지식과 경험을 발표하고 토론하는 회의이다. ⑤ workshop: 각 전문 분야의 주제에 대하여 아이디어, 지식, 기술 등을 서로 교환하여 새로운 지식을 창출하고 개발하는 것을 목적으로 소수 인원이 특정 이슈에 대해 지식을 공유하는 회의이다. ⑥ clinic: 워크숍 형태의 교육활동으로 특정 주제에 대한 기술지도 및 강연이 이루어진다.

최근에는 컴퓨터 및 통신을 활용한 회의도 다양하게 이루어지고 있는데, 전화회의를 비롯하여 컴퓨터 통신망을 이용한 컴퓨터 전자회의, 영상회의 등이 있다. 이러한 종류의 회의는 서로 다른 지역에 있는 사람들이 회의장으로 이동하지 않아도 의견을 교환할 수 있고 회의장 준비를 위한 시간과 출장으로 인한 경영자들의 시간 및 비용을 절감할 수 있다는 장점이 있다. 지리적으로 떨어져 있거나, 특히 시간의 차이가 있는 지역의 사람과 회의를 할 경우에는 사전에 회의 참석자 간의 일치된 시간을 확실히 정하여 회의를 진행하는 것에 유의하여야 한다.

3) 회의 개최 준비사항

(1) 회의 개최지 선정

회의 개최지 선정 과정은 ① 회의 목적 설정 및 확인, ② 회의의 형태 및 형식 개발, ③ 회의에 필요한 물리적 요구 사항 결정, ④ 참가자의 관심과 기대 정의, ⑤ 일반적 장소와 시설의 종류 선택, ⑥ 평가 및 선정의 순서를 따른다. 회의 개최지 선정 시 고려해야 할 사항으로는 숙박시설과 회의장, 도시 브랜드 및 이미지, 교통의 편의성, 전시장 이용 가능성, 인적자원의 우수성, 제반 시설 접근성, 이벤트 프로그램, 기후의 편의성 등이 있다.

(2) 회의실 비치 설계

회의실을 선정할 때에는 회의실 규모와 수용 능력, 회의실의 유형별 배치와 기능, 전시장 활용성, 회의실 임대료, 위치 및 접근성과 브랜드, 서비스 종사자의 능력 및 제반 규정을 고려해야 한다.

회의실은 회의 유형과 참가자의 수에 따라 배치 준비 시간을 보다 정확히 예측하여 준비하여야 한다. 배치 시간과 복합적으로 발생하는 기타 서비스 부문의 인력까지 감안하여 고려해야 하며, 회의실 배치와 관련된 현재 사항과 미래의 예약 현황까지 미리 숙지하여 테이블 및 좌석 배치 시에 공간을 효율적으로 활용할 수 있도록 설계해야 한다.

좌석배치는 극장식 배치(일반형, 반원형, 반원 날개형, V자형, 암체어형), U형 배치, E형 배치, T형 배치, 원탁형 및 네모형 배치, 이사회형 배치, 교실형 배치 등이 있다.

(3) 회의실 준비 자료

- 전체 회의 프로그램
- 참가자 명부
- 명패와 명찰

- 기자재 장비 관련
- 기타

4) 회의 당일 업무

회의 당일 업무는 회의 시설 점검 및 접수 업무의 회의 개최 전 업무와, 회의 개최 중 업무 및 회의 종료 후 업무로 나눌 수 있다.

5) 등록 및 숙박 관리

(1) 등록관리

① 등록 신청서 관리

- 참가자의 국적, 소속, 지위, 성명 등의 인적사항과 연락처, 참가목적 등의 정보를 기록한다.
- 주최측의 본부 보관용, 조직 위원회의 사무국 보관용, 참가자의 등록 보관용으로 구분한다.
- 등록자 명단, 참가자 숙박정보 등을 DB로 구축하여 관리한다.

② 등록 절차 방법

- **사전등록:** 회의 전 규모를 사전에 예측하고 준비할 수 있다는 장점이 있다. 또한, 회의 당일 접수 및 본인 확인 등의 시간을 절약하고 혼잡도를 낮출 수 있다.
- **현장등록:** 회의 당일 현장에서 등록하고 참석하는 것으로 동선의 화보가 쉬운 곳으로 데스크 설치를 통해 진행한다. 현장등록은 참가자가 몰리게 되면 혼잡해지고 시간 낭비되는 단점이 있다.

(2) 숙박관리

행사 참가자의 특성과 분류에 따라 적정한 숙박장소 선정해야 한다. 숙박 장소는 성공적인 행사의 근본이 되는 구성 요소로 비용의 소요를 최소화하면서 효율을 극대화할 수 있는 계획이 필요하다. 숙박에 대한 계획 수립 시 고려해야 할 사항으로는 회의장과의 편리한 접근성, 참가자들의 수준에 적합한 장소, 충분한 부대시설의 확보, 행사 진행을 위한 인적자원의 적정 수준 및 확보, 교통의 편리성, 안전 관리 체계의 확립, 회의 개체에 관한 업무 노하우의 충분한 확보 등이 있다.

객실은 예상 참가자의 수와 객실 수요를 충분히 예측하여 객실을 미리 확보해야 한다. 객실 요금과 요금 지불 방법, 객실 블록의 해제 일자 등을 사전에 협의한다. 이 때, 거리, 등급, 요금, 부대시설 현황 등을 포함한 숙박신청서를 참가자들에게 제작하여 발송하는 것이 좋다. 또한, 객실 배정 후에는 참가자에게 예약 확인을 고지해야 한다.

6) 회의 진행

회의는 일반적으로 ① 개회, ② 국민의례, ③ 보고사항(업무보고, 회계보고, 각 부서별 보고 등), ④ 회의 안건 보고 및 채택, ⑤ 기타 토의, ⑥ 공지사항, ⑦ 폐회의 순서를 따른다.

리더는 좋은 분위기 속에서 참석자들이 서로의 의견을 적극적으로 소통하여 명료하고 구체성 있는 결론에 도달할 수 있도록 조리 있게 이끌어야 한다. 회의 안건에 관한 범위를 벗어나지 못하도록 조절하고 발언권 순서를 정하며, 한 번도 발언하지 않은 발언자나 반대 의견을 가진 참석자에게 우선적으로 발언권을 주는 등의 조절을 한다. 리더는 사전에 회의 주제에 대해 분석하고 자료 및 그 외의 회의에 필요한 준비물을 점검한다. 리더는 참석자의 생각을 주관대로 지배해서는 안 되고, 모든 참석자를 공정하게 대우해야 한다. 리더는 설명을 간단명료하게 하고 자신의 능력을 과시해서는 안 된다. 리더는 편파적으로 진행하면 안 되고 공정성을 지녀야 한다.

또한, 참석자는 회의의 목적과 이념, 내용, 규칙, 회의 진행방법을 알아야 한다. 자신의 발언에 책임을 지녀야 하고, 상대방의 의견을 존중하며 경청해야 한다. 의견은 명료하고 정확하게 예의를 갖추어 발표한다. 개회 시간을 준수하고 회의 중 시간을 엄수하여 발언하도록 한다. 회의 도중 자리를 비우거나 전화를 하는 등 회의 진행에 방해가 되는 행동을 삼간다. 발언을 할 때는 발언 순서를 지키고 리더에게 허가를 받아야 한다. 너무 긴 시간 동안 발언하거나 발언 기회를 독점하면 안 된다. 참석자는 자신의 의견에 신념을 가지고 발언해야 하지만 반대 의견도 충분히 이해하는 마음을 지녀야 한다. 참석자들은 듣는 사람의 감정을 생각하여 발언 시 감정적인 말을 쓰지 않도록 유의해야 한다.

3 의전운영기획 · 실무

1) 의전의 개념과 중요성

의전(protocol)은 사전적으로 '예를 갖추어 베푸는 각종 행사 등에서 행해지는 예법'으로 정의된다. 즉, 조직이나 국가 간에 이루어지는 예절로 국가행사, 외교행사, 국가원수 및 고위급 인사의 방문과 영접 시 행해지는 국제적인 예의규범을 말한다. 기업에서는 대내외적 업무지원 활동 중 임원 및 사외이사 등에게 행해지는 예절활동을 의미하기도 한다. 기업에서 의전 업무의 대상은 내부 규정으로 정하기도 하지만, 통상적으로 최고 의사결정권을 가진 전·현직 임원 및 사외이사와 그와 동등한 위치에 있는 자에게 적용된다.

의전은 개인, 조직, 국가 간의 관계에 있어서 상호간 원활하고 원만하게 지낼 수 있도록 건전한 인간관계를 형성하는 데에 매우 중요하다. 의전을 통해서 국내외 사회를 활력 있게 유지시킬 수 있으며, 국가 행사나 외교행사 등 모든 일정이 수월하게 진행될 수 있도록 한다.

의전에는 다음과 같은 5R요소가 있다.

- Respect(상대방에 대한 존중): 상대 문화와 상대방에 대한 존중과 배려를 바탕에 두어야 한다.

- **Reciprocity(상호주의 원칙)**: 1:1의 동등한 대우, 즉 내가 배려한 만큼 상대방으로부터 배려를 기대할 수 있다.
- **Reflecting Culture(문화의 반영)**: 의전의 격식과 관행은 특정시대, 특정지역 문화를 반영한다. 영구한 것이 아니라 시대에 따라 변화됨을 의미한다.
- **Rank(서열)**: 참석자들 간의 서열을 무시하는 것은 상대 국가나 조직에 대한 모욕이 될 수 있다.
- **Right(오른쪽 우선)**: "lady on th right"의 원칙이 있다. 단상 배치 기준에서 VIP의 오른쪽이 차석이다.

2) 의전의 계획

- **행사계획**: 행사 현장 답사, 행사 계획서 작성
- **세부 계획**: 내빈 안내, 입장 및 퇴장 계획, 참가자 및 차량 동원 계획, 업무 분장 및 준비 일정, 우천 시 대비 계획 등
- **행사장 준비사항**: 식장, 식단, 행사 장식물 설치, 단상 비품, 테이프 절단 등
- **행사의 진행**: 시나리오 작성, 행사 전 안내, 행사의 진행 순서

3) 의전 준비

- **사전 정보 확인**: 상대방의 직급과 이름, 기호, 선호음식, 음료, 건강상태 등, 시간대별 스케줄, 방문 예정 및 소요 일정, 방문지 이동에 따른 사전 정보, 통역이 필요한 경우 통역자, 필요시 경호원, 차량 탑승자 및 차량 이동 경로 등 확인
- **공항에서의 영접**: 공항 VIP 라운지 예약, 환영인사 대상과 인원수 결정, 이동 차량 확인, 카메라 기사 동반
- **호텔에서의 영접**: 호텔 측 관계자 접촉, 객실의 종류 및 이용 개실 수 확인, 객실 내 노트북과 팩스 등 설치 여부 확인, 엘리베이터 상태와 VIP 전용 확인, Express Check-in 확인, 객실 환영인사 카드, 꽃다발, 과일바구니 등

- **환영 리셉션:** 오프닝 시간 확인, 리셉션 홀의 준비사항 체크, 테이블 세팅, 전체 행사시간 조율, 좌석 안내도 및 행사서열 확인, 좌석 명패 및 선물 준비 및 여흥 삽입 여부 확인, 식사 제공 시 메뉴 준비 및 선호 메뉴와 식사량, 선호 음료 준비
- **기타 사항:** 환송 후 선물, 의전 결과 확인·점검, 기간 중 특이사항 및 History Card(객실 상황, 고객 이력 카드) 작성 등

4) 연회서비스

연회는 축하, 환영, 연찬, 피로연 등을 위하여 여러 사람이 모여 베푸는 잔치로, 각종 회의, 세미나, 전시회, 교육, 패션쇼, 영화감상 등 보다 폭넓고 다양한 의미를 포함한다. 연회의 기능은 국제회의는 물론 컨벤션 행사를 전문적으로 유치·진행하고, 회의의 근본 목적을 달성할 수 있도록 하는 데에 있다. 이를 위해서는 개최 목적과 상황 등에 맞추어 최상의 서비스를 제공하는 것이 중요하다. 연회서비스의 흐름은 고객 영접에서부터 식음료 서비스 및 어텐션, 고객 환송의 순으로 이어진다.

5) 서열

의전에서는 서열이 매우 중요하다. 기본적으로 관례상 서열의 기준은 부부동반의 경우 부인의 서열은 남편과 동급이고, 연령이 중시되며, 대표로 참석한 남성을 제외하고 여성이 남성보다 상단, 여성 간의 서열에서는 기혼 여성, 미망인, 이혼한 부인, 미혼 여성 순, 외국인 상위, 높은 직위 쪽의 서열 상위, 주빈 존중 등이 있다. 관례상 서열을 따르는 사람들은 정당의 당수나 임원과 같이 공식 서열로 정할 수 없는 지위의 사람이나, 문인, 실업가 등의 사회적 지위나 문화적 지위를 고려해야 하는 사람, 국회협회장, 국제단체의장과 같은 집회의 성격에 따라 높은 지위를 누려야 하는 사람 및 공식 서열을 무시하고 전통적인 서열을 인정해야 하는 왕족 등이 있다.

공식적인 의전에서는 공식서열이 존재하는데, 우리나라와 미국, 영국의 서열을 살펴보면 〈표 18-4〉와 같다.

표 18-4 나라별 공식 서열

순위	우리나라	미국	영국
1	대통령	대통령	여왕
2	국회의장	부통령	귀족
3	대법원장	하원의장	컨터베리 대주교
4	국무총리	대법원장	대법관
5	국회부의장	전직 대통령	요크 대주교
6	감사원장	국무장관	수상
7	부총리	유엔사무총장	하원의원
8	외교통상부장관	외국대사	옥새 상서
9	외국특명전권대사, 국무위원, 국회상임위원장, 대법원판사	전직 태통령 미망인, 공사급 외국 공관장	각국 대사
10	3부 장관급, 국회의원, 감찰총장, 함참의장, 3군참모총장	대법관	시종장관
11	차관, 차관급	각료, 연방예산국장, 주UN 미국대표, 상원의원	대법원장

4 프레젠테이션

프레젠테이션은 사전적으로 발표, 소개, 표현 등을 뜻한다. 다시 말해, 자신의 생각이나 의견, 아이디어, 경험, 노하우 등의 정보를 상대방에게 이해시키고 자신이 의도한 결과를 이끌어내기 위한 적극적인 행위이다. 한정된 시간 내에 청중에게 정보를 정확하게 제공하고 전달함으로써 자신이 의도한 대로 판단과 의사결정이 되도록 하는 커뮤니케이션의 한 형태라고 할 수 있다. 또한, 프레젠테이션은 내용을 구성하고 문자, 영상 등의 시청각 자료를 활용하여 소통하는 양방향 커뮤니케이션의 도구이다. 이러한 측면에서 프레젠티이션은 다음과 같은 중요성을 지닌다.

- 의사소통의 경쟁력
- 효율적인 정보 전달을 통한 설득의 극대화
- 조직의 업무 효율성 증대
- 조직 구성원 간의 효과적인 정보공유를 통한 업무효율 향상
- 비즈니스 성공과 밀접한 관련

이러한 프레젠테이션은 기획과 발표로 나누어 살펴볼 수 있다. 프레젠테이션을 하기 위해서는 철저한 기획이 필요한데, 우선 목적을 파악하고 프레젠테이션 전반에 관한 콘셉트를 설정하는 것에서부터 출발한다. 다음으로 무엇을 말하려고 하는지 메시지의 내용을 정확히 파악한 후, 목표와 목적에 맞추어 프레젠테이션의 의도를 명확화 한다. 명확화를 한 다음에는 알맞은 분량으로 청중이 받아들일 수 있는 메시지로 구성을 한다. 메시지를 구성할 때에는 메시지의 이해성, 흥미성, 단순성을 고려하여 구성해야 한다.

기획을 완료한 후에는 발표를 진행한다. 발표는 프레젠테이션의 궁극적인 목적인 현장에서 청중을 설득하여 원하는 바를 얻어내는 것이다. 이때 발표자의 태도가 매우 중요한데, 어떠한 태도를 가지고 전달을 하느냐에 따라 프레젠테이션의 결과가 좌우된다. 프레젠테이션에서 발표는 음성으로 전달하는 요소와 자세, 표정, 시선과 같은 비언어적 요소가 적절한 조화를 이루어야 한다. 발표자가 자신감 있고, 당당하며 신뢰감을 줄 수 있는 등의 전체적으로 호감의 이미지를 형성할 때 프레젠테이션의 효과를 높일 수 있다. 또한, 발표에 있어 청중이 잘 들을 수 있도록 하는 음성 전달 능력은 중요한 원칙이다. 목소리의 6요소 빠르기(rate), 크기(volume), 높이(pitch), 길이(duration), 쉬기(pause), 힘주기(emphasis)를 적절하게 활용해야 전달력이 높아질 수 있다. 자연스럽게 말하기 위해서는 능동태를 사용하는 것이 좋으며, 전문용어 사용을 조심하고 쉬운 어휘를 사용하며, 불필요한 단어는 사용하지 말고 단어를 주의 깊게 선택해야한다. 또한, 인칭대명사로 대화하는 것이 바람직하다.

표 18-5 프레젠테이션의 3P분석

3P	내용
People (사람, 청중)	사람을 분석하라. • 청중이 무엇을 듣고 싶어 하는지에 대한 분석 • 연령, 교육수준, 참가 이유, 규모 등 청중에 대한 전반적인 이해 확보
Purpose (목적)	목적을 파악하라. • 이해, 신념과 태도의 변화 파악: 프레젠테이션을 하는 이유와 청중이 무엇을 알고자 하는지에 대해 명확하게 인지
Place (장소)	장소와 환경을 파악하라. • 효과적인 프레젠테이션을 위해 사전에 장소와 환경 분석은 필수 • 3가지 주요 분석 항목: 회의장, 실내 환경, 실내의 배치

학습정리

- MICE란, 기존의 컨벤션(국제회의)의 개념에서 산업 범위를 확대하여 기업회의(Meeting), 포상관광(Incentive Tour), 국제회의(Convention), 전시·이벤트(Exhibition & Event)를 유치하여 서비스를 제공하는 과정과 관련 시설을 통칭하는 용어이다.
- 회의는 문제해결의 기능, 자문의 기능, 의사소통의 기능, 교육 훈련의 기능을 가지며, 회의 공개의 원칙, 정족수의 원칙, 발언자유의 원칙, 폭력배제의 원칙, 참석자 평등의 원칙, 다수결의 원칙, 소수 의견존중의 원칙, 일사부재의 원칙, 1인제의 원칙, 회기불계속의 원칙을 지닌다.
- 의전은 조직이나 국가 간에 이루어지는 예절로 국가행사, 외교행사, 국가원수 및 고위급 인사의 방문과 영접 시 행해지는 국제적인 예의규범으로, 의전에는 Respect, Reciprocity, Reflecting Culture, Rank, Right의 5R 요소가 있다.
- 프레젠테이션은 의사소통의 경쟁력, 효율적인 정보 전달을 통한 설득의 극대화, 조직의 업무 효율성 증대, 조직 구성원 간의 효과적인 정보공유를 통한 업무효율 향상, 비즈니스 성공과 밀접한 관련 등의 중요성을 지닌다.

학습평가

01 다음 중 의전의 기본 정신 '5R'에 해당하지 않는 것은?

① 존중의 원칙
② 상호주의의 원칙
③ 왼쪽 상석의 원칙
④ 서열의 원칙

02 다음 중 의전의 대상자로서 부적절한 사람은?

① 공식 참가하는 국가 원수
② 행사 주최측 실무 책임자
③ 초청 연사와 VIP
④ 행사참가 NGO

[정답 및 해설]

01 ③

해설: 상대방에 대한 존중(respect), 상호주의 원칙(reciprocity), 문화의 반영(reflecting culture), 서열(rank), 오른쪽 우선(right)은 각 단어의 첫 글자를 따서 의전의 5R 요소라고 한다. 의전에서는 왼쪽이 아닌, '오른쪽(right)'이 상석이다.

02 ②

해설: 공식 의전의 대상은 행사에 참가자이다. 의전은 참여하는 인사의 서열에 따라 우선순위를 고려하여 그 대상자를 선정하며, 주최·주관기관의 실무 책임자를 의전하는 것은 적절하지 않다.

Appendix

부록: 관련법규

1. 소비자 보호법

1) 소비자 기본법 이해

이 법은 소비자의 권익을 증진하기 위하여 소비자의 권리와 책무, 국가·지방자치단체 및 사업자의 책무, 소비자단체의 역할 및 자유 시장경제에서 소비자와 사업자 사이의 관계를 규정함과 아울러 소비자정책의 종합적 추진을 위한 기본적인 사항을 규정함으로써 소비생활의 향상과 국민경제의 발전에 이바지함을 목적으로 한다.

(1) 소비자 기본법 개념정의

소비자 기본법 제2조에서 사용하는 용어의 정의는 다음과 같다.

- **소비자:** 소비자라 함은 사업자가 제공하는 물품 또는 용역(시설물을 포함한다. 이하 같다)을 소비생활을 위하여 사용(이용을 포함한다. 이하 같다)하는 자 또는 생산 활동을 위하여 사용하는 자로서 대통령령이 정하는 자를 말한다.
- **사업자:** 사업자라 함은 물품을 제조(가공 또는 포장을 포함한다. 이하 같다)·수입·판매하거나 용역을 제공하는 자를 말한다.
- **소비자단체:** 소비자단체라 함은 소비자의 권익을 증진하기 위하여 소비자가 조직한 단체를 말한다.
- **사업자단체:** 사업자단체라 함은 2 이상의 사업자가 공동의 이익을 증진할 목적으로 조직한 단체를 말한다.

2) 권리와 책무

(1) 소비자의 권리와 책무

소비자 권리는 인간이 기본권을 바탕으로 하는 법률학적인 개념으로서 소비자가 인간다운 생활을 영위하기 위하여 공정한 가격으로 양질의 상품이나 용역을 적절한 유통구조를 통해 적절한 시기에 구입 및 사용할 수 있는 권리를 의미한다.

소비자는 다음의 소비자의 8대 권리를 가지고 있다.

① 소비자 8대 권리

- 물품 또는 용역(이하 “물품 등”이라 한다)으로 인한 생명·신체 또는 재산에 대한 위해로부터 보호받을 권리

- 물품 등을 선택함에 있어서 필요한 지식 및 정보를 제공받을 권리
- 물품 등을 사용함에 있어서 거래상대방·구입 장소·가격 및 거래조건 등을 자유로이 선택할 권리
- 소비생활에 영향을 주는 국가 및 지방자치단체의 정책과 사업자의 사업 활동 등에 대하여 의견을 반영시킬 권리
- 물품 등의 사용으로 인하여 입은 피해에 대하여 신속·공정한 절차에 따라 적절한 보상을 받을 권리
- 합리적인 소비생활을 위하여 필요한 교육을 받을 권리
- 소비자 스스로의 권익을 증진하기 위하여 단체를 조직하고 이를 통하여 활동 할 수 있는 권리
- 안전하고 쾌적한 소비생활 환경에서 소비할 권리

소비자 기본법에서는 소비자의 역할을 강조하고 소비자 스스로 안전과 권익을 향상시키기 위하여 필요한 지식을 습득하는 동시에 자주적이고 성실한 행위를 함으로써 소비생활의 향상과 합리화에 적극적인 역할을 다하여야 한다고 규정하고 있다.

② 소비자의 책무

- 소비자는 사업자 등과 더불어 자유 시장경제를 구성하는 주체임을 인식하여 물품 등을 올바르게 선택하고, 제4조의 규정에 따른 소비자의 기본적 권리를 정당하게 행사하여야 한다.
- 소비자는 스스로의 권익을 증진하기 위하여 필요한 지식과 정보를 습득하도록 노력하여야 한다.
- 소비자는 자주적이고 합리적인 행동과 자원 절약적이고 환경 친화적인 소비생활을 함으로써 소비생활의 향상과 국민경제의 발전에 적극적인 역할을 다하여야 한다.

(2) 소비자 기본법상의 국가. 지방자치 단체의 책무

국가 및 지방자치단체는 제4조의 규정에 따른 소비자의 기본적 권리가 실현되도록 하기 위해 관계 법령 및 조례의 제정 및 개정·폐지, 필요한 행정조직의 정비 및 운영 개선, 필요한 시책의 수립 및 실시, 소비자의 건전하고 자주적인 조직 활동의 지원·육성의 책무와 소비자권익과 관련된 행정조직의 설치·운영 등에 관하여 대통령령이 정하는 바에 따라 필요한 지원을 할 수 있다.

① 위해의 방지(제8조)

국가는 사업자가 소비자에게 제공하는 물품 등으로 인한 소비자의 생명·신체 또는 재산에 대한 위해를 방지하기 위하여 다음 각 호의 사항에 관하여 사업자가 지켜야 할 기준을 정하여야 한다.

② 계량 및 규격의 적정화(제9조)

소비자가 사업자와의 거래에 있어서 계량으로 인하여 손해를 입지 아니하도록 물품 등의 계량에 관하여 필요한 시책을 강구하여야 한다. 물품 등의 품질개선 및 소비생활의 향상을 위하여 물품 등의 규격을 정하고 이를 보급하기 위한 시책을 강구하여야 한다.

③ 표시의 기준(제10조)

국가는 소비자가 사업자와의 거래에 있어서 표시나 포장 등으로 인하여 물품 등을 잘못 선택하거나 사용하지 아니하도록 물품 등에 대하여 다음 사항에 관한 표시기준을 정하여야 한다.

- 물품 등을 제조·수입 또는 판매하거나 제공한 사업자의 명칭(주소 및 전화번호를 포함한다) 및 물품의 원산지
- 사용방법, 사용·보관할 때의 주의사항 및 경고사항
- 제조연월일, 품질보증기간 또는 식품이나 의약품 등 유통과정에서 변질되기 쉬운 물품은 그 유효기간
- 표시의 크기·위치 및 방법
- 물품 등에 따른 불만이나 소비자피해가 있는 경우의 처리기구(주소 및 전화번호를 포함한다) 및 처리방법
- 「장애인차별금지 및 권리구제 등에 관한 법률」 제20조에 따른 시각장애인을 위한 표시방법

또한, 국가는 소비자가 사업자와의 거래에 있어서 표시나 포장 등으로 인하여 물품 등을 잘못 선택하거나 사용하지 아니하도록 사업자가 제1항 각 호의 사항을 변경하는 경우 그 변경 전후 사항을 표시하도록 기준을 정할 수 있다.

④ 광고의 기준(제11조)

국가는 물품 등의 잘못된 소비 또는 과다한 소비로 인하여 발생할 수 있는 소비자의 생명·신체 또는 재산에 대한 위해를 방지하기 위하여 광고의 내용 및 방법에 관한 기준을 정하여야 한다.

⑤ 거래의 적정화(제12조)

국가는 사업자의 불공정한 거래조건이나 거래방법으로 인하여 소비자가 부당한 피해를 입지 아니하도록 필요한 시책을 수립·실시하여야 하며 국가는 소비자의 합리적인 선택을 방해하고 소비자에게 손해를 끼칠 우려가 있다고 인정되는 사업자의 부당한 행위를 지정·고시할 수 있다.

또한, 국가 및 지방자치단체는 약관에 따른 거래 및 방문판매·다단계판매·할부판매·통신판매·전자거래 등 특수한 형태의 거래에 대하여는 소비자의 권익을 위하여 필요한 시책을 강구하여야 한다.

⑥ 소비자에의 정보제공(제13조)

국가 및 지방자치단체는 소비자의 기본적인 권리가 실현될 수 있도록 소비자의 권익과 관련된 주요시책 및 주요결정사항을 소비자에게 알려야 한다.

⑦ 소비자의 능력 향상(제14조)

소비자의 올바른 권리행사를 이끌고, 물품등과 관련된 판단능력을 높이며, 소비자가 자신의 선택에 책임을 지는 소비생활을 할 수 있도록 필요한 교육을 하고 소비자의 능력 향상을 위한 프로그램을 개발하여야 한다.

또한, 소비자교육과 학교교육·평생교육을 연계하여 교육적 효과를 높이기 위한 시책을 수립·시행하여야 한다.

⑧ 개인정보의 보호(제15조)

소비자가 사업자와의 거래에서 개인정보의 분실·도난·누출·변조 또는 훼손으로 인하여 부당한 피해를 입지 아니하도록 필요한 시책을 강구하여야 하며 제1항의 규정에 따라 소비자의 개인정보를 보호하기 위한 기준을 정하여야 한다.

⑨ 소비자분쟁의 해결(제16조)

소비자의 불만이나 피해가 신속·공정하게 처리될 수 있도록 관련기구의 설치 등 필요한 조치를 강구하여야 하며 소비자와 사업자 사이에 발생하는 분쟁을 원활하게 해결하기 위하여 대통령령이 정하는 바에 따라 소비자분쟁해결기준을 제정할 수 있다.

⑩ 시험·검사시설의 설치(제17조)

국가 및 지방자치단체는 물품 등의 규격·품질 및 안전성 등에 관하여 시험·검사 또는 조사를 실시할 수 있는 기구와 시설을 갖추어야 한다.

국가·지방자치단체 또는 소비자나 소비자단체는 필요하다고 인정되는 때 또는 소비자의 요청이 있는 때에는 제1항의 규정에 따라 설치된 시험·검사기관이나 제33조의 규정에 따른 한국소비자원에 시험·검사 또는 조사를 의뢰하여 시험 등을 실시할 수 있다.

(3) 사업자의 책무

① 소비자권익 증진시책에 대한 협력(제18조)

사업자는 소비자권익 증진시책에 적극 협력하고 소비자단체 및 한국소비자원의 소비자 권익증진과 관련된 업무의 추진에 필요한 자료 및 정보제공 요청에 적극 협력하여야 한다. 또한, 안전하고 쾌적한 소비생활 환경을 조성하기 위하여 물품 등을 제공함에 있어서 환경 친화적인 기술의 개발과 자원의 재활용을 위하여 노력하여야 한다.

② 사업자의 책무(제19조)

- 사업자는 물품 등으로 인하여 소비자에게 생명·신체 또는 재산에 대한 위해가 발생하지 아니하도록 필요한 조치를 강구하여야 한다.
- 물품 등을 공급함에 있어서 소비자의 합리적인 선택이나 이익을 침해할 우려가 있는 거래조건이나 거래방법을 사용하여서는 안 된다.
- 사업자는 소비자에게 물품 등에 대한 정보를 성실하고 정확하게 제공하여야 한다.
- 소비자의 개인정보가 분실·도난·누출·변조 또는 훼손되지 아니하도록 그 개인정보를 성실하게 취급하여야 한다.
- 사업자는 물품 등의 하자로 인한 소비자의 불만이나 피해를 해결하거나 보상하여야 하며, 채무불이행 등으로 인한 소비자의 손해를 배상하여야 한다.

③ 소비자의 권익증진 관련기준의 준수(제20조)

사업자는 소비자의 권익증진을 위해 다음과 같은 사항의 관련 기준을 준수하여야 한다고 규정하고 있다.

- 「사업자는 제8조제1항의 규정에 따라 국가가 정한 기준에 위반되는 물품등을 제조·수입·판매하거나 제공하여서는 아니 된다.
- 사업자는 제10조의 규정에 따라 국가가 정한 표시기준을 위반하여서는 아니 된다.
- 사업자는 제11조의 규정에 따라 국가가 정한 광고기준을 위반하여서는 아니 된다.
- 사업자는 제12조제2항의 규정에 따라 국가가 지정·고시한 행위를 하여서는 아니 된다.
- 사업자는 제15조제2항의 규정에 따라 국가가 정한 개인정보의 보호기준을 위반하여서는 아니 된다.

3) 소비자단체

소비자 단체라 함은 소비자의 권익을 증진하기 위하여 소비자가 조직한 단체를 말한다. 소비자단체의 업무는 다음과 같다

① 소비자단체의 업무(제28조)

소비자단체는 업무상 알게 된 정보를 소비자의 권익을 증진하기 위한 목적이 아닌 용도에 사용하여서는 안 되며, 사업자 또는 사업자단체로부터 제공받은 자료 및 정보를 소비자의 권익을 증진하기 위한 목적이 아닌 용도로 사용함으로써 사업자 또는 사업자단체에 손해를 끼친 때에는 그 손해에 대하여 배상할 책임을 진다.

- 국가 및 지방자치단체의 소비자의 권익과 관련된 시책에 대한 건의
- 물품 등의 규격·품질·안전성·환경성에 관한 시험·검사 및 가격 등을 포함한 거래조건이나 거래방법에 관한 조사·분석
- 소비자문제에 관한 조사·연구
- 소비자의 교육
- 소비자의 불만 및 피해를 처리하기 위한 상담·정보제공 및 당사자 사이의 합의의 권고

② 소비자단체의 등록(제29조)

소비자단체의 등록은 일정한 요건(법 제29조 1항과 시행령 제 23조)을 갖춘 소비자단체는 시·도지사 혹은 공정거래위원회에 등록 할 수 있는데 일정한 등록절차를 거친 소비자단체만이 자율적 분쟁조정을 행할 수 있고(법 제31조) 국가·지방자치단체의 보조금의 지급대상이 될 수 있으며(법 제32조) 단체소송의 제기(법 제 70조)와 정보제공요청(법 제78조)을 할 수 있다.

③ 소비자단체 등록의 취소(제30조)

소비자단체의 취소는 공정거래위원회 또는 지방자치단체의 장은 소비자단체가 거짓 그 밖의 부정한 방법으로 제29조의 규정에 따른 등록을 한 경우와 공정거래위원회 또는 지방자치단체의 장은 등록소비자단체가 제29조제1항 각 호의 요건을 갖추지 못하게 된 경우에는 3월 이내에 보완을 하도록 명할 수 있고, 그 기간이 경과하여도 요건을 갖추지 못하는 경우에는 등록을 취소할 수 있다.

4) 소비자분쟁과 피해구제

소비자분쟁이란 일반적으로 사업자가 제공한 상품이나 서비스를 소비자가 사용 또는 이용하는 과정에서 가격의 공정성 및 지불과정, 상품·서비스의 품질 및 안전성, 광고의 진실성, 상품·서비스에 대한 정보의 신뢰성 및 각종 A/S 등과 관련하여 소비자나 사업자가 불만족한 상태에 이르러 발생하는 분쟁을 의미한다.

소비자분쟁의 발생 원인은 사업자에 의한 소비자의 정당한 권익 침해로서 당초 계약한 대로 상품이나 서비스의 공급이 이루어지지 않았음에도 환불 또는 교환이나 적정한 피해보상이 이루어지지 아니하였을 때, 산업의 고도화에 따라 새롭게 출현하는 상품과 새로운 유통채널을 경험하지 않은 소비자가 구입한 상품이나 서비스가 지불한 가격에 비하여 만족할 효능을 주지 못하였을 때 일어난다.

이와 같은 유형의 소비자분쟁은 소비자에게 경제적인 손실이나 정신적 고통 생명·신체상의 위해를 주게 되어 소비자문제로 발전하게 된다.

(1) 한국소비자원의 피해구제

① 피해구제의 신청(제55조)

소비자는 물품 등의 사용으로 인한 피해의 구제를 한국소비자원에 신청할 수 있다. 국가·지방자치단체 또는 소비자단체는 소비자로부터 피해구제의 신청을 받은 때에는 한국소비자원에 그 처리를 의뢰할 수 있다. 또한, 사업자는 소비자로부터 피해구제의 신청을 받은 때에는 다음 내용의 어느 하나에 해당하는 경우에 한하여 한국소비자원에 그 처리를 의뢰할 수 있다.

- 국가 및 지방자치단체의 소비자의 권익과 관련된 시책에 대한 건의
- 물품 등소비자로부터 피해구제의 신청을 받은 날부터 30일이 경과하여도 합의에 이르지 못하는 경우
- 한국소비자원에 피해구제의 처리를 의뢰하기로 소비자와 합의한 경우
- 그밖에 한국소비자원의 피해구제의 처리가 필요한 경우로서 대통령령이 정하는 사유에 해당하는 경우

② 합의권고(제57조)

한국소비자원의 원장은 피해구제신청의 당사자에 대하여 피해보상에 관한 합의를 권고할 수 있다.

③ 처리기간(第58조)

한국소비자원의 원장은 피해구제의 신청을 받은 날부터 30일 이내에 제57조의 규정에 따른 합의가 이루어지지 아니하는 때에는 지체 없이 제60조의 규정에 따른 소비자분쟁조정위원회에 분쟁조정을 신청하여야 한다. 다만, 피해의 원인규명 등에 상당한 시일이 요구되는 피해구제신청사건으로서 대통령령이 정하는 사건에 대하여는 60일 이내의 범위에서 처리기간을 연장할 수 있다.

④ 피해구제절차의 중지(第59조)

한국소비자원의 피해구제 처리절차 중에 법원에 소를 제기한 당사자는 그 사실을 한국소비자원에 통보하여야 한다. 또한, 한국소비자원은 당사자의 소제기 사실을 알게 된 때에는 지체 없이 피해구제절차를 중지하고, 당사자에게 이를 통지하여야 한다.

(2) 조정

① 소비자분쟁조정위원회의 설치(第60조, 第61조, 第63조)

조정위원회는 위원장 1인을 포함한 50인 이내의 위원으로 구성하며, 위원장을 포함한 2인은 상임으로 하고, 나머지는 비상임으로 하며 소비자기본법상에 정해져 있는 자격을 갖춘 자 중에서 한국소비자원장의 제청에 의하여 공정거래위원회위원장이 임명 또는 위촉한다.

위원장, 상임위원과 위원장이 회의마다 지명하는 5명 이상 9명 이하의 위원으로 구성되고 조정위원회의 회의는 위원 과반수 출석과 출석위원 과반수의 찬성으로 의결한다.

② 분쟁조정(第65조)

소비자와 사업자 사이에 발생한 분쟁에 관하여 제16조제1항의 규정에 따라 설치된 기구에서 소비자분쟁이 해결되지 아니하거나 제28조제1항제5호의 규정에 따른 합의권고에 따른 합의가 이루어지지 아니한 경우 당사자나 그 기구 또는 단체의 장은 조정위원회에 분쟁조정을 신청할 수 있다.

③ 분쟁조정의 기간(第66조)

조정위원회는 제58조 또는 제65조 제1항의 규정에 따라 분쟁조정을 신청받은 때에는 그 신청을 받은 날부터 30일 이내에 그 분쟁조정을 마쳐야 하나 부득이한 사정으로 30일 이내에 그 분쟁조정을 마칠 수 없는 경우에는 그 기간을 연장할 수 있다. 이 경우 그 사유와 기한을 명시하여 당사자 및 그 대리인에게 통지하여야 한다.

④ 분쟁조정의 효력(제67조)

조정위원회의 위원장은 제66조의 규정에 따라 분쟁조정을 마친 때에는 지체 없이 당사자에게 그 분쟁조정의 내용을 통지하여야 한다.

규정에 따른 통지를 받은 당사자는 그 통지를 받은 날부터 15일 이내에 분쟁조정의 내용에 대한 수락 여부를 조정위원회에 통보하여야 한다. 이 경우 15일 이내에 의사표시가 없는 때에는 수락한 것으로 본다. 또한, 당사자가 분쟁조정의 내용을 수락하거나 수락한 것으로 보는 경우 조정위원회는 조정조서를 작성하고, 조정위원회의 위원장 및 각 당사자가 기명·날인하여야 한다. 다만, 수락한 것으로 보는 경우에는 각 당사자의 기명·날인을 생략할 수 있다.

당사자가 분쟁조정의 내용을 수락하거나 수락한 것으로 보는 때에는 그 분쟁조정의 내용은 재판상 화해와 동일한 효력을 갖는다.

⑤ 분쟁조정의 특례(제68조)

국가·지방자치단체·한국소비자원 또는 소비자단체·사업자는 소비자의 피해가 다수의 소비자에게 같거나 비슷한 유형으로 발생하는 경우로서 대통령령이 정하는 사건에 대하여는 조정위원회에 일괄적인 분쟁조정(이하 "집단분쟁조정"이라 한다)을 의뢰 또는 신청할 수 있다.

집단분쟁조정을 의뢰받거나 신청 받은 조정위원회는 조정위원회의 의결로써 제3항 및 제5항부터 제7항까지의 규정에 따른 집단분쟁조정의 절차를 개시할 수 있다. 이 경우 조정위원회는 대통령령이 정하는 기간 동안 그 절차의 개시를 공고하여야 한다.

조정위원회는 집단분쟁조정의 당사자가 아닌 소비자 또는 사업자로부터 그 분쟁조정의 당사자에 추가로 포함될 수 있도록 하는 신청을 받을 수 있다.

5) 소비자단체소송

① 단체소송

단체소송은 피해를 입은 사람이 다수일 경우 집단으로 소송을 제기해서 이기면 소송에 참여하지 않았다 하더라도 동일한 피해를 입은 다른 사람도 이에 의제해서 손해 배상을 받게 되는 제도를 말한다.

② 단체소송의 대상(제70조)

다음 내용의 어느 하나에 해당하는 단체는 사업자가 제20조의 규정을 위반하여 소비자의 생명·신체 또는 재산에 대한 권익을 직접적으로 침해하고 그 침해가 계속되는 경우 법원에 소비자권익침해행위의 금지·중지를 구하는 소송(이하 "단체소송"이라 한다)을 제기할 수 있다.

- 제29조의 규정에 따라 공정거래위원회에 등록한 소비자단체로서 다음 각 목의 요건을 모두 갖춘 단체
  - 정관에 따라 상시적으로 소비자의 권익증진을 주된 목적으로 하는 단체일 것
  - 단체의 정회원수가 1천명 이상일 것
  - 제29조의 규정에 따른 등록 후 3년이 경과하였을 것
- 「상공회의소법」에 따른 대한상공회의소, 「중소기업협동조합법」에 따른 중소기업협동조합중앙회 및 전국 단위의 경제단체로서 대통령령이 정하는 단체
- 「비영리민간단체 지원법」 제2조의 규정에 따른 비영리민간단체로서 다음 각 목의 요건을 모두 갖춘 단체
  - 법률상 또는 사실상 동일한 침해를 입은 50인 이상의 소비자로부터 단체소송의 제기를 요청받을 것
  - 정관에 소비자의 권익증진을 단체의 목적으로 명시한 후 최근 3년 이상 이를 위한 활동실적이 있을 것
  - 단체의 상시 구성원수가 5천명 이상일 것
  - 중앙행정기관에 등록되어 있을 것

③ 단체소송의 전속관할(제71조)

단체소송의 소는 피고의 주된 사무소 또는 영업소가 있는 곳, 주된 사무소나 영업소가 없는 경우에는 주된 업무담당자의 주소가 있는 곳의 지방법원 본원 합의부의 관할에 전속한다. 또한, 제1항의 규정을 외국사업자에 적용하는 경우 대한민국에 있는 이들의 주된 사무소·영업소 또는 업무담당자의 주소에 따라 정한다.

④ 단체소송의 허가(제73조)

단체소송을 제기하는 단체는 소장과 함께 원고 및 그 소송대리인, 피고, 금지·중지를 구하는 사업자의 소비자권익 침해행위의 범위를 기재한 소송허가신청서를 법원에 제출하여야 한다. 이때 소송허가신청서에는 다음 자료를 첨부하여야 한다.

- 소제기단체가 제70조 각 호의 어느 하나에 해당하는 요건을 갖추고 있음을 소명하는 자료
- 소제기단체가 제74조제1항제3호의 규정에 따라 요청한 서면 및 이에 대한 사업자의 의견서. 다만, 동호에서 정하는 기간 내에 사업자의 응답이 없을 경우에는 사업자

의 의견서를 생략할 수 있다.

⑤ 소송허가요건(제74조)

법원은 다음의 조건을 모두 갖춘 경우에 한하여 단체소송을 허가하며 단체소송을 허가하거나 불허가하는 결정에 대하여는 즉시 항고할 수 있다.

- 물품 등의 사용으로 인하여 소비자의 생명·신체 또는 재산에 피해가 발생하거나 발생할 우려가 있는 등 다수 소비자의 권익보호 및 피해예방을 위한 공익상의 필요가 있을 것
- 제73조의 규정에 따른 소송허가신청서의 기재사항에 흠결이 없을 것
- 소제기단체가 사업자에게 소비자권익 침해행위를 금지·중지할 것을 서면으로 요청한 후 14일이 경과하였을 것

⑥ 확정판결의 효력(제75조)

원고의 청구를 기각하는 판결이 확정된 경우 이와 동일한 사안에 관하여는 제70조의 규정에 따른 다른 단체는 단체소송을 제기할 수 없다.

다만, 판결이 확정된 후 그 사안과 관련하여 국가 또는 지방자치단체가 설립한 기관에 의하여 새로운 연구결과나 증거가 나타난 경우와 기각판결이 원고의 고의로 인한 것임이 밝혀진 경우에는 제외된다.

2. 개인정보보호법

1) 개인정보보호법의 이해

(1) 개인정보보호법의 개념정의

개인정보보호법은 개인정보의 처리 및 보호에 관한 사항을 정함으로써 개인의 자유와 권리를 보호하고, 나아가 개인의 존엄과 가치를 구현함을 목적으로 한다.

① 개인정보

개인정보란 살아 있는 개인에 관한 정보로서 성명, 주민등록번호 및 영상 등을 통하여 개인을 알아볼 수 있는 정보(해당 정보만으로는 특정 개인을 알아볼 수 없더라도 다른 정보와 쉽게 결합하여 알아볼 수 있는 것을 포함한다)를 말한다.

② 처리

처리란 개인정보의 수집, 생성, 연계, 연동, 기록, 저장, 보유, 가공, 편집, 검색, 출력, 정정(訂正), 복구, 이용, 제공, 공개, 파기(破棄), 그밖에 이와 유사한 행위를 말한다.

③ 정보주체

정보주체란 처리되는 정보에 의하여 알아볼 수 있는 사람으로서 그 정보의 주체가 되는 사람을 말한다.

④ 개인정보파일

개인정보파일이란 개인정보를 쉽게 검색할 수 있도록 일정한 규칙에 따라 체계적으로 배열하거나 구성한 개인정보의 집합물(集合物)을 말한다.

⑤ 개인정보처리자

개인정보처리자란 업무를 목적으로 개인정보파일을 운용하기 위하여 스스로 또는 다른 사람을 통하여 개인정보를 처리하는 공공기관, 법인, 단체 및 개인 등을 말한다.

⑥ 공공기관

공공기관이란 국회, 법원, 헌법재판소, 중앙선거관리위원회의 행정사무를 처리하는 기관, 중앙행정기관(대통령 소속 기관과 국무총리 소속 기관을 포함한다) 및 그 소속 기관, 지방자치단체나 그 밖의 국가기관 및 공공단체 중 대통령령으로 정하는 기관이다.

⑦ 영상정보처리기

영상정보처리기기란 일정한 공간에 지속적으로 설치되어 사람 또는 사물의 영상 등을 촬영하거나 이를 유·무선망을 통하여 전송하는 장치로서 대통령령으로 정하는 장치를 말한다.

(2) 개인정보보호원칙

① 개인정보보호원칙(제3조)

- 개인정보처리자는 개인정보의 처리 목적을 명확하게 하여야 하고 그 목적에 필요한 범위에서 최소한의 개인정보만을 적법하고 정당하게 수집하여야 한다.
- 개인정보처리자는 개인정보의 처리 목적에 필요한 범위에서 적합하게 개인정보를 처리하여야 하며, 그 목적 외의 용도로 활용하여서는 아니 된다.
- 개인정보처리자는 개인정보의 처리 목적에 필요한 범위에서 개인정보의 정확성, 완전성 및 최신성이 보장되도록 하여야 한다.

- 개인정보처리자는 개인정보의 처리 방법 및 종류 등에 따라 정보주체의 권리가 침해받을 가능성과 그 위험 정도를 고려하여 개인정보를 안전하게 관리하여야 한다.
- 개인정보처리자는 개인정보 처리방침 등 개인정보의 처리에 관한 사항을 공개하여야 하며, 열람청구권 등 정보주체의 권리를 보장하여야 한다.
- 개인정보처리자는 정보주체의 사생활 침해를 최소화하는 방법으로 개인정보를 처리하여야 한다.
- 개인정보처리자는 개인정보의 익명처리가 가능한 경우에는 익명에 의하여 처리될 수 있도록 하여야 한다.
- 개인정보처리자는 이 법 및 관계 법령에서 규정하고 있는 책임과 의무를 준수하고 실천함으로써 정보주체의 신뢰를 얻기 위하여 노력하여야 한다.

② 개인정보보호에 관한 OECD 8원칙

- **수집 제한의 원칙:** 개인정보의 수집은 원칙적으로 제한되어야 하고 어떠한 개인정보도 합법적이고 정당한 절차에 의하여 수집되어야 하며 경우에 따라 데이트 주체에게 통지 또는 동의를 얻어야 한다.
- **정확성의 원칙:** 개인정보는 그 목적에 부합된 것이어야 하고 이용목적에 필요한 범위에서 정확하고 완전하며 최신의 것으로 보존되어야 한다.
- **목적 명확화(특정의 원칙):** 개인정보의 수집목적은 수집할 당시 미리 특정되어 있어야 하고, 그 후의 이용은 특정된 수집목적의 달성 또는 당해 수집 목적과 일치되어야 하며 수집목적이 변경될 때마나 그 목적을 명확하게 하여야 한다.
- **이용 제한의 원칙:** 개인정보는 정보주체의 동의가 있거나 법률의 규정에 의한 경우를 제외하고는 목적의 명확화 및 특정 원칙에 따라 명확화 된 목적 이외의 다른 목적으로 공개, 이용 기타의 사용에 제공되어서는 안 된다.
- **안전 조치의 원칙:** 개인정보는 분실 또는 불법적인 접근, 훼손 및 파괴, 사용, 변고, 공개 등의 위험으로부터 적절한 안전보호의 조치로 보호되어야 한다.
- **공개의 원칙:** 개인정보처리와 관련된 정보처리장치의 설치, 활용과 관련 정책은 일반에게 공개되어야 한다. 또한. 개인정보의 존재, 성질 및 그 주요한 이용목적, 정보관리자를 식별하고 그 주소를 분명하게하기 위한 수단을 쉽게 이용할 수 있어야 한다.
- **개인 참여의 원칙:** 개인은 자기에 관한 정보의 소재를 확인할 권리를 가지며, 필요한 경우에는 자신에 관한 정보를 합리적인 기간 내에 합리적인 비용과 방법에 의하여 알기 쉬운 형태로 통지 받을 권리를 가진다. 이러한 권리가 거부되는 경우에 개인은 그 이유를 구하고 거부에 대하여 이의를 제기하거나 정보의 파기, 정정, 보완을

요구할 권리를 가진다.

- **책임의 원칙**: 정보관리자는 상기 모든 원칙이 지켜지도록 필요한 조치를 취하여야할 책임이 있다.

2) 개인정보보호

(1) 개인정보의 처리

① 정보주체의 권리(제4조)

정보주체는 자신의 개인정보 처리와 관련하여 개인정보의 처리에 관한 정보를 제공받을 권리, 개인정보의 처리에 관한 동의 여부, 동의 범위 등을 선택하고 결정할 권리, 개인정보의 처리 여부를 확인하고 개인정보에 대하여 열람(사본의 발급을 포함한다. 이하 같다)을 요구할 권리, 개인정보의 처리 정지, 정정·삭제 및 파기를 요구할 권리, 개인정보의 처리로 인하여 발생한 피해를 신속하고 공정한 절차에 따라 구제받을 권리를 가진다.

② 개인정보의 수집·이용(제15조)

개인정보처리자는 다음 내용의 하나에 해당하는 경우에는 개인정보를 수집할 수 있으며 그 수집 목적의 범위에서 이용할 수 있다.

- 정보주체의 동의를 받은 경우
- 법률에 특별한 규정이 있거나 법령상 의무를 준수하기 위하여 불가피한 경우
- 공공기관이 법령 등에서 정하는 소관 업무의 수행을 위하여 불가피한 경우
- 정보주체와의 계약의 체결 및 이행을 위하여 불가피하게 필요한 경우
- 정보주체 또는 그 법정대리인이 의사표시를 할 수 없는 상태에 있거나 주소불명 등으로 사전 동의를 받을 수 없는 경우로서 명백히 정보주체 또는 제3자의 급박한 생명, 신체, 재산의 이익을 위하여 필요하다고 인정되는 경우
- 개인정보처리자의 정당한 이익을 달성하기 위하여 필요한 경우로서 명백하게 정보주체의 권리보다 우선하는 경우. 이 경우 개인정보처리자의 정당한 이익과 상당한 관련이 있고 합리적인 범위를 초과하지 아니하는 경우에 한한다.

개인정보 수집은 온·오프라인에서 회원가입, 사업자가 제공하는 서비스를 위해 계약을 체결하는 경우나 이벤트 행사에 참여하는 경우 등과 같이 성명, 전화번호, e메일, 주소 등 이용자의 개인 정보를 사업자가 요구하는 모든 경우가 해당되며 서비스 제공자가 동의를 얻어야 한다.

개인정보처리자가 정보주체로부터 개인정보를 수집할 때는 수집·이용 목적, 수집하려는 개인정보의 항목, 개인정보의 보유 및 이용 기간, 동의를 거부할 권리가 있다는 사실 및 동의 거부에 따른 불이익이 있는 경우에는 그 불이익이 있는 경우에는 그 불이익의 내용을 이용자가 개인정보를 개인정보처리자에게 제공하기 이전에 쉽게 알 수 있는 형태로 알리고 동의를 받아야 한다. 다만, 만 14세 미만 아동의 개인정보를 처리하기 위하여 이 법에 따른 동의를 받아야 할 때에는 그 법정대리인의 동의를 받아야 한다. 이 경우 법정대리인의 동의를 받기 위하여 필요한 최소한의 정보는 법정대리인의 동의 없이 해당 아동으로부터 직접 수집할 수 있다.

③ 개인정보의 수집 제한(제16조)

개인정보처리자는 개인정보처리자는 정보주체의 동의를 받아 개인정보를 수집하는 경우 필요한 최소한의 정보 외의 개인정보 수집에는 동의하지 아니할 수 있다는 사실을 구체적으로 알리고 개인정보를 수집하여야 한다. 정보주체가 필요한 최소한의 정보 외의 개인정보 수집에 동의하지 아니한다는 이유로 정보주체에게 재화 또는 서비스의 제공을 거부하여서는 안 된다.

④ 개인정보의 제공(제17조)

개인정보처리자는 정보주체의 동의를 받은 경우와 제15조 제1항 제2호·제3호 및 제5호에 따라 개인정보를 수집한 목적 범위에서 개인정보를 제공하는 경우에는 정보주체의 개인정보를 제3자에게 제공(공유를 포함한다. 이하 같다)할 수 있다.

또한, 동의를 받을 때에는 개인정보를 제공받는 자, 개인정보를 제공받는 자의 개인정보 이용 목적, 제공하는 개인정보의 항목, 개인정보를 제공받는 자의 개인정보 보유 및 이용 기간, 동의를 거부할 권리가 있다는 사실 및 동의 거부에 따른 불이익이 있는 경우에는 그 불이익의 내용을 변경하는 경우에도 이를 알리고 동의를 받아야 한다.

개인정보를 국외의 제3자에게 제공할 때에는 제2항 각 호에 따른 사항을 정보주체에게 알리고 동의를 받아야 하며, 이 법을 위반하는 내용으로 개인정보의 국외 이전에 관한 계약을 체결하여서는 안 된다.

⑤ 개인정보를 제공받은 자의 이용·제공 제한(제19조)

개인정보처리자로부터 개인정보를 제공받은 자는 정보주체로부터 별도의 동의를 받은 경우와 다른 법률에 특별한 규정이 있는 경우를 제외화고는 개인정보를 제공받은 목적 외의 용도로 이용하거나 이를 제3자에게 제공하여서는 안 된다.

⑥ 정보주체 이외로부터 수집한 개인정보의 수집 출처 고지(제20조)

개인정보처리자가 정보주체 이외로부터 수집한 개인정보를 처리하는 때에는 정보주체의 요구가 있으면 개인정보의 수집 출처, 개인정보의 처리 목적, 제37조에 따른 개인정보 처리의 정지를 요구할 권리가 있다는 사실을 정보주체에게 알려야 한다.

⑦ 개인정보의 파기(제21조)

개인정보처리자는 보유기간의 경과, 개인정보의 처리 목적 달성 등 그 개인정보가 불필요하게 되었을 때에는 지체 없이 그 개인정보를 파기하여야 한다. 다만, 개인정보를 파기하지 아니하고 보존하여야 하는 경우에는 해당 개인정보 또는 개인정보파일을 다른 개인정보와 분리하여서 저장·관리하여야 한다.

개인정보의 파기방법 및 절차 등에 필요한 사항은 대통령령으로 정한다.

(2) 개인정보의 처리 제한

① 민감 정보의 처리 제한(제23조)

개인정보처리자는 사상·신념, 노동조합·정당의 가입·탈퇴, 정치적 견해, 건강, 성생활 등에 관한 정보, 그밖에 정보주체의 사생활을 현저히 침해할 우려가 있는 개인정보로서 대통령령으로 정하는 정보(이하 "민감 정보"라 한다)를 처리하여서는 안 된다. 다만, 정보주체에게 개인정보의 처리에 대한 동의와 별도로 동의를 받은 경우나 법령에서 민감 정보의 처리를 요구하거나 허용하는 경우에는 해당하지 않는다.

② 고유식별정보의 처리 제한(제24조)

개인정보처리자는 정보주체에게 제15조제2항 각 호 또는 제17조제2항 각 호의 사항을 알리고 다른 개인정보의 처리에 대한 동의와 별도로 동의를 받은 경우와 법령에서 구체적으로 고유식별정보의 처리를 요구하거나 허용하는 경우를 제외하고는 법령에 따라 개인을 고유하게 구별하기 위하여 부여된 식별정보로서 대통령령으로 정하는 정보(이하 "고유식별정보"라 한다)를 처리할 수 없다.

또한, 개인정보처리자가 고유식별정보를 처리하는 경우에는 그 고유식별정보가 분실·도난·유출·변조 또는 훼손되지 아니하도록 대통령령으로 정하는 바에 따라 암호화 등 안전성 확보에 필요한 조치를 하여야 한다.

③ 영상정보처리기기의 설치·운영 제한(제25조)

누구든지 다음의 경우를 제외하고는 공개된 장소에 영상정보처리기기를 설치·운영하여서는 안 된다.

- 법령에서 구체적으로 허용하고 있는 경우

- 범죄의 예방 및 수사를 위하여 필요한 경우
- 시설안전 및 화재 예방을 위하여 필요한 경우
- 교통단속을 위하여 필요한 경우
- 교통정보의 수집·분석 및 제공을 위하여 필요한 경우

누구든지 불특정 다수가 이용하는 목욕실, 화장실, 발한실(發汗室), 탈의실 등 개인의 사생활을 현저히 침해할 우려가 있는 장소의 내부를 볼 수 있도록 영상정보처리기기를 설치·운영하여서는 아니 된다. 다만, 교도소, 정신보건 시설 등 법령에 근거하여 사람을 구금하거나 보호하는 시설로서 대통령령으로 정하는 시설에 대하여는 그러하지 아니하다.

영상정보처리기기를 설치·운영하려는 자는 정보주체가 쉽게 인식할 수 있도록 대통령령으로 정하는 바에 따라 안내판 설치 등 필요한 조치를 하여야 한다. 다만, 대통령령으로 정하는 시설에 대하여는 그러하지 아니하다.

영상정보처리기기운영자는 영상정보처리기기의 설치 목적과 다른 목적으로 영상정보처리기기를 임의로 조작하거나 다른 곳을 비춰서는 아니 되며, 녹음기능은 사용할 수 없다.

또한, 개인 정인정보가 분실·도난·유출·변조 또는 훼손되지 아니하도록 제29조에 따라 안전성 확보에 필요한 조치를 하여야 한다. 영상정보처리기기운영자는 대통령령으로 정하는 바에 따라 영상정보처리기기 운영·관리 방침을 마련하여야 한다. 이 경우 제30조에 따른 개인정보 처리방침을 정하지 아니할 수 있다.

영상정보처리기기운영자는 영상정보처리기기의 설치·운영에 관한 사무를 위탁할 수 있다. 다만, 공공기관이 영상정보처리기기 설치·운영에 관한 사무를 위탁하는 경우에는 대통령령으로 정하는 절차 및 요건에 따라야 한다.

(3) 개인정보의 안전한 관리

① 안전조치의무(제29조)

개인정보처리자는 개인정보가 분실·도난·유출·변조 또는 훼손되지 아니하도록 내부 관리계획 수립, 접속기록 보관 등 대통령령으로 정하는 바에 따라 안전성 확보에 필요한 기술적·관리적 및 물리적 조치를 하여야 한다.

② 개인정보 처리방침의 수립 및 공개(제30조)

개인정보처리자는 다음 사항이 포함된 개인정보의 처리 방침(이하 "개인정보 처리방침"

이라 한다)을 정하여야 한다. 이 경우 공공기관은 제32조에 따라 등록대상이 되는 개인정보파일에 대하여 개인정보 처리방침을 정한다.

- 개인정보의 처리 목적
- 개인정보의 처리 및 보유 기간
- 개인정보의 제3자 제공에 관한 사항(해당되는 경우에만 정한다)
- 개인정보처리의 위탁에 관한 사항(해당되는 경우에만 정한다)
- 정보주체의 권리·의무 및 그 행사방법에 관한 사항
- 그밖에 개인정보의 처리에 관하여 대통령령으로 정한 사항

개인정보처리자가 개인정보 처리방침을 수립하거나 변경하는 경우에는 정보주체가 쉽게 확인할 수 있도록 대통령령으로 정하는 방법에 따라 공개하여야 하며 개인정보 처리방침의 내용과 개인정보처리자와 정보주체 간에 체결한 계약의 내용이 다른 경우에는 정보주체에게 유리한 것을 적용한다.

행정자치부장관은 개인정보 처리방침의 작성지침을 정하여 개인정보처리자에게 그 준수를 권장할 수 있다.

⑤ 개인정보 보호책임자의 지정(제31조)

개인정보처리자는 개인정보의 처리에 관한 업무를 총괄해서 책임질 개인정보 보호책임자를 지정하여야 한다. 개인정보 보호책임자의 지정요건, 업무, 자격요건, 그 밖에 필요한 사항은 대통령령으로 정한다.

개인정보 보호책임자는 다음의 업무를 수행한다.

- 개인정보 보호 계획의 수립 및 시행
- 개인정보 처리 실태 및 관행의 정기적인 조사 및 개선
- 개인정보 처리와 관련한 불만의 처리 및 피해 구제
- 개인정보 유출 및 오용·남용 방지를 위한 내부통제시스템의 구축
- 개인정보 보호 교육 계획의 수립 및 시행
- 개인정보파일의 보호 및 관리·감독
- 그밖에 개인정보의 적절한 처리를 위하여 대통령령으로 정한 업무

⑥ 개인정보 유출 통지(제34조)

개인정보처리자는 개인정보가 유출되었음을 알게 되었을 때에는 지체 없이 해당 정보주체에게 다음의 사실을 알려야 하며 그 피해를 최소화하기 위한 대책을 마련하고 필

요한 조치를 하여야 한다.

- 유출된 개인정보의 항목
- 유출된 시점과 그 경위
- 유출로 인하여 발생할 수 있는 피해를 최소화하기 위하여 정보주체가 할 수 있는 방법 등에 관한 정보
- 개인정보처리자의 대응조치 및 피해 구제절차
- 정보주체에게 피해가 발생한 경우 신고 등을 접수할 수 있는 담당부서 및 연락처

(4) 정보주체의 권리 보장

① 개인정보의 열람(제35조)

정보주체는 개인정보처리자가 처리하는 자신의 개인정보에 대한 열람을 해당 개인정보처리자에게 요구할 수 있으며 개인정보처리자는 다음 내용의 어느 하나에 해당하는 경우에는 정보주체에게 그 사유를 알리고 열람을 제한하거나 거절할 수 있다.

- 법률에 따라 열람이 금지되거나 제한되는 경우
- 다른 사람의 생명·신체를 해할 우려가 있거나 다른 사람의 재산과 그 밖의 이익을 부당하게 침해할 우려가 있는 경우
- 공공기관이 다음 각 목의 어느 하나에 해당하는 업무를 수행할 때 중대한 지장을 초래하는 경우

② 개인정보의 정정·삭제(제36조)

개인정보를 열람한 정보주체는 개인정보처리자에게 그 개인정보의 정정 또는 삭제를 요구할 수 있다. 정보주체의 요구를 받았을 때에는 개인정보의 정정 또는 삭제에 관하여 다른 법령에 특별한 절차가 규정되어 있는 경우를 제외하고는 지체 없이 그 개인정보를 조사하여 정보주체의 요구에 따라 정정·삭제 등 필요한 조치를 한 후 그 결과를 정보주체에게 알려야 한다. 다만, 다른 법령에서 그 개인정보가 수집 대상으로 명시되어 있는 경우에는 그 삭제를 요구할 수 없다.

③ 개인정보의 처리정지(제37조)

정보주체는 개인정보처리자에 대하여 자신의 개인정보 처리의 정지를 요구할 수 있다. 이 경우 공공기관에 대하여는 제32조에 따라 등록 대상이 되는 개인정보파일 중 자신의 개인정보에 대한 처리의 정지를 요구할 수 있다.

다만, 다음 내용에 해당하는 경우에는 정보주체의 처리정지 요구를 거절할 수 있다.

- 법률에 특별한 규정이 있거나 법령상 의무를 준수하기 위하여 불가피한 경우
- 다른 사람의 생명·신체를 해할 우려가 있거나 다른 사람의 재산과 그 밖의 이익을 부당하게 침해할 우려가 있는 경우
- 공공기관이 개인정보를 처리하지 아니하면 다른 법률에서 정하는 소관 업무를 수행할 수 없는 경우
- 개인정보를 처리하지 아니하면 정보주체와 약정한 서비스를 제공하지 못하는 등 계약의 이행이 곤란한 경우로서 정보주체가 그 계약의 해지 의사를 명확하게 밝히지 아니한 경우

④ 손해배상책임(제39조)

정보주체는 개인정보처리자가 이 법을 위반한 행위로 손해를 입으면 개인정보처리자에게 손해배상을 청구할 수 있다. 이 경우 그 개인정보처리자는 고의 또는 과실이 없음을 입증하지 아니하면 책임을 면할 수 없다.

또한, 개인정보처리자가 이 법에 따른 의무를 준수하고 상당한 주의와 감독을 게을리하지 아니한 경우에는 개인정보의 분실·도난·유출·변조 또는 훼손으로 인한 손해배상책임을 감경 받을 수 있다.

3) 개인정보 피해구제 제도

(1) 개인정보 분쟁조정위원회

① 대안적(소송외적) 분쟁해결 제도

대안적(소송외적) 분쟁해결제도란 분쟁 발생 시 제 3자가 관여하거나 또는 관여 없이 당사자 쌍방의 자율적 의사 및 합의에 의하여 분쟁을 해결하는 방식으로서 법원의 소송제도에 의한 분쟁해결방식을 보완하는 의미를 지닌다.

② 설치 및 구성

개인정보에 관한 분쟁의 조정(調停)을 위하여 개인정보 분쟁조정위원회(이하 "분쟁조정위원회"라 한다)를 둔다. 분쟁조정위원회는 위원장 1명을 포함한 20명 이내의 위원으로 구성하며, 그 중 1명은 상임위원으로 하며 위원장은 위원 중에서 공무원이 아닌 사람으로 행정자치부장관이 임명하고 위원은 조건에 해당하는 사람 중에서 행정자치부장관이 임명하거나 위촉한다.

위원장과 위원의 임기는 2년으로 하되, 1차에 한하여 연임할 수 있다. 다만, 제3항제1

호에 따라 임명된 공무원인 위원은 그 직에 재직하는 동안 재임한다.

분쟁조정 업무를 효율적으로 수행하기 위하여 필요하면 대통령령으로 정하는 바에 따라 조정사건의 분야별로 5명 이내의 위원으로 구성되는 조정부를 둘 수 있다. 이 경우 조정부가 분쟁조정위원회에서 위임받아 의결한 사항은 분쟁조정위원회에서 의결한 것으로 본다.

분쟁조정위원회 또는 조정부는 재적위원 과반수의 출석으로 개의하며 출석위원 과반수의 찬성으로 의결하며 이 법에서 정한 사항 외에 분쟁조정위원회 운영에 필요한 사항은 대통령령으로 정한다.

(2) 분쟁조정

① 처리기간(제44조)

분쟁조정 신청을 받은 날부터 60일 이내에 이를 심사하여 조정안을 작성하여야 한다. 다만, 부득이한 사정이 있는 경우에는 분쟁조정위원회의 의결로 처리기간을 연장할 수 있다.

② 자료의 요청(제45조)

분쟁조정 신청을 받았을 때에는 해당 분쟁의 조정을 위하여 필요한 자료를 분쟁당사자에게 요청할 수 있다. 이 경우 분쟁당사자는 정당한 사유가 없으면 요청에 따라야 한다. 분쟁조정위원회는 필요하다고 인정하면 분쟁당사자나 참고인을 위원회에 출석하도록 하여 그 의견을 들을 수 있다.

③ 분쟁의 조정(제47조)

분쟁조정위원회는 조사 대상 침해행위의 중지, 원상회복·손해배상·그밖에 필요한 구제조치, 같거나 비슷한 침해의 재발을 방지하기 위하여 필요한 조치 중 어느 하나의 사항을 포함하여 조정안을 작성할 수 있다.

당사자가 조정내용을 수락한 경우 분쟁조정위원회는 조정서를 작성하고, 분쟁조정위원회의 위원장과 각 당사자가 기명날인하여야 한다.

④ 집단분쟁조정(제49조)

국가 및 지방자치단체, 개인정보 보호단체 및 기관, 정보주체, 개인정보처리자는 정보주체의 피해 또는 권리침해가 다수의 정보주체에게 같거나 비슷한 유형으로 발생하는 경우로서 대통령령으로 정하는 사건에 대하여는 분쟁조정위원회에 일괄적인 분쟁조정(이하 "집단분쟁조정"이라 한다)을 의뢰 또는 신청할 수 있다.

(3) 개인정보 단체소송

① 단체소송의 대상(제51조)

개인정보처리자가 집단분쟁조정을 거부하거나 집단분쟁조정의 결과를 수락하지 아니한 경우에는 법원에 권리침해 행위의 금지·중지를 구하는 소송(이하 "단체소송"이라 한다)을 제기할 수 있다.

단체소송을 제기하는 단체는 소장과 함께 원고 및 그 소송대리인, 피고, 정보주체의 침해된 권리의 내용을 기재한 소송허가신청서를 법원에 제출하여야 한다.

단체소송을 허가하거나 불허가하는 결정에 대하여는 즉시 항고할 수 있으며 단체소송에 관하여 이 법에 특별한 규정이 없는 경우에는 「민사소송법」을 적용한다. 단체소송의 절차에 관하여 필요한 사항은 대법원규칙으로 정한다.

참고문헌

강기두 (2007). **서비스마케팅**. 서울: 삼영사.

구원경, 김판영 (2008). 호텔서비스 제공자의 감정노동과 영향요인 간의 관계 연구: 호텔 식음료 및 객실종사원 중심으로. **외식경영학회**, 11(2), 57-76.

권혁률 (2005). **관광서비스론**. 서울: 현학사.

김권수 (2010). **성공을 부르는 인간관계**. 서울: 기문사.

김문명, 박규은, 김혜영 (2012). 고객접점채널에 따른 고객불만 표출행동이 서비스업 종사자의 직무스트레스에 미치는 영향: SNS채널과 정서적 감정노동자를 중심으로. **e비즈니스연구**, 13(3), 205-225.

김미경 (1999). 호텔서비스 질에 대한 고객의 불평행동 조정에 관한 연구: 부산지역관광호텔을 중심으로. **호텔경영학연구**, 8(1), 205-218.

김성혁, 임윤정 (2010). **관광서비스**. 파주: 백산출판사.

김수욱 외 (2006). **서비스운영관리**. 서울: 한경사.

김승욱, 강기두 (2009). **고객관계관리 원론**. 서울: 법문사.

김승욱, 강기두 (2012). **고객관례관리(CRM)원론**. 서울: 법문사.

김시형 (2012). 서비스종사원의 관리요소가 업무환경에 따른 직무만족 및 서비스 접점에 미치는 영향에 관한 연구. **호텔경영학연구**, 21(1), 61-82.

김은영, 이규은 (2011). **인간관계론**. 서울: 동문사.

김은희, 김명숙, 조주은 (2012). **현대사회와 국제매너**. 서울: 두양사.

김종호 (2010). **현대사회와 인간관계**. 서울: 한국이고그램연수소.

김준호 (2010). **고객만족경영**. 서울: 무역경영사.

김진섭 (2005). **관광마케팅**. 파주: 대왕사.

김진섭, 김혜영 (2002). **프랜차이즈시스템의 이해**. 파주: 대왕사.

김태문, 김상호, 강상묵 (2012). 상호작용 품질과 고객충성도의 관계에서 고객만족의 매개효과: 서울지역특급호텔을 중심으로. **Tourism Research, 34**, 99-113.

김현호 (2004). **인간관계론**. 서울: 문학마을사.

김혜숙. 박선환. 박숙희. 이주희. 정미경 (2008). **인간관계론**. 파주: 양서원.

김혜영 (2007). ISES 모형을 이용한 웹2.0 시대의 호텔고객관리 접점에서의 e-서비스 품질에 관한 연구. **e-비즈니스연구**, 8(4), 409-428.

김혜영, 박규은, 박우진 (2016). **CS Leaders 고객만족서비스**. 서울: 이프레스.

김혜영, 양승훈, 한동철 (2014). **호텔서비스 이론과 실무**. 서울: 이프레스.
남유신 (2013). 호텔의 물리적 환경이 종사원의 직무만조과 조직몰입에 미치는 영향. Tourism Research, 38(4), 85-105.
도미경 (2010). **고객감동을 위한 관광서비스의 이해**. 파주: 백산출판사.
박연호, 이종호, 임영제 (2013). **현대인간관계론**. 서울: 박영사.
박은종 (2012). **21세기 세계화 시대 지식정보화시대의 인간관계론 탐: 이론과 실제**. 서울: 한국학술정보(주).
박은태 (2011). **경제학사전**. 서울: 경연사.
박종태 (2007). **한국형 콜센터 경영**. 서울: 물푸레.
손대현, 장희정, 삼성에버랜드 (2004). **웹사이트 관광산업론**. 파주: 김영사.
손재석, 권성인 (2012). **행복한 인간관계론**. 서울: 정민사.
송래헌, 유종서(2013), 컨벤션 경영과 기획, 파주: 대왕사.
송운석 (2012). **신뢰중심의 인간관계론**. 서울: 탑북스.
송현수 (2001). **CRM 경영혁명**. 서울: 새로운 제안.
송현수 (2002). **콜센터 매니지먼트**. 서울: 새로운 제안.
시사경제용어사전 (2010.11). 기획재정부.
신우성 (2011). **관광서비스**. 파주: 백산출판사.
심윤정, 신재연 (2013). **고객 서비스 실무**. 서울: 한올.
앤더슨컨설팅 (2000). **CRM**. 서울: 대청.
야미시타 유미 (2005). **오감재생**. 이희라 역. 서울: 아이티아이북스.
양승훈 (2010). 이터테인먼트: H레스토랑을 중심으로. **기업경영연구**, **35**, 93-107.
오홍진, 최동희, 최영환 (2012). 호텔 식음료서비스불만에 대한 고객과 종사원의 지각 차이(GAP) 분석: 불평처리 프로세스의 제언. **외식경영학회**, **15**(6), 159-182.
유광민 (2013). 서비스스케이프의 확장. **관광연구논총**, **25**(1), 125-143.
유영목 (2005). **서비스품질경영**. 서울: 양서각.
유지영, 박정아, 김정현 (2020). **SMAT**. 서울: 에듀윌.
윤석철 (2015), **경영학의 진리체계**. 서울: 경문사.
이문영 (1991). **자전적 행정학**. 경기: 실천문학사.
이상헌, 조영래, 전창수 (2010). **성공하려면 서비스를 팔아라**. 서울: 에이드북.
이선희, 김근종 (2011). **관광서비스**. 파주: 백산출판사.
이순구, 박미선 (2008). **호텔경영론**. 파주: 대왕사.
이승연 (2010). **호텔객실프런트오피스**. 파주: 백산출판사.
이승재, 송홍규 (2012). 호텔 레스토랑 고객에 대한 적응판매가 고객만족과 충성도에

미치는 영향: 고객유형에 따른 조절효과. **호텔관광연구, 14**(1), 99-112.

이유재 (2011). **서비스마케팅(제4판)**. 파주: 학현사.

이유재, 라선아, 이청림 (2004). 2003년도 행정서비스 품질평가 최종보고서: 서울서비스지수(SSI).

이창국, 이정자 (2012). 고객의 불만족 행동이 서비스 종사원의 직무스트레스와 직업몰입에 미치는 영향: 서울시내 특1급호텔 레스토랑을 중심으로. **관광연구저널, 26**(5), 263-282.

이혜숙, 우인애, 황윤경, 오지은 (2011). **환대산업 서비스론**. 서울: 교문사.

장순자 (2014). **서비스매너**. 파주: 백산출판사.

장정빈 (2009). **리마커블 서비스**. 서울: 올림.

전우혁, 박대환, 원철식 (2010). 호텔서비스접점에서의 서비스실패, 서비스회복 공정성, 고객만족과 고객충성도의 영향관계 연구. **관광레저연구, 22**(2), 207-224.

전타식 (2011). **경쟁시대의 핵심 고객관계관리**. 서울: 두남.

정명희, 이원화(2014). **이미지 메이킹과 매너**. 서울: 새로미.

정성일 외 (2009). **콜센터와 콜센터 마케팅의 이해**. 서울: 청람.

조경덕, 장성화 (2012). **대인관계와 커뮤니케이션**. 서울: 동문사.

조영대 (2020). **서비스경영**. 서울: 한올.

지승룡 (미출간). 민들레 영토 강의안. 한양대 최고엔터테인먼트과정.

한국NCR컨설팅 그룹 (2002). **CRM이론과 사례(3판)**. 서울: 한국능률협회.

한장희, 한동철, 김혜영 (2015). **서비스마케팅**. 서울: 이프레스.

허정봉, 송대근 (2011). **호텔경영학의 만남(제2판)**. 파주: 대왕사.

황용철, 김동훈 (2011). **New 서비스 마케팅**. 서울: 청록문화사.

황현준, 최윤정, 박정수 (2021). 뉴노멀 시대의 서비스 산업 정책과 과제. KIET 산업연구원.

Ashkanasy, N. M., Hartel, C. E. J., & Daus, C. S. (2002). Diversity and emotion: the new frontiers in organizational behavior research. Journal of Management, 28(3): 307-338.

Bell, P. A., Greene, T. C., Fisher, J. D.,& Baum, A. (2003). **환경심리학**. 이진환, 홍기원 공역. 서울: 시그마프레스.

Berry, L. L. & Parasuraman, A., & Zeithaml, V. A. (May 1993). Ten Lessons for Improving Service Quality, *Marketing Science Institute*, Report No.93-104.

Ciafone, A. (2021). **브랜드의 비밀(세계를 사로잡은 코카콜라 글로벌 전략)**. 서울: 성안당.

CS리더스 자격연구회 (2012). **CS Leaders**. 한국CS표준교육센터.

Dickinson, B., & Vladimir, A. (1997). *Selling the Sea: An Inside Look at the Cruise Industry*. John Willey & Sons, Inc.

Drucker, P. F. (2021). **피터 드러커의 위대한 혁신**. 서울: 한국경제신문사.

Ford, R. C., & Heaton, C. P. (2000). *Managing the Guest Experience in Hospitality*. NewYork: Delmar Thomson Learning.

Heizer, J., & Render. B. (2001). *Operations Management*. Prentice Hall.

ICTA (2000). Customer Service. CTA Training Manual.

Jensen, R. (2005). **드림 소사이어티**. 서정환 역. 서울: 리드리드 출판.

Johnny Rockets (1998). Server Training Manual.

Parasuraman, A., Zeithaml, V. A., & Berry, L. L.(1985), SERVQUAL: A Multiple-Item Scale for Measuring Perceptions of Service Quality, *Journal of Retailing, 64*(1), 12-40.

Patton, M. E. (2001). **댄싱 서비스**. 이하나 역. 서울: 가산출판사.

Pine, B. J., & Gilmore, J. H. (2001). **고객체험의 경제학**. 신현승 역. 서울: 세종서적.

Pisano, G. P. (2021). **혁신의 정석**. 서울: 이와우출판사.

Reichheld, F. F. (1994). Loyalty and the Renaissance of Marketing, *Marketing Management, 2*(4).

Stewart, I., & Joines, V. (2012). **현대의 교류분석**. 제석봉 외 공역. 서울: 학지사.

Teas, R. K. (1993). Expectations, Performance Evaluation and Consumers' Perceptions of Quality. *Journal of Marketing, 57*(4), 18-34.

Teboul, J. (2010). **프론트 스테이지법칙**. 이경조 역. 서울: 고려원북스.

Zeithaml, V. A., Bitner, M. J., & Gremler, D. D. (2009). *SERVICES MARKETING*. NewYork: McGraw Hill.

경기신문 (2014.08.19). 김종국 '소비자는 왕이다'.

경향신문 (2011. 11. 1.). 감정노동자, 미소 속에 숨은 고통.

국가법령정보센터 소비자기본법 [시행 2011.8.20.] [법률 제10678호, 2011.5.19., 일부개정] 개인정보 보호법 [시행 2014.11.19.] [법률 제12844호, 2014.11.19., 타법개정].

동아닷컴 (2014.12.08). 승무원이 가정노동 1위.

세계일보 (2011. 4. 13.) 신라호텔 "한복은 위험한 옷"… 황당한 뷔페식당 출입 거부.

파이낸셜뉴스 (2014.11.24). 리츠칼튼, 개관 20주년 맞아 '추억의 사진 공모전' 진행.

한국경제 (2013.06.13). 乙의 '직언' 바로 반영…유통업계 '큰바위 얼굴' 꿈꾼다.

서울특별시 웹사이트 (http://www.seoul.go.kr/)
한국능률협회컨설팅 웹사이트 (http://kcsi.kmac.co.kr/)
한국생산성본부의 웹사이트 (http://www.ncsi.or.kr/)
한국표준협회 웹사이트 (http://www.ksa.or.kr/)

찾아보기

김혜영

현재, 경희사이버대학교 호텔·레스토랑경영학과와 대학원 호텔 외식 MBA 교수로 재직하고 있다. 서울여자대학교에서 경제학을 전공하였고, 세종대학교 대학원에서 호텔경영을 전공(경영학 박사)한 이후, 서비스 산업의 디지털화에 관심을 가지고 IT 회사(SI 업체)에 입사하여 SAP ERP, CRM 시스템 컨설턴트로 근무했다. IT 회사의 경험이 사이버 대학 및 온라인 교육에 관심을 두게 된 계기가 되었으며, 대학에서의 교육경력은 28년이다. (공)저서로는 CRM 전문가 직무분석(2001), 호텔경영학(2002), 프랜차이즈시스템의이해(2002), 한-아세안 사이버대학 설립을 위한 CLMV 역량강화 사업 타당성 종합보고서(2010), 호텔 서비스 이론과 실무(2014), 서비스마케팅(2015), CS Leaders-고객 만족 서비스(2016) 등이 있다.

박규은

현재, 한국농촌경제연구원 전문연구원으로 재직 중이다. 경희대학교 호텔관광대학에서 학부를 거쳐, 동 대학원에서 조리외식경영을 전공하였다(외식경영학 박사). 이후, 외식경영컨설턴트회사, 밀키트 전문경영회사 등에서 근무하며 다수의 프로젝트를 수행하였고, 이와 더불어 경희대학교, 경희사이버대학교, 배화여자대학교, 장안대 등에서 외래교수로 강의하고 있다. (공)저서로는 김치산업의 중장기발전(2011), CS Leaders-고객 만족 서비스(2016), 프랜차이즈 산업현황(2017)이 있다.

고객만족 서비스경영

초판발행 2022년 9월 5일 **1판 1쇄 인쇄** | 2022년 9월 10일 **1판 1쇄 발행**

지은이 김혜영 박규은
펴낸이 최용구 | **펴낸곳** 도서출판 **이프레스**
주소 (04316) 서울시 용산구 원효로 89길 19 (원효로1가)
전화 02) 537-1720(영업부), 537-1721(편집부), 537-1711(팩스)
이메일 epress01@naver.com | **홈페이지** www.epress1.com
등록 2009년 12월 10일 제16-2710호
기획마케팅 최용구 장만동 최충구 진소희 | **책임편집** 석기은 황가연

ISBN 979-11-91348-23-1 93320
정가 28,000원